松山大学研究叢書　第88巻

積極的加害意思とその射程

明照博章著

成　文　堂

はしがき

本書は、「積極的加害意思」の概念とその射程を解明しようとするものであるが、積極的加害意思は、昭和五二年最高裁決定によれば、侵害の急迫性を否定する要件となっている。つまり、形式的には、侵害を受けた者が、この侵害を前提に反撃したとしても、被侵害者＝反撃者が「その機会を利用し積極的に相手に対して加害行為をする意思で侵害に臨んだとき」には、侵害の急迫性の要件を充たさないことになったのである。それゆえ、「積極的加害意思」の概念は、侵害の急迫性の存否を判断する上で極めて重要な要件となった。つまり、「客観的要件」である「侵害の急迫性」を「主観的要件」と解され得る「積極的加害意思」によって制限する意味の解明が必要となるわけである。その上、「積極的加害意思」は、暫定的な法規範としての性格を有する最高裁判所の決定において提示された概念である。それゆえ、本書では、暫定的な法規範である判例の内容つまり「積極的加害意思」の概念とその射程の解明に取組んでいるのである。

なお、本書の課題である「積極的加害意思とその射程」に興味をもち論文を執筆し始めたのは、明治大学法学部助手であったときである。それゆえ、今回収録する論文は、平成一一（一九九九）年から平成二七（二〇一五）年の間に執筆されたものとなった。各論文執筆後に公刊された論文が多数存在するが、執筆当時に裁判所の判断（判例）から抽出した規範を重視する観点から、論文執筆以降に公刊された論文については補充していない。これらの論文群については、改めて検討する機会をもちたい。

最後に、本書の刊行にあたっても、多数の方の御指導を戴いている。

本書の中心は、「判例の分析とその位置づけ」である。これは、判例評釈を行う際の基本事項であるが、判例評釈の意義とその方法について御教示戴いたのは、恩師である川端博先生である。明治大学法学部の助手時代に御教示戴き、その後、その方法に従って継続的に判例研究を行っているが、本書では、補論において「判例の分析とその位置づけの在り方」の一端を示した。これが本書の骨格をなす視点でもある。ここで前書に引き続き、改めて先生に御礼申し上げたい。

また、現在、中四国において開催されている二つの判例研究会に参加する機会を得ている。それは、中四国刑事判例研究会及び松山刑事判例研究会である。前者は、平成二五（二〇一三）年に河村有教准教授（海上保安大学校）及び佐藤建判事（山口地方・家庭裁判所下関支部：現大阪高等裁判所）が発起人となって開始された研究会であり、ここには、第一回から参加されている吉中信人教授（広島大学）をはじめ近隣の研究者及び裁判官が集まっている。次に、後者は、平成二七（二〇一五）年に山口雅髙所長（松山地方裁判所：現福岡高等裁判所）及び松原英世教授（愛媛大学）が発起人となって開始された研究会である。両研究会では、裁判の現場における裁判官の決断とその妥当性に関して活発な議論が行われている。右の研究会に参加することによって、それまでは単なる表面的な知識でしかなかった「判例」に関して立体的な知見を継続的に得ることができるようになった。研究会に参加されている方々に対して御礼申し上げる。

出版事情が非常に厳しい中、本書の刊行を御引き受け戴いた成文堂の阿部成一社長に深甚なる感謝の意を表する次第である。また同社編集部の篠崎雄彦氏には、いろいろ御配慮戴き、非常に御世話になったので、厚く御礼申し上げる。

なお、本書は、松山大学から出版に対する助成を受け、松山大学研究叢書の一冊に加えて戴いた。記して謝意を表するものである。

平成二八（二〇一六）年一二月一八日

明照博章

目次

第四章　判例における「自招侵害」の意義
――平成二〇年最高裁決定の意義――

初出一覧

序　章　書き下ろし

第一章　「積極的加害意思が急迫性に及ぼす影響について」『法律論叢』第七二巻第一号（平11年・一九九九年）

第二章　「わが国の判例における積極的加害意思の急迫性に及ぼす影響について」『法律論叢』第七二巻第五号（平12年・二〇〇〇年）

第三章　「正当防衛における『自招侵害』の処理（一）～（四・完）」『松山大学論集』第二一巻第一号～第三号（平成21年・二〇〇九年）、第二七巻第三号（平成27年・二〇一五年）

第四章　「正当防衛における『自招侵害』の意義」『法と政治の現代的諸相　松山大学法学部二十周年記念論文集』（平22年・二〇一〇年）

第五章　「正当防衛における『急迫不正の侵害』の意義―平成21年東京高裁判決を中心に―」『松山大学論集』第二七巻第五号（平27年・二〇一五年）

第六章　「共同正犯と正当防衛―侵害の急迫性を中心に―」『松山大学論集』第二五巻第六号（平26年・二〇一四年）

補　論　「刑法における判例研究の意義―正当防衛の判例を素材として―」『松山大学論集』第二二巻第二号（平22年・二〇一〇年）

序章

第一節　積極的加害意思の概念とその射程

正当防衛は、急迫不正の侵害に対してやむを得ずした行為であり、この構成要件該当行為が正当防衛の要件を充たせば、「罰しない」(刑法三六条一項)、つまり、違法性が阻却され、犯罪が不成立となる。[1]

本書の研究課題である「積極的加害意思」の概念は、判例上、侵害の急迫性を否定する要件とされている。すなわち、昭和五二年最高裁決定は、「刑法三六条」が「侵害の急迫性を要件としている趣旨から考えて、単に予期された侵害を避けなかつたというにとどまらず、その機会を利用し積極的に相手に対して加害行為をする意思で侵害に臨んだときは、もはや侵害の急迫性の要件を充たさないものと解するのが相当である」とした。[2] これによって、判例上、侵害を「予期」していた者が「予期」された「侵害」を根拠として反撃した場合、「その機会を利用し積極的に相手に対して加害行為をする意思で侵害に臨んだとき」には、侵害の急迫性の要件を充たさないことになった。それゆえ、「積極的加害意思」の概念は、侵害の急迫性の存否を判断する上で極めて重要な要件となったわけである。そこで、「客観的要件」である「侵害の急迫性」を「主観的要件」と解され得る「積極的加害意思」によって否定する意味が問題となる。主観的要件と客観的要件は、一般論としては、別次元の要件であり、一方が他方を否定するという関係にはない。しかし、昭和五二年最高裁決定は、「積極的加害意思」の概念は、侵害の急迫性の存否を判断する上で極めて重要な要件となったことは右に示した通りである。つまり、最高裁は、「客観的要件」である「侵害の急迫性」を「主観的要件」と解され得る「積極的加害意思」によって否定できると説示するのであるから、侵害の急迫性を肯定するためには、積極的加害意思を有していないことが条件（侵害の「急迫性の消極的要件としての積極的加害意思」）[3]となったわけである。それゆえ、形式的には、次元の違う概念を如何なる観点からみれば、重なる次元の要件として説明できるかについて、解明が必要となる。[4]

そこで、本書では、積極的加害意思の概念とその射程について、次のような構成で、検討を加えることにする。

（1）川端博『刑法総論講義』第三版（平25年・二〇一三年）三四三頁。
（2）最決昭五二・七・二一刑集三一巻四号七四七頁。
（3）安廣文夫「判批」『最高裁判所判例解説刑事篇（昭和六〇年度）』（平元年・一九八九年）一四五頁。
（4）暫定的な法規範としての性格を有する最高裁判所の判断である点に鑑みても、最高裁判所が示した概念（「積極的加害意思」）の内容を確定し、その射程を解明することは極めて重要である。

第二節　本書の構成

第一款　積極的加害意思の生成（本書第一章及び第二章）

昭和五二年最高裁決定は、「侵害の急迫性」を否定する要件として、つまり「侵害の急迫性」の「消極的要件」

として「積極的加害意思」という概念を提示した。この概念が提示されたことによって、「客観的要件」である「侵害の急迫性」を「主観的要件」と解され得る「積極的加害意思」によって否定する意味が問題となった。

そこで、本書では、積極的加害意思に対する学説の評価とドイツ及び日本の判例の動向を確認した。すなわち、第一章では、まず、積極的加害意思に対する学説の評価を整理した。[5] 次に、ドイツにおける挑発防衛（自招侵害）の事例に関する判例を取り上げた。[6] 日本とドイツの議論の状況は、「一部が重なる二つの円の関係にある」からである。[7] 最後に、第二章では、日本の判例の動向について、喧嘩闘争について処理した昭和七年大審院判例[8]から昭和五二年最高裁決定[9]までの動向を確認し、位置づけた。[10]

検討の結果、積極的加害意思の事例において昭和五二年決定が示した見解、つまり、侵害を受けた者が「単に予期された侵害を避けなかつたというにとどまらず、その機会を利用し積極的に相手に対して加害行為をする意思で侵害に臨んだとき」、侵害の急迫性を否定する見解について、次の説明において根拠づけられる範囲で妥当であるとした。すなわち、侵害行為（侵害行為者側の客観的事情）の存在により、形式的にみれば法益侵害の可能性があったと考えられる場合であっても、その侵害が予期されていて被侵害者にとって突然のものとはいえず、それを阻止するための準備（迎撃態勢をつくること）が可能となるならば（被侵害者側の対応関係）、被侵害者側の法益侵害の可能性は実質的に低下することになる。侵害の急迫性は法益侵害の危険の問題であると同時に危険発生の突発性が危険の重大性ないし強度を補充し得るのである。そして、この関係を前提にすると、侵害者からの侵害に対して迎撃態勢が強化されればされるほど、防御者（迎撃者）の法益が侵害されるおそれは減少するため、防御者が、侵害を予期し客観的に迎撃態勢を敷き積極的に加害する意思をもっている場合には、実質的（ないし現実的）には、防御者の法益が侵害される可能性が存在し得なくなることがあり、それゆえ、防御者（迎撃者）の法益侵害の可能性が事実上失われるときは、侵害の急迫性を否定できる事態が生じるのである。つまり、侵害を予期し客観的に迎撃態勢を敷き積極的加害意思をもっていた場合、侵害の急迫性が消滅するのである。[11] したがって、昭和五二年決定が、積極的な侵害意思のある場合に急迫性が否定され得ることを認めている点は妥当であるが、実体法上客観的な迎撃ないし攻撃態勢を問題にしていない点は妥当でないという結論を得た。[12]

第二款　積極的加害意思の射程（本書第三章〜第六章）

第一項　積極的加害意思を処理する場面と自招侵害を処理する場面の関係（本書第三章及び第四章）

日本では、積極的加害意思を処理する場面と自招侵害を処理する場面が入子状態になっているが、[13] これが「自招侵害と正当防衛の成否について、すでにわが国の判例においても蓄積があるにもかかわらず、十分な検討がなされていない状況にある」[14] ことの背景にあるように思われる。

そこで、第三章においては、昭和五二年最高裁決定の意義を再確認した後、本決定以降に下級審が行った（同決定の示した）「（刑法三六条）が侵害の急迫性を要件としている趣旨」に関する意義づけを確認した上で、[15] 判例における「防衛意思」の意義及び「積極的加害意思」と「防衛意思」の関係を分析した。以上を踏まえて、昭和五二年最高裁決定以降に下級審が扱った「自招侵害」の事例を確認し、そこで用いられた判断枠組みを分類した。[16]

第三章の整理を踏まえて、第四章では、自招侵害の事例に対して判断を下した平成二〇年最高裁決定を確認し、[17] 最高裁における自招侵害の事例に対する処理方法とその意義を検討した。検討の結果、平成二〇年最高裁決定の原審は、侵害の自招性を「直接」的に「侵害の急迫性の存否」と関連づけて検討する判例群の起点となった昭和六〇年福岡高裁判決[18] の枠組みを前提としていたが、これに対して、平成二〇年決定は、自招侵害の事例を処理する場合、福岡高裁の枠組みを採用せず、理論構成としては、「正当防衛の要件論の次元を超えた領域」において解決を図っていると位置づけことが妥当であるという結論を得た。

第二項　積極的加害意思の概念形成後の「侵害の急迫性」の判断方法（本書第五章）

平成二〇年最高裁決定は、右の通り、自招侵害の事例を処理する場合、福岡高裁の枠組みを採用せず、理論構成としては、「正当防衛の要件論の次元を超えた領域」において解決を図っていると解すべきであるが、これは、自招侵害の事例に関して、侵害の「急迫性の問題として事案の解決を図らなかった」ことによって、「急迫性の理解・解釈に混乱が生じること」を回避したものと評価されている。[19]そして、平成二〇年決定が、自招侵害の処理にあたって、正当防衛の「要件論の次元を超えた領域」で解決を図っているとするならば、逆に、侵害の急迫性の判断に関しては、「端的に」防衛者の法益侵害の危険性に基づいて、その存否を判断することが要請されることになるであろう。

平成二〇年決定以降の「侵害の急迫性」に関する下級審判例として平成二一年東京高裁判決があるが、[20]第五章では、平成二一年判決の理論構成を分析した上で、その意義及びあるべき理論構成に言及した。

検討の結果、まず、平成二一年判決は、一定の場合には、防衛行為者に回避義務を課し、仮に、行為者に回避義務違反があれば、「急迫性を欠く」とする佐藤説[21]を踏まえた理論構成をとっていることが明らかとなった。次に、平成二一年判決の理論構成の妥当性に関しては、仮に、平成二〇年決定が第二節第二款第一項において示した趣旨であるとすると、平成二一年判決は、平成二〇年決定とは方向性を異にするという評価が可能であるので、平成二一年判決の理論構成は、妥当ではないという結論を得た。最後に、平成二〇年決定において、正当防衛を否定する根拠は、侵害の急迫性を欠くからではなく、「正当防衛の主張が権利の濫用として許されない」という構成をとるべきことを前提として、平成二一年判決が扱った事例も、「権利の濫用」を根拠として正当防衛の成立を否定する一場面として処理すべきことを指摘した。

第三項　共同正犯の各関与者に対する「侵害の急迫性」の判断方法（本書第六章）

第六章では、まず、従来、共犯論においては、「違法は連帯的に、責任は個別的に」という命題が「暗黙裡に」当然のこととして前提とされ、しかも、「違法は客観的に、責任は主観的に」という命題と表裏をなすものと理解されてきたが、[22]共同正犯の各関与者に対する「侵害の急迫性」の判断方法に関して、平成四年最高裁決定は、「共同正犯における正当防衛の要件の有無を判断する場合」各関与者毎に「個別化」して判断する方法を採用したものと評価した。そして、平成四年決定は、共謀共同正犯形態において、共謀者に関して「積極的加害意思」の存在を根拠として侵害の急迫性を否定したので、香城説[23]を理論的前提にしたものと評価できるが、これは、「積極的加害意思」の概念（それゆえ侵害の急迫性の概念）を防衛者の法益侵害の危険性から離れ規範的・評価的に解釈し過ぎている点で妥当性に欠けると解した。その上で、平成二〇年最高裁決定[24]には、この「行き過ぎ」に対して歯止めをかける意味があるが、判例の変化の方向としては、平成二〇年決定によって、平成四年決定は影響を受け、「共謀共同正犯形態」において関与した共謀者に関して侵害の急迫性を判断する場合、「積極的加害意思」理論を経由せず、「端的に」、共謀者の法益侵害の危険性の存否に基づいて判断すべきであることを指摘した。

第三款　判例研究の意義（判例の（非）連続性の解明）と学説の役割（本書補論）

補論では、判例研究の意義と学説の役割について検討した。

日本の裁判制度は、最高裁が判断を下した場合、それが先例となって、下級審の判断を縛る構造になっている。

この関係は、刑事訴訟法四〇五条二号において端的に示されている。すなわち、仮に、下級審が最高裁と異なる判断を下した場合、その下級審の判断は、最終的には、最高裁において覆されることとなる。それゆえ、下級審は、最高裁の判断と相反する判断を回避するようになると考えられ、この意味において、最高裁の判断は、下級審の判断を縛っていることになるのである。そして、実務法曹教育においても、「判例を絶対的な前提としてそれとの関連で事実をどう認定していくのか、そして、その事実を基にして法令を具体的にどう適用していくのか」という点が中心部分となっている。(25) したがって、実務上、先例殊に最高裁判所の判例には、事実上の強い拘束力が認められている。(26) そこで、本補論では、判例の先例拘束性・規範性（判例は各裁判所が事例判断を行う前提としての基準であること）を肯定した上で、実体刑法に関する判例の規範性を検討する際、①「評価者は、どのような視点から判例をみるべきであり、その視点から、具体的に下された裁判所の判断をどのように意義づけるべきか」という点と、②「学説と判例は、どのような関係にあり、判例は、学説が示した理論からどのような影響を受けているか」という点について、具体的な判例及び学説を検討した。

①に関しては、最高裁相互の判断の「関係」の捉え方、最高裁と下級審の判断の「関係」の捉え方について分析し、②に関しては、学説と判例の一般的な関係について言及した上で、積極的加害意思に関する下級審判例が学説(27)から影響を受けたとみられる実例を示した。

（5）ここでは、挑発防衛の場合に「防衛意思」を欠くとするベンファーの見解（ドイツ）も検討した（本書二五―六頁）。
（6）本書では、平成一一（一九九九）年までの状況の整理である。
（7）井田良『変革の時代における理論刑法学』（平19年・二〇〇七年）一〇二頁、同『刑法総論の理論構造』（平17年・二〇〇五年）一七二頁。井田教授は、「積極的加害意思」の事例と「自招侵害」の事例に関する日本とドイツの状況に関して、次のように指摘される。すなわち、日本では、「侵害が予期されたのに回避せず進んでその状況に身を置いたという場合の問題」であり、

「侵害が予期される事例においては行為者の性格とかは必ずしも問題とされていない」のに対して、ドイツでは、「防衛状況に至ったことについて自己に何らかの落ち度のあるケースがまとめて問題とされ」、「侵害の予期ある場合に正当防衛権が制限されるかという形では問題とされていない」とされている（井田・注（7）理論刑法学一〇二頁）。

（8）大判昭七・一・二五刑集一一巻一頁。

（9）最決昭五二・七・二一・前掲注（2）。

（10）喧嘩闘争の事例に関する判例を昭和五二年最高裁決定に接続した理由は以下の通りである。積極的加害意思が存在する事例に関して、香城教授は、『最高裁判所判例解説』において、次のように指摘しておられる。すなわち、教授は「相手の侵害を予期し、自らもその機会に相手に対し加害行為をする意思で侵害に臨み、加害行為に及んだ場合、なぜ相手の侵害に急迫性が失われることになるのであろうか」という問題提起をされる。その上で、「このような場合、本人の加害行為は、その意思が相手からの侵害の予期に触発されて生じたものである点を除くと、通常の暴行、傷害、殺人などの加害行為とすこしも異なるところはない。そして、本人の加害意思が後から生じたことは、その行為の違法性を失わせる理由となるものではないから、右の加害行為は、違法であるというほかはない」とされ、「それは、本人と相手が同時に闘争の意思を固めて攻撃を開始したような典型的な喧嘩闘争において双方の攻撃が共に違法であるのと、まったく同様なのである」と指摘される。そして、「前記のような場合に相手の侵害に急迫性を認めえないのは、このようにして、本人の攻撃が違法であって、相手の侵害との関係で特に法的保護を受けるべき立場にはなかったからである、と考えるべきであろう」と結論づけられる（香城敏麿「判批」『最高裁判所判例解説刑事篇（昭和五二年度）』（昭55年・一九八〇年）二四七―八頁）。それゆえ、昭和五二年最高裁決定において、「積極的加害意思」の事例を喧嘩闘争と本質的に同一の事例であると考えていたと解することができる。したがって、昭和五二年最高裁決定以前の判例の動向としては、喧嘩闘争の判例を確認し、位置づけた上で、昭和五二年決定に接続することが妥当であると考えられるのである。

（11）川端博『違法性の理論』（平2年・一九九〇年）九〇―四頁。

（12）本書では、正当防衛権の正当化根拠として、「正当防衛権には、『自然権』としての側面と『緊急権』としての側面があり、その正当化もこれらの2つの面から考察しなければならない。そこで、自然権の側面においては、個人の自己保全の原理が正当化の働きをし、緊急権の側面においては、法の自己保全の原理が正当化の働きをすることになり、両者が同時に作用する」という見解を前提とする（川端・前掲注（1）三五二頁、拙著『正当防衛権の構造』（平25年・二〇一三年）七―八頁）。この見地から、積極的加害意思が存在する場合侵害の急迫性が否定される理由は次のように説明できる。

正当防衛権には、『自然権』としての側面と『緊急権』としての側面があるが、「自然権」としての正当防衛権から、次の観点を導出できる。まず、「何人も不法に対してそれを受忍することを強いられるべきではない」という観点、つまり、「被攻撃者という正は、攻撃という不正に譲歩する必要はない」とする観点、言い換えると、「不正」に「正」が屈服するのは堪え難いという観点である。これは、正当防衛行為は「不正」に対応してなされる必要があることを意味するので、不正に対する「正」の側、すなわち、「防衛者」の側から事態を評価する視座にも繋がる。また、「不正」に「正」が屈服するのは堪え難いとする観点からは、「被侵害利益の保護」のためになされた「法益侵害行為」が正当化され得ることが導かれるが、この「被害者」利益（被侵害利益）の保護という観点は、自然権としての正当防衛権と結びつく「個人の自己保全の原理」の側面を示すことになる。そして、この「個人の自己保全の原理」という側面が、「なぜ、正当防衛が許されるか」ということと関係があると考えられる。なぜならば、個人の自己保全を考える必要がない場合には、基本的に「法益侵害行為」を正当化する理由がないからである（拙著・注（12）九―一〇頁）。積極的加害意思を認め侵害の急迫性を否定する前提として、本書では、防御者（迎撃者）の法益侵害の可能性が事実上失われる状況を要求している。この場合、防御者の「個人の自己保全」を考える必要がないので、正当防衛が否定されることになるわけである。

（13）本書一一四―五頁注（26）。

（14）川端博『正当防衛権の再生』（平10年・一九九八年）九三頁。

（15）下級審には、①昭和五二年決定は侵害の急迫性判断において「防衛者の法益侵害の可能性」が「単に侵害者側の客観的事情だけでなく防衛者側の対応関係によっても重大な影響を受けること」を前提にすると解する判例、②昭和五二年決定は侵害の急迫性判断において「防衛者」の「対抗行為がそれ自体違法性を帯び正当な防衛行為と認め難い」かを基準にすると解する判例、③昭和五二年決定は侵害の急迫性判断において「法秩序に反しこれに対し権利保護の必要性を認め得ない」かを基準にすると解する判例、④昭和五二年決定は侵害の急迫性判断において「積極的加害意思をもって対抗行為を行う者」に「回避義務」が課されるかを基準にすると解する判例がある。

（16）下級審には、侵害の自招性を、①「正当防衛の客観的要件を否定する要素」として検討する判例、②「正当防衛の主観的要素（防衛意思）を否定する要素」として検討する判例、③「防衛行為の相当性を制限する要素」として検討する判例、④「喧嘩闘争の存在を肯定する要素」として検討する判例があり、①の判例群には、侵害の自招性を、Ⅰ「侵害の急迫性を否定する要素」

として検討する判例、Ⅱ「侵害の不正性を否定する要素」として検討する判例があり、さらに、Ⅰの判例群には、侵害の自招性を、ⅰ「最高裁の判断枠組み」との関連において「侵害の急迫性の存否」を検討する判例、ⅱ「直接」的に「侵害の急迫性の存否」と関連づけて検討する判例がある。
(17) 最決平二〇・五・二〇刑集六二巻六号一七八六頁。
(18) 福岡高判昭六〇・七・八刑月一七巻七＝八号六三五頁、判タ五六六号三一七頁。
(19) 山口厚「正当防衛論の新展開」『法曹時報』六一巻二号（平21年・二〇〇九年）一六頁。
(20) 東京高判平二一・一〇・八東高刑六〇巻一～一二号一四二頁、判タ一三八八号三七〇頁。
(21) 佐藤文哉「正当防衛における退避可能性について」『西原春夫先生古稀祝賀論文集』第一巻（平10年・一九九八年）二四二―四頁。
(22) 川端・前掲注（14）二六六頁。
(23) 香城・前掲注（10）二四七―八頁。
(24) 最決平二〇・五・二〇・前掲注（17）。
(25) 川端博『法学・刑法学を学ぶ』（平10年・一九九八年）四三―四頁。
(26) 団藤重光『法学の基礎』第二版（平19年・二〇〇七年）一六七頁。
(27) 川端博『違法性の理論』（平2年・一九九〇年）九〇―四頁、香城・前掲注（10）二四七―八頁、佐藤・前掲注（21）二四二―四頁。

第三節　今後の検討課題

本書では、「積極的加害意思とその射程」を検討課題としたが、積極的加害意思の理論（昭和五二年最高裁決定）は、「喧嘩闘争や私闘と同視すべく、初めから違法というべきものを正当防衛から排除するための理論」[28]であった。[29]昭和五二年決定の意義を右のように解した場合、積極的加害意思の理論は、「道具立てがいささか大げさで、小回りが利きにくい嫌いもないではない」[30]。そして、「積極的加害意思という概念は、実はその外延は必ずしも明らかではなく、その存否に関する安定した統一的判断は困難である」[31]という批判が生じている。これに対して、下級審は、昭和五二年決定にいう「(刑法三六条) が侵害の急迫性を要件としている趣旨」を (再) 解釈することによって、安定的な判断が可能となる判断基準を学説との対話を通じて模索してきたことは、本書で示した通りである。

ところで、積極的加害意思の適用範囲が一義的に明確にならない理由としては、積極的加害意思が正当防衛 (正当化事由) の要件の一つである「侵害の急迫性」を否定する要件とされている点をあげることができる。なぜならば、正当化事由は、それぞれの犯罪類型を超えるものであり、全ての構成要件に、あるいは少なくとも多数の構成要件に妥当し、それゆえ、犯罪類型的な生活の断片を記述することによるのではなく、社会秩序の原理を設定することによって、その規制を行っているからである[32]。したがって、正当防衛 (正当化事由) の要件は、社会秩序の原理を解明した上で具体化し、これを前提としてその明確化を図る必要があるが[33]、この関係を敷衍すると次のようになる。

まず、社会秩序の原理としては、「近代」という視点が重要になる。少なくとも、日本刑法も近代法であるからである[34]。したがって、日本刑法が予定する人間像は、近代市民社会において予定されていた「自律的で理性的な存在」としての人間像であり、それは「自由人格者」すなわち「自らの責任を自覚し、自己の行為を単独に決定し得、また規律し得るような自主的人間人格」を有する者であり[35]、「理性に基づいて刑罰法規にふれる違法な行為を思いとどまることができる答責的存在としての人間」である[36]。この人間像は、日本刑法三九条一項が「心神喪失者の行為は、罰しない」と規定している点からも窺われる[37]。右を前提とすると、「刑法は、理性的な討議により自律的にルールを形成し、共生・連帯・互譲の精神でもって答責的に振る舞う国民像を前提とする」ものといえるであろう[38]。このような人間によって構成される近代社会 (自由で平等な個人が自由意思に基づいて契約を結び、他人との関係を構築していく社会）において、「人は、お互いが自由答責的な存在であるという前提のもとに、法共同体を構成し、相手方が刑罰法規にふれる違法な行為に及ばないことを信頼し合いながら生活している」のである。(39) そうすると、刑法の予定する人間が刑罰法規にふれる違法な行為（その前提となる他者の法益を侵害する行為＝構成要件該当行為）を行うことは原則的事態ではない。これに対して、正当防衛は、構成要件該当行為を行ったことが前提となる例外的事態に関する議論である。それゆえ、正当防衛の要件の適用範囲は、犯罪類型的な生活の断片を記述した要件の適用範囲よりも、流動的になりやすいといえるのである。

今後は、「積極的加害意思とその射程」の検討を通じて明らかとなった点を前提にして、「社会秩序原理の具体化」の一つの発現としての「（暫定的な法規範となる）判例」との「対話」を通じ、流動的になりやすい正当防衛の要件の存否に関する判断が安定的になされ得るような基準の提示につながる研究を行いたい。(40)

（28）的場純男＝川本清巌「自招侵害と正当防衛」大塚仁＝佐藤文哉編『新実例刑法（総論）』（平13年・二〇〇一年）一一一―二頁。
（29）これは、香城教授が行った『最高裁判所判例解説』での指摘から推測できる（香城・前掲注（10）二四七―八頁）。
（30）的場＝川本・前掲注（28）一一二頁。遠藤邦彦「正当防衛判断の実際」『刑法雑誌』五〇巻二号（平23年・二〇一一年）一九一頁参照。
（31）橋爪隆『正当防衛論の基礎』（平19年・二〇〇七年）一六三頁。
（32）Roxin, Strafrecht Allgemeiner Teil, 4. Aufl, 2006, S. 289. ロクシン〔平野龍一監修／町野朔・吉田宣之監訳／吉田宣之訳〕『刑法総論　第一巻［基礎・犯罪論の構造］第三版［翻訳第一分冊］』（平15年・二〇〇三年）三〇一―二頁参照。
（33）拙著・前掲注（12）六頁。
（34）現行刑法は、「啓蒙主義的な市民的自由主義思想」を背景としたフランス刑法ではなく、ドイツ刑法の影響のもとに制定されているが（川端・前掲注（1）一九頁。さらに、日本刑法における改正の動きについては、川端博『刑法特別講義・講演録』（平

28年・二〇一六年）三―六頁、一四八頁以下を参照）、ヨーロッパを起源とする刑法を継受していることは確認できる。

(35) 川島武宜『法社会学における法の存在構造』（昭25年・一九五〇年）一一三頁。なお、旧漢字は、適宜、常用漢字に改めた。

(36) 安田拓人「刑法における人間」『法律時報』八〇巻一号（平20年・二〇〇八年）四五頁。

(37) 大判昭六・一二・三刑集一〇巻六八二頁参照。「責任能力としての人格」に関して、川端教授は「行為の自由主体としての（価値的意味を含む）人格を想定したもの」と指摘され（川端博『人格犯の理論』（平26年・二〇一四年）一四頁）、安田教授は「刑法の前提は、正常で安定した社会と、自らの力で生き抜くことができる一定の知的・身体的能力を備えた人」とされる（安田・前掲注（36）五〇頁）。

(38) 安田・前掲注（36）四九頁。

(39) 安田・前掲注（36）四六頁。このような法共同体（刑法秩序）の形成過程に関するモデルとしては、拙稿「正当防衛における『やむを得ずした行為』の意義」『川端博先生古稀記念論文集』上巻（平26年・二〇一四年）一六四―五頁参照。

(40) 安廣文夫「正当防衛・過剰防衛に関する最近の判例について」『刑法雑誌』三五巻二号（平8年・一九九六年）八四―五頁参照。

第一章　積極的加害意思が侵害の急迫性に及ぼす影響

第一節　本章の目的

正当防衛とは、「急迫不正の侵害に対して、自己又は他人の権利を防衛するため、やむを得ずにした行為」をいう（刑法三六条一項）。正当防衛が成立する場合、「罰しない」（刑法三六条一項）とされているが、この「罰しない」という文言は、正当防衛行為は違法性が阻却されることを意味すると解されている。なぜならば、「不正な侵害行為に対する反撃としての正当防衛は、『正は、不正に屈するに及ばず（正は不正に譲歩する必要はない）』（Das Recht braucht dem Unrecht nicht zu weichen）という基本的思想によって、早くから違法性阻却事由とされてきた」からである[1][2][3]。この状況はドイツにおいても同様である[4]。正当防衛行為の違法性が阻却されるための客観的要件として①急迫②不正の侵害③防衛行為があげられる[5]。すでに別稿において急迫性に関連して「侵害」の「開始時期」について検討した[6]。そこにおいて、急迫とは、「侵害が過去または未来に属せず現在し、または侵害の危険が間近に緊迫しており、これを排除するために反撃的に防衛行為に出る外はない緊急状態にあること」をいうものであり[7][8][9]、「正当防衛権は、単に犯罪行為の遂行を阻止すべきであるとするのではなくて、防衛行為者に対して危殆化された法益を保護する可能性を付与すべきもの」であるという観点から[10]、「急迫というためには、加害行為が犯罪を構成する場合に、その実行の着手があったと認められることないし侵害の現在性は必要ではない。未遂にきわめて接着した予備行為―例えば、侵害者が凶器をとり出そうとすること―の段階に至ったときは、必要な制止のための行動が許されるものというべきである」とする予備の最終段階説[11]が妥当であるとした[12]。これを前提にして、別の角度から急迫性の問題を考察する必要があると考えられる。

侵害が予期される場合、急迫性が失われることになるのだろうか。「急迫」性は、元来、法益侵害の現実的危険として純粋に客観的に把握され得ると考えられてきたので、侵害が防衛行為者において予期されている場合であっても、侵害行為が現実化された時点で切迫性が客観的に認められる以上、「急迫」の侵害があるとされる。すなわち、違法性判断はできる限り「客観的」であるべきであるとする見地から、「侵害が『急迫』であるか否かの判断は、正当防衛状況が存在したかどうかを確定し、正当防衛の成立要件を検討する出発点として、行為者の不明確な主観的事情に影響されることなく、客観的（外部的）状況から事実的になされうるし、また、なされるべきである」[13]ので、実質的観点からも、「眼前に次第に近づいてくる相手に対しては、侵害を予期できたから急迫性はなく、正当防衛ができないとし、とっさに不意打ちをくわせた相手に対しては、侵害を予期できないから急迫性があり、正当防衛が可能であるとするのは妥当でない」[14]とし、「侵害の予期の存否・程度の問題とされるものは、客観的な準備行為をしたうえでの防衛行為の妥当性、侵害の回避可能性の問題として、防衛行為の必要性・相当性判断…においてとりあげるべきである」と解されている[15]。一方、人的不法論の立場においても、侵害の単なる予期は侵害の「急迫性」を失わせるものではないと解される。なぜならば、不正の侵害を予見したとき、法は予見者に防御行為を回避すべき義務を課していないからである[16]。判例も、「侵害があらかじめ予期されていたものであるとしても、そのことからただちに急迫性を失うものと解すべきではない」と判示している[17]。昭和五二年最高裁決定も、このことを確認して「刑法三六条が正当防衛について侵害の急迫性を要件としているのは、予期された侵害を避けるべき義務を課する趣旨ではないから、当然又はほとんど確実に侵害が予期されたとしても、そのことからただちに侵害の急迫性が失われるわけではない」と判示している。[18] このようにして、侵害が予期される場合、そのこと自体によって直ちに急迫性が失われるものと解すべきではない。

それでは、単なる予期ではなく積極的加害の意思がある場合、急迫性の存否に如何なる影響が生ずることになるのであろうか。これは、学説及び判例上、大いに争われている重要問題である。そこで、本章において、積極的加害の意思がある場合、侵害の急迫性を否定することがあり得るかについて、日本及びドイツの学説とドイツの判例[19]を検討するとしたい。

（1）　川端博『刑法総論講義』（平7年・一九九五年）三一九頁。
（2）　「なぜ正当防衛行為が違法性を阻却するのか、という点の理論的根拠に関しては、いまなお厳しい対立があ」る（川端博「正当防衛論2」『法学教室』一二二号（平2年・一九九〇年）［後に同『正当防衛権の再生』（平10年・一九九八年）に収録］一六頁［引用は後者による］）。この正当防衛の正当化の原理に関する学説の状況について最も実体に即した分類がなされているものとして、川端・前掲注（1）三二六―九頁、同・注（2）一六―九頁参照。
（3）　正当防衛の正当化の原理に関して、川端教授が主張されているように「正当防衛権には『自然権』としての側面と『緊急権』としての側面があり、その正当化もこれらの二つの面から考察しなければならない。そこで、自然権の側面においては、個人の自己保全の原理が正当化の働きをし、緊急権の側面においては、法の自己保全の原理が正当化の働きをすることになり、両者が同時に作用するわけである」（川端・前掲注（1）三一九頁。同旨、川端・前掲注（2）一九頁）という立場が、最も実体に即した解釈であると思わる。
（4）　川端・前掲注（2）一六頁。
（5）　川端博「正当防衛論3・完」『法学教室』一二三号（平2年・一九九〇年）［後に同『正当防衛権の再生』（平10年・一九九八年）に収録］二一頁［引用は後者による］。
（6）　拙稿「正当防衛における侵害の開始時期について」『法学研究論集』八号（平10年・一九九八年）［後に同『正当防衛権の構

造』（平25年・二〇一三年）」二四頁以下［引用は後者による］。さらに、「侵害の終了時期」に関する判例としては、平成九年六月一六日最高裁判所判決（刑集五一巻五号四三五頁）がある。この判決に関する評釈として、川端博「判批」『判例評論』四八一号（平11年・一九九九年）四八頁以下、日高義博「判批」『現代刑事法』一巻一号（平11年・一九九九年）六九頁以下、松宮孝明「判批」『法学教室』二〇八号（平10年・一九九八年）一一〇頁以下、橋爪隆「判批」『判例セレクト'97』（平10年・一九九八年）三〇頁。小田直樹「判批」『平成九年度重要判例解説』（平10年・一九九八年）一五〇頁以下、飯田喜信「判批」『ジュリスト』一一二二号（平9年・一九九七年）七六頁以下、河村博「判批」『研修』五九六号（平10年・一九九八年）一一頁以下等参照。

（7）藤木英雄「正当防衛」団藤重光編『注釈刑法（2）のⅠ総則（2）』（昭43年・一九六八年）二二五頁。

（8）学説も、一般に、急迫とは、法益侵害の危険が切迫しているものと解している（団藤重光『刑法綱要総論』第三版（平2年・一九九〇年）二三五頁、福田平『全訂刑法総論』第三版（平8年・一九九六年）一五一頁、大塚仁『刑法概説（総論）』第三版（平9年・一九九七年）三六三頁、香川達夫『刑法講義〔総論〕』第三版（平7年・一九九五年）一七二頁、平野龍一『刑法総論Ⅱ』（昭50年・一九七五年）二三三頁、中義勝『講述犯罪総論』（昭55年・一九八〇年）一三二頁、西原春夫『刑法総論』上巻改訂版（平5年・一九九三年）二三五頁、川端・前掲注（1）三二九頁、曽根威彦『刑法総論』新版補正版（平8年・一九九六年）一〇四頁、大谷實『刑法講義総論』第四版補訂版（平8年・一九九六年）二六〇頁、前田雅英『刑法総論講義』第三版（平10年・一九九八年）二二六頁等多数）。

（9）ドイツでは、日本の「急迫の侵害」（刑法三六条一項）と対応する概念として、「現在の攻撃（gegenwärtiger Angriff）」（ドイツ刑法三二条二項）という概念を用いている。そして、「現在の攻撃」に関して、一般に、「直接差し迫っている、まさに行われている又はまだ継続している攻撃は、現在している（[Gegenwärtig ist der Angriff, der] unmittelbar bevorsteht, gerade stattfindet oder noch fortdauert.)」と解されている（Jescheck/Weigend, Lehrbuch des Strafrechts Allgemeiner Teil, 5. Aufl., 1996, S. 341, Roxin, Strafrecht Allgemeiner Teil Bd I, 3. Aufl., 1997, S. 560 usw.)。これとほぼ同様の説明として Baldus, Leipziger Kommentar, 9. Aufl., 1974, S. 48, Spendel, Leipziger Kommentar, 11. Aufl., 1992, S. 62, Lenckner, Schönke/Schröder Strafgesetzbuch Kommentar, 25. Aufl., 1997, S. 531, S. 532, Samson, Systematischer Kommentar zum Strafgesetzbuch, 5. Aufl., 1992, S. 37, Lackner, Strafgesetzbuch mit Erläuterungen, 22. Aufl., 1997, S. 231, Lackner/Kühl [Kühl], Strafgesetzbuch mit Erläuterungen, 23. Aufl., 1999, S. 247, Tröndle, Strafgesetzbuch und Nebengesetze, 48. Aufl., 1997, S. 215, S. 216, Tröndle/Fischer [Tröndle],

Strafgesetzbuch und Nebengesetze, 49. Aufl., 1999, S. 225, S. 226, Welzel, Das Deutsche Strafrecht, 11. Aufl., 1969, S. 85, Jakobs, Strafrecht Allgemeiner Teil, 2. Aufl., 1991, S. 389 ff., Maurach/Zipf, Strafrecht Allgemeiner Teil Bd I, 8. Aufl., 1992. S. 360 f., Stratenwerth, Strafrecht, Allgemeiner Teil I, 3. Aufl., 1981, S. 134, Scmidhäuser, Strafrecht Allgemeiner Teil Studienbuch, 2. Aufl., 1984, S. 152, Otto, Grundkurs Strafrecht Allgemeine Strafrechtslehre, 5. Aufl., 1996, S. 104, Wessels, Strafrecht Allgemeiner Teil, 27. Aufl., 1997, S. 88, Wessels/Beulke, Strafrecht Allgemeiner Teil, 28. Aufl., 1998, S. 97, Gropp, Strafrecht Allgemeiner Teil, 1997, S. 176 usw. がある。

（10）川端博「正当防衛における侵害の急迫性」福田平＝大塚仁編『演習刑法総論〔新演習法律学講座15〕』（昭58年・一九八三年）［後に同『違法性の理論』（平２年・一九九〇年）に収録］九〇―一頁「引用は後者による」、同『刑法総論25講』（平２年・一九九〇年）一四三頁。同旨、川端・前掲注（５）二一―二頁。

（11）藤木・前掲注（７）二二五―六頁。同旨、大塚仁『注解刑法』増補第二版（昭52年・一九七七年）二一〇頁、掘籠幸男「正当防衛・過剰防衛」大塚仁＝河上和雄＝佐藤文哉編『大コンメンタール刑法』二巻（平元年・一九八九年）三六〇―一頁。

（12）藤木・前掲注（７）二二五―六頁、大塚・前掲注（11）二一〇頁、掘籠・前掲注（11）三六〇―一頁等。Binding, Handbuch des Strafrechts Bd I, 1885 [Neudruck 1991], S. 746, Roxin, a. a. O. [Anm. 9], S. 561, Lenckner, Schönke/Schröder, a. a. O. [Anm. 9], S. 532, Spendel, a. a. O. [Anm. 9], S. 63, Maurach/Zipf, a. a. O. [Anm. 9], S. 361 usw.

（13）内藤謙『刑法講義総論（中）』（昭61年・一九八六年）三三三頁。

（14）内藤・前掲注（13）三三三頁。

（15）内藤・前掲注（13）三三三―四頁。

（16）川端・前掲注（１）三三〇頁、同・前掲注（５）二一二頁。

（17）最判昭四六・一一・一六刑集二五巻八号九九六頁。

（18）最決昭五二・七・二一刑集三一巻四号七四七頁。

（19）ドイツにおいて挑発防衛が問題になる事例と、日本において積極的加害意思が問題になる事例とは類似性があるので、本章においては、特に、ドイツの判例を検討することとする。日本の判例は、「喧嘩闘争と正当防衛」の問題において、「正当防衛権の拡大の傾向」にあり（川端博「自招侵害と正当防衛」『法曹時報』四七巻一〇号（平７年・一九九五年）［後に同『正当防衛権の再生』（平10年・一九九八年）に収録］九四頁［引用は後者による］、同「正当防衛権の日本的変容」『松尾浩也先生古稀祝賀論文集』上巻（平10年・一九九八年）二〇一頁）、重要な問題領域であるので、「喧嘩闘争と正当防衛」の判例を含めて積極的加害意思が問題になる事例に関する判例を改めて検討する機会をもちたい。なお、最近の日本の判例については、橋爪隆「正当防衛論の再構成（二）」『法学協会雑誌』一一五巻九号（平10年・一九九八年）一二三三頁以下、同「正当防衛—急迫性」『法学教室』二〇二号（平9年・一九九七年）一七頁以下参照。

第二節　日本及びドイツの学説の検討

第一款　否定説

「急迫」性は、元来、法益侵害の現実的危険として純粋に客観的に把握され得ると考えられてきたので、侵害が防衛行為者によって予期されている場合であっても、侵害行為が現実化された時点で切迫性が客観的に認められる以上、「急迫」の侵害があり、積極的加害意思がある場合であっても、そのことは、変りがないとする立場がある。[20]そして、肯定説、否定説の分岐点は、「急迫」性を純粋に外部的・客観的事情だけに基づいて判断すべきなのか、それとも行為者の内部的・主観的事情をも考慮して価値的・規範的に判断すべきなのか、ということであるかの観を呈する。しかし、これは、物的不法論からだけではなく、人的不法論の立場からも導かれ得る結論である。[21][22]そこで、物的不法論の立場から積極的加害意思は防衛行為の必要性・相当性に影響を与えるとする説、人的不法論の立場から積極的加害意思は防衛意思の存在を否定すると解する説に分けて検討を加える。

第一項　積極的加害意思は防衛行為の必要性・相当性に影響を与えると解する説

急迫性の判断は客観的・事実的になされるべきであるとする物的不法論の見地から、内藤教授は、「積極的加害意思にもとづいて客観的な先制攻撃ないし挑発行為を行った場合には、それによって急迫性がなくなる場合がありうる。しかし、積極的加害意思それ自体のような主観的・心理的要素をそのままに正当防衛の成否の判断（違法性判断）、しかもその成否の出発点である急迫性の判断にとりこむことは妥当とは思われない」とされ[23]、「かりに客観的状況にあらわれることのない積極的加害意思そのものがあるとしても、そのような意思それ自体を正当防衛成否の判断の出発点において考慮することは妥当でないのである。さらにまた、積極的加害意思があるとして急迫性を否定することは、客観的に切迫した不正の侵害が存在する状況のもとで、それに対して準備をし過剰の防衛行為を行った者について積極的加害意思を理由に過剰防衛としての刑の減免」の可能性を失わせ妥当でないとされる。[24]そして、「不正の侵害が客観的に切迫している以上、それに対する防衛行為は、必要性・相当性の程度を超えた場合に過剰防衛にあたるものであり、客観的に切迫した不正の侵害も存在しないのに一方的に攻撃（防衛行為と同じ内容の）を行った場合とは明確に区別する必要がある」と主張しておられる。[25]また、曽根教授は、「被告人が積極的な加害意思を有していたという事情は、本来、正当防衛行為の有無・性格を基礎づけるものであって、正当防衛状況、なかんずく急迫性の認定に影響を及ぼすものではありえない」とされる。[26][27]

この見解に対しては、まず、防衛の意思を認めない点で妥当でないとの批判が当てはまる。すなわち、「防衛意思のない行為にあっては『不正』対『不正』の関係が存するにすぎず、法秩序は正の確証の利益をもたないと解すべきである。すなわち、行為時を基準にして判断した場合（事前判断）、偶然防衛状況は通常の犯行状況と同一なのであり、正当防衛をみとめるべきではない。これをみとめると『早い者勝ち』を是認し、不当な結果をもたらすので」、妥当でないのである。[28]防衛の意思を認めない点は措くとしても、「緊急防衛としての正当防衛の性質から」[29]、

「侵害発生の危険性すら解消するほどの、過大な邀撃・加害の準備が、ひいて〈侵害の急迫性〉という要件の欠落を導く、程度の関連は、なお否定できないであろう」[30]。さらに、西田教授は、「防衛の意思不要説をとりつつ、急迫性概念の客観性を維持するには、この見解が妥当ともいえよう。しかし、喧嘩闘争の場合でも、相手の攻撃が先行してさえいれば正当防衛、過剰防衛を認めるのでは、いわば『早い者負け』の理論を肯定することになり、余りにも形式的判断となる点でなお疑問が」あると批判しておられる[31]。実務的観点から、元判事である香城教授は、「本人の反撃が、相手の急迫不正の侵害に対してなされたものか、相手の正当防衛行為に対してなされたものかが争われた場合を想定しよう。この場合、本人の反撃が正当防衛にあたるか否かを判断するには、相手と本人の行為のいずれが急迫不正の侵害であったかを決しなければならず、そのためには、…相互に主観的要素を含めた状況的事情を参酌しなければならないことになる。このことは、急迫不正の侵害という要件を判断するにあたっては、相手すなわち侵害者の主観的、客観的事情ばかりでなく、本人すなわち被侵害者の主観的、客観的事情をも相関的に考慮しなければならないことを示すものである。そして、右のような相関的な判断はまた、急迫不正の侵害の存否の判断にあたり、論理的に常に必要なことでもある。ここに、急迫性の要件の判断にあたり、本人の主観的要素を含めた事情を考慮する根拠があり、かつ、その判断を、本人と相手の違法性の程度の相関的考量によって決すべきものと解する根拠がある」と述べておられる[32]。

第二項　積極的加害意思は防衛意思の存在を否定すると解する説[33]

福田博士は、「侵害の急迫性は、侵害の現在性・切迫性を意味するものであるから、積極的な加害の意思で侵害に臨んだときでも、一般的には、急迫性が失われるものではなく、防衛の意思がないものとして、正当防衛が否定されるべきであろう[34]」とされる。さらに、中野教授は、「積極的な攻撃意思が防衛意思をはるかに上回って行為を主導する地位を占めるに至れば、防衛意思はその機能を発揮することができなくなり、その行為は全体として防衛行為たる性格を失うことになるであろう。ここで問題となっている積極的加害意思は、『その機会を利用し』という文言の示すように防衛意思が稀薄であることと相まって、まさに行為の防衛性を喪失させるそのような意思として理解されなければならない」とされた上で、[35]「防衛の意思とは法益を防衛する目的・意図のことであ」り、[36]防衛の意思に法益を防衛する目的・意図を必要をすることは「反撃行為の節度・相当性を期待するために意味があるし、…過剰防衛の刑の減免も、かような意思をもってした行為であることを前提としてはじめて理解することができるであろう」とされる。[37]

この見解に対しては、まず、急迫性を法益侵害の現実的危険として純粋に客観的に把握することに関して、前述の通り「緊急防衛としての正当防衛の性質から[38]」、「侵害発生の危険性すら解消するほどの、過大な邀撃・加害の準備が、ひいて〈侵害の急迫性〉という要件の欠落を導く、程度の関連は、なお否定できない[39]」という批判が可能である。さらに、中野教授[40]の所説のように、厳格な防衛の目的を要求しつつ、侵害の機会を利用して積極的に加害行為に出ようとする場合防衛の意思が欠けるものとすることについては、ロクシンの次のような批判が当てはまる。すなわち、「正当防衛に関して攻撃の認識と必然的に結びつけられた防衛の故意のほかに、自己防衛をしている者が防衛のために行為しておりそして他人を侵害するためには—又は少なくとも主として他人を侵害するためには—行為していないという意味における防衛の意思も、なお存在していなければならないかというさらに別のまったく異なる事情にある問題は、違法な攻撃に対抗していることを認識している者だけが正当防衛を援用できることと厳密に区別されるべきである。そのようなより広範な要件は否定されるべきである。なぜならば、法は、客観的及び主観的に合法的行為である以上のことを要求してはならないからである。法秩序は、人は誰も外部的行為が異論のないものであるように攻撃的衝動を抑制するよう要求できる。そして、それはここにおいて当てはまる。挑発も防衛行為も、行為者に権利として帰属している枠内で完全に行為している。行為者はこの限界を守らなければならない。しかし、そのこと以上は誰にも要求されるべきでない。なぜならば、私たちは、動機ではなく行為を処罰しているからである(41)」ということである。

防衛の意思に関連して、大塚博士は、「防衛の意思は、もともと、反撃の意思を含むものであり、…被侵害者の積極的加害の意思とは境を接するものといってよい。すなわち、法益の被侵害者が防衛のために侵害者に反撃を加えることが正当防衛である以上、防衛の意思は当然に侵害者への反撃の意思を伴うのであるが、正当防衛には防衛行為として許される限度があるから、侵害者に対する反撃は、おのずから、防衛行為に適した限度内にとどめられるべきであり、その限度を明らかに越えた反撃が違法であることはいうまでもない。そして、被侵害者が防衛の限度を越えた反撃行為を行うことを認識するときは、その点について防衛の意思が欠けることとなるのである。それゆえ、被侵害者が侵害を予期し、侵害が加えられたならば反撃しようと思っているだけでは、まだ防衛の意思は否定されないが、侵害の機会を利用して積極的に加害行為に出ようとするのであれば、その主観面には、防衛に名を藉りた侵害意思がみうけられるのであって、それは、防衛の意思の範疇をはみ出すものといわなければならない」と述べておられる(42)。しかし、一方において大塚博士は、「防衛の意思とは、急迫不正の侵害を意識しつつ、これを避けようとする単純な心理状態で足りる」とされているのであり(43)、この基準からすると、あくまでも急迫不正の侵害に対応して迎撃しようとする意思が存在することになるので、加害意思が防衛意思を消滅させることはない(44)と思われる。「正当防衛には防衛行為として許される限度があるから、侵害者に対する反撃は、おのずから、防衛行為に適した限度内にとどめられるべきであり、その限度を明らかに越えた反撃が違法である(45)」ので、侵害の機会を利用して積極的に加害行為に出ようとする場合、防衛の意思が欠けるとする博士の見解は、厳格な防衛の目的を要求する立場と同一になってしまうと考えられる(46)。そうだとすると、ロクシンの次のような批判が当てはまる。すなわち、法は、客観的及び主観的に合法的行為である以上のことを要求できないので、正当防衛に必要な防衛意思の内容は、攻撃の認識と必然的に結びつけられた防衛の故意である。このような見地からすると、防衛の意思に厳格な防衛の目的を要求する立場と同一となり得る見解は、行為ではなく動機を処罰する結果となり、妥当でないのである[47]。[48]

ここまでは「単に予期された侵害を避けなかったというにとどまらず、その機会を利用し積極的に相手に対して加害行為をする意思で侵害に臨んだ場合」、つまり、積極的加害意思のある場合、防衛意思が否定されるとする見解について検討してきたが、一方ドイツにおいては、挑発防衛の場合、防衛の意思が欠けるとする立場がある[49][50]。この挑発防衛の意思と比較して、「単に予期された侵害を避けなかったというにとどまらず、その機会を利用し積極的に相手に対して加害行為をする意思で侵害に臨んだ場合」における積極的加害意思は、挑発する意思のない点で異なるが、「機会を利用する意思」において類似しているので、ここで、ドイツの議論を検討することとしたい。

挑発防衛の場合、防衛の意思が欠けるとするベンファーは、次のように述べる。すなわち、「防衛意思は、さらに行為者側に必要である。したがって、行為者は、法益侵害に対抗するという意思をもって行為しなければならない。けれども、そのように法益侵害に対抗することが唯一の動機である必要はない。防衛の意思以外にさらに他の諸目的、例えば、敵意、激怒又は復讐（Haß, Wut oder Rache）のような目的が効果的に追求されることによって、防衛の意思は阻却されない（BGH GA 1980, 67）。しかし、法益に対する攻撃を撃退する正当防衛の目的は、他の目的と比べて完全に後退してはならない（Maurach/Zipf §26 II Bl; Kohlrausch/Lange §53 Anm. VI; RGSt 60, 261; 62, 76, 78）。私的権利の防衛が副次的なものとなるほど下位に位置づけられる場合、構成要件の充足は正当防衛と評価され得ない。なぜならば、法確証は、行為者には問題とならないからである（BGHSt 3, 194, 198）[51]」ということを前提とした上で、意図的挑発の事例に関しては、「防衛の意思が欠落しているから、行為者が構成要件充足を理由にして訴追されるべきであるという結論になる。その際、故意行為が考慮に入れられるべきか又は事情によっては過失犯が考慮に入れられるべきかという問題に関して、『正当防衛』を惹起する先行為が故意的に行われたか又は過失的に行われたかということで区別されるべきはずである[52]」としつつ、「正当防衛規定を徹底的に利用して他人の法益を侵害し得るためにある者が攻撃の原因を惹き起こすことによって自らを防衛状況へと至らせるという意図的挑発の場合には、困難は生じない（Roxin, ZStW 75, 541, 558）[53]」と述べている。一方、故意的挑発の事例に関しては、「防衛意思は、故意的挑発の場合にも欠ける。それらの状況は、行為者が他人を挑発するやり方を理由として最初からリアクション（Reaktion）としての攻撃を予期している場合に生じる。意図と直接的故意との間に法的に重要な差異は存在しないので、正当防衛行為に関しても広く意図的挑発と故意的挑発の合一的処理（Gleichbehandlung）がなされる[54]」と解している。

たしかに、意図的挑発と故意的挑発との間には類似点が多いといえる[55][56]。しかし、正当防衛規定を利用して他人の法益を侵害し得るため防衛状況を自ら招致するという意図的挑発の場合に[57]、招致者は防衛の意思を欠くとすることは、「まったく論理的ではない（nicht recht schlüssig）[59]。」なぜならば、この場合にも、招致者は法益侵害に対抗するという意思をもって行為しているといえるので[58]、正当防衛規定を利用することによって他人の法益を侵害し得るからである。このような場合に、厳格な防衛の目的を前提として、防衛の意思を否定することは、行為ではなく動機を処罰することとなり、妥当でないであろう[60][61]。

第二款　肯定説[62]

団藤博士は、「急迫が要件とされている趣旨から考えて、単に予期された侵害を避けなかったというだけでなく、進んで、その機会を利用し積極的に相手に対して加害行為をする意思で侵害に臨んだときは、もはやその要件を充たさないものというべきである」とされている。[63] さらに、川端教授は、「積極的加害意思と『急迫性』の肯否は、物的不法論・人的不法論の対立とは関係がなく、『緊急行為』としての正当防衛の性質の把握の相違と関係があると見るべきである」と指摘された上で、[64] 次のように詳細な論拠づけを展開しておられる。すなわち、「どういうばあいに緊急権がみとめられるべきかという問題が、正当防衛の成立要件に影響を及ぼしているのである。たしかに、急迫性の要件は、正当防衛の客観的要件であるが、客観的要件であるということ自体ではなくて、その内容が重視されなければならない。どういう意味で客観的なのか、ということが問題なのであり、この観点から侵害の『急迫性』の内容を見てみると、それは『法益侵害の危険性』、つまり、現実的に法益侵害の蓋然性ないし可能性が存在することを意味することになる。そして、法益侵害の可能性は、たんに侵害行為者の側の客観的事情だけでなく、被侵害者の対応関係によっても重大な影響をうけるのである。フェルネックは、危険発生の突発性が危険の重大性ないし強度を補充しうることを指摘したが、緊急行為としての正当防衛についても、このことは妥当する。突発性・突然性の程度が低いばあいには、法益侵害の危険の程度も低くなるので、侵害が予期されているばあい、被侵害者にとって侵害は突然のものとはいえず、それを阻止するための準備（迎撃態勢をつくること）が可能となり、法益侵害の可能性はそれだけ低下することになる。したがって、迎撃態勢が強化されればされるほど、迎撃者（防禦者）の法益が侵害されるおそれは減少するので、防禦者が、たんに防禦するにとどまらず積極的に加害する意思を有しているばあいには、防禦者の法益が侵害される可能性は失なわれ、むしろ逆に、防禦者の方が侵害者としての性質さえおびてくるのである。このばあい、形のうえでは、あくまでも急迫不正の侵害に対応して迎撃しようとする意思が存在するから、加害意思が防衛意思を消滅させることはない。むしろ、加害意思は防禦者の法益が侵害される可能性を減少させるので、防禦者が侵害を予期し積極的に加害する意思を有しているばあいには、侵害の急迫性が失なわれるという事態が生じうることになる」[65][66][67]。そして、どのような場合に侵害の急迫性は消滅するかについて、「侵害の急迫性は、法益侵害の危険の問題であるから、その存否の判断は具体的になされなければならない。いいかえると、ここにいう危険は、いわば具体的危険であって抽象的危険ではないのである。たんなる可能性からきわめて高度の蓋然性まで包含しうる危険概念としての急迫性は、法益侵害の『現実的』可能性の観点から考慮されるべきであるから、攻撃者と被攻撃者との対応関係に応じて、法益侵害の可能性は決まることになる。防禦者に積極的な加害意思があるばあいには、急迫性の程度に変化が生ずる。その加害意思は、客観的な迎撃態勢（否、むしろ攻撃態勢）によって推測されることが多いであろう。このように客観化された加害意思があるばあいに、侵害の急迫性は消滅すると解すべきである」としておられる[68]。さらに、板倉教授は、「相手方の侵害を予期し、抜身の日本刀を携えて待機し、反撃の用意を十分にして立ち向かうような場合は急迫の侵害に対するものとはいえないであろう」と主張しているのである[69]。

この立場に対しては、否定説から、「急迫」性は、元来、法益侵害の現実的危険として純粋に客観的に把握され得ると考えられてきたので、侵害が防衛行為者において予期されている場合であっても、侵害行為が現実化された時点で切迫性が客観的に認められる以上、「急迫」の侵害があり、積極的加害意思がある場合であっても、そのことは、変りがないとの批判がある[70]。すなわち、「被告人が積極的な加害意思を有していたという事情は、本来、正当防衛行為の有無・性格を基礎づけるものであって、正当防衛状況、なかんずく急迫性の認定に影響を及ぼすものではありえない」ので、積極的な加害意思をもって侵害に臨んだときは直ちに急迫性が失われる、とすることは妥当でないとされるのである[71]。また、「積極的加害意思という心情要素が正当防衛の成否を決する際の鍵となっているため、正当防衛の制限が、恣意的にかつ必要以上に広くなされる危険性のあることを否定できないから」、正当防衛の制限は客観的側面から行われるべきであり[72]、積極的加害意思があり、客観的に切迫した不正の侵害が存在する状況のもとで、それに対して準備をし防衛行為を行った者に対して、急迫性を否定することは、「過剰防衛を論ずる余地を否定し、問題の弾力的な解決を阻害するとすら言い得るのである。十分な準備の下に過大な防衛行為を行った者は、過剰防衛に該当するのであり、切迫した侵害もないのに一方的に（防衛行為と全く同じ）攻撃を行った場合とは明確に区別される必要があろう」と批判されている。(73)

(20) 福田・前掲注（8）一五二頁注（1）、大塚・前掲注（8）三六四頁、香川・前掲注（8）一七三―四頁注（8）、曽根・前掲注（8）一〇四―五頁、同『刑法の重要問題〔総論〕』補訂版（平8年・一九九六年）四二―三頁、中山研一『刑法総論』（昭57年・一九八二年）二七三頁、同『概説刑法Ⅰ』補正版（平8年・一九九六年）一一二頁、山口厚「自ら招いた正当防衛状況」『法学協会百周年記念論文集』二巻（昭58年・一九八三年）七二四―五頁、同『問題探究刑法総論』（平10年・一九九八年）五八頁、山中敬一『正当防衛の限界』（昭60年・一九八五年）一九〇頁、大谷・前掲注（8）二六一頁、野村稔『刑法総論』補訂版（平10年・一九九八年）二二二頁、内田文昭『刑法解釈論集〔総論Ⅰ〕』（昭57年・一九八二年）二三三―五頁、前田・前掲注（8）二二七頁、内藤・前掲注（13）三三三―五頁、中野次雄『刑法総論概要』第三版補訂版（平9年・一九九七年）一八七頁、一九二頁注（8）、山本輝之「『喧嘩と正当防衛』をめぐる近時の判例理論」『帝京法学』一六巻二号（昭62年・一九八七年）一八八頁、井田良「正当防衛」井田良＝丸山雅夫『ケーススタディ刑法』（平9年・一九九七年）一四一頁、佐久間修『刑法講義〔総論〕』（平9年・一九九七年）一九六頁等。

(21) 川端・前掲注（1）三三二頁、同・前掲注（5）二四頁。

(22) 人的不法論の立場から、大塚博士は、「侵害が『急迫』なものであるということは、素直に理解すれば、その切迫性・現在性を意味するのであり、被侵害者の意思とは直接結びつかないはずである。…法律用語の解釈は、特別の事由のないかぎり、なるべく本来の語義にしたがってなされることが望ましい。『急迫』の意味も、正当防衛の適用上に不都合をきたさないのであれば、被侵害者の意思とは切り離して、それ自体として考えられるべきである」とされている（大塚仁「正当防衛において、防衛の意思と侵害の急迫性とは関連するものか」福田平＝大塚仁『新版刑法の基礎知識（1）』（昭57年・一九八二年）一三八―九頁）。さらに、そのことはドイツの状況をみれば、より明確である。すなわち、ドイツにおける「現在の攻撃（gegenwärtiger Angriff）」の要件に関して、内田教授は、「われわれの見る限りでは、従来のドイツの学説は、この要件に、侵害と反撃との時間的同時性以外の要素を加えることはないようである」と指摘される（内田・前掲注（20）二四一頁注（6））一方で、シュペンデルは、ドイツでは、防衛意思不要説を「注目に値するが、しかし今日ほとんど黙殺されている少数説」と評している（Spendel, a. a. O. [Anm. 9], S. 72. Vgl. v. Hippel, Deutsches Strafrecht Bd II, 1930, S. 196, S. 210 usw.）。それゆえ、右の状況からも分かるように、「現在の攻撃」を純粋に外部的・客観的事情だけに基づいて判断すべきであるとする結論は、物的不法論からだけではなく、人的不法論の立場からも導かれ得るのである。

（23）　内藤・前掲注（13）三三四頁。

（24）　内藤・前掲注（13）三三四―五頁。

（25）　内藤・前掲注（13）三三五頁。同旨、中山・前掲注（20）総論二七三頁、同・前掲注（20）概説一一二頁、前田雅英「判批」『刑法判例評釈集』三八＝三九巻（昭57年・一九八二年）二九〇―一頁等。

（26）　曽根威彦「判批」『判例評論』二三三号（昭53年・一九七八年）四八頁。なお、野村教授は、一般的主観的違法要素を認める人的不法論の立場から（野村・前掲注（20）一〇二頁）、「防衛の意思は、反撃行為の状況としての『急迫不正の侵害』の認識で」足りるとされた上で（野村・前掲注（20）二二五頁）、「予期したうえ、その機会を利用して積極的に加害行為に出たというような行為者の主観も、同じく防衛行為の必要性・相当性の問題に解消されるべきである」としておられる（野村・前掲注（20）二二三頁）。

（27）　山口教授は、「侵害の回避によりそのような保護に値する正当な利益の侵害が存在しない場合には、侵害の予期の存在により回避義務を肯定すること（回避せずに対抗した場合に正当防衛の成立を否定すること）は可能である。…このような退避義務が生じる場合には、対抗行為を正当防衛として行うことはでき」ず、それは、「防衛するため」の行為ではないとされる、山口・前掲注（20）問題探究五八―九頁。なお、前田雅英「正当防衛に関する一考察」『団藤重光博士古稀祝賀論文集』一巻（昭58年・一九八三年）［後に同『現代社会と実質的犯罪論』（平4年・一九九二年）に収録］一五六頁以下［引用は後者による］、同・前掲注（8）二三一頁以下参照。

（28）　川端博「正当防衛における防衛の意思」藤木英雄＝板倉宏編『刑法の争点』新版（昭62年・一九八七年）、［後に同『正当防衛権の再生』（平10年・一九九八年）に収録］一八七頁［引用は後者による］。

（29）　川端・前掲注（10）理論九四頁。

（30）　小暮得雄「判批」『昭和五三年度重要判例解説』（昭54年・一九七九年）一六一頁。

(31) 西田典之「判批」『刑法判例百選Ⅰ総論』第四版（平9年・一九九七年）四九頁。
(32) 香城敏麿「判批」『最高裁判所判例解説刑事篇（昭和五二年度）』（昭55年・一九八〇年）二五〇―一頁。
(33) 福田・前掲注（8）一五二頁注（1）、大塚・前掲注（8）三六五頁注（4）、大谷・前掲注（8）二六一頁等。中野教授は、「不正の侵害を予期し、その機会を利用して積極的に侵害者に加害行為に及んだときは侵害の急迫性の要件を欠く」のではなく、「行為の防衛性ないしは防衛意思の問題だ」とされる、中野・前掲注（20）一九二頁注（8）。さらに、藤木博士は、「防衛の意思に疑いをもたれるような事例は、加害行為と反撃行為との対比上、反撃行為のほうがあまりにも強度に過ぎ、単に相当性を逸脱するというにとどまらず、侵害の機会に相手方に加えた反対侵害と断ずるのほかなく、過剰防衛による刑の軽減免除の可能性さえ否定すべき態様の事態が多い」とされているので（藤木英雄『刑法講義総論』（昭50年・一九七五年）一六六頁）、藤木博士も、積極的加害意思のある場合防衛の意思がなくなるとされているものといえるのではなかろうか。
(34) 福田・前掲注（8）一五二頁注（1）。
(35) 中野次雄「判批」『判例評論』三〇八号（昭59年・一九八四年）二二五頁。
(36) 中野・前掲注（20）一八八頁。
(37) 中野・前掲注（20）一八八―九頁。
(38) 川端・前掲注（10）理論九四頁。
(39) 小暮・前掲注（30）一六一頁。
(40) 中野・前掲注（35）二二五頁、同・前掲注（20）一八八―九頁。
(41) Roxin, Die provozierte Notwehrlage, ZStW 75 (1963), S. 563.
(42) 大塚・前掲注（22）一三九―四〇頁。
(43) 大塚・前掲注（8）三七二頁。
(44) 川端・前掲注（10）25講一四七頁参照。
(45) 大塚・前掲注（22）一四〇頁。
(46) なお、香城・前掲注（32）二五一頁参照。
(47) Roxin, a. a. O. [Anm. 41], S. 563.
(48) ロクシンにおける、正当防衛のため「攻撃の認識と必然的に結びつけられた防衛の故意（dem mit der Kenntnis des An

griffs zwangsläufig verbundenen Abwehrvorsatz)」（Roxin, a. a. O. [Anm. 41], S. 563）の内容が、大塚博士の、「防衛の意思とは、急迫不正の侵害を意識しつつ、これを避けようとする単純な心理状態で足りる」（大塚・前掲注（8）三七二頁）という状況と同じものであるとするならば（この点、斉藤教授は、大塚博士とロクシンの立場を同一の立場に分類されている（斉藤誠二『特別講義刑法』（平３年・一九九一年）八二頁））、大塚博士の立場から、「正当防衛には防衛行為として許される限度があるから、侵害者に対する反撃は、おのずから、防衛行為に適した限度内にとどめられるべきであり、その限度を明らかに越えた反撃が違法である」（大塚・前掲注（22）一四〇頁）として防衛の意思を否定することは、さらに難しくなるであろう。

（49）　Benfer, Allgemeines Strafrecht, 1984, S. 35 f. usw. なお、一九三六年当時において、H. マイヤーは、「防衛は、防衛の目的のためにも、行われなければならない。たしかに、仮に防犯の目的で（in der Absicht der Verbrechensbekämpfung）、その権利は、法が正当防衛行為者の意思の質をもはや少しも考慮しないほど広くなることができたはずである。しかし、そうすると、法は、正当防衛行為者の人格の中にある犯罪的意思をまったく処罰しないままにしていまうはずである。そのように解決することは、法の伝統に合致しない。むしろ、防衛意思が存在しない場合には、正当防衛の実行が否定されるべきである。したがって、正当防衛を口実にして（unter dem Vorwand der Notwehr）敵対者を殺害し得るために正当防衛状況を故意的に惹起した者は正当防衛を援用することはできないという法の伝統に合致している理論はまた正当性が認められる」としていたが（H. Mayer, Das Strafrecht des Deutschen Volkes, 1936, S. 259）、その後、一九五三年においては、「正当防衛を口実にして敵対者に傷害を加えるために、例えば殺害するために、正当防衛状況を意図的に惹起した者は、正当防衛を援用できない」（H. Mayer, Strafrecht Allgemeiner Teil, 1953, S. 205）と述べるに止まるようになっている。

（50）　バウマン／ヴェーバー／ミッチュは、「通説に従うと、被攻撃者は、彼が、攻撃者を『正当防衛を口実にして（„unter dem Deckmantel der Notwehr“）』攻撃者に傷害を加え得るために攻撃者を意図的に挑発した場合には、正当防衛権をもたない」としている（Baumann/Weber/Mitsch[Mitsch], Strafrecht Allgemeiner Teil Lehrbuch, 10. Aufl., 1995, S. 324）。ドイツの通説は、意図的挑発の場合を「正当防衛を口実にして（„unter dem Deckmantel der Notwehr“）」いるものとして特徴づけている。そして、H. マイヤーは、防衛の意思必要説の立場から（H. Mayer, a. a. O. [Anm. 49] Strafrecht Allgemeiner Teil, S. 204 f.）、「正当防衛を口実にして敵対者に傷害を加えるために、例えば殺害するために、正当防衛状況を意図的に惹起した者は、正当防衛を援用できない」（H. Mayer, a. a. O. [Anm. 49] Strafrecht Allgemeiner Teil, S. 205. Vgl. Blei, Strafrecht I. Allgemeiner Teil Ein Studienbuch, 16. Aufl., 1975, S. 128 f., 17. Aufl., 1977, S. 131 f., 18. Aufl., 1983, S. 144）として正当防衛を否定する。一方、ヒッペルは、防

衛意思不要説の立場から（v. Hippel, a. a. O. [Anm. 22], S. 196, S. 210）、「被威嚇者（Bedrohte）が、防衛を口実にして攻撃者を傷害するために、攻撃を故意に惹起した場合には、正当防衛は認められない」としている（v. Hippel, a. a. O. [Anm. 22], S. 211）。意図的挑発の場合に「正当防衛を口実にして」いることのみを理由にして、正当防衛は認められないとすることは、「刑罰思想の前に（vor der Strafgedanke）未解決のままにしておくことであ」り、まったく論理的ではない（Hegler, Mittelbare Täterschaftbeinichtrechtswidrigem Handeln der Mittelsperson, Festgabe für Richard Schmidt Bd. 1, 1932 [Neudruck 1979], S. 63）。意図的挑発の場合及び口実防衛の場合、なぜ正当防衛が否定されるかについての根拠は、さらに検討されるべき課題であるから、意図的挑発の場合及び口実防衛の場合は区別すべきかどうかという問題をも含めて、別の機会に検討したい。

（51）Benfer, a. a. O. [Anm. 49], S. 35.
（52）Benfer, a. a. O. [Anm. 49], S. 35.
（53）Benfer, a. a. O. [Anm. 49], S. 35.
（54）Benfer, a. a. O. [Anm. 49], S. 36.
（55）Vgl. Roxin, a. a. O. [Anm. 41], S. 574 f.
（56）ロクシン自身は、かつて意図的挑発と故意的挑発との間に法的に重要な差異は存在しないといえるので、両者を合一的に扱うことは正当であるとしていたが（Roxin, a. a. O. [Anm. 41], S. 574 f.）、現在では、意図的挑発の処理と故意的挑発の処理とを区別している（Roxin, Die „sozialethischen Einschränkungen“ des Notwehrrechts, ZStW 93 (1981), S. 87 [Anm. 44]）。
（57）Benfer, a. a. O. [Anm. 49], S. 35.
（58）Benfer, a. a. O. [Anm. 49], S. 35.
（59）Hegler, a. a. O. [Anm. 50], S. 63.
（60）Roxin, a. a. O. [Anm. 41], S. 563.
（61）Vgl. noch Hegler, a. a. O. [Anm. 50], S. 63 f.
（62）団藤・前掲注（8）二三五頁、川端・前掲注（1）三三二―三頁、板倉宏『新訂刑法総論』（平10年・一九九八年）二〇八頁、荘子邦雄『刑法総論』第三版（平8年・一九九六年）二二七頁、斎藤信治『刑法総論』第三版（平10年・一九九八年）一八三―四頁、香城・前掲注（32）二四七―八頁、安廣文夫「判批」『最高裁判所判例解説刑事篇（昭和六〇年度）』（平元年・一九八九年）一四五頁等。

(63)　団藤・前掲注（8）二三五頁。
(64)　川端・前掲注（1）三三二頁。
(65)　川端・前掲注（1）三三二―三頁。
(66)　川端教授の所説は、団藤博士の述べておられる「急迫が要件とされている趣旨」を明確に理論化されたものといえるであろう。
(67)　積極的加害意思のある場合急迫性がなくなり得るという点に関して、斎藤教授は、「侵害が十分予期されていたというだけでは急迫性は失われないが、『好争的行動で予定したような侵害を招来した』とみられる場合には、侵害は殊更に招かれたものであるから、反撃による法益保全のプラスは結局認められず、また、法秩序維持に貢献するどころか、わざわざ平地に波瀾を巻き起し無用の闘争に及ぶ点でむしろマイナスであって、反撃による法益侵害（脅威）自体のマイナスを埋め合せ得る余地はなく、初めから違法と決まっていると考えられるし、過剰防衛（2項）における刑の任意的減免の根拠となるような責任減少を認める余地もなかろう。文理的にも、こうした場合は『急迫』とはいえないとすることは、言葉の可能な意味の限界内にあるのは勿論、むしろ常識的でさえあると思われる」と指摘しておられる（斎藤・前掲注（62）一八三―四頁。なお、日高義博『刑法総論講義ノート』第二版（平8年・一九九六年）一一〇頁参照）。さらに、香城教授は、積極的加害意思をもって加害行為に及んだ場合、「本人の加害行為は、その意思が相手からの侵害の予期に触発されて生じたものである点を除くと、通常の暴行、傷害、殺人などの加害行為とすこしも異なるところはない。そして、本人の加害意思が後から生じたことは、その行為の違法性を失わせる理由となるものではないから、右の加害行為は、違法であるというほかはない。それは、本人と相手が同時に闘争の意思を固めて攻撃を開始したような典型的な喧嘩闘争において双方の攻撃が共に違法であるのと、まったく同様なのである。したがって、前記のような場合に相手の侵害に急迫性を認めえないのは、このようにして、本人の攻撃が違法であって、相手の侵害との関係で特に法的保護を受けるべき立場にはなかったからである」と述べておられる（香城・前掲注（32）二四七―八頁。同旨、安廣・前掲注（62）一四五頁）。
(68)　川端・前掲注（1）三三三頁。
(69)　板倉・前掲注（62）二〇八頁。
(70)　福田・前掲注（8）一五二頁注（1）、大塚・前掲注（8）三六四頁、香川・前掲注（8）一七三―四頁注（8）、曽根・前掲注（8）一〇四―五頁、同・前掲注（20）四二―三頁、中山・前掲注（20）総論二七三頁、同・前掲注（20）概説一一二頁、山口・前掲注（20）法協百周年記念七二四―五頁、同・前掲注（20）問題探究五八頁、山中・前掲注（20）一九〇頁、大谷・前掲注（8）二六一頁、野村・前掲注（20）二二二頁、内田・前掲注（20）二三三―五頁、前田・前掲注（8）二二七頁、内藤・前掲注（13）三三三―五頁、中野・前掲注（20）一八七頁、一九二頁注（8）、山本・前掲注（20）一八八頁、井田・前掲注（20）一四二頁、佐久間・前掲注（20）一九六頁等。

（71）曽根・前掲注（26）一六二頁、同旨、山中・前掲注（20）一九〇頁、中野・前掲注（35）二二四頁、内藤・前掲注（13）三三四頁。

（72）大越義久「判批」『刑法判例百選Ｉ総論』第二版（昭59年・一九八四年）七五頁。同旨、山中・前掲注（20）一九〇頁、大嶋一泰「判批」『昭和五九年度重要判例解説』（昭60年・一九八五年）一六五頁、山本・前掲注（20）一八八頁。

（73）前田・前掲注（25）二九一頁。同旨、内藤・前掲注（13）三三四―五頁。

第三節　ドイツの判例の検討

日本において、積極的加害意思が急迫性に及ぼす影響について検討する契機となったものの一つとして、最高裁昭和五二年七月二一日決定があり、それは、「単に予期された侵害を避けなかつたというにとどまらず、その機会を利用し積極的に相手に対して加害行為をする意思で侵害に臨んだときは、もはや侵害の急迫性の要件を充たさないものと解するのが相当である」[74]と判示している。

本件の争点の中核は、「防禦者が、侵害を予想して待機し侵害が現実化したときに、侵害者に反撃を加えた場合、正当防衛の要件である『侵害の急迫性』に影響があるのだろうか」という点にあり[75]、「将来の侵害に関して、いわゆる忍び返しが講壇事例として好んで取りあげられる。本件も本質的にはこれと同じ範疇の問題である。しかし、行為類型としては、むしろ喧嘩闘争と侵害の急迫性という問題領域に属する。なぜならば、第一次と第二次の襲撃と迎撃とは連続的な争闘と見るのが妥当であり、予期される一回的な侵害に対する反撃としての忍び返しとは異なるからである[76]」。したがって、喧嘩闘争の場合の判例の展開を検討することは重要である[77]。ここでは「本章の目的」において指摘したように、この問題に関して特にドイツの判例について検討する。

まず、帝国裁判所の一九二五年一一月一〇日判決[78]がある。事案は次の通りである。すなわち、被告人は、飲み屋へ行きそこで抗争となる危機又は抗争となる機会を得たとき、それに引き続いて暴力沙汰となるであろうことを認識し、そしてそのことを計算に入れていたが、彼の仲間（Anhang）と数人の部外者（eine Anzahl Unbeteiligter）を味方につけて、飲み屋へ行き、そこで抗争となり、被害者に傷害を負わせて死亡させたというものである。

この事実関係を前提として、帝国裁判所は、「刑法二二六条、二二三条aの意味における傷害致死の理由で被告人に有罪判決を下すことは維持され得なかった」とした上で、陪審裁判所（Schwurgericht）が誤想防衛による問題のより詳細な立証及び検討にまったく入っていなかったことは、「明白に法律的に誤った解釈に基づいている」としつつ、次のように判示する。すなわち、「被告人は飲み屋において抗争となる危機又は抗争となる機会を探しており、そしてそこにおいて暴力沙汰となるであろうことを計算に入れていた場合であっても、そのことによって、必ずしも法律上必然的に、飲み屋における事情が現実の又は誤想された正当防衛状況に被告人自身がおかれるという方向へ後に実際に進展する可能性は、排除されるものではなかったのである。攻撃の『客観的』な違法性は、攻撃が被攻撃者により有責的に惹起されたことによって、排除されるものではない。単に争いを惹起しただけでは攻撃は、まだ見いだされ得なかったのである（vgl. RG. 6, 576, 577）。それゆえ、被告人が、故意に、いずれにせよ、条件つきで、『暴力行為となる攻撃をすでに内心で受け止め、被告人が飲み屋に入ったことによって、その攻撃をすでに一般的に実行に移していた』という陪審裁判所の推認にも、法律的に疑いがある」と判示しているのである。

この「判決には、残念ながら基礎となっている状況に関して、ごく僅かの説明しかない[79]」とされているが、この判決は、シュレーダーが指摘するように、「暴力的争いの緊急の危険があった飲み屋に赴き、そして暴力沙汰になるだろうことも計算に入れていた者に正当防衛権を容認することを、決して躊躇しなかった」といえる。[80]言い換えると、この判決は、ロクシンが指摘するように、「『被告人が闘争の危険又は闘争の機会を飲み屋において探しており、そしてそこにおいて暴力沙汰となるであろうことを計算に入れていた場合であっても』、そこに被告人の正当防衛権を妨げるものは一つもないことを、明瞭に判示した」のである。[81]このように「ドイツの初期の判例は、…有責者の正当防衛権を無制限に認めていた」[82]と評価できるであろう。このような傾向は、ロクシンによると、帝国裁判所がまず次のような関係をなお自覚していた結果であるとされる。すなわち、「ある人が、乱暴者らによって包囲された道を思い切って通り抜け、そしてその際、予期通り攻撃している悪党らを正当防衛の限界内で戦闘不能にする唯一の目的を追求する場合、いったい実際に道徳的にも非難されなければならないのであろうか。なぜ私は、納得できる根拠なしに私に襲い掛かろうとする飲み屋の暴君又は住居の隣人を必要性の枠内で打ち負かす意図をもつべきでないとされるのであろうか。ここで、それによって『正は不正に譲歩する必要はない』という命題が妥当しなくなった社会倫理観の変化を確定するのは、私には正しいこととは思われない。なぜならば、この命題は、決して、時として考えられているように、時代遅れの厳格主義的な正当防衛原理の発現ではないからである。この命題は、むしろ全法秩序の支柱を特徴づけるのである。そのことは、比較的新しい判例のアプローチを徹底的に考えてみた場合に、即座にはっきりする。その際、法秩序を無視する暴力的な人々は、—慎重に法律によって保護されて—遵法的で回避を義務づけられた国民からその権限を奪い得るために、好戦的に道路において動き回り、飲み屋に留まり、又は他人に対して戸を封鎖しさえすればよいこととならなければならないはずである。そのような事情を許容する『正』があるとすれば、それは自らを廃棄するものである。それは、治安破壊者及び無政府主義者にとって理想的な秩序であろう」とされるのである。[83][84]

これに対して、「以前の非常に堅固で厳格な正当防衛権は、最高裁判所の判例において、ますますその限界が曖昧になるおそれがある[85]」現在の判例の傾向からすると、シュレーダーは、本判決で扱われた事例に関して「今日疑い無く異なる判決がなされるべきはずであった」と解している[86]。

一方、闘争状況において正当防衛を否定した判例が存在する。すなわち、一九四〇年四月一六日の帝国裁判所[87]は、まず、「両方の関与者が互いに殴り合いをする意思をあらわに示している場合、その者たちのうちの一方が攻撃者であり他方が防衛者であるという二人の人間が相対峙している状況として評価することは正当でない。むしろ、その場合、二人とも、経験上そのような闘争とむすびついていることを甘受していたと説明され得る。そのような状況の場合、闘争が通常の殴り合いの限界を超えない限り、二人の敵対者のうち一人が攻撃者であり他方が被攻撃者であることを必要とする正当防衛状況は、欠如している。その状況は、むしろその場合、両敵対者にとって差し当たりまったく同じであり、それゆえ、何人も、通常危険のない一般的な殴り合いの闘争の手段を超えたやり方で、正当防衛として合法的に格闘することを許されていることを自分のために要求できない」と判示している。そして、「敵対者の行為から防衛するために敵対者に傷害を負わせ、又は殺害してしまうために、敵対者の行為を惹起する者自身は、防衛の意思を装おうとしているにすぎない。実際には、彼は敵対者を巧みに隠された方法で攻撃する意思をもっており、それゆえ、正当防衛を援用できない。このことに関する他の根拠として、帝国裁判所の以前の判決に依拠して（公刊されていない一九三五年一〇月三日判決（3 D 570/35））と並んで、特に、一九三九年二月九日判決（vgl. 3 D 1022/38 = DRW. 1939 S. 364 Nr. 11)、明らかな権利濫用は権利保護を要求できないという普遍的な法思想も参照され得る」としたのである[88]。さらに帝国裁判所の一九三二年五月四日判決[89]は、重大な闘争に決着をつけるまで戦っている敵対者の二人とも他の者に対して正当防衛の状況にあるのかという問題に関して、次のように述べる。すなわち、「被告人は、―他人の助けなしに―勝利を手にしようとした。そして、勝利を得るために、又は―

判決に書かれているように―『同等であると分かった敵対者より優位を得るために』、敵対者がまだ闘争を再開する前にすなわち飛びかかる前に、被告人は、危険な武器に手をやり、敵対者に飛びついたのであり、そして、その激突の後『即座に』ナイフを敵対者の体に二回深く刺した」ことに関して、「そのようにすることは、もはや単なる敵対者の撃退ではなく、純粋な正当防衛の形式による防衛でも反撃の形式よる防衛でもなく、攻撃意思及び勝利を得るという名誉欲に起因した行為であった（vgl. RMG. Bd. 9 S. 278）。したがって、単に要請された防衛の限界の遵守がないのではなくて、そもそも正当防衛でない」として、正当防衛を否定した。

その後、帝国裁判所は、社会倫理的要素を挿入することにより、正当防衛権を一層強く緊急避難に近づけ、それゆえ権利防衛としての正当防衛権の本来的特質を弱める判例の明確な傾向へと傾斜する「決定的転換[90]」を遂げた一九三七年三月一日判決[91]を下した。本件の事実関係は、次の通りである。すなわち、被告人は、ある日の午後、Hの飲み屋で、そこで働いている従業員Jと会った。Jと被告人が約一年半前に、口論となった際、ほろ酔いのJは被告人の顔を殴ったのであった。被告人とJは、中庭において争いとなり、その争いの過程において、被告人が彼のピストルで一発発砲し、その発砲によってJは殺害されたというものである。

「陪審裁判所は、故殺（刑法二一二条）で起訴された被告人に対して無罪判決を下した。陪審裁判所は、Jが被告人を攻撃したことを証明されているものと評価し、被告人がJの攻撃を撃退するため銃器を使用せざるを得なかったのであり、したがって被告人が正当防衛において行為したという立場に立っている。撃退することは、事情によっては銃器を用いることによってのみ可能であったとされ、別の方法は、被告人にとって自由にならなかったとしている。被告人がさらに逃避することによって助かることができたかどうかは、未決定のままでよいとする。なぜならば、被攻撃者は、逃避することによって攻撃を回避する義務はなく、攻撃者を退ける権利をもつからであるとされている。被告人は、Jを狙って撃ったことによって、その権利を行使したとしているのである。被告人は、二度にわたってJに発砲するぞと脅して被告人から手を引くようJに要求したが成功しなかったため、その後に、はじめて発砲したことも考慮されるべきであったとされる。したがって、正当防衛の過剰も存しないとしているのである」。

これに対して、帝国裁判所は、次のように判示した。すなわち、「被告人が銃器の使用によってのみ攻撃を撃退できたという陪審裁判所の見解は、法的に議論の余地がある。違法に攻撃されている者は、―陪審裁判所は承認しているようであるが―あらゆる状況の下で、彼が自由に使えるすべての手段によって自衛する権限はない。防衛の方法及び量は、むしろ攻撃の方法及び量を基準にしている。被攻撃者が、方法又は量から判断して、より軽い防衛手段を用いることができ、即座に一方又は他方の観点から判断してより重い方法を使用できる場合には、被攻撃者は、権限が与えられていない。たしかに、被攻撃者は、屈辱的な逃避によって攻撃を回避する義務はない。なぜならば、被攻撃者は、そのような逃避によって彼の名誉を危険に晒す必要はないからである。しかし、そのことから、被攻撃者がいかなる事情であっても暴力的な防衛に着手することが許されると、結論づけられるものではない。陪審裁判所は、事情によっては、屈辱的な逃避と暴力的な防衛の間に、被攻撃者が攻撃を回避できる別の方法もなお存在していることを看過している。被攻撃者は、自己又は他人の正当な利益を放棄すること、又は危険に晒すことなしに、被攻撃者が攻撃の方向から脱出することによって、現在の違法な攻撃を回避できる場合、攻撃者の法益を侵害することが攻撃からの防衛のため必要でないときには、そのように攻撃者の法益を侵害する権限を有しない。それゆえ、例えば暴力的攻撃によって脅迫されている者には、事情によっては、防衛する能力もあり用意もできている第三者の助けを要求することが期待されるべきである（RGSt. Bd. 66 S. 244）。被攻撃者が暴力的防衛によるのとは別の方法で、そのようにすることによって自分の体面をいくらか損なったりあるいは自己又は他人の正当な利益を危険に晒すことなく攻撃を回避できる諸事例において、暴力的防衛は、―特に、暴力的防衛の殺害をもたらす可能性がある場合には—その暴力的防衛が防衛のために必要であると是認され得ないという健全な民族観ときわめて矛盾する（vgl. Gürtner Das kommende Deutsche Strafrecht Allgemeiner Teil 2. Aufl. S. 76, 77)。

したがって、本件においては、銃器の使用以外の方法を用いることが、被告人に期待されるべきでなかったかが検討されるべきであった。それゆえ、例えば被告人は、飲食店の主人、その主人の息子又は別の近くにいる人の援助を、Jと一緒にその場から遠ざかるかわりに彼らの近くにいることによって、確実にできたかどうかが審理されるべきであったのである。この審理は、以下の理由からも、特に必要であった。その理由というのは、Jがかなり以前に一度殴ったことのある被告人は、今度は銃器の所持を頼りにしているので新たな争いをあまり回避しようとしていなかったことはすぐには排除されないことである。しかし、被告人が新たに争いを開始する契機を与えたことが認定されるならば、なおさらJとの重大な争いを回避することが被告人に期待されるべきであったはずである。

判決の認定によると、至近距離からの発砲が致命傷となっている。そうであるとするならば、被告人が敵対者に単に戦闘能力を失わせる程度にしか発砲できなかったのか、その程度に発砲すべきではなかったかについて審理する特別の機会を陪審裁判所に与えるべきだったはずである」とした。

この判決は、「『健全な民族観』という一九三六年草案の文言を援用している点及び回避に対する『期待可能性』の有無を基準にしようとしている点でも注目すべき判例である」とされているが、[92] 正当防衛権に関して「決定的転換」[93] を遂げた判例としても重要である。すなわち、シュレーダーは、本判決が、「被攻撃者が暴力的防衛によるのとは別の方法で、そのようにすることによって自分の体面をいくらか損なったりあるいは自己又は他人の正当な利益を危険に晒すことなく攻撃を回避できる諸事例において、暴力的防衛は、—特に、暴力的防衛の殺害をもたらす可能性がある場合には—その暴力的防衛が防衛のために必要であると是認され得ないという健全な民族観ときわめて矛盾する」と判示していることを根拠に、社会倫理的観点から正当防衛権を制限する現在のドイツ判例の傾向へと連なる「決定的転換[94]」を遂げた判例と位置づけているのである。

本判決が正当防衛権を制限する基準にしている「健全な民族観」に関して、バウマンは、批判的である[95]。

この帝国裁判所の立場は、連邦裁判所に引き継がれた[96]。このことを示す例として、連邦裁判所一九五七年九月六日判決[97]がある。その事案は、次の通りである。AとBは同じソーセージ工場で働いていたが、ある日、Aは、Bの要求にも拘らず口笛をやめなかったので、Bと口論となり、Bに「おまえの腹にナイフを突き立てることにならないように気をつけろ」と言った。Aの挑発的言辞により、Bが決然とした歩調でAの方へ向かっていった後、AとBが重なり合ったとき、Aは、過失により、自分の体に密着させて持っていた肉切包丁でBの身体に包丁の柄の部分まで刺していまい、その結果、Bを死亡させたのである。このような事実関係を前提として、連邦裁判所は、単なる威嚇は正当化したが、包丁の使用が―Aには即座に認識し得べきであるが―遅くとも攻撃しているBにとって重大な危険となる瞬間に、Aは脅迫をやめるべきであったのであり、Aは、開いたドアを通って危険なく後退する機会を十分利用すべきであり、あるいは―包丁なしに―Bと力比べをする危険を冒した場合には敗北を甘受しなければならなかったであろうとした上で、「違法に攻撃をされている者も、その者の自由に使えるどんな手段を用いて自衛するという権限はない。そのことは、ずっと以前から確立した判例において認められている（vgl. RGSt 71, 133）」と判示して、肉切包丁の使用については正当化しなかったのである。

さらに、「有責者の防衛行為に制限を課すことに至る原因行為の範囲を限定し、かつ、その制限の内容を明確にする[98]」連邦裁判所の判例として、一九七二年六月一四日判決[99]がある。事実は次の通りである。すなわち、被告人は、一九六九年六月七日の夕方、以前に被告人が盗んだ自動車に乗って駐車場から出発しようとした。その際、被告人は、その隣に駐車していた乗用車をかすり、走行中の別の車とぶつかった。被告人は、身元を確認されることを免れるため、その場から逃げ去った。被告人は、被告人により損壊された第二の車の運転手Rによって追跡された。被告人は、赤信号により停車中の別の車の後ろに停車しなければならなかったため、歩いて逃げたが、Rはなおも追跡を継続し、被告人に結局追いつくことができた。次の争いに際して、被告人は、短剣でRを滅多突きにし、Rに致命的な傷害を負わせたというものである。

地方裁判所（Landgericht）は、行為の経過の詳細に関して、確実な認定を行うことができなかった。しかし、地方裁判所は、Rが被告人を追跡した際、被告人に「殺すぞ」と叫んだという被告人の反論及びRが被告人を追い詰めたときRは被告人を続けざまに殴ったという被告人の反論が、反駁され得るものとはみていない。それゆえ、地方裁判所は、被告人の利益のために、被告人が短剣を使ったとき被告人は正当防衛状況にあったということから出発しているが、しかし、Rの攻撃に対する武器の使用を必要な防衛とは認めていない。被告人自身の反論によると、Rは、如何なる武器をも使わずに素手によって被告人を殴り続けたとされる。地方裁判所の判断によると、この攻撃に対して、防衛手段として短剣のような武器は被告人にとって必要ではないとされた。交通事故、あて逃げといった先行行為を考慮して、被告人は、差し当たりあまり危険のない処置―例えば、ナイフを用いて単に威嚇するようなもの―をとることが要求され得る。このようにして、地方裁判所は故殺を理由に被告人を処罰したのであった。

これに対して、連邦裁判所は、次のように判示した。すなわち、まず、被告人を追い詰め拘束する権限のみ有していたRが被告人を続けざまに殴ったときこの権限の限度を超えているので、「被告人はこのRの違法な攻撃に対して正当防衛状況にあった」とする地方裁判所の出発点は正当であるが、武器を使わずに素手を用いて行われた攻撃に武器を使用して対抗されてよいかどうかは、戦っている二人が武器対等であるという意味において抽象的には答えられ得ないので、「被告人がRの攻撃に対して短剣を用いて自衛してはならなかった」とする地方裁判所の見解は正当でないとしている。そして、防衛手段の制限に関して、武器を使わずに素手を用いて行われた攻撃に武器を使用して対抗されてよいかどうかは「むしろ、違法に攻撃されている者が即座にかつ最終的に危険を排除することを見込ませる防衛手段で違法に攻撃されている者に獲得できる防衛手段を選択できるという原則に従って決定される。防衛のために用いている手段の効果が疑わしい場合、違法に攻撃されている者はあまり危険ではない防衛手段を用いることを原則的に強制されない（BGH GA 1968, 182 mit Nachweisen; BGH Urt. vom 14. Juli 1971-2 StR 308/71）」という基準をあげた上で、この基準を基礎とする場合、被攻撃者がこの種の素手による防衛によって確実な防衛成果を見込めるほど被攻撃者が攻撃者よりも身体的に優れているとき、被攻撃者はまず素手による防衛に制限される必要があるが、地方裁判所は、本件がそのような事情にあったことを認定していないとする。そして、本件のように、先行行為によって攻撃を惹き起こすことにかかわった場合、被告人は、回避可能性があるときには、あまり危険のない防衛形式を選択するように義務づけられているが、回避可能性のないときには、短剣を用いてもよかったので、「被告人が違法な先行行為によって、つまり被告人の交通違反とあて逃げによって、Rを怒らせ、それゆえ、Rが怒るというような結果を予期していないにせよRの攻撃を惹き起こしたという事情も、武器の使用が被告人におよそ否定され続けるという意味において防衛手段の選択に影響を及ぼし得なかった」とした上で、「刑事部は、したがって、挑発者が後の攻撃の可能性を考慮していないか又はそれどころか意図していない非難可能な挑発事例において、行為者が攻撃を回避し得又は回避することによってあまり危険のない防衛方法を用い得る場合その限りにおいてのみ、防衛は権利濫用として評価されてよいとする見解に従う。このような可能性が挑発者にない場合、挑発者は、必要な防衛をする権限が与えられたままである。もちろん、今問題になっている場合においても、被害者が非難を加え得る契機を与えていない攻撃の場合よりも厳格な基準が適用されるべきである。刑法五三条における正当防衛権を効果的に形成する基礎となっているのは、この権利が被攻撃者の保護だけでなく同時に法秩序の確証にも常に役立っているという思想である（Baldus LK 9. Aufl. §53 Rdn. 1 mit weiteren Nachweisen）。被攻撃者自身が法律に基づいて被攻撃者を非難できる行為（ein ihm von Rechts wegen vorwerfbares Verhalten）によって、被攻撃者に生じた緊急状況に寄与していたのでこのような普遍的利益が個々の事例においてあまり強く認められない場合には、被攻撃者は、できる限り、その防衛行為が敵対者にさらに攻撃を続けさせなくするものであるかどうかは無条件に確実ではない防衛行為でやはり満足しなければならない。すなわち、被攻撃者は、より効果的であるがしかし事情によっては生命に危険のある防衛手段をまだ直ちに用いてはならない。被攻撃者に防御的防衛（Schutzwehr）で見込みのあり得る限り、被攻撃者は、攻撃的防衛（Trutzwehr）に移行してはならない。その際、被攻撃者は僅かな侵害及び傷害を甘受しなければならないだろう（vgl. BGH Urt. vom 17. Juli 1964—2 StR 166/64 und Urt. vom 6. September 1957—2 StR 310/57. angeführt bei Dallinger MDR 1958, 12）」とし、以上からすると、短刀を用いた単なる威嚇は、その後すぐ攻撃者が殴ってくる前に回避することによって被告人がそのようなことをする機会を得ることができた場合にのみ、被告人に要求されるべきだったはずであり、そのよう場合でなかったとき、より危険の少ない短剣の使用が例えば攻撃者によって実行された殴打を阻止するために及び受け流すために単に突きつけることによって、可能でなかったか及び必要な防衛として十分でなかったかが審査されなければならなかったはずであるので、地方裁判所の認定は不十分であると指摘して、破棄差戻した。

本判決は、正当防衛が制限される有責行為を「法律に基づいて被攻撃者を非難できる行為（ein ihm von Rechts wegen vorwerfbares Verhalten）」に限定した点に意義があるとされる。(100) さらに本判決は、被攻撃者が後の攻撃の可能性を考慮していないか又はおよそ意図していない非難可能な挑発の諸事例において、被攻撃者が攻撃を回避することができ、又は回避の後に危険の少ない防衛方法を用いることができる場合に限り、被攻撃者の防衛は権利濫用として評価されるとする見地に立ち、このような可能性がない場合、被攻撃者には必要な防衛をする権限が依然として与えられているが、この場合には、被攻撃者が非難され得る契機を与えていない攻撃のときよりも厳格な基準が妥当すべきであるとした上で、「刑法五三条における正当防衛権を効果的に形成する基礎となっているのは、この権利が被攻撃者の保護だけでなく同時に法秩序の確証にも常に役立っているという思想である」とすることに関して、「正当防衛は、自己防衛だけでなく、法秩序の確証にも役立つことを認め」ているといえる。[101]この点に関して、ロクシンは、本判決は一方の根拠に偏らない「中道を行く」ものであり、[102]「基本的に賛同に値するもの」[103]としている。

ロクシンは、本判決と同様の事例に関して「被挑発者の攻撃を惹き起こし、被挑発者を正当防衛の保護のもとに傷害することを目標とはしないが、しかし、それにも拘らず違法な攻撃を惹き起こす挑発の方が、実践的には、はるかに重要な意味をもつ」[104]とし、このような場合、挑発者は、違法な攻撃からの保護を必要とするから、完全に正当防衛権を失うことはあり得ないが、「たしかに、法確証の利益は、攻撃の原因を作らなかった場合に認められるはずの法確証の利益よりずっと少ない。完全な正当防衛権を行使することは、局外者が違法な攻撃の犠牲者となる場合にのみ『要請される』のである。そのような行為は、一般的に、法的安定性の感情を危険に晒す。これに対して、挑発された攻撃は、住民の中ではほんのにわずかの興奮しか惹き起こさない。なぜならば、そのような攻撃は双方の落ち度の相互作用から生じるからである。市民は、はるかにわずかしか、災難に見舞われ、危険に晒されているとは感じない。なぜならば、市民は、平和的で適切な振る舞いによってそのような状況を回避することができると考えているからである。それゆえ、被攻撃者の保護は、他方で、社会的顧慮義務の範囲内においてのみ認められる必要がある。その義務は、一般予防の緊急の必要が被攻撃者の保護と対立していないところでは常に社会的顧慮の権利となるものである」[105]とし、したがって、正当防衛権の制限は、この場合にも妥当しなければならないとしている。そして、本判決が、自己保護及び法確証と関連づけながら「刑事部は、したがって、挑発者が後の攻撃の可能性を考慮していないか又はそれどころか意図していない非難可能な挑発事例において、行為者が攻撃を回避し得又は回避することによってあまり危険のない防衛方法を用い得る場合その限りにおいてのみ、防衛は権利濫用として評価されてよいとする見解に従う」と判示していることに関して、ロクシンは、「この把握は、比較的新しい判例においても主張されている」[106]として、さらに、本判決以降の判例があげた回避可能性の基準について次のように精確に述べている。すなわち、「すでに早い時期に、比較的新しい一連の判決において具体化され、精緻化されてきている正当防衛の制限が、挑発された攻撃の場合に、たいてい必要性の欠如という観点の下で、なされてきたのである。その見解のよれば、そうすることが逃避であるように見えるとしても、攻撃を惹き起こした者は回避しなければならない（BGHSt 24, 358; 26, 145）。攻撃者を引きとめておく『防御的防衛（Schutzwehr）』で足りる限り、攻撃を惹き起こした者は、『攻撃的防衛（Trutzwehr）』を行うこと、すなわち、傷害をもたらす反撃へ転ずることは許されない。『わずかな損害及び傷害』は、その際、受忍されるべきである（BGHSt 24, 359; 26, 145 f.）。これに対して、攻撃に共に責任のある者も、重度の殴打を受忍する必要はない（BGHSt 26, 145）。また、挑発された攻撃に対する防衛に際して、寛大な態度をとる義務は、無制限に継続するのではなく、『防衛者によってなされたもっと寛大な防衛の形式が効果のないまま永続している場合、いわば使い切っている』（BGHSt 26, 256 f.）のである。運動靴で車を踏みつけた者は、逃避したけれども、結局、その車の運転手に追いつかれた場合、警告したけれども無駄であったときには追跡者のより強力な攻撃を撃退するために、至近距離から致命的となる発砲をすることも許される。すなわち、その場合には、自制する義務は、もはや存在しないのである（—非常に広範に—肯定 BGH NStZ 1991, 32 m. Anm. Rudolphi, JR 1991, 210）。挑発者が他人の救助を求めて叫ぶことによって攻撃を回避できる場合、又はより寛大に防衛できる場合、他人の救助を求めて叫ばなければならないということが、これらの判決の結論である。—今や BGH NStZ 1996, 380 もまたそのような判断をしている—。これに対して、逃避することによって攻撃を免れること又はあまり危険のない防衛手段を得ることが不可能である場合に、惹き起こされた挑発にも拘らず、さらに重大な脅迫がなされたときには、ひょっとしたら死をもたらすような防衛手段を用いることも許される。攻撃が、単に過失で惹き起こされたのではなく、未必の故意（dolus eventualis）で引き起こされた場合、連邦裁判所は、防衛権限をさらに本質的にこれ以上の制限をしている」とする。[107]その後、「条件つき故意の場合」について具体的に判示した連邦裁判所一九九三年一〇月二六日判決がある。[108]

一方、回避可能性がない場合の判例として、連邦裁判所一九七八年一月一二日判決がある。[109]その事案は次の通りである。すなわち、被告人は、体重一三〇キロで被告人よりも体力がはるかに凌駕している同郷人Ｓによる現在の違法な攻撃に直面していた。Ｓは、被告人の顔にパンチを加え、被告人の襟首をつかみ、被告人を近くの乗用車のところまで押したり引っ張ったりして連れて行った。そして、腕でしっかりと被告人をつかみ、被告人の額を数回乗用車の屋根にぶつけさせた。その後、被告人は、背後に立っている攻撃者がバンドにつけていたナイフを見つけだし、そのナイフを用いて攻撃者が最終的にしがみつくのをやめるまで、三度後ろへ向かって攻撃者を刺したというものである。

この事実関係を前提にして、連邦裁判所は、「殺害行為は正当防衛によって正当化されるという陪審裁判所の見解は、最終的に異議が唱えられるべきものではない」としつつ、次のように判示した。すなわち、本件のような「闘争状態」の際、「被告人は、叙述されている方法でナイフで刺すことが許されるのである。なぜならば、この防衛手段は、攻撃の強度及び危険性を考慮して、攻撃を即座に終了させるために、唯一の成功の見込みのある手段であったからである（vgl. BGH GA 1956, 49, 50; 1965, 147, 148; 1968, 182, 183; 1969, 23, 24; BGHSt 24, 356, 358）」とし、そして、被告人は、ナイフが事態を支配している敵対者によって被告人からもぎとられ続いて被告人自身に向けてそのナイフが使われることを計算に入れなければならなかったので、ナイフによって単に威嚇すること又は防護措置としてナイフを突きつけることは、成功の見込みのある措置ではなかったのであり、被告人がまわりにいる同郷人の救助を懇願できたはずであるともいえないとして、敵対者を突き刺す以外に成功の見込みのある手段があったとする上告趣意の主張を否定しつつ、「被告人は暴力的争いに関して『必ずしも責任がないわけではな』かったので被告人の防衛行為にははじめから制限が付されているという上告趣意は、結局、誤っている。被告人が同郷人Sに六〇〇DMの貸付金を期限通りに返済せずそれゆえSに第三者のところへ行くように指示した事実は、有責的な挑発の意味において非難可能な行為を意味しない。むしろ、個々の事例の全事情を理性的に評価することによって、後続する攻撃を被攻撃者の義務違反から生じた相当で予見可能な結果と思わせる先行行為だけが、そのような挑発として評価されるべきである（vgl. Schönke/Schröder, StGB 19. Aufl. §32 Rdn. 59; Schröder JuS 1973, 157, 159, 160）。

債権者に期限通りに弁済せず、債務者がそうこうするうちに債権者と仲たがいしているので、結局第三者を通じて返済しようとし、そしてそれにみあう資金を第三者に提供していた貸付金の債務者は―刑法的にみると―まだ社会的慣例の枠内にある（Bertel ZStrW 84, 1, 28; vgl. auch Samson in SK 2. Aufl. Rdn. 28 zu §32）。債権者がそのような社会倫理的に非難されるべきでない行為を契機として債務者に暴力をふるう場合、債権者が全体の原因惹起者として考慮されるので債務者の正当防衛権は決して制限されない。なぜならば、―そのとき攻撃された通りの―違法な攻撃を予期しておらず、したがって状況を操作しておらず、そして事態の展開によって不意を突かれている者は、保護する必要があるからである（vgl. Roxin in ZStrW 75, 541, 579 für die Fälle der Fahrlässigkeitsprovokation）。

したがって、ここでは、被告人は違法な攻撃から無制限に自衛してよかった。その際、被告人は債権者Sの攻撃によって陥った現実の（差し迫っている）状況にあるならば、正当防衛権が制限されている場合でさえ被告人に選択された防衛の方法を許容したはずであるかどうか検討しないままにし得る（vgl. BGHSt 24, 356, 359）」とし、「未遂の危険な傷害を理由に処罰することも、上告趣意にも拘らず、問題とならない」として、「刑事部の叙述はその限りで法的誤りがみてとれない」と判示している。

本判決は、正当防衛が制限される挑発行為の性格に関して、「個々の事例の全事情を理性的に評価するによって、後続する攻撃を被攻撃者の義務違反から生じた相当で予見可能な結果と思わせる先行行為」と定義することよって、BGHSt, 24, 356 における「法律に基づいて、被攻撃者を非難できる行為」という定義を「拡大した」[110]と評価され、そして、「後続する攻撃を被攻撃者の義務違反から生じた相当で予見可能な結果と思わせる先行行為」は、「義務違反と攻撃の間に、相当性の原理の意味における一種の誘因連関が（eine Art von Veranlassungszusammenhang im Sinne des Adäquanzprinzips）、存在しなければならない」[111]、あるいは「挑発行為と攻撃との『相当因果関係』を要求している」[112]と評価されているのである。さらに、本判決は、ロクシンの所説[113]を援用しつつ、「債権者がそのような社会倫理的に非難されるべきでない行為を契機として債務者に暴力をふるう場合、債権者が全体の原因惹起者として考慮されるので債務者の正当防衛権は決して制限されない。なぜならば、―そのとき攻撃された通りの―違法な攻撃を予期しておらず、したがって状況を操作しておらず、そして事態の展開によって不意を突かれている者は、保護する必要があるからである」とした上で、この場合、回避可能性の有無を検討することなく、被告人は、違法な攻撃に対して無制限に自衛できるとするので、回避可能性がない場合、被攻撃者すなわち防衛者が、侵害を予期し、それに対して十分準備ができたかどうかは、正当防衛の成否にとって重要な要件であることを承認したといえるであろう。

このように、ドイツの判例は、闘争状況において正当防衛を制限する上で、まず、挑発行為の性格を検討し[114]、義務違反と攻撃との間に「相当性の原理」の意味における一種の誘因連関が存在しなければならないことを要求していると評価できる[115]。そして、被挑発者の攻撃を惹き起こし、被挑発者を正当防衛の保護のもと傷害することを目標[116]としないが、しかし、それにも拘らず、違法な攻撃を惹き起こす諸挑発の場合[117]、回避可能性の有無により判断基準を異にしている。すなわち、回避可能性のある場合、回避可能性の有無を精確に検討することになる。[118] 一方、回避可能性のない場合、被攻撃者すなわち防衛者は、侵害を予期しそれに対して十分準備ができないので、無制限に身を守ることが許されることになる。[119] これに対して、意図的挑発の場合、特に、一九五四年判決において、[120]「暴行を撃退するに際し、敵対者を暴行するために意識的に敵対者の暴行を惹き起こす者は、防衛の意思を装っているだけである。実際には、その者は、巧妙に隠された方法で敵対者を攻撃しようとしており、したがって、正当防衛において行為していないのである」としているので、意図的挑発の事例を口実防衛の事例として処理しているものといえるであろう。[121]

(74) 最決昭五二・七・二一・前掲注（8）。
(75) 川端博『刑法判例演習教室』（平7年・一九九五年）四〇頁。
(76) 川端・前掲注（75）四〇頁。
(77) 「喧嘩闘争と正当防衛」の問題領域に関しては、川端教授が、「判例における正当防衛権の拡大の傾向は『喧嘩と正当防衛』の問題において顕著に見られるが、そのほかの論点に関しても拡張する傾向が見られ、理論的にも実践的にも大いに歓迎されるべきである」とする注目すべき指摘をされている（川端・前掲注（19）松尾古稀二〇一頁。同旨、川端・前掲注（19）再生九四頁）。
(78) RG JW 1926, 1171.
(79) Weber, JW 1926, S. 1171. さらに、山中・前掲注（20）一〇六頁参照。
(80) Schröder, JR 1962, S. 188.
(81) Roxin, a. a. O. [Anm. 41], S. 565.
(82) 山本輝之「自招侵害に対する正当防衛」『上智法学論集』二七巻二号（昭59年・一九八四年）一七二頁。
(83) Roxin, a. a. O. [Anm. 41], S. 564 f.
(84) ロクシンによれば、帝国裁判所一九二五年一一月一〇日判決と同じ傾向にある判例として、帝国裁判所一九三一年二月一九日判決（RGSt. 65, 163）がある（Vgl. Roxin, a. a. O. [Anm 41], S. 565）。

(85) Baumann, MDR 1962, S. 349. Vgl. Shröder, a. a. O. [Anm. 80], S. 188.

(86) Schröder, a. a. O. [Anm. 80], S. 188, Roxin, a. a. O. [Anm. 41], S. 565.

(87) RG HRR 1940, Nr. 1143.

(88) この判例を、ロクシンは、意図的挑発の事例であるとする（Roxin, a. a. O. [Anm. 41], S. 558）。そして、ロクシンは、連邦裁判所一九五四年三月三〇日判決（BGH bei Dallinger MDR 1954, 335）についても、意図的挑発の事例であるとする（Roxin, a. a. O. [Anm. 41], S. 558）。一九五四年判決の事例は、被告人らが棍棒及び手斧で武装し戦闘準備を整えて挑発し、その機会を利用して敵対者に殴り掛かろうとしていた場合において、実際にこの計画に従って事件が生じたというものであるが、これに対して、連邦裁判所は、「暴行を撃退するに際し、敵対者を暴行するために意識的に敵対者の暴行を惹き起こす者は、防衛の意思を装っているだけである。実際には、その者は、巧妙に隠された方法で敵対者を攻撃しようとしており、したがって、正当防衛において行為していないのである（vgl. RG HRR 1940, 1143）」としている。

(89) RGSt. 66, 244.

(90) Schröder, a. a. O. [Anm. 80], S. 188.

(91) RGSt. 71, 133.

(92) 山中・前掲注（20）一〇八頁。

(93) Schröder, a. a. O. [Anm. 80], S. 188.

(94) Schröder, a. a. O. [Anm. 80], S. 188.

(95) Baumann, a. a. O. [Anm. 85], S. 349.

(96) 山本・前掲注（82）一七二頁。

(97) BGH bei Dallinger MDR 1958, 12.

(98) 山本・前掲注（82）一七七頁。

(99) BGHSt. 24. 356.

(100) 山中・前掲注（20）一一三頁、山本・前掲注（82）一七九頁。Vgl. Roxin, a. a. O. [Anm. 9], S. 584.

(101) 山本・前掲注（82）一七九頁。同旨、山中・前掲注（20）一一三頁。

(102) Roxin, NJW 1972, 1821.
(103) Roxin, a. a. O. [Anm. 102], 1821.
(104) Roxin, a. a. O. [Anm. 9], S. 581.
(105) Roxin, a. a. O. [Anm. 9], S. 581 f.
(106) Roxin, a. a. O. [Anm. 9], S. 582.
(107) Roxin, a. a. O. [Anm. 9], S. 582 f. Vgl. Roxin, a. a. O. [Anm. 56], S. 88.
(108) BGHSt. 39, 374.
(109) BGHSt. 27, 336.
(110) 山中・前掲注（20）一一八頁。Vgl. Roxin, a. a. O. [Anm. 56], S. 90.
(111) Kienapfel, JR 1979, S. 72.
(112) 山中・前掲注（20）一一八頁。
(113) Roxin, a. a. O. [Anm. 41], S. 579.
(114) BGHSt. 24, 356, BGHSt. 27, 336, BGH NStZ 1981, 138, BGHSt. 42, 97=BGH NStZ 1996, 380, BGH StrV 1996, 87. Vgl. Roxin, a. a. O. [Anm. 9], S. 584.
(115) BGHSt. 27, 336.
(116) Vgl. noch BGHSt. 24, 356, BGHSt. 26, 143, BGHSt. 26, 256, BGHSt. 39, 374.
(117) これには「条件つき故意の場合」も含まれる。Vgl. BGHSt. 39, 374.
(118) BGHSt. 24, 358, BGHSt. 26, 143, BGHSt. 26, 256, BGHSt. 39, 374. Vgl. Roxin, a. a. O. [Anm. 9], S. 582 f.
(119) BGHSt. 27, 336.
(120) BGH bei Dallinger MDR 1954, 335.
(121) Vgl. noch BGH NStZ 1983, 452.

第四節　結　論

これまで学説及び判例を検討してきたが、それでは、単なる予期ではなくて積極的加害の意思がある場合、急迫性の存否にどのような影響が生ずることになるのか、言い換えると、積極的加害の意思がある場合、急迫性が否定されることがあり得るかという問題を、如何なる立場から処理するのが妥当なのであろうか。このことについて結論を明らかにしたい。

まず、「急迫」性は、元来、法益侵害の現実的危険として純粋に客観的に把握され得ると考えられてきたので、侵害が防衛行為者によって予期されている場合であっても、侵害行為が現実化された時点で切迫性が客観的に認められる以上、「急迫」の侵害があり、積極的加害意思がある場合であっても、そのことは、変わりがないとする否定説の立場に対しては、前述の通り、緊急防衛としての正当防衛の性質から[122]、侵害発生の危険性すら解消するほどの過大な邀撃又は加害の準備が「侵害の急迫性」の要件を欠落させるという関連は、否定できない[123]という批判が妥当する。そして、否定説の中の積極的加害意思がある場合、防衛行為の必要性・相当性に影響を与える解とする立場は、防衛意思を認めない点で妥当でない。すなわち、防衛意思のない行為にあっては「不正」対「不正」の関係が存するに過ぎず、法秩序は正の確証の利益をもたないと解すべきであるから、正当防衛を認めるべきではない。これを認めると「早い者勝ち」を是認し、不当な結果をもたらすことになるので、妥当でないのである[124]。防衛意思を認めない点は措くとしても、さらに、喧嘩闘争の場合でも、相手の攻撃が先行してさえいれば正当防衛、過剰防衛を認めるのでは、いわば「早い者負け」の理論を肯定することになり、あまりにも形式的判断となる点でなお疑問がある、という批判が当てはまる[125][126]。

一方、否定説の中の積極的加害意思のある場合、防衛意思が否定されるとする立場は、いずれにせよ、厳格な防衛の目的を要求する結果となり、侵害の機会を利用して積極的に加害行為に出ようとするときに防衛の意思が欠けるとするものであるから、この立場に対しては、次のような批判が当てはまる。すなわち、法は、客観的及び主観的に合法的行為である以上のことを要求できないゆえに、正当防衛に必要な防衛の意思は、攻撃の認識と必然的に結びつけられた防衛の故意で足りる。このような観点からすると、行為ではなく動機を処罰することになる厳格な防衛の目的を要求する結果となる見解は、妥当でないのである(127)。

このようにして否定説はとり得ないものと解する。

そこで、肯定説が妥当であると考えるが、肯定説に対する批判があるので、その批判の内容に関して検討を加える。

肯定説に対して、否定説は、まず次のように批判したのであった。すなわち、「急迫」性は、元来、法益侵害の現実的危険として純粋に客観的に把握され得ると考えられてきたので、侵害が防衛行為者において予期されている場合であっても、侵害行為の現実化された時点で切迫性が客観的に認められる以上、「急迫」の侵害があり、積極的加害意思があるとしても、そのことは変わりがないから、被告人が積極的加害意思を有していたという事情は、急迫性の認定に影響を及ぼすものではあり得ない(128)とする。しかし、安易な総合判断ではなく、緊急行為としての正当防衛の見地からは、正当防衛に関して危険発生の突発性が危険の重大性ないし強度を補充し得るといえるが、侵害が予期されている場合、被侵害者にとって侵害は突然のものとはいえず、それを阻止するための準備（迎撃態勢をつくること）が可能となり、法益侵害の可能性はそれだけ低下することになる。したがって、迎撃態勢が強化されればされるほど、迎撃者（防御者）の法益が侵害されるおそれは減少するので、防御者が、単に防御するにとどまらず積極的に加害する意思を有している場合には、防御者の法益が侵害される可能性は失われるのである。このように、加害意思は防御者の法益が侵害される可能性を減少させるので、防御者が侵害を予期し積極的に加害する意思を有している場合には、侵害の急迫性が失われ得ると解すべきである[129]。言い換えると、迎撃者（防御者）が積極的加害意思を有していたという事情は、正当防衛状況、なかんずく急迫性の認定に影響を及ぼし得るのである。

また、肯定説によれば、積極的加害意思という「心情要素」が正当防衛の成否を決する際の鍵となるので、正当防衛の制限が恣意的にかつ必要以上に広くなされることとなって妥当でない。すなわち、正当防衛の制限は客観的側面から行われるべきであると批判されたわけである[130]。しかし、どのような場合に侵害の急迫性は消滅するかについて、肯定説の見地からは、次のような基準が示されている。すなわち、侵害の急迫性は、法益侵害の危険の問題なので、その存否の判断は「具体的」になされなければならない。したがって、危険概念としての急迫性は、法益侵害の「現実的」可能性の観点から考慮されるべきであるから、攻撃者と被攻撃者との対応関係に応じて、法益侵害の可能性は決まることになる。それゆえ、防禦者に積極的な加害意思がある場合には、急迫性の程度に変化が生ずる。その加害意思は、客観的な迎撃態勢（否、むしろ攻撃態勢）によって推測されることが多いであろう。このように客観化された加害意思がある場合に、侵害の急迫性は消滅する[131]。あるいは、相手方の侵害を予期し、抜身の日本刀を携えて待機し、反撃の用意を十分にして立ち向かうような場合は急迫の侵害に対するものとはいえない[132]という基準である。右の意味における「迎撃態勢自体は客観的な要素、客観的な事実」であるから[133]、このように客観化された加害意思がある場合に、侵害の急迫性は消滅すると解するという肯定説は、単なる主観を問題にしているのではないことになるのである。したがって、積極的加害意思という「心情要素」が正当防衛の成否を決する要件となっているので正当防衛の制限が恣意的となるという批判は当たらない。

さらに、積極的加害意思があり、客観的に切迫した不止の侵害が存在する状況のもとで、それに対して準備をし防衛行為を行った者に対して、肯定説の立場から急迫性を否定することは、過剰防衛を論ずる余地を否定し、問題の弾力的な解決を阻害するものであり、十分な準備のもとに過大な防衛行為を行った者でも、過剰防衛に該当するといえるので、切迫した侵害もないのに一方的に（防衛行為と全く同じ）攻撃を行った場合とは明確に区別される必要があると批判される。(134) しかし、侵害発生の危険性すら解消するほどの過大な邀撃又は加害の準備により、「侵害の急迫性」の要件が欠落しているといえる場合、(135) もはや、過剰防衛を論ずる余地を否定すべきであり、(136) その程度に至らない場合、正当防衛権の濫用と評価できる状況があるときには、正当防衛を否定すれば足りると考える。(137) したがって、肯定説は問題の弾力的な解決を阻害するものではないといえるから、肯定説に対する批判は、必ずしも説得的でないと解される。

一方、ドイツの判例においては、攻撃の現在性は純粋に客観的に把握されており、本章で問題にしたような事例は、挑発防衛の事例として検討されることが多いとされるが、(138) ドイツの判例は、闘争状況において、挑発防衛として正当防衛を制限できる要件として、まず、挑発行為の性格を検討し、(139) 義務違反と攻撃の間に、相当性の原理の意味における一種の誘因連関が存在しなければならないことを要求していると評価できる。(140) そして、被挑発者の攻撃を惹起させ、被挑発者を正当防衛の保護のもとに傷害し得ることを目標としないが、しかし違法な攻撃を惹き起こすという諸挑発の場合、回避可能性の有無により判断基準を異にしている。すなわち、回避可能性のある場合には、まさに挑発者の回避可能性の有無が精確に検討されることとなる。(141) 一方、回避可能性のない場合には、挑発者すなわち防衛者は、このとき侵害を予期しそれに対して十分な準備ができないので、無制限に身を守ることが許されることになるのである。(142) これに対して、意図的挑発の場合には―特に、一九五四年判決(143)において―意図的挑発の事例を、口実防衛の事例として処理しているものといえる。

このように、ドイツの判例の枠組みは、先行行為のある場合において、意図的挑発の事例に関する処理方法の妥当性についてさらに検討を要するが、意図的挑発の事例以外の場合については、妥当な結論を導き得るものといえる。しかし、ドイツの判例の枠組みは、日本の昭和五二年決定において問題となったような先行行為が問題とされなかった場合[144]又はA組においてかねて対立関係にあったB組が近いうちに拳銃等を携えてA組事務所を襲撃してくることが必至のことと予期されたので拳銃等を準備して組員を配備して待ち構えていたところ予期通りB組組員が襲撃してきたのでこれに対し迎撃したような先行行為がなかった場合[145]、正当防衛が肯定され得ることになると考えられる。このような場合には、反撃による法益保全のプラスは結局認められず、また、法秩序維持に貢献するどころか、無用の闘争に及ぶ点でむしろマイナスであるという評価が可能であるので[146]、正当防衛を肯定することは妥当でないであろう。

以上の考察から明らかなように、先行行為のない場合において、単なる予期ではなく、積極的加害の意思があるとき、急迫性の存否に影響が生ずることになるとする肯定説が妥当である。

(122) 川端・前掲注(10)理論九四頁。
(123) 小暮・前掲注(30)一六一頁。
(124) 川端・前掲注(28)一八七頁。
(125) 西田・前掲注(31)四九頁。
(126) さらに、実務的観点からの批判については、香城・前掲注(32)二五〇―一頁参照。
(127) Roxin, a. a. O. [Anm. 41], S. 563.
(128) 曽根・前掲注(26)一六二頁。同旨、山中・前掲注(20)一九〇頁、中野・前掲注(35)二二四頁、内藤・前掲注(13)三三四頁。
(129) 川端・前掲注(1)三三二―三頁。
(130) 大越・前掲注(72)七五頁。同旨、山中・前掲注(20)一九〇頁、大嶋・前掲注(72)一六五頁、山本・前掲注(20)一八八頁。

(131) 川端・前掲注（1）三三三頁。
(132) 板倉・前掲注（62）二〇八頁。
(133) 川端博『入門講義刑法総論』（平10年・一九九八年）二四六頁。
(134) 前田・前掲注（25）二九一頁。同旨、内藤・前掲注（13）三三四—五頁。
(135) 小暮・前掲注（30）一六一頁。
(136) 安廣・前掲注（62）一四九—五〇頁。
(137) この枠組みは、川端・前掲注（19）再生の九九頁以下の「判例とその検討」において説かれている。
(138) 橋爪・前掲注（19）一二三七頁参照。
(139) BGHSt. 24, 356, BGHSt. 27, 336, BGH NStZ 1981, 138, BGHSt. 42, 97=BGH NStZ 1996, 380, BGH StrV 1996, 87.
(140) BGHSt. 27. 336. Vgl. noch BGHSt. 39, 374.
(141) BGHSt. 24, 356, BGHSt. 26, 143, BGHSt. 26, 256, BGHSt. 39, 374.
(142) BGHSt. 27, 336.
(143) BGH bei Dallinger MDR 1954, 335.
(144) BGHSt. 24, 356 の枠組みによって、日本の昭和五二年最高裁決定の事例においても正当防衛を否定できるとする見解として、林幹人「正当防衛」町野朔＝堀内捷三＝西田典之＝前田雅英＝林幹人＝林美月子＝山口厚『考える刑法』（昭61年・一九八六年）一一二頁参照。
(145) 安廣教授によると、このような事例は「暴力団抗争においてよくみられる」（安廣・前掲注（62）一四六頁）。
(146) 安廣・前掲注（62）一五〇頁、斎藤・前掲注（62）一八三頁参照。

第二章　積極的加害意思が侵害の急迫性に及ぼす影響に関する判例

第一節　本章の目的

正当防衛とは、「急迫不正の侵害に対して、自己又は他人の権利を防衛するため、やむを得ずにした行為」をいう（刑法三六条一項）。正当防衛が成立する場合、違法性が阻却されるが、正当防衛行為の違法性が阻却されるための客観的要件として①急迫②不正の侵害③防衛行為があげられる。

この「急迫」性に関連し、前章において、積極的加害意思が急迫性に影響を及ぼすかについて検討し、次のような結論に到達した。(1) すなわち、侵害が予期される場合、そのこと自体によって直ちに急迫性が失われるものと解すべきではないことを出発点として、安易な総合判断ではなく、「緊急行為としての正当防衛の見地」からすると、侵害の急迫性は法益侵害の危険の問題であると同時に危険発生の突発性が危険の重大性ないし強度を補充し得るといえるので、侵害が予期されると、被侵害者にとって突然のものとはいえず、それを阻止するための準備（迎撃態勢をつくること）が可能となるから、法益侵害の可能性はそれだけ低下することになる。したがって、この迎撃態勢が強化されればされるほど、迎撃者（防御者）の法益が侵害されるおそれは減少するがゆえに、防御者が、侵害を予期し積極的に加害する意思を有している場合には、防御者の法益が侵害される可能性は失われ得るといえ、よって、侵害の急迫性が失われるという事態が生じ得ることになる。さらに、「侵害の急迫性」は、あくまでも「法益侵害の危険の問題」であるから、その存否の判断は「具体的」になされなければならない。したがって、「危険概念としての急迫性」は、法益侵害の「現実的」可能性の観点から考慮されるべきであるから、攻撃者と被攻撃者との対応関係に応じて、法益侵害の可能性は決まることになり、それゆえ、「防御者に積極的な加害意思がある場合」には、急迫性の程度に変化が生ずる。その加害意思は、「客観的な迎撃態勢（否、むしろ攻撃態勢）」によって推測される場合が多いであろう。このように「客観化された加害意思」がある場合に、侵害の急迫性は消滅する。(2)以上のように積極的加害意思が急迫性に影響を及ぼすことがあり得ることを肯定する立場が妥当であるとしたのであった。前章においては、日本及びドイツの学説を検討した上で、判例に関しては、ドイツにおいて挑発防衛が問題になる事例と日本において積極的加害意思が問題になる事例との間には類似性があるにも拘らず、紙幅の制約があったため、ドイツの判例だけを検討の対象としたのであった。(3)一方、日本の判例は、「喧嘩闘争と正当防衛」の問題において、「正当防衛権の拡大の傾向」にあるが、(4)これは重要な問題領域であるので、喧嘩闘争と正当防衛の判例を含めて積極的加害意思の急迫性に及ぼす影響が問題になる事例の検討を留保したのであった。(5)

日本において、昭和五二年七月二一日最高裁決定は、『単に予期された侵害を避けなかつたというにとどまらず、その機会を利用し積極的に相手に対して加害行為をする意思で侵害に臨んだときは、もはや侵害の急迫性の要件を充たさないものと解するのが相当である」(6)と判示するが、本件の争点の中核は、防御者が、侵害を予想して待機し侵害が現実化したときに、侵害者に反撃を加えた場合、正当防衛の要件である「侵害の急迫性」に影響があるのかという点にある。将来の侵害に関して、いわゆる忍び返しが講壇事例として好んで取りあげられ、本件も本質的にはこれと同じ範疇の問題である。しかし、行為類型としては、喧嘩闘争と侵害の急迫性という問題領域に属する。なぜならば、第一次と第二次の襲撃と迎撃とは連続的な闘争とみるのが妥当であり、予期される一回的な侵害に対する反撃としての忍び返しとは異なるからである。[7] そこで、本章においては、喧嘩闘争の場合を含め積極的加害意思の急迫性に及ぼす影響が問題となる事例に関する日本の判例の展開を検討することとしたい。[8][9]

（1）　拙稿「積極的加害意思が急迫性に及ぼす影響について」『法律論叢』七二巻一号（平11年・一九九九年）〔後に本書に収録〕一五頁以下〔引用は後者による〕。
（2）　川端博「正当防衛における侵害の急迫性」福田平＝大塚仁編『演習刑法総論〔新演習法律学講座15〕』（昭58年・一九八三年）〔後に同『違法性の理論』（平2年・一九九〇年）に収録〕九〇―四頁〔引用は後者による〕、同「正当防衛論3・完」『法学教室』一二三号（平2年・一九九〇年〔後に同『正当防衛権の再生』（平10年・一九九八年）に収録〕二二一―二五頁〔引用は後者による〕、同『刑法総論講義』（平7年・一九九五年）三三〇―三頁。
（3）　拙稿・前掲注（1）三五頁以下。
（4）　川端博「自招侵害と正当防衛」『法曹時報』四七巻一〇号（平7年・一九九五年）〔後に同『正当防衛権の再生』（平10年・一九九八年）に収録〕九四頁〔引用は後者による〕、同「正当防衛権の日本的変容」『松尾浩也先生古稀祝賀論文集』上巻（平10年・一九九八年）二〇一頁。
（5）　拙稿・前掲注（1）一九―二〇頁注（19）。
（6）　最決昭五二・七・二一刑集三一巻四号七四七頁。
（7）　川端博『刑法判例演習教室』（平7年・一九九五年）四〇頁。
（8）　最近、「喧嘩闘争と正当防衛」を中心に日本の判例について検討されたものとして、橋爪隆「正当防衛論の再構成（一）」『法学協会雑誌』一一五巻九号（平10年・一九九八年）一二三三頁以下等がある。さらに、橋爪隆「正当防衛―急迫性」『法学教室』二〇二号（平9年・一九九七年）一七頁以下も参照。
（9）　さらに、近時「侵害の終了時期」に関する平成九年六月一六日の最高裁判所の注目すべき判決が下された（刑集五一巻五号四三五頁）。この判決に関する評釈として、飯田喜信「判批」『ジュリスト』一一二二号（平9年・一九九七年）七六頁以下、松宮孝明「判批」『法学教室』二〇八号（平10年・一九九八年）一一〇頁以下、河村博「批判」『研修』五九六号（平10年・一九九八年）一一頁以下、橋爪隆「判批」『判例セレクト'97』（平10年・一九九八年）三〇頁、小田直樹「判批」『平成九年度重

要判例解説』（平10年・一九九八年）一五〇頁以下、川端博「判批」『判例評論』四八一号（平11年・一九九九年）四八頁以下、日高義博「判批」『現代刑事法』一巻一号（平11年・一九九九年）六九頁以下等参照。

第二節　喧嘩闘争と正当防衛

従来、日本の判例は、喧嘩闘争の場合、正当防衛の観念を入れる余地がないとしてきたとされている[10][11]。その例として、昭和七年一月二五日大審院判決がある[12]。事実関係は次の通りである。すなわち、被告人は、昭和六年四月中旬頃甲市内乙神社祭礼の夜Aと些細なことから口論となりAを罵倒したが、同年四月二五日夜同市内丙神社の祭礼に赴いた際、同夜午後八時頃同神社山門側においてAと出会い、Aが喧嘩を挑んできたので、被告人は、Aと共に同市西町…丁廟所裏門前街路に至り携えていた匕首を逆手に持ってこれをAに示し「遣るなら遣れ」と放言したが、かえってAが「そんな物何じゃい」といって被告人を軽侮したので憤怒のあまりAを殺害しようと決意し、即時に右匕首でAの胸部を突き刺し刺創を負わせ出血により即死させたというものである。

これに対して、大審院は、「所謂喧嘩ヲ爲ス闘争者ノ闘争行爲ハ互ニ對手方ニ對シ同時ニ攻撃及防禦ヲ爲ス性質ヲ有スルモノニシテ其ノ一方ノ行爲ノミヲ不正侵害ナリトシ他ノ一方ノ行爲ノミヲ防禦ノ爲ニスルモノト解スヘキモノニ非ス從テ喧嘩ノ際ニ於ケル闘争者雙方ノ行爲ニ付テハ刑法第三十六條ノ正當防衛ノ觀念ヲ容ルルノ餘地ナキモノトス我國ニ於テ古來『喧嘩兩成敗』ノ格言ヲ存シ喧嘩ノ闘争者雙方ノ行爲ハ互ニ違法性ヲ阻却スヘキ性質ヲ有スルモノニ非ストシテ共ニ之ヲ處罰スヘキモノトシタル理由モ亦茲ニ存スト謂フヘシ」と説示し、「本件ニ於ケル原判示事實ニ依レハ被告人ハ甲市丙神社山門側ニ於テAヨリ喧嘩ヲ挑マレ同人ト共ニ同市西町…丁廟所裏門前街路ニ至リ携ヘ居タル匕首ヲ逆手ニ持チ之ヲＡニ示シ『遣ルナラ遣レ』ト放言シタルニ同人カ『ソンナ物何ジヤイ』ト云フヤ憤怒ノ餘同人ヲ殺害セント決意シ石《ママ》匕首ヲ以テ同人ノ胸部ヲ突刺シ之ヲ卽死セシメタリト云フニ在ルヲ以テ被告人ノ本件行爲ハ所謂喧嘩闘争ノ爲ニ行ハレタル加害行爲ニ外ナラスシテ之ヲ正當防衛ノ行爲ト解スヘキモノニ非ス」として、正当防衛を否定するとともに誤想防衛も否定して、「原判決カ被告人ノ行爲ヲ正當防衛ニ出テタルモノニ非スト認メ殺人罪トシテ處斷シタルハ結局相當ナリト謂フヘク論旨ハ總テ理由ナシ」とする。

本判決以前にも、「被告人ノ闘争行爲ハ總テ防衛ノ必要ニ出タルニ非スシテ相手方ニ暴行ヲ加ヘンカ爲ナレハ闘争ノ中途ニ於テ自己カ危險ニ瀕スルコトアルモ亦當然ニシテ之ヲ以テ急迫不正ノ侵害ナリト謂フヲ得サルハ勿論之ニ對スル暴行ヲ以テ正當防衛ナリト解スルヲ得ス」と判示し、単に喧嘩を理由にして一律に正当防衛を否定した昭和五年九月二七日判決[13]が存在したが[14]、本件判決は、「所謂喧嘩ヲ爲ス闘争者ノ闘争行爲ハ互ニ對手方ニ對シ同時ニ攻撃及防禦ヲ爲ス性質ヲ有スルモノニシテ其ノ一方ノ行爲ノミヲ不正侵害ナリトシ他ノ一方ノ行爲ノミヲ防禦ノ爲ニスルモノト解スヘキモノニ非ス従テ喧嘩ノ際ニ於ケル闘争者雙方ノ行爲ニ付テハ刑法第三十六條ノ正當防衛ノ觀念ヲ容ルルノ餘地ナキモノトス我國ニ於テ古來『喧嘩兩成敗』ノ格言ヲ存シ喧嘩ノ闘争者雙方ノ行爲ハ互ニ違法性ヲ阻却スヘキ性質ヲ有スルモノニ非ストシテ共ニ之ヲ處罰スヘキモノトシタル理由モ亦茲ニ存スト謂フヘシ」と判示しており、昭和五年九月二七日判決を更に詳細に解説して、喧嘩闘争が正当防衛の観念に当らないことを明らかにした[15]。

このように本件判決は、喧嘩闘争の場合、「一律に」正当防衛を否定する理由として、「『喧嘩兩成敗』ノ格言」を援用して、「喧嘩ノ闘争者雙方ノ行爲ハ互ニ違法性ヲ阻却スヘキ性質ヲ有スルモノニ非ス」としたが、まず、「『喧嘩兩成敗』ノ格言」を援用する本判決に対して、「近代国家において、なお喧嘩両成敗の法理をみとめ、正当防衛の成立を否定する点」に批判がある[16]。すなわち、小野博士は、「喧嘩闘争に關して我が邦の判例が一種獨特の發展をしてゐることは我が國民生活の地盤に何等か特殊の傳統を存するものではないかを疑はしめる」とし、[17]「喧嘩兩成敗とは喧嘩の當事者雙方を制裁することであつて、武家時代において發展した法律思想である。蓋し喧嘩闘爭の盛に行はれた當時において喧嘩そのものを絶對的に否認し、手を下した先後をも問はず、兩者を罰することに依り治安を維持しようとしたものである。いはば一般豫防的施設であると謂へよう。貞永式目には未だこの思想を見ないが、建武以來追加（合戰咎事）に始まり、やがて戰國時代における普通法と爲つた。江戸時代に至れば法規の表面においてはこれを認めないが、實際上なほ拔くべからざる思想として存續したこと法制史家の論證してゐるところである（三浦周行、法制史之研究九四七頁以下）。この喧嘩兩成敗の法理は喧嘩を爲す者はいづれも其の責任を免るべきでない、といふ意味を明らかにする意味において今日もなお妥當する。しかし其はもと治安的・一般豫防的な動機に出てゐるだけに、各當事者の具體的情狀を糺明することなく一樣に成敗を加へるという素朴・武斷の弊に陷り易い」と批判しておられる。[18] あるいは、「喧嘩兩成敗とは理否を判斷しないで兩者を共に處罰するという倫理観念の頽廢のあらわれであるのに反し…、正當防衛とは正を守る强烈な意識、權利のために闘うことを崇高な義務とする観念を基礎としているものであるから、簡單に兩成敗論でこれに否認しさるわけにはゆかないのである」[19]。さらに的確に言い換えると、「『個人』の防御行為による法秩序の維持という発想は、個人主義的・自由主義的といえるであろう。これに対して、喧嘩両成敗の思想は、闘争行為に関しては、双方の是非を詮議せずに双方を処罰することによって、闘争そのものを禁圧しようとするものであり、きわめて超個人主義的・権威主義的といえる。民主主義的自由社会においては、やはり『個人』主義的把握の途を歩むべきである」[20]。このように、近代国家においてなお喧嘩両成敗の法理を認め、正当防衛の成立を否定する点には、重大な問題が存していた。[21]

次に、本判決が喧嘩を理由にして「一律に」正当防衛を否定することに対して、草野博士は、「一口に喧嘩闘争といつても、事情如何によつては、正當防衛と解すべき場合があり得るのではあるまいか」と疑念を呈しておられる。[22]牧野博士も、「理論としては、防衛者が不正の暴行を仕かけた場合においても、その相手方が防衛者の當然豫想すべき程度を超えて不正の侵害を爲したる場合においては、之に對して正當防衛が許されるものとせねばならぬ」として、理論上、喧嘩闘争の場合にも正当防衛の成立を肯定すべきことを主張しておられる。[23]さらに、小野博士は、喧嘩闘争の場合にも正当防衛の成立を肯定すべき「事情」に関して敷衍して次のように述べておられる。すなわち、「例へば相手より不法之儀を仕掛けられたとか、特に相手から先に手を下したといふ如き事情は、それだけで正當防衛を許す事由とはならぬとしても、少くともこれを斟酌しなければならぬ。更に決定的とおもはれるのは、闘争手段の如何である。卽ち單純な毆合ひの際に相手が突然日本刀を持ち出したといふやうな場合、すでにそれは『急迫不正ノ侵害』に達したと謂ふべきではなからうか。…喧嘩鬪爭の場合正當防衛が許されないといふのは通常『急迫不正ノ侵害』と見るべき程度の侵害ありと謂へぬからである。その限界を超えてまさに『急迫不正ノ侵害』あるに至れば、これに對する『已ムコトヲ得ザル』防衛が許されなければならない」として、[24]具体的事例を示しながら、喧嘩闘争の場合にも正当防衛が成立する可能性を肯定しておられるのである。さらにその後、団藤博士も、「喧嘩をすべて正当防衛でないとすることはできない」と指摘されている。[25]

このように学説が、昭和七年一月二五日の大審院判決に対して痛烈に批判を加えていたこともあり、昭和七年一月二五日の大審院判決以降、昭和八年一〇月一四日判決、[26]昭和一八年五月二八日判決等[27]のように「攻撃を予想していたことを否定の根拠にする判例」[28][29]が下されていたが、さらに、戦後、喧嘩と正当防衛に関して正当防衛肯定論に移行した注目すべき昭和二三年七月七日の大法廷判決が下された。[30]本件の事案は次の通りである。すなわち、被告人はIと口論の末、互に殴合となり、被告人はたちまちIに殴られながら後方へ押されて鉄条網に仰向けに押しつけられた上、睾丸などを蹴られたので、憤激のあまり所持していた小刀でIに斬りつけ創傷を負わせた結果、Iを左上膊動脈切断による失血のため、死に至らしめたというものである。

これに対して、最高裁判所は、「互に暴行し合ういわゆる喧嘩は、闘争者双方が攻撃及び防禦を繰り返す一團の連續的闘爭行爲であるから、闘爭の或る瞬間においては、闘爭者の一方がもつぱら防禦に終始し、正當防衛を行う観を呈することがあつても、闘爭の全般からみては、刑法第三十六條の正當防衛の觀念を容れる餘地がない場合がある」とし、本件については、「被告人の行爲は全般の情況から見て、前記の場合に當るものと言わなければならない。從つて刑法第三十六條を適用すべき餘地はない」と判示したのである。

右の昭和二三年七月七日判決以前にも、最高裁判所は、昭和二三年六月二二日判決[31]において、「闘爭の全般から見てその行爲が法律秩序に反するものである限り刑法第三六條の正當防衛の觀念を容れる餘地がない」と説示し[32]、昭和七年一月二五日大審院判決[33]が喧嘩両成敗の法理を展開し正当防衛を一律に否定したのと比べれば、「やや異なる態度」を示していた[34]が、昭和二三年七月七日判決は、昭和二三年六月二二日判決の趣旨を一歩進めている[35]。すなわち、昭和二三年七月七日判決は、喧嘩を「闘爭者双方が攻撃及び防禦を繰り返す一團の連續的闘爭行爲」と定義し、闘爭のある瞬間において闘爭者の一方が、専ら防御に終始する結果正当防衛を行う観を呈することがあっても、「闘争の全般からみては、刑法第三十六條の正當防衛の觀念を容れる餘地がない場合がある」と判示しているので、「『正当防衛の観念を容れる余地がない場合がある』と判示して反面において、喧嘩の場合にもある場合には正当防衛の成立の余地があることを暗示している点」に特徴があると評価でき[36]、「喧嘩闘争のばあいにも正当防衛が成立することがありうることを、消極的な表現をもってであるが、みとめた」といえるのである[37][38]。

この昭和二三年七月七日判決以降、昭和二四年二月二二日判決[39]は、喧嘩と正当防衛に関して、昭和二三年七月七日大法廷判決の表現を踏襲しつつ「互に暴行し合う所謂喧嘩は、闘争者双方が攻撃及防禦をくりかえす一團の連續的闘爭行爲であるから、闘爭のある瞬間に於ては、闘爭者の一方がもつぱら防禦に終始し、正當防衛を行う観を呈することがあつても、闘爭の全般から觀ては、刑法第三六條の正當防衛の觀念を容れる餘地のない場合があること、既に當裁判所の判例（昭和二二年(れ)第三三九號、昭和二三年六月二二日言渡第三小法廷判決。昭和二三年(れ)第七三號、昭和二三年七月七日言渡大法廷判決）の示す通りである」としており、さらに、昭和二四年七月一三日の大法廷判決[40]も、昭和二三年七月七日大法廷判決を参照しつつ「互に暴行し合ういわゆる喧嘩は闘争者双方が攻撃防禦を繰り返す一団の連続的闘争行為であるから、闘争のある瞬間においては、その一方が専ら防禦に終始し、正当防衛を行う観を呈することがあつても、闘争の全般からみては、刑法第三六条の正当防衛の観念を容れる余地のない場合がある（昭和二三年(れ)第七三号同年七月七日大法廷判決参照）」と判示しているので、昭和二三年七月七日大法廷判決と同趣旨の判決が続出していたことになる。[41]

この延長上に、昭和二三年七月七日大法廷判決の趣旨に関する最高裁判所自身の理解を示す昭和三二年一月二二日判決が下された。[42]本件の事案は次の通りである。すなわち、遊人である被害者Mは、その輩下を含めて何らかの理由により被告人の主筋に当るSないしその組織するK会に敵意を抱いており、そのことをS及び被告人は承知していた。このような状況にあったある日、S方で会談していたK会会員Uは帰宅途中立ち寄った飲食店でMと出遭った。MはUをK会会員と知るやその輩下と共にUを殴打し、なお輩下を引き連れ刺身庖丁携帯の上Sの居住するK会事務所に押し掛けたが、K会事務所にはS及び被告人がいなかったので、M及びその輩下は、刺身庖丁を携帯しK会会員N方に押し掛けNに暴行を加えていた。一方、S及び被告人は、MがN方で暴行している旨の急報を受け、N方へ救援に駆けつけた。ここで、Mは、Sに対して格闘を挑み被告人を足蹴にする等したので、MとS及び被告人の闘争となった。被告人は、Sと格闘中のMの臀部を鋏で刺したので、刺身庖丁を携帯するMに追跡された。両名が水溜りで転倒した際に、被告人は、Mから刺身庖丁を奪ってMの胸部など一〇回位突き刺し即死させたものである。福岡高等裁判所は、本件闘争関係がM一派のS一派に対するまったく一方的攻撃に終始した集団的対立であることを示しながら、「かかる事情の下においてはN救援が当面の目的であることは勿論だとしても被告人等においてMと喧嘩闘争に至るやも知れないことは当然予期していたものと解するを相当とする」と断じ、次いで両派の具体的な闘争関係を説明した後、動機の曲直が何れにあるかは暫らく措くとした上で、終局段階におけるM対被告人の闘争を捉えて、「被告人とMとの間には後者が前者を蹴り前者が後者の臀部を刺したことによつて喧嘩闘争は既に開始され」と判示し、結論として、「Mの追跡、被告人のM刺殺は右闘争の延長でありその一部をなす攻撃防禦であつて原判決の様にその一部を他から切り離して論ずることは事の真相に徹しないものと云わねばならない。そうだとすれば被告人の本件所為は喧嘩闘争の一駒であり、これを組成する一攻撃に過ぎないものと云うべく素より正当防衛の観念を容るる余地がない」として破棄した。そこで、被告人側から上告がなされた。

これに対して、最高裁判所は、次のように判示した。すなわち、「所論引用の大法廷の判例の趣旨とするところは、いわゆる喧嘩は、闘争者双方が攻撃及び防禦を繰り返す一団の連続的闘争行為であるから、闘争のある瞬間においては、闘争者の一方がもつぱら防禦に終始し、正当防衛を行う観を呈することがあつても、闘争の全般からみては、刑法第三六条の正当防衛の観念を容れる余地がない場合があるというのであるから、法律判断として、まず喧嘩闘争はこれを全般的に観察することを要し、闘争行為中の瞬間的な部分の攻防の態様によつて事を判断してはならないということと、喧嘩闘争においてもなお正当防衛が成立する場合があり得るという両面を含むものと解することができる」と説示し、本件に関しては、「原審はMと被告人との間に判示のある特定の段階において喧嘩闘争が成立したものと認定し、喧嘩闘争なるがゆえに正当防衛の観念を容るる余地がないと判断したことが認められるから、その結果として正当防衛はもとより、従つてまた過剰防衛の観念もまた全く成立すべくもないとしてこのことに触れなかつたものと認められるのである。このような原審判断は、喧嘩闘争と正当防衛との関係について、ひつきよう喧嘩闘争を認めるにつき一場面をのみ見て闘争の全般を観察しなかつたか、または喧嘩闘争には、常に全く正当防衛の観念を容れる余地はないとの前提にたつたか、いずれにしても結局前記判例の趣旨に反するというそしりを免れないのである。従つてかような判断に基く限り、本件につき少くとも過剰防衛の有無ないし量刑についても影響あること論をまたないところであつて、右判断は判決に影響を及ぼすこと明らかであるから論旨は理由があり、原判決はこの点において破棄を免がれない」として、福岡高等裁判所に差戻したのである。

本判決は、最高裁判所自身が昭和二三年七月七日大法廷判決[43]の趣旨を「いわゆる喧嘩は、闘争者双方が攻撃及び防禦を繰り返す一団の連続的闘争行為であるから、闘争のある瞬間においては、闘争者の一方がもつぱら防禦に終始し、正当防衛を行う観を呈することがあつても、闘争の全般からみては、刑法第三六条の正当防衛の観念を容れる余地がない場合があるというのであるから、法律判断として、まず喧嘩闘争はこれを全般的に観察することを要し、闘争行為中の瞬間的な部分の攻防の態様によつて事を判断してはならないということと、喧嘩闘争においてもなお正当防衛が成立する場合があり得るという両面を含むものと解することができる」とした上で、原審が下した「喧嘩闘争と正当防衛との関係について」の判断を、「喧嘩闘争を認めるにつき一場面をのみ見て闘争の全般を観察しなかつた」もの、あるいは、「喧嘩闘争には、常に全く正当防衛の観念を容れる余地はないとの前提にたつた」ものと捉え、いずれにしても昭和二三年七月七日大法廷判決の趣旨に反するとして、原審である福岡高等裁判所に差戻したのであるから、「法律判断として」全体的に観察し、「喧嘩闘争においてもなお正当防衛が成立する場合があり得る」ことを明言することによって、「より明確に肯定説の立場を打ち出した[44]」といえるのである[45]。

このように、判例における正当防衛権の拡大の傾向は「喧嘩闘争と正当防衛」の問題において顕著にみられ、最高裁判所は、昭和二三年七月七日大法廷判決以降[46]、特に昭和三二年一月二二日判決[47]において、法律判断として喧嘩闘争においてもなお正当防衛が成立する場合があり得ることを明言することによって、より明確に肯定説の立場を打ち出しているが、喧嘩闘争の場合、正当防衛が許されないのは、通常「急迫不正の侵害」とみるべき程度の侵害があるといえないからであり[48]、喧嘩闘争においてもなお正当防衛が成立する場合があり得るのは、通常の「急迫不正の侵害」とみるべき程度の侵害を超えた場合である。すなわち、通常の侵害の限界を超えてまさに「急迫不正の侵害」あるに至れば、これに対して「やむを得ずにした」防衛は許されなければならないのである。[49] したがって、法律判断として喧嘩闘争においてもなお正当防衛が成立する場合があり得ることを肯定することは、喧嘩闘争的行為がある場合であっても、正当防衛の要件論と関連させて正当防衛が成立する可能性を検討べきことを裁判所に要請するものである。[50]

(10)　平野龍一「判批」『判例研究』二巻三号（昭24年・一九四九年）二六頁、小野清一郎「判批」『刑事判例評釈集』六巻（昭25年・一九五〇年）九〇頁、福田平「判批」『判例研究』二巻五号（昭25年・一九五〇年）二〇頁、同「喧嘩闘争と刑法第三六條第一項の適用」『神戸法学雑誌』二巻四号（昭28年・一九五三年）七七六頁、木村亀二「喧嘩と正當防衛」『小野博士還暦記念刑事法の理論と現實㈠刑法』（昭26年・一九五一年）［後に同『刑法の基本問題』（昭54年・一九七九年）に収録］一四三―五頁［引用は後者による］、真野英一「判批」『刑事判例評釈集』九巻（昭26年・一九五一年）一二二頁、岡垣学「喧嘩両成敗の理論」『中央評論』三一号（昭29年・一九五四年）六七頁等参照。

(11)　この「従来、わが国の判例は、喧嘩闘争の場合、正当防衛の観念を入れる余地がないとしてきた」という点に対して、長島判事は、「正当防衛の成立を否定した判例をその理由別に分類」した上で、「正当防衛の成立を否定する判例の理由づけは、多岐にわたっており、統一的解釈は必ずしも容易ではない」と述べておられ（長島敦「喧嘩と正当防衛」『研修』五三巻（昭27年・一九五二年）［後に同『刑法判例研究Ｉ』（昭41年・一九六六年）に収録］三三―四頁［引用は後者による］）、最近、橋爪教授は、大審院の判例を詳細に検討された上で、大審院が「『喧嘩両成敗』の法理で一刀両断に正当防衛を否定したというわけではないことは明らかになった」と指摘されている（橋爪・前掲注（8）法協一二六〇頁）。

さらに、「喧嘩を理由にせず」正当防衛を否定した大審院レベルにおける具体的な判例として、大正三年九月二五日大審院判決（刑録二〇輯一六四八頁）がある（なお、引用した判示の人名は、適宜、アルファベット表記とする。また、本章では、以下の判例も同様とする）。本件の事案は、被告人ＸとＡとが闘争し、ＡがＸの咽喉を締めたのでＸはこれを排除するため、食事に使用中の五寸ぐらいの箸でＡの面部右眼下を突き刺し、同人を死に至らしめたというものである。原審は、Ｘについて傷害致死罪（刑法二〇五条一項―判決当時の条文）の成立を肯定したが、被告人側は、Ａが、先にＸの咽喉を扼したため、それを排除するためXが箸で防いだものであるにも拘らず、原判決が正当防衛を認めずに傷害致死罪の成立を認めたのは理由不備の不法があるとして上告した。

これに対して、大審院は、「被害者Aニ於テ先ツ手ヲ下シタリシトノ事實ハ原判決ノ認メサルトコロナルノミナラス刑法第三十六條ノ規定ニ依レハ不正ノ行爲ニ因リ自ラ侵害ヲ受クルニ至リタル場合ニ於テモ仍ホ正當防衛權ヲ行使スルコトヲ妨ケサルヲ以テ假ニ所論ノ如ク被害者Aニ於テ先ツ手ヲ下シタルトスルモ原判決ノ判示シタル事實ナリトスレハ被告人Xニ正當防衛權ナキコト明白ナリトス」と判示した。

この判決は（本件の事実関係は判決文からははっきりしないが）、仮定的判断の形で挑発行為者について正当防衛権を認めている点に判例としての意義が見出され（川端・前掲注（4）再生一〇〇頁。なお、牧野英一『刑法研究』九巻（昭15年・一九四〇年）七頁参照）、「本件は、喧嘩のプロセスとして捉えるのではなくて、あくまでも故意による挑発行為と正当防衛の問題として把握した上で、挑発行為者の正当防衛権を一般的に肯走していることになる」（川端・前掲注（4）再生一〇〇頁）点で、喧嘩を理由にせず正当防衛を否定した判例としても注目される。

(12)　大判昭七・一・二五刑集一一巻一頁。

(13)　大判昭五・九・二七刑集九巻六九一頁［六九八頁］。

(14)　なお、昭和五年九月二七日大審院判決と同種の判例として昭和五年二月二八日大審院判決（刑集九巻一一五頁）をあげる論者として、牧野英一『日本刑法』改訂版（昭7年・一九三二年）三一七頁、上巻重訂版（昭12年・一九三七年）三五五頁、同・前掲注（11）五一六頁、同『刑法總論』改訂版（昭23年・一九四八年）一三六頁、上巻全訂版（昭33年・一九五八年）四三〇頁、草野豹一郎「判批」『刑事判例研究』一巻（昭9年・一九三四年）二〇頁、平野・前掲注（10）二六頁、小野・前掲注（10）九〇頁、福田・前掲注（10）判例研究二〇頁、同・前掲注（10）神戸七七六頁、真野・前掲注（10）一二一頁、橋爪・前掲注（8）法協一二五一頁、一二六六頁、一二八六頁注（1）等がある。

(15)　草野・前掲注（14）二〇頁。

(16)　川端博「正当防衛論2」『法学教室』一二二号（平2年・一九九〇年）［後に同『正当防衛権の再生』（平10年・一九九八年）に収録］一二頁［引用は後者による］。

(17)　小野・前掲注（10）九二頁。

(18)　小野・前掲注（10）九二―三頁。

(19)　平野・前掲注（10）二七頁。
(20)　川端・前掲注（16）一三頁。
(21)　さらに、平川教授は、「喧嘩両成敗」の背後にある「治安維持的な考え方は、市民の自助・互助の努力を抑圧し、自助・互助の精神を衰退させる一方で、国家が市民生活のすみずみまで監視・介入することを認めるものとなる。これが現在の個人主義的民主社会において妥当な考え方かは疑問である」としておられる（平川宗信「正当防衛論」芝原邦爾＝堀内捷三＝町野朔＝西田典之編『刑法理論の現代的展開―総論Ⅰ』（昭63年・一九八八年）一一五頁）。
(22)　草野・前掲注（14）二〇頁。
(23)　牧野・前掲注（11）六―七頁。同旨、牧野・前掲注（14）總論改訂版二三六頁、上巻全訂版四三一頁。さらに、木村・前掲注（10）一五四―五頁参照。
(24)　小野・前掲注（10）九三―四頁。
(25)　団藤重光「判批」『刑事判例評釈集』九巻（昭26年・一九五一年）六八頁。
(26)　大判昭八・一〇・一四刑集一二巻一七七六頁。本件の事案は次の通りである。すなわち、被告人両名は、競馬の敗金回収の過程で敵対関係となったN一派が喧嘩の準備をしている旨の情報を得た。そこで、被告人らは、むしろ機先を制して襲撃しようとして、被告人Oは拳銃を被告人Mは拳銃・匕首を携え殺害の目的をもってN宅へ乗り込み、N宅に居合わせたK・Y等と口論となり、Yが日本刀でMに斬掛けて来たので双方拳銃の撃合となり、被告人Oは、K・Yを殺害したものである。
これに対して、大審院は、上告人Oに対し次のように判示した。すなわち「假令他人ヨリ斬付ケラレタルヨリ互ニ拳銃ノ撃合トナリ之ヲ殺害シタルニセヨ當初ヨリ爭闘ヲ豫期シ機先ヲ制シテ其ノ居宅ニ乘込ミ口論ヲ爲シテ之ヲ誘致シタルトキハ正當防衛ノ觀念ヲ容ルル能ハサルモノトス」として正当防衛の成立を排斥している。

この判例は、喧嘩闘争の予期に加え、自ら相手方のもとへ乗り込んで口論を起こして侵害を誘発した事情が重視され、正当防衛が否定されているとの評価がなされている（橋爪・前掲注（8）法協一二五〇頁）。
(27)　大判昭一八・五・二八刑集二二巻一八七頁。本件の事案は次の通りである。すなわち、本件犯行の前日には、被告人がKを罵ったためKと殴合となりそうになり、その際Kから「腹が立ったら浜へ来い」と闘争を挑まれたのでこれに応ずる意思で洋袴のポケットにナイフを忍ばせて付近の海岸に出向いており、さらに、本件犯行当夜も、被告人は、Kと邂逅すればあるいは闘争になることを予期しながら、右ナイフ在中の洋袴を着て家を出たのであるが、予想通り、被告人は、Kに邂逅した結果Kと口論となり、Kが「一寸来い」と言いながら被告人の手を引くと被告人とKは殴合となったところ、Kの友人であるIとYらもKに加勢して被告人に殴り掛ったので、被告人は突如所携の右ナイフを取出しこれを振って順次K、Y、Iに斬りつけ右三名を負傷させたものである。

　これに対して、大審院は、被告人とKの闘争に関して、「被告人ハ本件犯行ノ前日Kヲ罵リタル爲將ニ同人ト毆合ヲ始メントセシコトアリテ其ノ際同人ヨリ『腹ガ立ツタラ濱ヘ來イ』ト闘爭ヲ挑マレ之ニ應ズルノ意思ヲ以テ洋袴ノポケツトニナイフヲ忍バセテ附近ノ海岸ニ出向キ叉本件犯行當夜モ右ナイフ在中ノ洋袴ヲ穿チテ家ヲ出タルモノニシテ卽チ被告人ハ本件犯行當夜家ヲ出ツルノ際若シKニ邂逅セバ或ハ闘爭ニ及ブコトアランヲ豫期シ居リタルコト疑無ク」と述べた上で、「本件犯行當夜被告人ハKニ邂逅シテ之ト口論ヲ生シ同人ガ『一寸來イ』ト言ヒナガラ被告人ノ手ヲ引クヤ被告人ハ同人ニ毆リ掛リ（固ヨリ防衛ノ爲ニハ非ズ）茲ニ被告人豫期ノ如ク闘爭ヲ演出シタルモノナルヲ以テ此ノ際ニ於ケル被告人ノ行爲ヲ目シテ正當防衛行爲ト爲スベカラザルヤ多言ヲ要セズ」としている。

　本件は、具体的事情を指摘し「被告人ハ本件犯行當夜家ヲ出ツルノ際若シKニ邂逅セバ或ハ闘爭ニ及ブコトアランヲ豫期シ居リタルコト疑無ク」として、闘争に及ぶことに関する事前の予期があったことを肯定し、「被告人豫期ノ如ク闘爭ヲ演出シタルモノナルヲ以テ此ノ際ニ於ケル被告人ノ行爲ヲ目シテ正當防衛行爲ト爲スベカラザルヤ多言ヲ要セズ」として、正当防衛を否定している。したがって、本件が正当防衛を否定するにあたっては、被告人の暴行が喧嘩を誘発したことに加えて、それ以降の侵害の内容について事前の予期があった事情も重要な意義を有したと評価されている（橋爪・前掲注（8）法協一二五六頁）。

(28)　川端・前掲注（7）四一頁。さらに、最高裁判所においても、攻撃を予想し出向いて行った場合、正当防衛を否定した判例が散見される（最判昭二二・一二・一八裁判集（刑事）一号二三一頁、最判昭二三・五・一刑集二巻五号四三一頁等参照）。

(29)　なお、橋爪教授は、大判昭八・一〇・一四刑集一二巻一七七六頁を「予期された侵害に対して当初から闘争の意図で臨んだ場合は正当防衛は成立しない」と判断した判例ではなく、「喧嘩闘争の場面においては正当防衛の観念を容れる余地がない」と判断した判例に分類しておられる（橋爪・前掲注（8）法協一二五〇頁、一二六六頁、一二八六頁注（2））。

(30)　最大判昭二三・七・七刑集二巻八号七九三頁。

(31)　最三判昭二三・六・二二刑集二巻七号六九四頁。本件の事案は次の通りである。すなわち、被告人ら三名は、Aとの衝突を予期して各自仕込杖、日本刀等を携えてAと面談した末、交渉が決裂して喧嘩となり、Aが被告人Xに跳びかかるや被告人Yは「やっちまえ」と叫び、被告人Xは所携の日本刀でAの足に斬りつけ、組みついてきたAと格闘中被告人ZはAの背後から所携の日本刀で同人に斬りつけ切創を負わせた結果Aを死に至らせたというものである。

これに対して、最高裁判所は、「互に暴行し合う所謂喧嘩は、闘争者双方が攻撃及び防禦を繰り返す一團の連續的闘争行爲であるから、闘争の或る瞬間においては闘争者の一方がもつぱら防禦に終始し正當防衛を行うの觀を呈することがあつても、闘争の全般から見てその行爲が法律秩序に反するものである限り刑法第三六條の正當防衛の觀念を容れる餘地がないものと言わなければならない」とし、本件については、「被告人等の行爲はその全般から見て法律秩序に反するものと言うべきであつて、刑法第三六條を適用すべき餘地はない」としたのである。

(32)　さらに、高裁レベルとして、広島高岡山支判昭二七・三・二〇高刑集五巻四号五一〇頁、仙台高判昭二七・一二・二七判特二二号二一一頁参照。
(33)　大判昭七・一・二五刑集一一巻一頁。
(34)　内藤謙「判批」『判例百選』初版（昭35年・一九六〇年）九五頁、第二版（昭40年・一九六五年）一六二頁、同「判批」『刑法判例百選』初版（昭39年・一九六四年）三二頁、新版（昭45年・一九七〇年）四〇頁。
(35)　内藤・前掲注（34）判例百選初版九五頁、第二版一六二頁、同・前掲注（34）刑法判例百選初版三二頁、新版四〇頁、橋爪・前掲注（8）法協一二六八頁等。
(36)　真野・前掲注（10）一二三頁。同旨、橋爪・前掲注（8）法協一二六八頁。
(37)　内藤・前掲注（34）判例百選初版九五頁、第二版一六二頁、同・前掲注（34）刑法判例百選初版三二―三三頁、新版四〇―一頁。
(38)　昭和二三年六月二二日最高裁判決の「闘争の全般から見てその行爲が法律秩序に反するものである限り刑法第三六條の正當防衛の觀念を容れる餘地がないものと言わなければならない」を基準にして、昭和二三年七月七日最高裁大法廷判決が下された後にではあるが、広島高裁岡山支部昭和二七年三月二〇日判決（高刑集五巻四号五一〇頁）、仙台高裁昭和二七年一二月二七日判決（判特二二号二一一頁）は、正当防衛を肯定している（なお、最三判昭二四・一一・二二刑集三巻一号二一六頁参照）。一方で、「喧嘩闘争が法律秩序に反する行為であることはある意味当然であり、法律秩序に適合した喧嘩というものを観念することは相当困難」であることを理由にして（橋爪・前掲注（8）法協一二六七頁）、昭和二三年六月二二日の最高裁判決は、大審院の判示形式をさらに正確にしたものであるとの評価があり（団藤・前掲注（25）六八頁、橋爪・前掲注（8）法協一二六七頁）、さらに、昭和二三年七月七日判決が大法廷で行われた点についても注目すべきである（橋爪・前掲注（8）法協一二六八頁参照）。

したがって、昭和二三年六月二二日最高裁判決は、大審院とやや異なる態度を示し変化の兆しはあるが、少なくとも、最高裁が喧嘩闘争の場合にも正当防衛が成立し得ることを認める態度を固めたのは、昭和二三年七月七日の最高裁判所大法廷判決であると解することが判例の評価として適当であろう（さらに、最大判昭二四・七・一三裁判集（刑事）一二号五〇九頁、最三判昭三二・一・二二刑集一一巻一号三一頁参照）。

(39) 最判昭二四・二・二二刑集三巻二号二一六頁［二一七頁］。

(40) 最大判昭二四・七・一三裁判集（刑事）一二号五〇九頁［五一一頁］。

(41) 昭和二三年七月七日大法廷判決が下された後も、この大法廷判決を参照しつつ「喧嘩斗争の過程において為される相互の反撃行為は、正当防衛の観念を容れないものであ」ると判示するもの（最二判昭二四・六・二五裁判集（刑事）一一号五一三頁［五一四頁］）、あるいは、単に「喧嘩の場合の闘争については正当防衛や過剰防衛は成立しない」と説示するもの（最二判昭二四・一〇・一五裁判集（刑事）一四号二一一頁）、さらには、「本件は喧嘩闘争によるものであるから正当防衛の成り立つ余地はないのである」とするもの（最二判昭二六・三・一六裁判集（刑事）四二号一二一頁）等があった。

(42) 最三判昭三二・一・二二・前掲注（38）。

(43) 最大判昭二三・七・七・前掲注（30）。

(44) 川端・前掲注（16）一二頁。

(45) 判例は、昭和二三年大法廷判決及び昭和三二年判決から明らかなように、「互に暴行し合ういわゆる喧嘩の場合」、なお一面において、正当防衛を否定し得ることを肯定している（なお、安廣文夫「正当防衛・過剰防衛に関する最近の判例について」『刑法雑誌』三五巻二号（平8年・一九九六年）八三頁参照）。しかし、喧嘩闘争的行為があったとしても、そこから「一律に」正当防衛の成立する余地はないとする立場を放棄したといえ（なお、真野・前掲注（10）一二三頁、橋爪・前掲注（8）法協一二六九頁参照）、この傾向に関して、団藤博士は、判例が「しだいに事態を正確に把握するようになって来た」という評価を下されている（団藤重光『刑法綱要総論』第三版（平2年・一九九〇年）二四〇頁注（22）。なお、松浦繁「判批」『ジュリスト』八一七号（昭59年・一九八四年）五七頁参照）。

(46) 最大判昭二三・七・七・前掲注（30）。

(47) 最三判昭三二・一・二二・前掲注（38）。

(48) 小野・前掲注（10）九三頁。

(49) 小野・前掲注(10)九三―四頁、団藤・前掲注(45)二四〇頁注(22)、福田平『全訂刑法総論』第三版(平8年・一九九六年)一五五頁、大塚仁『刑法概説(総論)』第三版(平9年・一九九七年)三六八頁、川端・前掲注(2)講義三三九―四〇頁。

(50) なお、喧嘩闘争的行為があるときどのような場合に正当防衛の要件論と関連させて正当防衛の成否を検討べきかについて、昭和三二年一月二二日最高裁判決(前掲注(38))は、「法律判断として、まず喧嘩闘争はこれを全般的に観察することを要し、闘争行為中の瞬間的な部分の攻防の態様によつて事を判断してはならないということと、喧嘩闘争においてもなお正当防衛が成立する場合があり得るという両面を含むものと解することができる」としており、後述する昭和五三年三月八日大阪高裁判決(判タ三六九号四四〇頁)は、急迫不正の侵害を検討する中で、喧嘩闘争を理由にして正当防衛を否定し得るかについて検討すると同時に急迫性の存否に関する積極的加害意思の存否の判断を加えている。この大阪高裁が下した「喧嘩闘争を理由とする正当防衛の成否の判断」と「急迫性の存否に関する積極的加害意思の存否の判断」とではどのように異なる要素が判断の対象となっているのか及び昭和三二年最高裁判決と昭和五三年大阪高裁判決との関係は論理的にどうなっているかについて、喧嘩闘争的行為があるときどのような場合に正当防衛の要件論を検討べきかと関連づけながら他の判例を含めさらに検討する機会をもちたい。

第三節　侵害の予期及び積極的加害意思と侵害の急迫性

刑法三六条における侵害の急迫性の要件に関して、判例は、「『急迫』とは、法益の侵害が間近に押し迫つたことすなわち法益侵害の危険が緊迫したことを意味するのであつて、被害の現在性を意味するものではない」としているが、[51] 昭和二三年七月七日大法廷判決[52]以降、喧嘩闘争的行為がある場合であっても、正当防衛の要件論と関連させて正当防衛の成否を検討した判例として、昭和二四年一一月一七日判決[53]がある。すなわち、最高裁判所は、「被告人がテキ屋数名を相手として売られた喧嘩を買うつもりで肉切庖丁を携えてはじめた闘争が進展していつた一段階として見るならば、闘争中における形勢の幾変転は通常必然のことであつて、被告人がＩと相対峙していたとき同人を救わんとしてテキ屋の一人であるＫが被告人に飛び掛つて來るようなことは数名を相手として喧嘩をする被告人の当然予期したところでもあり、かかる危険には被告人が進んで身をさらしたものに外ならない。しかのみならず、Ｋは、Ｉを救わんとしたもので被告人に攻撃を加えんとしたものではなく、しかも素手で飛び掛つて來たに過ぎないのである。さればこれを目して被告人に対する『急迫不正の侵害』とはいい得ないのである。又被告人がＫを刺《ママ》したのは、既にＩの頭部に斬り付け更に追跡後引続き行つた行爲であるから、喧嘩相手の一人に対して加えた闘争上の反撃に過ぎないものと見うるのであつて、これを目して『自己ノ権利ヲ防衛スル爲メ已ムヲ得ザルニ出テタル行爲』と断ずることはできないのである」と判示し、正当防衛の要件論と関連させて正当防衛を否定したのである。

この判決に対して、いかなる事実関係が「急迫不正の侵害」、「自己の権利を防衛のため、やむを得ずにした行為」を否定するために決定的に機能したのか明確でなく、[54]形式的に「いわば従来の総合的・全体的判断にとりあえず三六条の要件論の衣をかぶせた」との評価がなされている。[55]その後も、昭和二八年七月二日決定[56]などのように、従来の総合的・全体的判断に刑法三六条の要件論の衣をかぶせた観のある最高裁の判断が下されていたのであった。[57]

このような中、喧嘩闘争的行為がある場合であっても、「侵害の予期と侵害の急迫性」等の関係を解明しつつ、「正面から」、正当防衛の要件論を論じた昭和四六年一一月一六日の最高裁判所判決[58]が下された。事実は次の通りである。すなわち、被告人は、「Ｆ旅館」ことＷ方に宿泊していたが、昭和四四年九月二〇日夕刻、同宿人Ｇと些細なことで口論となり、Ｇから「お前居直る気か、やる気か、手前出てゆけ、手前なんかぶっ殺してしまう」等と怒鳴られ、その言動からして旅館にいることは危険であると感じ、またそのとき「俺が気にいらないのなら、出ていく」といってしまった手前もあって、いっそ旅館を出て行きもはや旅館には戻らない考えとなり、こっそり同旅館を抜け出した。近くの居酒屋等において酒を飲み、酩酊して当面の落ち着き先等あれこれと思い迷っていたが、そのうち、Gに謝ってみて、もし仲直りができたら元通り旅館に泊めてもらおうと考えるようになった。そこで、被告人は、酒の勢いにのって、午後一〇時一〇分頃同旅館に赴き、玄関を上ったところ、同旅館帳場にねそべっていたGの姿が見えたので、その帳場の南隣りにある広間に入り、同室と帳場とを仕切る開き戸のあたりに立つと、Gがいち早くこれに気づいて、「K、われはまたきたのか」等と絡んだ末Gから立ち上がりざま手拳で二回位顔面を殴打されたので、逆上しGを死に至らしめるかも知れないがやむをえないとの考えのもと、同室の西側障子鴨居の上に隠してあったくり小刀一本を取り出し、これを右手にもってGに立ち向い、その左胸部を突き刺し、よってGに心臓右心室大動脈貫通の刺創を負わせ、同日午後一〇時二五分頃、右刺創に基づく心嚢タンポナーゼのため、その場で死に至らしめたものである。

これに対して、最高裁判所は、「原判決は、本件におけるGの行為が被告人の身体に対する不正の侵害であることは、これを認めつつも、㈠Gの侵害行為は急迫性がなかつた、㈡被告人には防衛の意思がなかつた、㈢防衛上やむをえない行為ではなかつた、と認定し、これを理由に本件における過剰防衛の成立を否定しているので、以下検討を加える」とした上で、次のようにそれぞれの要件を検討して破棄差戻した。すなわち、最高裁判所は、㈠急迫性について、「刑法三六条にいう『急迫』とは、法益の侵害が現に存在しているか、または間近に押し迫つていることを意味し、その侵害があらかじめ予期されていたものであるとしても、そのことからただちに急迫性を失うものと解すべきではない」と定義し、本件については、「被告人はGと口論の末いつたん止宿先の旅館を立ち退いたが、同人にあやまつて仲直りをしようと思い、旅館に戻つてきたところ、Gは被告人に対し、『K、われはまたきたのか。』などとからみ、立ち上がりざま手拳で二回ぐらい被告人の顔面を殴打し、後退する被告人に更に立ち向かつたことは原判決も認めているところであり、その際Gは被告人に対し、加療一〇日間を要する顔面挫傷および右結膜下出血の傷害を負わせたうえ、更に殴りかかつたものであることが記録上うかがわれるから、もしそうであるとすれば、このGの加害行為が被告人の身体にとつて『急迫不正ノ侵害』にあたることはいうまでもない」とし、一方、原判決の、「被告人が…Gから手荒な仕打ちを受けるかもしれないことを覚悟のうえで戻つたとか、殴打される直前に扇風機のことなどで旅館の若主人（W〔五四才〕を指しているものと認められる。）とGとの間にはげしい言葉のやりとりがかわされていたとの部分は、記録中の全証拠に照らし必ずしても首肯しがたいが、かりにそのような事実関係があり、Gの侵害行為が被告人にとつてある程度予期されていたものであつたとしても、そのことからただちに右侵害が急迫性を失うものと解すべきでないことは、前に説示したとおりである」とする。[59]したがつて、「Gの侵害行為に急迫性がなかつたとする原判決の判断は、法令の解釈適用を誤つたか、または理由不備の違法があるものといわなければならない」とした。次に(二)防衛の意思については、「刑法三六条の防衛行為は、防衛の意思をもつてなされることが必要であるが、相手の加害行為に対し憤激または逆上して反撃を加えたからといつて、ただちに防衛の意思を欠くものと解すべきではない」とし、「かねてから被告人がGに対し憎悪の念をもち攻撃を受けたのに乗じ積極的な加害行為に出たなどの特別な事情が認められないかぎり、被告人の反撃行為は防衛の意思をもつてなされたものと認めるのが相当である」と説示する。そして、本件に関して、原判決は、右のような「特別の事情のあつたことは別段判示することなく」、あたかも最初は被告人に防衛の意思があつたが、逆上の結果それが次第に報復の意思にとつてかわり、最終的には防衛の意思が全く消滅していたかのように判示しているが、「被告人がGから殴打され逆上して反撃に転じたからといつて、ただちに防衛の意思を欠くものとはいえないのみならず、本件は、被告人がGから殴られ、追われ、隣室の広間に入り、西側障子のところで同人を突き刺すまで、一分にもみたないほどの突発的なことがらであつたこと」が窺われるから、原判決のように、途中で被告人の防衛の意思が消滅したと認定することは、「いちじるしく合理性を欠き、重大な事実誤認のあることの顕著な疑いがある」とした。さらに、㈢防衛上やむをえない行為について、本件では、「刑法三六条の防衛上やむをえない行為にあたらないことはいうまでもない」ことであり、第一審判決もこのことを認め、本件を過剰防衛として処理していると指摘し、そして、原判決が「本件においては、被害者による不正の侵害に急迫性があることも、被告人に防衛の意思があつたことも、また被告人の行為が防衛上已むことをえざるものであつたことも認められないのであるから、原判決が被告人の本件行為について、過剰防衛が成立すると認定し、判断したのは、判決に影響を及ぼすことの明らかな事実の誤認をおかしたもの」とすることに対して、㈠の通り、被告人に対する不正の侵害行為に急迫性がなかった旨の原判示は首肯しがたく、また㈡の通り、被告人に防衛の意思がなかった旨の原判示も合理性があるとは認めがたいが、仮に、被告人に対する不正の侵害行為に急迫性がなく又は被告人に防衛の意思がなかったならば、本件においては、正当防衛の要件を欠くのみならず、過剰防衛の要件をも欠くことは当然である。しかし、「防衛上やむをえない行為でなかつたことは、正当防衛の要件を欠くことにはなつても、過剰防衛の要件を欠くことにはならないのであるから、このかぎりにおいて、原判決が右のような理由づけをもつて第一審判決に事実誤認があるとしたのは、理由不備であるといわなければならない」と判示する。よって、以上の検討から、最高裁判所は、原判決を破棄し、原審である東京高等裁判所に差戻したのであった。

この判決は、「侵害の急迫性」以外にも、「防衛の意思」及び「防衛上やむをえない行為」に関する重要な判例であるが、[60]「侵害の急迫性」に関しては、「刑法三六条にいう『急迫』とは、法益の侵害が現に存在しているか、または間近に押し迫つていることを意味し、その侵害があらかじめ予期されていたものであるとしても、そのことからただちに急迫性を失うものと解すべきではない」と定義しているので、「予期された侵害」と「急迫」との関係を積極的に判示したもので[61]あり、言い換えると、侵害行為の予見と急迫性の問題を「正面から」取りあげたもので[62]ある。したがって、本判決は、「最高裁としては、新判例である[63]」といえ、「侵害の予期と侵害の急迫性の存否に関する先例」とされているのである。

このように、本判決は、侵害の予期と侵害の急迫性の存否に関する先例であるが、物的不法論の立場から、本判決が「その侵害があらかじめ予期されていたものであるとしても、そのことからただちに急迫性を失うものと解すべきではない」と判示し、侵害の急迫性を客観的に捉えようとしたことは、妥当であるとの評価がなされている[64]。そして、この判決は、人的不法論の立場からも是認できる。なぜならば、「不法の侵害を予期したとき、法は予見者に防禦行為を回避すべき義務を課していないからである[65]」。ただ、本判決は、あくまでも、「その侵害があらかじめ予期されていたものであるとしても、そのことからただちに急迫性を失うものと解すべきではない」と判示しているだけであり、「侵害が確実に予期されていて、十分な反撃が準備されているような場合には、急迫性が欠ける、とする余地をなお残している」といたので[66]、最高裁判所の立場を確定するためには、昭和五二年の最高裁決定がまたれていたといえる。

このような状況において、昭和五二年最高裁決定が下された[67]。事実は次の通りである。すなわち、いわゆる中核派の学生らが、集会を開こうとして会場を設営中、対立抗争関係にあるいわゆる革マル派の学生らの攻撃を予期して鉄パイプなどを準備し、一回目の同派学生らからの攻撃を実力で撃退した後、ほどなく再度の攻撃のあることを予期してバリケードを築いているうち、案の定攻撃してきた同派学生らに対し鉄パイプで突く等の共同暴行をしたというものであった。本件では、学生ら六名の起訴がなされていた。

これに対して、最高裁判所は「所論のうち、判例違反をいう点は、所論引用の判例（昭和四五年(あ)第二五六三号同四六年一一月一六日第三小法廷判決・刑集二五巻八号九九六頁）は、何らかの程度において相手の侵害が予期されていたとしても、そのことからただちに正当防衛における侵害の急迫性が失われるわけではない旨を判示しているにとどまり、所論のように、侵害が予期されていたという事実は急迫性の有無の判断にあたつて何の意味をもたない旨を判示しているものではないと解されるので、所論は前提を欠き、刑訴法四〇五条の上告理由にあたらない」とした上で、職権により、「刑法三六条が正当防衛について侵害の急迫性を要件としているのは、予期された侵害を避けるべき義務を課する趣旨ではないから、当然又はほとんど確実に侵害が予期されたとしても、そのことからただちに侵害の急迫性が失われるわけではないと解するのが相当であり、これと異なる原判断は、その限度において違法というほかはない。しかし、同条が侵害の急迫性を要件としている趣旨から考えて、単に予期された侵害を避けなかつたというにとどまらず、その機会を利用し積極的に相手に対して加害行為をする意思で侵害に臨んだときは、もはや侵害の急迫性の要件を充たさないものと解するのが相当である。そうして、原判決によると、被告人Xは、相手の攻撃を当然に予想しながら、単なる防衛の意図ではなく、積極的攻撃、闘争、加害の意図をもつて臨んだというのであるから、これを前提とする限り、侵害の急迫性の要件を充たさないものというべきであつて、その旨の原判断は、結論において正当である」と説示しつつ、上告を棄却した。

前田教授は、「昭和52年決定は、積極的加害意図があれば急迫性が欠けるとする一方で、『刑法36条が正当防衛について侵害の急迫性を要件としているのは、予期された侵害を避けるべき義務を課する趣旨ではないから、当然又はほとんど確実に侵害が予期されたとしても、そのことからただちに侵害の急迫性が失われるわけではない』と明言している」と指摘し[68]、本決定は、「侵害の予見と切り離されたところの積極的加害意図の存在」により急迫性を否定する旨説示していると解しておられる[69]。しかし、安廣教授が指摘するように、「判例は侵害の予期と不可分に結び付いた積極的加害意思を問題にしているのであり、侵害の予見と切り離された積極的加害者《ママ》意思を持っている者が存在し得るとしても、それは何の見境なく乱暴するという、危なくてしようがない者であり、その者の行為が防衛行為かどうかはおよそ問題にならない[70]」といえる。さらにその後、昭和五九年一月三〇日の最高裁判所判決[71]

は、殺人における正当防衛の成否に関し、被告人に対するHの木刀による攻撃が被告人にとって予測できなかった急迫な侵害に当たるか否かについて、「被告人は、木刀を捨て階段を下りた時点では、Hと話合いをする積もりであり、同人もそれに応じるものと予期していたもので、Hが被告人の捨てた木刀を取り上げ攻撃してくることは予想しなかつたと認めるのが相当である」とした上で、「Hの木刀による攻撃は被告人の予期しなかつたことであつて、それは被告人に対する急迫不正の侵害というべきであり」、この点に関して、「原判決が、被告人はHの攻撃を予期しており、その機会に積極的に同人を加害する意思であつたもので、Hの攻撃は侵害の急迫性に欠けるとしたのは、事実を誤認したものといわざるをえない」と判示しているが、この昭和五九年判決は、「侵害の急迫性の存否に関連して、積極的加害意思の前提となる侵害に対する予期の有無が、事実認定として問題となった[72]」との評価が可能であり、統一的に判例を解する観点から、昭和五九年判決は、昭和五二年決定の解釈適用について「一つの示唆を与えるもの[73]」であろう。言い換えると次のようになる。すなわち、当然又はほとんど確実に侵害が予期されても直ちに侵害の急迫性が失われるわけではない旨判示する昭和五二年決定の立場からすると侵害を予期しただけでは急迫性を失う理由とはなりえないので、昭和五九年判決は、侵害の急迫性を肯定する際に侵害を予期していなかったことを説示する必要はないようにも考えられるが、あえて侵害を予期しなかったから急迫性があると説示している。この理由は、予期された侵害の機会にさらに積極的加害意思をもってその侵害に臨んだときには侵害の急迫性の要件を充たさない旨判示している昭和五二年決定を「侵害の予期があるときにはじめて積極的加害意思の問題が生じる」と評価した昭和五九年判決が、侵害の予期がない場合には侵害の急迫性との関係では積極的加害意思の有無は問題とならないことを前提としたところにある[74]。したがって、昭和五九年判決は、あえて侵害の予期がなかったことを示して、積極的加害意思の点を問題にするまでもなく、侵害の急迫性があることを判示したと解することができる[75]。そして、このように考えることによって、判例を統一的に解釈することが可能となるのである。

以上の観点からすると、昭和五二年決定を侵害の予見と切り離されたところの積極的加害意思の存在により急迫性を否定するものと解することは妥当でない。やはり、本決定は、昭和四六年判決の内容を「さらに深化させ」、「①当然またはほとんど確実に侵害が予期される場合にも、ただちに侵害の急迫性が失われるわけではないこと、②予期される侵害の機会を利用し積極的に相手方に加害行為をする意思で侵害に臨んだ場合には、急迫性が失われること、を明らかにしている[76]」と解すべきである。

本決定の内容をこのように解したとしても、さらに本決定に対する評価が問題となる。この点に関して、曽根教授は、侵害の急迫性の概念を客観的事実的なものとして純化する思考から、「被告人が積極的な加害意思を有していたという事情は、本来、正当防衛行為の有無・性格を基礎づけるものであって、正当防衛状況、なかんずく急迫性の認定に影響を及ぼすものではありえない」ので、積極的な加害意思をもって侵害に臨んだときは侵害の急迫性の要件を充たさないとする本決定を不当であると指摘しておられる[77]。たしかに、侵害の急迫性の概念を客観的事実的なものとして純化する思考は、論理的に徹底しているといえ、この思考は、客観的事実的な観点から判例を批判するのである。しかし、「緊急行為としての正当防衛の性格[78]」からすると、危険発生の突発性が危険の重大性ないし強度を補強し得るゆえに、「突発性・突然性の程度が低いばあいには、法益侵害の危険の程度も低くなるので、侵害が予期されているばあい、被侵害者にとって侵害は突然のものとはいえず、それを阻止するための準備（迎撃態勢をつくること）が可能となり、法益侵害の可能性はそれだけ低下することになる。したがって、迎撃態勢が強化されればされるほど、迎撃者（防禦者）の法益が侵害されるおそれは減少するので、防禦者が、たんに防禦するにとどまらず積極的に加害する意思を有しているばあいには、防禦者の法益が侵害される可能性は失なわれ、むしろ逆に、防禦者の方が侵害者としての性質さえおびてくる[79]」といえる。よって、「加害意思は防禦者の法益が侵害される可能性を減少させるので、防御者が侵害を予期し積極的に加害する意思を有しているばあいには、侵害の急迫性が失なわれるという事態が生じうることになる[80]」のである。

さらに、具体的にどのような場合に侵害の急迫性が消滅するかについて、「緊急」行為としての正当防衛の見地からは、「侵害の急迫性は法益侵害の危険の問題である」といえるが[81]、この法益侵害の危険性の判断は、「具体的になされなければならない」。言い換えると、「ここにいう危険は、いわば具体的危険であって抽象的危険ではないのである。たんなる可能性からきわめて高度の蓋然性まで包含しうる危険概念としての急迫性は、法益侵害の『現実的』可能性の観点から考察されるべきであるから、攻撃者と被攻撃者との対応関係に応じて、法益侵害の可能性は決まることになる。防禦者に積極的な加害意思があるばあいには、急迫性の程度に変化が生ずる。その加害意思は、客観的な迎撃態勢（否、むしろ攻撃態勢）によって推測されることが多いであろう。このように客観化された加害意思があるばあいに、侵害の急迫性は消滅する[82]」と解すべきである。そして「侵害発生の危険性すら解消するほどの、過大な邀撃・加害の準備が、ひいて〈侵害の急迫性〉という要件の欠落を導く、程度の関連は、なお否定できない[83]」ことを認めるべきなのである。したがって、侵害を予期しつつ積極的加害意思を有する者が十分な準備の下に過大な防衛行為を行った場合、侵害の「急迫性」の要件が欠落し得るといえるので、防御者が積極的加害意思を有していたという事情は、正当防衛状況、なかんずく侵害の急迫性に影響を及ぼすと考えるべきである。

また、前田教授は、積極的加害意思を有する者が「客観的に」切迫した不正の侵害の存する状況のもとでその不正の侵害に対して準備をし防衛行為を行った場合、侵害の急迫性を否定することは、「過剰防衛を論ずる余地を否定し、問題の弾力的な解決を阻害するとすら言い得るのである。十分な準備の下に過大な防衛行為を行った者は、過剰防衛に該当するのであり、切迫した侵害もないのに一方的に（防衛行為と全く同じ）攻撃を行った場合とは明確に区別される必要があろう」とされる[84]。しかし、前述の通り、侵害を予期しつつ積極的加害意思を有する者が過大な邀撃・加害の準備をする場合、侵害発生の危険性すら解消し得るといえ、その危険性が解消する際、侵害の「急迫性」の要件が欠落するので[85]、その際には、過剰防衛の余地を否定すべきである[86]。したがって、侵害を予期しつつ積極的加害意思を有する者が十分な準備の下に過大な防衛行為を行った場合、侵害の「急迫性」の要件が欠落するので、むしろ切迫した侵害もないのに一方的に攻撃を行った場合と同様の扱いをすべきであろう。

さらに、町野教授は、ドイツの BGHSt. 24, 356 が「権利濫用説」を採用したと評価した上で[87]、昭和五二年決定の問題点を指摘し、「有責者にも、基本的には正当防衛権を肯定しつつ、ただ、許される防衛行為の範囲が限定されるという権利濫用説的な方向の方が妥当だろう」と主張されておられる[88]。林教授は、日本の昭和五二年決定における事例に関し権利濫用説からも正当防衛を否定できるとし、適用について BGHSt. 24, 356 を参照しておられる[89]。これらの主張は、侵害の急迫性の概念を客観的事実的なものとして純化する思考から BGHSt. 24, 356 の枠組みによって、日本の昭和五二年決定が判断を下した事例について、正当防衛を否定できるとの主張とみることもでき[90]、とするならば、昭和五二年決定に対する批判となり得るので、ここで検討することとしたい[91]。

この点に関して、町野教授は、昭和五二年決定が加害意思を急迫性否定の要素としていることについて、急迫性概念の行き過ぎた「主観化」とともに、「このような主観的要件の認定は非常に困難で、場合によっては恣意的になされる危険性がある[92]」と批判された上で、基本的には有責者にも正当防衛権を肯定しつつ許される防衛行為の範囲が限定されるという「権利濫用説的」観点から[93]、防御者の「退避可能性」を中心に据えて、昭和五二年決定を「客観的に構成し直すこと」が必要であると主張しておられる[94]。林教授は、昭和五二年決定の事案において、被告人の挑発行為として「被害者革マルを挑発するようなビラを集会の呼びかけに使い、本件集会も革マル糾弾の一環として行われたとも見うる」行為と「革マルの第一攻撃の際に行った被告人らの犯罪行為」の二つを指摘し、少なくとも「後者は明らかに違法である」と評価しておられる[95]。「問題は、意図ないし故意があったといいうるかである。これは、この場合の故意がどのようなものであるべきか、にも依存する」として場合分けされた上で、[96]「かりに故意があるとするならば、権利濫用説からは正当防衛が否定されることになろう」とされる[97]一方、故意がなかった場合については、「違法でありながら、防衛状況惹起について意図・故意が認められない場合」を前提として、BGHSt. 24, 356 の枠組みについて「挑発した場合でも、それによって攻撃を受けることを予期していなかったときには、被告人が退避可能か、（一時的に）退避し、より危険の少ない防衛手段を用いることが可能なときにのみ権利濫用となる（原則として正当防衛は認められる）。しかし正当防衛が認められるときでも攻撃を確実に阻止できない防衛行為で甘んじなければならない、と（BGH 24, 356：山本輝之「有責招致の正当防衛状況」警研五三巻三号八八頁）」と紹介された上で、昭和五二年決定の場合、「被告人は被害者の攻撃の前に退避することが可能だったから、正当防衛は否定されるということになるだろう」とされる[98]。

しかし、BGHSt. 24, 356 の枠組み[99]によっては、例えば、A組において、かねて対立関係にあったB組が近いうちに拳銃等を携えてA組事務所を襲撃してくることが必至であると予期されたので、拳銃等を準備して組員を配備して待ち構えていたところ、予期通りB組組員が襲撃してきたのでこれに対し迎撃したような場合[100]、「退避可能性」を論じる上で前提となる「先行行為」と「先行行為」を行った者に対して加えられた「攻撃」の「関係[101]」があまりにも希薄であるので、正当防衛の成立を否定できないこととなる。この場合には、反撃による法益保全のプラスは結局認められず、また、法秩序維持に貢献するどころか、無用の闘争に及ぶ点でむしろマイナスであるという評価が可能である[102]。したがって、このような場合に正当防衛の成立を否定できないことは、妥当でない。一方、この事例においても、退避可能性を論じる上で前提となる先行行為と先行行為者に対して加えられた攻撃の関係があまりにも希薄であるにも拘らず「かねて対立関係にあった」ことを理由に先行行為があるとし、BGHSt. 24, 356 の枠組[103]みによって正当防衛の成立を否定すると、「先行行為」と「攻撃」との「関係」があまりにも曖昧となる[104]。これは、恣意性を除くために急迫性の概念から「主観的要件」を排除し、権利濫用的観点から「客観的に」構成することによって、かえって恣意的判断あるいは安易な総合判断の危険性が生じていることになるので、正当でないであろう[105]。したがって、侵害を予期しつつ積極的加害意思を有する者が十分な邀撃又は加害の準備をすることにより侵害の「急迫性」の要件が欠落することを肯定する一方、BGHSt. 24, 356 の枠組みによって解決すべき範囲を適正に限定すべきである。すなわち、侵害を予期しつつ積極的加害意思を有する者が侵害発生の危険性すら解消するほどの十分な邀撃又は加害の準備をすることにより侵害の「急迫性」の要件が欠落することを肯定し、その程度に至らない場合、正当防衛権の濫用と評価できる状況があるときには正当防衛を否定すると解することが[106]、実体に即するものである。よって、昭和五二年決定は、「積極的な侵害意思があるばあいに急迫性が否定されうることをみとめている点で妥当である[107]」といえる。

このように、昭和五二年決定は積極的な侵害意思がある場合、侵害の急迫性が否定され得ることを認めている点で妥当であるとしても、本決定が、実体法上[108]、「客観的な迎撃ないし攻撃態勢を問題にしていない点は妥当でない[109]」。この点に関して、安易な総合判断ではなく緊急行為としての正当防衛の見地から侵害の急迫性が消滅する具体的基準については、次のように解すべきである。すなわち、「緊急」行為としての正当防衛の見地からは、侵害の「急迫性」は法益侵害の「危険」の問題といえ、この危険は、いわば具体的危険であって抽象的危険ではないから、その存否の判断は「具体的」になされなければならない。したがって、危険概念としての急迫性は、法益侵害の「現実的」可能性の観点から考察されるべきであるので、攻撃者と被攻撃者との対応関係に応じて法益侵害の可能性は決まることになる。防御者に積極的な加害意思がある場合には、急迫性の程度に変化が生ずる。その加害意思は、客観的な迎撃態勢（否、むしろ攻撃態勢）によって推測されることが多いであろう[110][111][112]。このように、「客観化された加害意思」がある場合に、侵害の急迫性は消滅すると解すべきなのである。さらに、急迫性の概念を客観的事実的なものとして純化する思考からも、本件は、積極的加害意思という「心情要素」が正当防衛の成否を決する鍵となっているために正当防衛の制限が「恣意的にかつ必要以上に広くなされる危険性」があるので、正当防衛の制限を客観的側面から行うべきであったとの批判がある。[113] 言い換えると、本決定によると内ゲバの場合や前から攻撃者と対立関係にある行為者の場合には、「全部」正当防衛を否定することにもなりかねないとの危惧がなされているのであろう。[114] よって、昭和五二年決定が、実体法上、客観的な迎撃ないし攻撃態勢を問題にしていない点は妥当でないのである。

以上の検討から、昭和五二年決定が、積極的な侵害意思のある場合に侵害の急迫性が否定され得ることを認めている点は妥当である一方、実体法上客観的な迎撃ないし攻撃態勢を問題にしていない点は妥当でないことが明らかとなったが、さらに、前田教授は、昭和五二年決定以降「下級審では、正当防衛における積極的加害意図の取り扱いについて、かなりの混乱状態にある[115]」と評価され、その原因を最高裁判所の昭和四六年判決、[116] 昭和五〇年判決、[117] 昭和五二年決定[118] の三つの「最高裁判例の複雑な関係に[119]」求め、この「混乱状態」にある下級審の一つとして大阪高等裁判所の昭和五三年三月八日判決[120]をあげておられる。この大阪高裁判決は、「積極的加害意思」が急迫性の存否の判断にも防衛意思の存否の判断にも影響を及ぼすと解し得る判示をしているが、仮に「同一内容」の積極的加害意思が「急迫性」にも「防衛意思」にも影響を及ぼすと判示しているとすると、昭和五二年決定が下されることによって混乱が生じたこととなり、[121] 昭和五二年決定の下した「急迫性」と「積極的加害意思」の関係に対する批判となり得るので、ここでは、大阪高裁判決が「同一内容」の積極的加害意思により、急迫性の存否の判断にも防衛意思の存否の判断にも影響を及ぼすことを説示しているのか検討することとしたい。

大阪高裁判決の事案は次の通りである。すなわち、B方の配管工である被告人は、昭和五一年一一月二九日午後八時二〇分過ぎ頃Nアパート自室において同僚のHと酒を飲んでいた。Hは、酒に酔って因縁をつけ被告人と口論になった末、いきなり被告人を殴打しようとし、過って側にいた被告人の次男の顔面を殴打してしまった。このことに憤激した被告人は、Hを廊下に押出して取っ組合の喧嘩になったが、近所のRらの仲裁でその場は一旦収まった。Hの酒癖が悪いことを知っていた被告人は、Hからの仕返しをおそれ一時身を隠すため近くの食堂に行き日本酒を飲んだ後右アパート自室に帰ろうとしたとき、Hに見つけられた。被告人は、Hが絡み文句を並べながら付き纏い離れようとしないので、Hが先の喧嘩の決着をつけ報復する気でいると考えたが、喧嘩になれば自分より体格もよく腕力の勝ったHに素手ではかなわないので、喧嘩になったときに備えるため一旦右アパート自室に戻り、刃体の長さ約六・五センチメートルの切出しナイフ一本をズボンのポケットに隠し持っていた。同日午後九時頃Hが「ついて来い」と言うのに従って外に出たところ、Hは乱暴するような態度には出なかったものの執拗に被告人に絡み文句を並べるので、被告人は、この喧嘩の仲裁を雇主Bに依頼しようと考えた。同日午後九時四〇分頃Hと共にB方に赴いた被告人は、HとB家一階六畳の間において、B及びその妻K同席の上円満な話合を期待し座って対話を交わしていたところ、いきなり立ち上ったHは、被告人の頭髪を左手で摑み右手拳で被告人の顔面を数回殴打し、さらに「今晩お前を殺してやる」等と言って被告人の胸倉を摑んで右六畳の間から玄関先まで引き摺り出し、片手で被告人の前襟を摑み他方の手でそのあごを突き上げる等の行為に及んだ。これに対して、被告人は咄嗟にズボンのポケットに入れていた切出しナイフ一本を取り出して右手に持ち、Hの胸部腹部等上半身を多数回にわたって突き刺しあるいは切りつけて傷害を負わせHを死亡させたものである。

これに対して、大阪高裁は、「被告人は被害者Hとのいさかいの仲裁を依頼するため同人と共に雇主のB方に赴き、同家一階六畳の間において、同人およびその妻K同席のうえ円満な話合いを期待し坐つて対話を交わしていたところ、㈠いきなり立上つたHは、被告人の頭髪を左手で摑み右手拳で被告人の顔面を数回殴打し、さらに『今晩お前を殺してやる』などと言つて被告人の胸倉を摑んで右六畳の間から玄関先まで引きずり出し、片手で被告人の前襟を摑み他方の手でそのあごを突き上げるなどの行為に及んだこと㈡これに対し、被告人はとつさにズボンのポケットに入れていた原判示の切出しナイフ一本を取出して右手に持ち、Hの胸部腹部など上半身を多数回にわたつて突き刺し、切りつけたりし原判示のような傷害を負わせこれに因り同人を死亡させたことが認められる」とした上で、「Hの㈠の行為が急迫不正の侵害行為に該るかどうか、また被告人の㈡の所為が防衛意思に基づくものであるかどうか」につき順次考察を加えている。すなわち、大阪高裁は、まず、㈠の行為が急迫不正の侵害に該るかを検討するに際し、第一に、喧嘩闘争を理由にして正当防衛を否定し得るとの所論に対して、事案を詳細に検討し「当初被告人自室で開始されたけんか闘争が約一時間余を経過したHの前記㈠の暴行時まで継続していたものとは到底認めがたく、遅くとも被告人がHと共にB方に出向き、仲裁を依頼して同人方一階六畳の間において話合いが開始された時点においては、被告人のけんか闘争の意思は完全に消失し、まさかHが雇主であるBの言に耳を傾けないで、一方的暴行を仕掛けてくるとは全く予想しなかつたものと推認され」る本件のようは場合には「被告人の予期しないHの一方的暴行を当初からのけんか闘争の一こまであるとみるのは著しく困難であり、B方でのHの㈠の侵害行為は、いずれも従来の経過と切り離し、別個の場面での異常事態として独立に観察すべきものと解され、同侵害行為は、矢継早にしかも執拗、強力になされた攻撃態様および被告人が㈡の反撃行為に着手した当時におけるHの攻撃態勢ならびにそれ以前における一連の経過などに照らし急迫性の要件を具備するものと認められ、所論のようなけんか闘争の法理を適用する余地は存しない」とした。第二に、被告人がHの素手による暴行を予期し極めて容易に避け得たのに逃げようとせず、平素の鬱憤を晴らすべく切出しナイフを準備して本件犯行に及んだとの所論に対して、大阪高裁は、「被告人が切出しナイフを準備携帯したのは…護身用という消極的な用途に利用することを主目的としたものと解されるうえ、所論のような暴行を予期していたとしてもそのことから直ちに㈠の侵害行為の急迫性を否定する事由とは認めがたく、被告人が平素のうつ憤を晴らすため、もつぱら積極的な攻撃意思を実現する意図のもとに切出しナイフを準備携帯していたものでないことは、同ナイフ持出後、被告人がHと戸外で約四〇分間にわたり行動を共にしながら、積極的な攻撃意思を示したりまた示そうとした事跡が全くなく、少なからぬ同人の挑発的言辞にも冷静に対処し、つまるところ円満解決を希求してBに仲裓《ママ》を依頼し同人方においても㈠の侵害行為を受けるまでHと仲直りするため自らも真摯な言動を示していることなどの一連の行動経過に徴して容易に窺われ」、一方で積極的な加害意思があったとする被告人の供述は、信用性に問題があるが、「仮に右のような意思が心底にあったとしても被告人の前掲行動経過に照らし付随的なものに過ぎなかったことが認められ、当初のけんかが終了して相当な時間が経過しかつ円満な解決を求めてB方で話合いが開始された後においても、被告人がHに対する平素のうつ憤を晴らすため前記切出しナイフを使用する機会を窺っていたとするのは、いかにも不自然、不合理であり、到底是認できない」とした。よって、「Hの被告人に対する前掲㈠の暴行は『急迫不正の侵害』に該るものと解するのが相当である」から、所論には理由がないと説示した。次に、防衛意思について、被告人の㈡の所為は、Hの㈠の暴行を予期しこれに乗じて鬱憤を晴らすべく事前に準備していた切出しナイフを用いて上半身を滅多突きにしHを殺害するものであり、積極的な加害行為に及んだもので、防衛意思に基づくとは認められないとの所論に対して、大阪高裁は、「Hの前掲㈠の暴行は、その態様に照らし、素手であるとはいえ矢継早に連続してなされた執拗、強力なものであり、同人が被告人よりも体格、腕力に勝れ、極めて粗暴な性格の持主であるのみならず、…左眼窩部の受傷により被告人に敵意を抱いていた事情をも併わせ考慮すると、被告人において、Hの現存する侵害行為を排除しない限り、引続いて強度の暴行を受けると認識し、自己の生命、身体に切迫した危険を感じたことは、ごく自然の成行であって無理からぬところであり、同侵害行為に対応してなされた被告人の前掲反撃行為は防衛の意思に基づいて着手、実行されたものと認めるのが相当であり、…被告人が防衛に名を藉り積極的な加害行為に及んだと認められるような特別な情況は見当らない」とし、さらに、被告人の本件犯行の動機、態様、特に、当該犯行に使用した兇器の性状、傷害の部位程度を根拠にして、被告人には防衛意思がなかったとする所論に関して、大阪高裁は、「所論のように右犯行態様が執拗かつ過度のものであることは否定しがたく、明らかに防衛行為としての相当性の範囲を逸脱するものであり、右のような被告人の反撃行為には、防衛の意思のほか、付随的に攻撃の意思が不可分一体のものとして併存していたものと推認されるが、このことから直ちに被告人が防衛に名を藉りあらかじめ抱いていた積極的な加害意思を実現したとは認められず、未だ防衛の意思の存在を否定する事由とは解しがたい」から、所論に理由はないとした。したがって、被告人の本件所為をHの急迫不正の侵害に対する防衛行為と評価し、その防衛の相当性の範囲を逸脱したとして過剰防衛を認容した原判決の事実認定は正当であり、所論のような法令解釈、適用の誤りは認められないから、論旨は理由がないと判示したのである。

この判決に関して、前田教授は、「『積極的な加害意思が…心底にあったとしても、被告人の前掲行動経過に照らし、付随的なものに過ぎなっかたことが認められ、…『急迫不正の侵害』に該るものと解するのが相当』としつつ、同時に『あらかじめ抱いていた積極的な加害意思を実現したとは認められず、未だ防衛の意思の存在を否定する事由とは解しがたい』と判示する[122]」と指摘しつつ、「この様に、下級審では、正当防衛における積極的加害意図の取り扱いについて、かなりの混乱状態にある[123]」と評価した上で、この下級審の混乱は、最高裁判所の昭和四六年判決、昭和五〇年判決、昭和五二年決定の三つの「最高裁判例の複雑な関係に起因」すると主張しておられる[124]。

たしかに、大阪高裁昭和五三年判決は、「同一内容」の積極的な加害意思が急迫性の存否の判断においても、防衛意思の存否の判断においても、影響を及ぼすと解し得る判示をしている。しかし、この判決は、「㈠いきなり立上つたHは、被告人の頭髪を左手で摑み右手拳で被告人の顔面を数回殴打し、さらに『今晩お前を殺してやる』などと言つて被告人の胸倉を摑んで右六畳の間から玄関先まで引きずり出し、片手で被告人の前襟を摑み他方の手でそのあごを突き上げるなどの行為に及んだこと㈡これに対し、被告人はとつさにズボンのポケットに入れていた原判示の切出しナイフ一本を取出して右手に持ち、Hの胸部腹部など上半身を多数回にわたつて突き刺し、切りつけたりし原判示のような傷害を負わせこれに因り同人を死亡させたことが認められる」とした上で、「Hの㈠の行為が急迫不正の侵害行為に該るかどうか、また被告人の㈡の所為が防衛意思に基づくものであるかどうか」につき順次考察を加えているので、「急迫性の存否についての判断の対象」と「防衛意思の存否についての判断の対象」を区別して検討しているといえる。そして、本判決は、「暴行を予期していたとしてもそのことから直ちに㈠の侵害行為の急迫性を否定する事由とは認めがたく」、積極的な攻撃意思を実現する意図のもとナイフを準備携帯していたものでないことは、B方においても「㈠の侵害行為を受けるまでHと仲直りするため自らも真摯な言動を示していることなどの一連の行動経過に徴して容易に窺われ」ると判示しているので、急迫性の存否に関する積極的加害意思の存否について判断される対象は、「不正の侵害を予期したときからその侵害に臨むに至ったときまで（反撃行為の予備・準備段階）における本人の意思内容」である。[125]　一方、本判決は、Hの暴行の態様及びHの体格・性格さらに被告人に敵意を抱いていた事情をも併わせ考慮すると、「被告人において、Hの現存する侵害行為を排除しない限り、引続いて強度の暴行を受けると認識し、自己の生命、身体に切迫した危険を感じたことは、ごく自然の成行」であり、「同侵害行為に対応してなされた被告人の前掲反撃行為は防衛の意思に基づいて着手、実行されたものと認めるのが相当であ」ると判示しているので、防衛意思の存否について判断される対象は、「不正の侵害に対し現に反撃行為に及ぶ時点（反撃行為の実行時）における本人の意思内容」である。[126]　このように、大阪高等裁判所の昭和五三年判決は、「急迫性の存否」の判断「対象」と「防衛意思の存否」の判断「対象」とを明確に区別して検討しいるので、「同一内容」の積極的加害意思により、「急迫性」にも「防衛意思」にも影響を及ぼすと説示していないといえる。したがって、昭和五二年決定が下されることにより「同一内容」の積極的加害意思が「急迫性」にも「防衛意思」にも影響を及ぼすと説示する混乱した下級審が下されているので昭和五二年決定の下した「侵害の急迫性」と「積極的加害意思」の関係に問題がある、とする批判は当らないであろう。

(51) 最判昭二四・八・一八刑集三巻九号一四六五頁［一四六七頁］。
(52) 最大判昭二三・七・七・前掲注（30）。
(53) 最判昭二四・一一・一七刑集三巻一一号一八〇一頁［一八〇三頁］。
(54) 橋爪・前掲注（8）法協一二七〇頁。
(55) 橋爪・前掲注（8）法協一二七〇頁。
(56) 最決昭二八・七・二裁判集（刑事）八四号一頁。
(57) さらに、下級審においても「形式的に」正当防衛の要件論と関連させて正当防衛の成否を論じるものが見られる（名古屋高判昭二五・三・九特報六号一一七頁、宮崎地延岡支判昭三四・六・一七下刑集一巻六号一四二六頁等参照）。
(58) 最判昭四六・一一・一六刑集二五巻八号九九六頁。
(59) 本件判決は、「侵害の急迫性」と「防衛行為の相当性」の関係について、仮定的な判断の形ではあるが、「法益に対する侵害を避けるため他にとるべき方法があつたかどうかは、防衛行為としてやむをえないものであるかどうかの問題であり、侵害が『急迫』であるかどうかの問題ではない」とする。
(60) 本判決は、本文の通り、「防衛の意思」及び「防衛上やむをえない行為」に関しても重要な判例である。しかし、本章の中心課題は、積極的加害意思の急迫性に及ぼす影響に関して検討することにあるので、これら二点の検討は、残された問題として新たに検討する機会をもちたい。
(61) 荘子邦雄「判批」『昭和四七年度重要判例解説』（昭48年・一九七三年）一一三頁。
(62) 大越義久「判批」『刑法判例百選Ⅰ総論』初版（昭53年・一九七八年）八四頁。
(63) 鬼塚賢太郎「判批」『最高裁判所判例解説刑事篇（昭和四六年度）』（昭47年・一九七二年）二五七頁。
(64) 大越・前掲注（62）八四頁、大嶋一泰「判批」『昭和五九年度重要判例解説』（昭60年・一九八五年）一六四―五頁等。
(65) 川端・前掲注（2）講義三三〇頁。
(66) 内田文昭「判批」『刑法解釈論集（総論Ⅰ）』（昭57年・一九八二年）二三五頁。
(67) 最決昭五二・七・二一・前掲注（6）。

(68)　前田雅英「正当防衛に関する一考察」『団藤重光博士古稀祝賀論文集』一巻（昭58年・一九八三年）〔後に同『現代社会と実質的犯罪論』（平4年・一九九二年）〕一五三頁〔引用は後者による〕。
(69)　前田・前掲注（68）一五三頁。
(70)　安廣・前掲注（45）八七頁。同旨、橋爪・前掲注（8）法協一二七九頁。
(71)　最判昭五九・一・三〇刑集三八巻一号一八五頁。本決定の事案は、次の通りである。すなわち、被告人とHとは、住み込み溶接工として働いていたが、仕事上のこと等で反目し合い、その間柄は険悪化しつつあった。昭和五〇年五月二四日夜、両者の住む工員寮近くの酒店において両者の間で口論となり、被告人は、Hに顔面を殴打されて前歯を折られる等したため一旦帰寮したものの憤懣が収まらず、Hに非を認めさせようとしてHの帰るのを待っていたが、その内に帰寮したHの怒鳴る声がしたので、木刀を携えズボンの後ポケットに理髪用鋏を入れて寮二階ホールに赴き、Hと相対峙してHを難詰するに至った。しかし、声を聞いたDが仲裁に入り、被告人は、木刀を捨て話合うよう説得されたため、手にした木刀をホール壁際にあった下駄箱の裏側に投げ入れ、寮前庭に通じる階段を先に立って下り始めたところ、Hがいきなり下駄箱を倒して被告人の捨てた木刀を取り上げ、それを手にして追いかけ、寮前庭で被告人に木刀で殴りかかったので、被告人は、頭、足首等を殴打され、当初は逃げ回っていたものの、その内に鋏を取り出してHに対し刺突行為に及び、Hに胸腔内や心臓に達する刺創等を負わせ、間もなくHを死亡させたものである。

第一審判決は、被告人の殺人について正当防衛の成立を是認したが、原判決は、本件を「いわゆる喧嘩闘争と目すべき事案」とした上で、Hと喧嘩になることを予期しその機会を利用して積極的にHを加害する意思があったとして、被告人の殺人について、侵害の急迫性に欠けることを理由に正当防衛の成立を否定としたのであった。

これに対して、最高裁判所は、次のように破棄自判した。すなわち、被告人に対するHの木刀による攻撃が、被告人にとって予測できなかった急迫な侵害にあたるか否かについては、まず、「被告人は、木刀を捨てて階段を下りた時点では、Hと話合いをする積もりであり、同人もそれに応じるものと予期していたもので、Hが被告人の捨てた木刀を取り上げ攻撃してくることは予想しなかつたと認めるのが相当である」とし、「たしかに、被告人は当夜Hに対しかなり強い憤激の情を抱いていたことであり、被告人が木刀を手にして寮二階ホールでHに相対し同人を難詰した時点までをとらえるならば、それまでのいきさつからしても、被告人はHと喧嘩になることを予期しそのため木刀を手にしていたと推認することはあながち無理とはいえない。しかしながら、その後Dが仲裁に入り、同人から喧嘩をしないよう説得されたことにより、Hは、話合いの明確な意思表示まではしなかつたものの、握つていた被告人の手を離し、一方、被告人は、手にしていた木刀を下駄箱の裏側に投げ入れたうえ、Hに向かつて『話合いをしようではないか。』といつて、先に立つて階段を下りているのであるから、この事実から合理的に推測するならば、木刀を捨てて階段を下りた時点では、被告人としてはHは話合いに応じるものと予期し、自らもその意図であることを積極的に示す態度に出たものと認めるのが自然である。もし右の時点で被告人がHとは話合いができずなお喧嘩になるものと予測していたのであるならば、空手の心得もあるHに腕力では到底かなわないと思つている被告人が、対抗すべき有力な武器である木刀を捨てることは、いかにも不自然である。また、原判決も肯認するとおり、被告人はHから攻撃を受けるや直ちに鋏で応戦することなく、当初はHの攻撃を避けて逃げ回り、さらに鋏を取り出した後も最初の段階では、それを振り回すなどしてHを威嚇する行動に出ていたに過ぎないのであるから、これら一連の行動からすれば、原判決のように被告人は当初から木刀を捨てても喧嘩に際しては隠し持つた鋏で対抗しようと意図していたと見ることは、相当でない。さらに原判決は、被告人が喧嘩を予期していたことを推認せしめる事由として、被告人が予め鋏を用意し隠し持つていたこと、被告人のHに対する攻撃の態様、すなわち刺突行為は胸腔内や心臓に達するほどの相当強力なものであり、しかもそれは木刀が折れてHの攻撃力が減じた後になされたと考えられることを挙げるのであるが、原判決がその判文中に引用する被告人の検察官に対する供述調書…の記載によつても、鋏は必ずしもHとの喧嘩に備えて用意したものといえるものではなく、また、Hに対する応戦行為は防衛の意思に憤激の情が加わつて激しくなつたものとも考えられるから、原判決の挙げる右各事由は、いずれも被告人がHとの喧嘩を予期していたことを裏付けるものということはできない」と詳細に事情を考慮した上で、「Hの木刀による攻撃は被告人の予期しなかつたことであつて、それは被告人に対する急迫不正の侵害というべきであり、この点において、原判決が、被告人はHの攻撃を予期しており、その機会に積極的に同人を加害する意思であつたもので、Hの攻撃は侵害の急迫性に欠けるとしたのは、事実を誤認したものといわざるをえない」とした。そして、防衛意思の存否及び防衛行為の相当性を検討した上で、「被告人の本件殺人は、Hによる急迫不正の侵害に対し自己の生命、身体を防衛するためその防衛の程度を超えてなされた過剰防衛にあたり、理髪用鋏の携帯についてはは銃刀法違反罪が成立するというべきであるから、右殺人について正当防衛のみならず過剰防衛の成立をも否定した原判決は事実を誤認したものであり、また、右殺人について正当防衛の成立を認め、鋏の携帯について違法性阻却を認めた第一審判決は事実を誤認しまたは法令の解釈適用を誤つたものといわざるをえない」と説示して、原判決及び第一審判決を破棄し自判したのであった。

(72)　松浦繁「判批」『最高裁判所判例解説刑事篇（昭和五九年度）』（昭63年・一九八八年）三八―九頁。

(73) 松浦・前掲注(72)三八頁。
(74) 松浦・前掲注(45)五七頁、堀籠幸男「第36条〔正当防衛・過剰防衛〕」大塚仁＝河上和雄＝佐藤文哉編『大コンメンタール刑法』二巻(平元年・一九八九年)三七三頁。
(75) 堀籠・前掲注(74)三七三頁。
(76) 川端・前掲注(7)四一頁。同旨、西田典之「判批」『刑法判例百選Ⅰ総論』第四版(平9年・一九九七年)四九頁。
(77) 曽根威彦「判批」『判例評論』二三三号(昭53年・一九七八年)四八頁。同旨、中野次雄「判批」『判例評論』三〇八号(昭59年・一九八四年)六二頁、内藤謙『刑法講義総論(中)』(昭61年・一九八六年)三三四頁。
(78) 川端・前掲注(2)理論九三頁。
(79) 川端・前掲注(2)講義三三二頁。
(80) 川端・前掲注(2)講義三三二―三頁。
(81) 「緊急」とは、速やかに救助方法を講じなければ生活利益が失われる危険状態をいい、法益に対するこのような状態を法的緊急というのである。したがって、緊急行為における「緊急」は、法益侵害の「危険」と不可分の関係にあるといえる(平場安治「緊急行為の構造」『木村博士還暦祝賀　刑事法学の基本問題(上)』(昭33年・一九五八年)〔後に同『刑法における行為概念の研究』(昭36年・一九六一年)に収録〕一三七頁〔引用は後者による〕、曽根威彦「緊急行為」『現代刑法講座』二巻(昭54年・一九七九年)〔後に同『刑法における正当化の理論』(昭55年・一九八〇年)〕一九九頁〔引用は後者による〕、川端・前掲注(2)理論九二頁)。「危険」と不可分の関係にある緊急は、さらに、危険が「将来の」利益喪失へ方向づけられている以上、「将来」と本質的に結びついているといえ、ここに「急迫」という時間的要素が介入する根拠がある(平場・注(81)一三七頁、川端・前掲注(2)理論九二頁)。よって、「侵害の急迫性」は、「法益侵害の危険」の問題である(川端・前掲注(2)理論九三頁)。
(82) 川端・前掲注(2)講義三三三頁。なお、板倉宏『新訂刑法総論』(平10年・一九九八年)二〇八頁参照。
(83) 小暮得雄「判批」『昭和五三年度重要判例解説』(昭54年・一九七九年)一六一頁。
(84) 前田雅英「判批」『刑法判例評釈集』三八＝三九巻(昭57年・一九八二年)二九一頁。同旨、内藤・前掲注(77)三三四―五頁。
(85) 小暮・前掲注(83)一六一頁、川端・前掲注(2)講義三三三頁。

(86) なお、安廣文夫「判批」『最高裁判所判例解説刑事篇（昭和六〇年度）』（平元年・一九八九年）一四九―五〇頁参照。

(87) 町野朔「正当防衛と防衛意思―刑法総論の現代的課題」『Law School』四二号（昭57年・一九八二年）一五頁。

(88) 町野・前掲注（87）一五頁。

(89) 林幹人「正当防衛」町野朔＝堀内捷三＝西田典之＝前田雅英＝林幹人＝林美月子＝山口厚『考える刑法』（昭61年・一九八六年）一一一―二頁。

(90) ドイツでは、日本の「侵害の急迫性」（刑法三六条一項）に対応する概念として、「現在の攻撃（gegenwärtiger Angriff）」（ドイツ刑法三二条二項）を用いているが、ドイツにおける「現在の攻撃」の要件に関しては、「従来のドイツの学説は、この要件に、侵害と反撃との時間的同時性以外の要素を加えることはない」との指摘がなされている（内田・前掲注（66）二四一頁注（6））。

(91) 林教授は、「かりにこのような説（権利濫用説）をとった場合、表題判例の事案（昭和五二年決定の事案）は、どのように解決されることになるのかを考えてみよう（以下の論述は、かりに「積極的加害意思」についての判示がなかったとしてのものである）」（林・前掲注（89）一一一頁）とされ、積極的に昭和五二年決定を批判されているのではない。しかし、論理的には、本文のように解することも可能であろう（さらに、町野・前掲注（87）一五頁参照）。

(92) 町野・前掲注（87）一五頁。

(93) 町野・前掲注（87）一五頁。

(94) 町野・前掲注（87）一五頁。

(95) 林・前掲注（89）一一一―二頁。

(96) 林・前掲注（89）一一二頁。なお、ドイツの判例によると「意図的挑発の事例」（Vgl. BGH bei Dallinger MDR 1954, 335）は、口実防衛の事例として処理され、「条件つき故意の場合」（Vgl. BGHSt. 39, 374）は、BGHSt. 24, 356 の枠組みによって処理されている（拙稿・前掲注（1）二一頁以下参照）。

(97) 林・前掲注（89）一一二頁。

(98) 林・前掲注（89）一一二頁。

(99) さらに、BGHSt. 27, 336 が下されているが、この BGHSt. 27, 336 に対しては、挑発行為に該当する範囲に関し BGHSt. 24, 356 よりも拡大されており（山中敬一『正当防衛の限界』（昭60年・一九八五年）一一七―八頁。Vgl.

Roxin, Die „sozialethischen Einschränkungen" des Notwehrrechts, ZStW 93 (1981), S. 90）、後続する攻撃を被攻撃者の義務違反から生じた相当で予見可能な結果と思わせる先行行為は、義務違反と攻撃の間に相当性の原理の意味における一種の誘因連関が存在しなければならないこと（Kienapfel, JR 1979, S. 72）あるいは、挑発行為と攻撃とに相当因果関係が存すること（山中・注（99）一一八頁）を要求しているとの評価がなされている。

(100) 安廣教授によると、このような事例は「暴力団抗争においてよくみられる」（安廣・前掲注（86）一四六頁）。

(101) BGHSt. 27, 336は、「先行行為」と「攻撃」の間に「相当性の原理の意味における一種の誘因連関」（Kienapfel, a. a. O. [Anm. 99], S. 72）あるいは「相当因果関係」（山中・前掲注（99）一一八頁）を要求しているとの評価がなされている。

(102) 安廣・前掲注（86）一五〇頁、斎藤信治『刑法総論』第三版（平10年・一九九八年）一八三頁参照。

(103) この点に関して、実際のドイツの判例は、先行行為と攻撃との関係の希薄化を推し進めることによって正当防衛権を制限しようとしているとはいえない。すなわち、BGHSt. 24, 356は、自動車をぶつけられ怒った運転手は、車をぶつけた防御者が車を捨て徒歩で逃げた後もなお追跡し防御者に追いついた結果防御者と争いとなり、その争いの中で防御者は運転手を刺殺した事例において、防御者の回避可能性を考慮すべき先行行為があるとする一方、BGHSt. 27, 336は、債務者である被攻撃者が債権者である攻撃者との関係で正当防衛状況となる前に、債務者は、債権者に貸付金を期限どおりに弁済せず、債務者が資金を提供している第三者のところへ行くよう指示した事実があっても、債務者の債権者に対する正当防衛権は制限されないとしているから、ドイツの判例は、先行行為と攻撃との関係に一定の歯止めを掛けているといえるのである（Vgl. Kienapfel, a. a. O. [Anm. 99], S. 72. さらに、山中・前掲注（99）一一八頁参照）。

(104) BGHSt. 27, 336の背景には、先行行為と攻撃との関係があまりにも希薄化するというような事態に対する危惧があるのであろう。

(105) なお、井田良「結果無価値と行為無価値」『現代刑事法』一巻一号（平11年・一九九九年）八三—四頁参照。

(106) この枠組みは、川端・前掲注（4）再生九九頁以下の「判例とその検討」において説かれている。

(107) 川端・前掲注（2）理論九四頁。さらに、多くの実務家は、昭和五二年決定が積極的加害意思のある場合に急迫性が否定され得ることを認めることに関して、積極的に評価しているといえるであろう（香城敏麿『最高裁判所判例解説刑事篇（昭和五二年度）』（昭55年・一九八〇年）二四二頁以下、同「正当防衛における急迫性」『判例タイムズ』七六八号（平3年・一九九一年）[後に小林充＝香城敏麿編『刑事事実認定（上）』（平4年・一九九二年）に収録]二六二頁以下［引用は後者による］、安廣・前掲注（86）一四五頁、堀籠・前掲注（74）三七七頁以下、千葉裕「正当防衛に関する近時の判例について」『荘子邦雄先生古稀祝賀　刑事法の思想と理論』（平3年・一九九一年）六一頁参照。

(108)　川端博『入門講義刑法総論』（平10年・一九九八年）二四五―六頁参照。

(109)　川端・前掲注（2）理論九四頁。

(110)　川端・前掲注（2）講義三三三頁。

(111)　最高裁昭和五二年決定以降において、客観的な迎撃ないし攻撃態勢を問題にしている判例として、昭和六一年一月二一日東京高裁判決（高刑速（昭六一）五一頁）がある。さらに、安廣教授は「判例が積極的加害意思を認め急迫性を否定している事案では、客観的に積極的加害行為がなされたと認定されている」と指摘しておられる（安廣・前掲注（45）二四四頁）。

(112)　実体法上の問題である緊急行為としての正当防衛の見地から、防御者が侵害を予期しつつ客観化された加害意思を有していた場合、侵害の急迫性は消滅すると解する立場に対して、橋爪教授から次のような批判がなされているのでここで検討する（橋爪隆「正当防衛論の再構成（二）」『法学協会雑誌』一一六巻四号（平11年・一九九九年）六五一―二頁）。

橋爪教授は、「侵害に対する準備態勢それ自体に着目したとしても、それからただちに侵害の急迫性を否定することは妥当ではない」。なぜならば、法益侵害の「危険性の減少は、事前に準備した手段を有効に利用して防戦することを想定に入れてはじめて肯定することができるのであって、事前の準備態勢それ自体によって法益侵害の危険性が自動的に解消するわけではない」からであると批判しておられる（橋爪・注（112）六五二頁）。しかし、侵害を予期しつつ積極的加害意思を有する防御者が前提となる場合、この防御者は事前に準備した手段を有効に利用して防戦することを想定し行動していると解することが、むしろ実体を精確に把握するものである（川端・前掲注（108）二四五頁参照）。このように、侵害に対する準備態勢それ自体を「個別的・分断的に」把握することは、実体を精確に把握する妨げとなるであろう。したがって、右の批判は説得的でない。

また、「客観的な攻撃準備態勢それ自体が重要な意義を有するのであれば、行為者の主観面として積極的加害意思の存在を要求する必然性は乏しい」（橋爪・注（112）六五二頁）との批判に関しては、次のように反論できるであろう。すわわち、前述のように実体を精確に把握するという観点から、防御者が事前に準備した手段を有効に利用して防戦することを想定し行動していると評価するためには、客観的な攻撃準備態勢それ自体が重要な意義を有するとしてもなお行為者の主観面として積極的加害意思の存在を要求する必然性がある。言い換えると、「行為者の主観を抜きにして、どういう結果が生じるのか、その結果発生の危険性があるのかということは判断でき（ない）」ので、行為者の主観が法益の具体的侵害の可能性に影響を及ぼすといえ（川端・前掲注（108）二四五頁）、したがって、行為者の主観面として積極的加害意思の存在を要求する必然性が存するわけである（さらに、川端博『刑法総論25講』（平2年・一九九〇年）一二五頁以下、特に一三〇―一頁、一三五頁以下、川端博＝曽根威彦＝日高義博「《鼎談》『結果無価値論と行為無価値論』」『現代刑事法』一巻三号（平11年・一九九九年）四頁以下、特に一〇―一一頁、井田・前掲注（105）八一頁以下参照）。

さらに、「積極的加害意思の存在が決定的であるとしつつ、その認定のために客観的迎撃態勢を要求しているのであれば、…要件論と認定論との混同をおかしている」との批判がある（橋爪・注（112）六五一―二頁）。しかし、「積極的加害意思」及び「迎撃態勢」は、両者とも「法益侵害の具体的危険性」としての「急迫性」を判断するために必要とされる要件であり（川端・前掲注（108）二四五―六頁参照）、「急迫性」は、「実体法上」の要件である以上、「要件論と認定論との混同」言い換えると「実体法上の問題と訴訟法上の問題との混同」をおかしているとはいえないであろう。

（113）大越義久「判批」『刑法判例百選Ⅰ総論』第二版（昭59年・一九八四年）七五頁、前田・前掲注（68）一五五頁、山中・前掲注（99）一九〇頁、大嶋・前掲注（64）一六五頁、山本輝之「『喧嘩と正当防衛』をめぐる近時の判例理論」『帝京法学』一六巻二号（昭62年・一九八七年）一八八頁等多数。なお、山口厚「自ら招いた正当防衛状況」『法学協会百周年記念論文集』二巻（昭58年・一九八三年）七二五頁参照。

（114）町野・前掲注（87）一五頁。

（115）前田・前掲注（68）一四二頁。

（116）最判昭四六・一一・一六・前掲注（58）。本判決は、かねて憎悪の念をもち攻撃を受けたのに乗じ「積極的な加害行為」に出た等の特別な事情が認められない限り、被告人の反撃行為は「防衛の意思」をもってなされたと認めるのが相当であるとする。

（117）最判昭五〇・一一・二八刑集二九巻一〇号九八三頁。本判決は、防衛に名を借りて侵害者に対し「積極的に攻撃を加える行為」は「防衛の意思」を欠く結果、正当防衛行為と認めえないとする。

（118）最決昭五二・七・二一・前掲注（6）。

（119）前田・前掲注（68）一四二頁。

（120）大阪高判昭五三・三・八・前掲注（50）。

（121）昭和五二年決定は、昭和四六年判決及び昭和五〇年判決の「防衛意思」に関する判示内容との関係について、何ら触れていない（前田・前掲注（68）一四三頁）。

(122)　前田・前掲注（68）一四二頁。
(123)　前田・前掲注（68）一四二頁。
(124)　前田・前掲注（68）一四二頁。
(125)　安廣・前掲注（45）二四四頁。
(126)　安廣・前掲注（45）二四三頁。このように解することは、「人間が一定の行為をするばあい、その行為のもつ意味は『行為時』における行為者の主観を抜きにしては正しく理解することができない」という「人的不法論」の立場（川端・前掲注（112）一五三―四頁）からは、まさに正当であるといえる。

第四節　結　論

本章では、「喧嘩と正当防衛」の判例を含めて「積極的加害意思が急迫性に影響を及ぼすかが問題になる事例」に関する日本の判例を検討してきたが、以上の検討の結果、次のことが明らかとなった。

従来、判例は、喧嘩闘争の場合、正当防衛の観念を容れる余地はないとしてきたと評価されており、[127]そして、喧嘩闘争の場合「一律に」正当防衛を否定する理由を述べながら判示したものとして、昭和七年一月二五日の大審院判決[128]がある。この判決は、「『喧嘩両成敗』ノ格言」を援用して、「喧嘩ノ闘争者雙方ノ行爲ハ互ニ違法性ヲ阻却スヘキ性質ヲ有スルモノニ非ス」としたのであったが、「『喧嘩両成敗』ノ格言」を援用して喧嘩闘争の場合「一律に」正当防衛を否定する右判例の立場に対して、学説は、近代国家において、なお「喧嘩両成敗の法理」を認め、正当防衛の成立を否定する点[129]及び喧嘩を理由にして「一律に」正当防衛を否定する点[130]を批判していた。そこで、最高裁判所は、喧嘩と正当防衛に関して正当防衛肯定論に移行した。[131]このようにして、喧嘩闘争的行為がある場合であっても、具体的事情に応じ正当防衛の要件論と関連させて正当防衛が成立する可能性を検討べきことが裁判所に要請されるようになったといえる。

このような中、喧嘩闘争行為がある場合であっても、「侵害の予期と侵害の急迫性」などの関係を解明しつつ、「正面から」正当防衛の要件論を論じた昭和四六年一一月一六日の最高裁判所判決[132]があり、さらに、刑法三六条が侵害の急迫性を要件としている趣旨から考えて、「単に予期された侵害を避けなかつたというにとどまらず、その機会を利用し積極的に相手に対して加害行為をする意思で侵害に臨んだときは、もはや侵害の急迫性の要件を充たさない」と判示し、積極的な加害意思がある場合に急迫性が否定され得ることを認める昭和五二年決定[133]が下された。このように判例が、喧嘩闘争的行為がある場合であっても、「侵害の予期と侵害の急迫性」等の関係を解明しつつ、「正面から」正当防衛の要件論を論じ、積極的な加害意思がある場合に急迫性が「否定され得る」ことを認める点は、前述の検討から、妥当であるといえる。しかし、昭和五二年決定が実体法上客観的な迎撃ないし攻撃態勢を問題にしていない点に関しては、「緊急行為としての正当防衛の見地から危険発生の突発性が危険の重大性ないし強度を補強し得ることを肯定する観点から」、さらに「正当防衛の制限の恣意的かつ不必要な拡大に対し危惧する観点から」も妥当でないのである。

そこで、下級審において、客観的な迎撃ないし攻撃態勢を要求する運用がなされることが妥当である。[134]この点に関して、昭和五二年決定以降、客観的な迎撃ないし攻撃態勢を問題にしている判例として、昭和六一年東京高裁判決がある。[135]すなわち、東京高裁は、「A男が被告人を木刀で殴打した所為が、被告人の身体に対する不正の侵害にあたることはいうまでもないが、被告人は右の侵害を受けることを当然もしくは高度に確実なものとして予想し、単なる防衛の意図ではなく、その機会に乗じて、積極的な闘争、攻撃、加害の行為に出る意図に基づき、そのための十分な用意を整えたうえで、当該侵害に臨んだものと認められるから、右の侵害は被告人にとつて急迫なものでなかつたことが明らかであ（る）」と判示したのである。さらに、安廣教授は「判例が積極的加害意思を認め急迫性を否定している事案では、客観的に積極的加害行為がなされたと認定されている」と指摘されている。[136] よって、外形的事実関係を重視しつつ運用している下級審の態度は、妥当である。[137]

(127) 平野・前掲注（10）一二六頁、小野・前掲注（10）九〇頁、福田・前掲注（10）判例研究二〇頁、同・前掲注（10）神戸七七六頁、木村・前掲注（10）一四三―五頁、真野・前掲注（10）一二二頁、岡垣・前掲注（10）六七頁等参照。
(128) 大判昭七・一・二五・前掲注（12）。
(129) 平野・前掲注（10）二七頁、小野・前掲注（10）九二―三頁、川端・前掲注（16）一三頁。さらに、平川・前掲注（21）一二五頁参照。
(130) 牧野・前掲注（11）六―七頁、同・前掲注（14）總論改訂版二三六頁、上巻全訂版四三一頁、小野・前掲注（10）九三―四頁、草野・前掲注（14）二〇頁、団藤・前掲注（25）六八頁。
(131) 最大判昭二三・七・七・前掲注（30）、最判昭三二・一・二二・前掲注（38）等参照。
(132) 最判昭四六・一一・一六・前掲注（58）。
(133) 最決昭五二・七・二一・前掲注（6）。
(134) 下級審において問題となった昭和五三年三月八日大阪高裁判決（前掲注（50））は、前述の通り「同一内容」の積極的加害意思が「急迫性」にも「防衛意思」にも影響を及ぼすとは説示しおらず、少なくとも、下級審において、侵害の急迫性と積極的加害意思の関係には混乱はないといえるであろう（安廣・前掲注（45）二四三―四頁参照）。
(135) 東京高判昭六一・一・二一高刑速（昭六一）五一頁。
(136) 安廣・前掲注（45）二四四頁。
(137) この点に関して、積極的加害意思の認定には、「外形的事実関係が重視されている」としても、その認定によって、積極的加害意思の存在を確定したに過ぎない。前述の通り、緊急行為としての正当防衛の見地からは、危険発生の突発性が危険の重大性ないし強度を補充し得ると同時に、侵害の急迫性は法益侵害の危険の問題でありこの危険の存否の判断は具体的になされなければならないので、危険概念としての急迫性は、法益侵害の現実的可能性の観点から考察されるべきであるから、攻撃者と被攻撃者との対応関係に応じてこの法益侵害の現実的可能性は決まることになる．それゆえ、侵害を予期しつつ積極的加害意思を有する者が十分に邀撃又は加害の準備をする場合には、侵害発生の危険性すら解消し得るといえ、したがって、この危険性が解消するときには、侵害の「急迫性」の要件が欠落すると解すべきである。よって、このような観点からは、昭和六一年東京高裁判決を理論的前提とした運用がより妥当である。

第三章　判例における「自招侵害」の処理
――下級審判例における処理の分析と整理――

第一節　本章の目的

自招侵害とは、防衛者が自ら不正の侵害を招いて正当防衛の状況を作り出すことをいう。[1][2] この「自招侵害に対して正当防衛を認めてよいか」という問題については、古くから論じられ、今なお議論されているが、[3] その具体例として、例えば、正当防衛に名を借りて相手方に侵害を加える場合[4]又は故意もしくは過失により相手方を挑発する場合[5]をあげることができる。

この点に関して、従来、日本では、「意図的な挑発」を中心に議論がなされており、[6]「挑発行為が過失か条件つき故意（未必の故意）でおこなわれた場合」については、「かならずしもくわしく論じられていない」とされている。[7] それゆえ、「ドイツの議論をも参考にして、今後、詳しく検討される必要のある問題」と指摘されていたが、[8] ドイツでは、意図的挑発とそれ以外の有責招致を分けて検討するのが「一般的な傾向」となっている。[9] すなわち、正当防衛の挑発（Notwehrprovokation）の事例に関して、ドイツの判例[10]及び通説[11]は、被攻撃者が「意図的に」（absichtlich）攻撃を惹き起こしたのか、それとも「他の何らかの非難可能な方法で」（sonstwie vorwerfbar）攻撃を惹き起こしたのかによって、区別し、[12] 後者には、「故意的挑発及び過失的挑発」が含まれるとされているのである。[13]

このように、自招侵害と正当防衛の成否については、以上のような議論の状況にある。そして、この点に関して、仮定的判断ではあるが、挑発行為者について正当防衛権を認めた判例として、大正三年九月二五日大審院判決がある。[14]ここでは、被告人Xと被害者Aとが闘争し、AがXの咽喉を締めたので、Xはこれを排除するため、食事に使っていた五寸ぐらいの箸でAの面部右眼下を突き刺し、同人を死に至らしめた、という事例が問題となったが、[15]大審院は、「被害者Aニ於テ先ツ手ヲ下シタリトノ事実ハ原判決ノ認メサルトコロナルノミナラス刑法第三十六条ノ規定ニ依レハ不正ノ行為ニ因リ自ラ侵害ヲ受クルニ至リタル場合ニ於テモ仍ホ正当防衛権ヲ行使スルコトヲ妨ケサルヲ以テ仮ニ所論ノ如ク被害者Aニ於テ先ツ手ヲ下シタリトスルモ原判決ノ判示シタル事実ナリトスレハ被告人Xニ正当防衛権ナキコト明白ナリトス」とし、「本論旨ハ亦其理由ナシ」と判示した。これは、挑発行為者Aに正当防衛が認められるから、その「反射効」として防衛行為者Xには正当防衛権はないとするのであり、言い換えると、本件は、「故意による挑発行為と正当防衛の問題として把握したうえで、挑発行為者の正当防衛権を一般的に肯定している」と評価されている。[16]

ただし、戦前においても、大正一四年一〇月二二日に下された大阪控訴院判決は、[17]被告人が「Kニ加ヘタル暴行カTノ攻撃ヲ誘致シタル次第ナルヲ以テ」被告人の「反撃ハ素ヨリ正当ナリト云フヘカラス」として正当防衛を否定しており、[18]判例の傾向としては、自招侵害の場合に正当防衛を認めることには「消極的である」という指摘がなされていた。[19]

このような中、被告人が自らの暴行により相手方の攻撃を招き、これに対する反撃として行った侵害行為について正当防衛を否定した最高裁決定が、平成二〇年五月二〇日に下された。[20]それゆえ、本決定の意義が重要になるが、これを検討する上で、判例における「侵害の急迫性」の意義、昭和五二年決定[21]によって示された侵害の「急迫性の消極的要件」としての「積極的加害意思」と「防衛意思」の関係を整理しなければならない。[22]すなわち、昭和五二年決定は、昭和四六年判決を[23]「さらに深化させ」、①当然又はほとんど確実に侵害が予期されるとしても、直ちに侵害の急迫性が失われるわけではなく、②予期される侵害の機会を利用し積極的に相手方に加害行為をする意思（積極的加害意思）で侵害に臨んだ場合には、急迫性が失われることを明らかにしたものであるが、[24]このような判断枠組みで解決できる事例はかなり多いとされている。[25]そして、実務家から、意図的挑発の場合には、積極的加害意思を肯定する旨の指摘があり、[26]下級審では、実際に、積極的加害意思を判断する際に侵害の自招性を考慮する判例も存在している。[27][28]

そこで、本章では、右で示した平成二〇年決定の意義を検討する前提として、[29]判例における「侵害の急迫性」の意義、昭和五二年決定によって示された侵害の「急迫性の消極的要件」としての「積極的加害意思」と「防衛意思」の関係を整理した上で、昭和五二年決定以降に下された自招侵害に関する判例の動向を分析することにする。

（1）　川端博『正当防衛権の再生』（平10年・一九九八年）九三頁。

（2）　小林教授は、「自招防衛とは形式的にみると正当防衛の要件が充足されているかにも思える状況が存在するにもかかわらず、そのような状況を招致したことにつきなんらかの責めに帰すべき事由が存在することを理由に、正当防衛の成立を制限するさまざまな考え方を総称したものである」とされる（小林憲太郎「自招防衛と権利濫用説」『研修』七一六号（平20年・二〇〇八年）三頁）。教授は、自招「防衛」という用語を用いておられるので、この点から、自招「防衛」は、従来の自招「侵害」とは異なる概念である、という含意があると評価し得る。ただし、少なくとも、日本では、自招「侵害」について、「形式的にみると正当防衛の要件が充足されているかにも思える状況が存在する」という限定が付されていないことが多く（川端博『刑法総論講義』第二版（平18年・二〇〇六年）三四五頁、前田雅英『刑法総論講義』第四版（平18年・二〇〇六年）三三〇頁、浅田和茂『刑法総論』補正版（平19年・二〇〇七年）二三四頁、井田良『講義刑法学・総論』（平20年・二〇〇八年）二八八頁、大塚仁『刑法概説（総論）』第四版（平20年・二〇〇八年）三八五頁、曽根威彦『刑法総論』第四版（平20年・二〇〇八年）一〇二頁、山中敬一『刑法総論』第二版（平20年・二〇〇八年）四八三頁、大谷實『刑法講義総論』新版第三版（平21年・二〇〇九年）二九二頁、松宮孝明『刑法総論講義』第四版（平21年・二〇〇九年）一三九頁等参照）、自招侵害の処理に関する学説としては、「自招侵害を正当防衛の要件論で解決する見解と、要件論以外の理論で解決する見解」があるという指摘がなされている（岡本昌子「我が国における自招侵害の議論の展開について」『同志社法学』五三巻三号（平13年・二〇〇一年）三一二頁。さらに、自招侵害に関する最近の学説については、中空壽雅「自招侵害と正当防衛論」『現代刑事法』五巻一二号（平15年・二〇〇三年）二八頁以下、橋爪隆『正当防衛論の基礎』（平19年・二〇〇七年）二五三頁以下等参照）。

（3）自招侵害の問題設定として、林教授は、「防衛行為をしたその時点だけを見れば正当防衛が成立しているように見えるが、その前の段階を見ると、行為者の挑発行為があり、正当防衛状況を自ら招いているために、犯罪の成立を認めるべきでないかが問題となる場合が生じうる」と指摘しておられる（林幹人『刑法総論』第二版（平20年・二〇〇八年）一九七頁。なお、林教授は自招「防衛」という用語を用いておられる）。さらに、被侵害者（ないし防衛行為者）が不正の侵害を自ら招いた場合そのことを理由として正当防衛が制限又は否定されるかに関する対立軸の分析については、橋爪隆「正当防衛論」『理論刑法学の探究①』（平20年・二〇〇八年）一一五—八頁参照。

（4）この具体例としては、ある者が他人を苛立たせて暴力をふるう気にさせ、この他人からの攻撃を防衛する際に射殺するため、侮辱するという事例がある（Roxin, Strafrecht Allgemeiner Teil Bd. I, 4. Aufl., 2006, S. 687）。

（5）この具体例としては、Aは、Bを侮辱し、それから、BがAを散々殴ろうとしているという事例がある（Roxin, a. a. O. [Anm. 4], S. 689）。ロクシンは、ここで、Bが違法な攻撃を遂行しているとし、その理由として、Aによる侮辱はもはや現在していないから、Bは正当防衛によってカバーされないことをあげている（Roxin, a. a. O. [Anm. 4], S. 689）。

（6）川端・前掲注（1）九三頁。

（7）齊藤誠二「正当防衛」阿部純二＝板倉宏＝内田文昭＝香川達夫＝川端博＝曽根威彦編『刑法基本講座』第三巻（平6年・一九九四年）七一頁。

（8）平川宗信「正当防衛論」芝原邦爾＝堀内捷三＝町野朔＝西田典之編『刑法理論の現代的展開—総論Ⅰ』（昭63年・一九八八年）一四五頁。

（9）橋爪・前掲注（2）一九二頁注（164）。

（10）自招侵害に関するドイツの判例の動向については、山本輝之「自招侵害に対する正当防衛」『上智法学論集』二七巻二号（昭59年・一九八四年）一七一頁以下、山中敬一『正当防衛の限界』（昭60年・一九八五年）一〇六頁以下、拙稿「積極的加害意思が急迫性に及ぼす影響について」『法律論叢』七二巻一号（平11年・一九九九年）［後に本書に収録］三五頁以下［引用は後者による］、橋爪・前掲注（2）一七八頁以下等参照。

(11) 自招侵害に関するドイツの学説については、山口厚「自ら招いた正当防衛状況」『法学協会百周年記念論文集』第二巻（昭58年・一九八三年）七三〇頁以下、山本・前掲注（10）一八二頁以下、山中・前掲注（10）一一九頁以下、齊藤誠二『正当防衛権の根拠と展開』（平3年・一九九一年）一九七頁以下、吉田宣之『違法性の本質と行為無価値』（平4年・一九九二年）六一頁以下、岡本昌子「自招侵害について」『同志社法学』五〇巻三号（平11年・一九九九年）二九五頁以下、橋爪・前掲注（2）二五三頁以下等参照。

(12) Wessels/ Beulke, Strafrecht Allgemeiner Teil, 38. Aufl., 2008, S. 119. Vgl. Lenckner/ Perron, Schönke/ Schröder Strafgesetzbuch Kommentar, 27. Aufl., 2006, S. 662 ff.

(13) Rönnau/ Hohn, Leipziger Kommentar, 12. Aufl., 2006, S. 527.

(14) 大判大三・九・二五刑録二〇輯一六四八頁。なお、本章では、判決文に旧漢字が用いられている場合、適宜、常用漢字に改めた。

(15) 本件の原審は、被告人Xについて傷害致死罪（刑法二〇五条一項—判決当時の条文）の成立を肯定したが、これに対して、被告人側は、Aが先にXの咽喉を扼したので、これを排除するためXが箸で防いだものであるにも拘らず、原判決が正当防衛を認めずに傷害致死罪の成立を肯定したのは理由不備の不法があるとして、上告している。

(16) 川端・前掲注（1）一〇〇頁。

(17) 大阪控判大一四・一〇・二二新聞二四七九号一四頁［一五頁］。

(18) 本件は、「通常の」挑発行為と正当防衛のケースとは「異なる」という指摘がなされている（川端・前掲注（1）一〇一頁）。

(19) 堀籠幸男＝中山隆夫「正当防衛」大塚仁＝河上和雄＝佐藤文哉＝古田佑紀編『大コンメンタール刑法』第二巻第二版（平11年・一九九九年）三六一頁。さらに、香城教授は「相手の侵害を挑発、誘導してこれに反撃を加えた場合」、「適切な先例」は「見当らない」が、判例が正当防衛の成立を「否定することは確実なように思われる」と指摘しておられる（香城敏麿「判批」『最高裁判所判例解説刑事篇（昭和五二年度）』（昭55年・一九八〇年）二四九頁。自招侵害に関する日本の判例の動向については、川端・前掲注（1）九九頁以下、岡本・前掲注（2）三〇七頁以下、橋爪・前掲注（2）一六六頁以下等参照。

(20) 最決平二〇・五・二〇刑集六二巻六号一七八六頁。

最高裁は、被告人側の主張について刑訴法四〇五条の上告理由に当たらないとした上で、正当防衛の成否について「職権で」次のように判断した。まず、事実関係については、「(1)　本件の被害者であるA（当時51歳）は、本件当日午後7時30分ころ、自転車にまたがったまま、歩道上に設置されたごみ集積所にごみを捨てていたところ、帰宅途中に徒歩で通り掛かった被告人（当時41歳）が、その姿を不審と感じて声を掛けるなどしたことから、両名は言い争いとなった」。「(2)　被告人は、いきなりAの左ほおを手けんで1回殴打し、直後に走って立ち去った」。「(3)　Aは、『待て。』などと言いながら、自転車で被告人を追い掛け、上記殴打現場から約26.5m先を左折して約60m進んだ歩道上で被告人に追い付き、自転車に乗ったまま、水平に伸ばした右腕で、後方から被告人の背中の上部又は首付近を強く殴打した」。「(4)　被告人は、上記Aの攻撃によって前方に倒れたが、起き上がり、護身用に携帯していた特殊警棒を衣服から取出し、Aに対し、その顔面や防御しようとした左手を数回殴打する暴行を加え、よって、同人に加療約3週間を要する顔面挫創、左手小指中節骨骨折の傷害を負わせた」とした。そして、本件の公訴事実は、被告人の前記「(4)の行為を傷害罪に問うものである」が、弁護人側から提起されていた、Aの前記「(3)の攻撃に侵害の急迫性がないとした原判断は誤りであり、被告人の本件傷害行為については正当防衛が成立する旨」の主張に対して、最高裁は、「前記の事実関係によれば、被告人は、Aから攻撃されるに先立ち、Aに対して暴行を加えているのであって、Aの攻撃は、被告人の暴行に触発された、その直後における近接した場所での一連、一体の事態ということができ、被告人は不正の行為により自ら侵害を招いたものといえるから、Aの攻撃が被告人の前記暴行の程度を大きく超えるものでないなどの本件の事実関係の下においては、被告人の本件傷害行為は、被告人において何らかの反撃行為に出ることが正当とされる状況における行為とはいえないというべきである。そうすると、正当防衛の成立を否定した原判断は、結論において正当である」とした。

(21)　最決昭五二・七・二一刑集三一巻四号七四七頁。
(22)　安廣文夫「判批」『最高裁判所判例解説刑事篇（昭和六〇年度）』（平元年・一九八九年）一四五頁以下参照。
(23)　最判昭四六・一一・一六刑集二五巻八号九九六頁。
(24)　拙稿「わが国の判例における積極的加害意思の急迫性に及ぼす影響について」『法律論叢』七二巻五号（平12年・二〇〇〇年）［後に本書に収録］八六頁［引用は後者による］。
(25)　山口厚「正当防衛論の新展開」『法曹時報』六一巻二号（平21年・二〇〇九年）三頁。
(26)　例えば「意図的挑発については、そのような意図が認められる場合は、官憲に検挙させることをねらって殊更に挑発したような例を除けば、喧嘩闘争を仕掛けたり、正当防衛に名を借りて積極的に攻撃する目的で挑発がなされるのが通常であろうから、実務的には、相手方による侵害に臨むに当たりその予期と積極的加害意思ありと認められ、急迫性が否定されることになろう」という指摘（的場純男＝川本清巌「自招侵害と正当防衛」大塚仁＝佐藤文哉編『新実例刑法（総論）』（平13年・二〇〇一年）一一三頁）や「意図的挑発の場合は、侵害の確実な予期と積極的加害意思が共存しているので、判例の枠組みで処理できる」という指摘がある（栃木力「正当防衛（一）―急迫性」小林充＝植村立郎編『刑事事実認定重要判決50選（上）』補訂版（平19年・二〇〇七年）六四頁）。このように、「積極的加害意思」の事例と「自招侵害」の事例は、入子状態になっているが、このような状況が、「自招侵害と正当防衛の成否について、すでにわが国の判例においても蓄積があるにもかかわらず、十分な検討がなされていない状況にある」（川端・前掲注（1）九三頁）ことの背景にあるように思われる。

(27)　詳細については、第三節において検討する。

(28)　なお、「積極的加害意思」の事例と「自招侵害」の事例に関する日本とドイツの状況に関して、井田教授は、次のように述べておられる。日本では、「侵害が予期されたのに回避せず進んでその状況に身を置いたという場合が問題」であり、「侵害が予期される事例においては行為者の落度とか原因行為の性格とかは必ずしも問題とされていない」のに対して、ドイツでは、「防衛状況に至ったことについて自己に何らかの落度のあるケースがまとめて問題とされ」、「侵害の予期のある場合に正当防衛権が制限されるかという形では問題とされていない」と指摘される（井田良『変革の時代における理論刑法学』（平19年・二〇〇七年）一〇二頁）。そして、この点に関する日本とドイツの議論の状況について、「一部が重なる二つの円の関係にある」としておられる（井田・注（28）一〇二頁、同『刑注総論の理論構造』（平17年・二〇〇五年）一七二頁）。

(29)　それゆえ、平成二〇年五月二〇日の最高裁決定の意義づけについては、第四章に譲ることとする。

第二節　判例における「侵害の急迫性」（積極的加害意思）と「防衛意思」の関係

第一款　判例における「侵害の急迫性」の意義

第一項　最高裁における判例理論の整理

刑法三六条における「侵害の急迫性」の要件に関して、従来の判例は「『急迫』とは、法益の侵害が間近に押し迫つたことすなわち法益侵害の危険が緊迫したことを意味するのであつて、被害の現在性を意味するものではない」と定義していたが[30]、「侵害の予期と侵害の急迫性の存否に関する先例[31]」としては、昭和四六年一一月一六日最高裁判決がある[32]。本判決は、侵害の急迫性の存否について、次のように判示している。まず、侵害の急迫性の定義として「『急迫』とは、法益の侵害が現に存在しているか、または間近に押し迫つていることを意味し、その侵害があらかじめ予期されていたものであるとしても、そのことからただちに急迫性を失うものと解すべきではない」とする。そして、事例判断としては、「被告人はGと口論の末いつたん止宿先の旅館を立ち退いたが、同人にあやまつて仲直りをしようと思い、旅館に戻つてきたところ、Gは被告人に対し、『K、われはまたきたのか。』などとからみ、立ち上がりざま手拳で二回ぐらい被告人の顔面を殴打し、後退する被告人に更に立ち向かつたことは原判決も認めているところであり、その際Gは被告人に対し、加療一〇日間を要する顔面挫傷および右結膜下出血の傷害を負わせたうえ、更に殴りかかつたものであることが記録上うかがわれるから、もしそうであるとすれば、このGの加害行為が被告人の身体にとつて『急迫不正ノ侵害』にあたることはいうまでもない」とする。次に、原判決の事実認定に関連して、原判決の「判示中、被告人が…Gから手荒な仕打ちを受けるかもしれないことを覚悟のうえで戻つたとか、殴打される直前に扇風機のことなどで旅館の若主人（W〔五四才〕を指しているものと認められる。）とGとの間にはげしい言葉のやりとりがかわされていたとの部分は、記録中の全証拠に照らし必ずしも首肯しがたいが、かりにそのような事実関係があり、Gの侵害行為が被告人にとつてある程度予期されていたものであつたとしても、そのことからただちに右侵害が急迫性を失うものと解すべきでないことは、前に説示したとおりである」とし、さらに、原判決の「判示中、被告人が脱出できる状況にあつたとか、近くの者に救いを求めることもできたとの部分は、いずれも首肯しがたいが、かりにそのような事実関係であつたとしても、法益に対する侵害を避けるため他にとるべき方法があつたかどうかは、防衛行為としてやむをえないものであるかどうかの問題であり、侵害が『急迫』であるかどうかの問題ではない」として、「Gの侵害行為に急迫性がなかつたとする原判決の判断は、法令の解釈適用を誤つたか、または理由不備の違法がある」とするのである。

本判決が示した「侵害の急迫性」の定義の前半部分、すなわち、「『急迫』とは、法益の侵害が現に存在しているか、または間近に押し迫つていることを意味し」とする部分は、従来の判例と同趣旨のものと考えられるが[33]、後半の「その侵害があらかじめ予期されていたものであるとしても、そのことからただちに急迫性を失うものと解すべきではない」とする部分は、侵害の予期と侵害の急迫性の存否に関する問題を「正面から」取り上げたものであり[34]、最高裁としては「新判例である」から[35]、本判決は、侵害の予期と侵害の急迫性の存否に関する問題を処理するための先例となっている。

事例判断において、最高裁は、被告人が「Gから手荒な仕打ちを受けるかもしれないことを覚悟のうえで戻つたとか、殴打される直前に扇風機のことなどで旅館の若主人…とGとの間にはげしい言葉のやりとりがかわされていた」とする原判決の事実認定については、「必ずしも首肯しがたい」とするが、「かりにそのような事実関係があり、Gの侵害行為が被告人にとつてある程度予期されていたものであつたとしても、そのことからただちに右侵害が急迫性を失うものと解すべきでないことは、前に説示したとおりである」としている[36]。それゆえ、最高裁の示した基準によると、侵害行為が「ある程度予期されていた」だけでは、「ただちに侵害が急迫性を失うものと解すべきでない」ことは明らかであるが、「侵害が確実に予期されていて、十分な反撃が準備されているような場合には、急迫性が欠ける、とする余地をなお残している」から[37]、この点に関して、判例の立場が明確となるためには、次に検討する昭和五二年決定が下されなければならなかったのである。

このような中、最高裁は、昭和五二年七月二一日に決定で上告を棄却しているが[38]、ここでは、まず、被告人側から主張された判例違反に関連して、昭和四六年判決の意義を確認する。すなわち、被告人側に引用された最判昭四六・一一・一六刑集二五巻八号九九六頁は、「何らかの程度において相手の侵害が予期されていたとしても、そのことからただちに正当防衛における侵害の急迫性が失われるわけではない旨を判示しているにとどまり」、「侵害が予期されていたという事実は急迫性の有無の判断にあたつて何の意味をももたない旨を判示しているものではないと解される」とした上で、刑訴法四〇五条の上告理由にあたらないとする。そして、「職権」で、次のように説示する。「刑法三六条が正当防衛について侵害の急迫性を要件としているのは、予期された侵害を避けるべき義務を課する趣旨ではないから、当然又はほとんど確実に侵害が予期されたとしても、そのことからただちに侵害の急迫性が失われるわけではないと解するのが相当であり、これと異なる原判断は、その限度において違法というほかはない。しかし、同条が侵害の急迫性を要件としている趣旨から考えて、単に予期された侵害を避けなかつたというにとどまらず、その機会を利用し積極的に相手に対して加害行為をする意思で侵害に臨んだときは、もはや侵害の急迫性の要件を充たさないものと解するのが相当である。そうして、原判決によると、被告人Aは、相手の攻撃を当然に予想しながら、単なる防衛の意図ではなく、積極的攻撃、闘争、加害の意図をもつて臨んだというのであるから、これを前提とする限り、侵害の急迫性の要件を充たさないものというべきであつて、その旨の原判断は、結論において正当である」とするのである。

本決定によれば、①「当然又はほとんど確実に侵害が予期されたとしても、そのことからただちに侵害の急迫性が失われるわけではない」が、②「単に予期された侵害を避けなかつたというにとどまらず、その機会を利用し積極的に相手に対して加害行為をする意思で侵害に臨んだときは、もはや侵害の急迫性の要件を充たさない」こととなり、その結果として、正当防衛が成立しないことになったが、本決定の示した判断基準に関して、①の部分は、「主観的事情に基づく急迫性の限定を否定する」趣旨であり、②の「積極加害意図があれば急迫性が欠ける」とする部分は、「侵害の予見と切り離されたところの積極的加害意図の存在により急迫性が否定され得る」趣旨であるとする分析がある。(39)

この点に関して、最高裁決定は、上記の通り、上告趣意に答える形で次のように判示している。すなわち、昭和四六年判決の意義について、被告人側は、「急迫の要件としては法益の侵害が現に存在するか又は間近に迫つていること即ち法益の侵害が過去又は未来に属しないことで足り法益の侵害が予め予期できたか否かは正当防衛の他の要件である防衛の意思の存否の判断や法益に対する侵害を避ける為に他にとるべき手段があつたか否かという観点から、防衛行為としてやむを得ないものであるか否かの判断においては重要な意味を持ち得ても、急迫性の要件の判断にあたつては何ら意味を持たない」と解釈している。これに対して、最高裁は、「所論のように、侵害が予期されていたという事実は急迫性の有無の判断にあたつて何の意味をもたない旨を判示しているものではないと解される」としている。それゆえ、①の分析は、昭和五二年決定の解釈としては、当を得ないように思われる。同決定自体が、昭和四六年判決は純客観的な観点から侵害の急迫性を捉えていると解した被告人側の解釈を否定しているからである。(40)また、②に対して、安廣教授は、「侵害の予見と切り離された積極的加害者《ママ》意思を持っている者が存在し得るとしても、それは何の見境なく乱暴するという、危なくてしようがない者であり、その者の行為が防衛行為かどうかはおよそ問題とならない」とし、[41]最高裁の昭和四六年判決と昭和五二年決定との間に、「矛盾があるとみるのは、よほどの根拠がない限り、判例の解釈として不自然というべき」であると批判しておられる。[42]それゆえ、本決定は、たとえ侵害に臨む際に積極的加害意思に着目していたとしても、侵害の予期の有無が侵害の急迫性判断とまったく無関係になったわけでなく、[43]あくまでも侵害の予期と不可分に結びついた積極的加害意思を問題にしていると解すべきである。[44]したがって、昭和五二年決定に関して、その前半部分は、「主観的事情に基づく急迫性の限定を否定する」趣旨であり、後半部分の「積極加害意図があれば急迫性が欠ける」とする部分は、「侵害の予見と切り離されたところの積極的加害意図の存在により急迫性が否定され得る」趣旨と解することは妥当でなく、それゆえ、本決定は、昭和四六年判決を「さらに深化させ」、当然又はほとんど確実に侵害が予期されるとしても、直ちに侵害の急迫性が失われるわけではなく、予期される侵害の機会を利用し積極的に相手方に加害行為をする意思（積極的加害意思）で侵害に臨んだ場合にはその急迫性が失われる旨判断したことが確認された。

　その後、侵害の予期が急迫性判断とまったく無関係になったわけではないことを示した判例[45]として、昭和五九年一月三〇日最高裁判決をあげることができる。[46]本件では、殺人における正当防衛の成否に関し、被告人に対するHの木刀による攻撃が被告人にとって予測できなかった急迫な侵害に当たるか否かについて、最高裁は、「被告人は、木刀を捨てて階段を下りた時点では、Hと話合いをする積もりであり、同人もそれに応じるものと予期してしていたもので、Hが被告人の捨てた木刀を取り上げて攻撃してくることは予想しなかつたと認めるのが相当」であるとした上で、「Hの木刀による攻撃は被告人の予期しなかつたことであつて、それは被告人に対する急迫不正の侵害というべきであり」、この点に関して、「原判決が、被告人はHの攻撃を予期しており、その機会に積極的に同人を加害する意思であつたもので、Hの攻撃は侵害の急迫性に欠けるとしたのは、事実を誤認したものといわざるをえない」と判示している。

ここでは、「侵害の急迫性の存否に関連して、積極的加害意思の前提となる侵害に対する予期の有無」が問題となっており[47]、本判決は、昭和五二年決定の解釈適用について「一つの示唆を与えるもの」である[48]。すなわち、昭和五二年決定の示した「当然又はほとんど確実に侵害が予期されたとしても、そのことからただちに侵害の急迫性が失われるわけではない」とする基準によれば、侵害を予期しただけで直ちに侵害の急迫性が失われることにはならないので、侵害の急迫性の存否を判断する際に侵害の予期の有無を確定する必要はないとも考えられる。ところが、昭和五九年判決は、侵害を予期していなかったことを理由に侵害の急迫性を肯定しているが、ここから、本判決が侵害の急迫性との関係では侵害の予期がない場合に積極的加害意思の有無は問題とならないと解していることが窺われ、逆にいえば、積極的加害意思を判断する前提として侵害の予期を判断する必要があること、言い換えると、侵害の予期があるときにはじめて積極的加害意思の問題が生じることを前提にしていると解することができるのである[49]。

以上から、最高裁は、当然又はほとんど確実に侵害が予期されたとしても、そのことから直ちに侵害の急迫性が失われるわけではないが、単に予期された侵害を避けなかったというにとどまらず、その機会を利用し積極的に相手に対して加害行為をする意思で侵害に臨んだ場合には、もはや侵害の急迫性の要件は充たされないが（昭和五二年決定）、積極的加害意思を判断する前提として侵害の予期を判断する必要があり、侵害の予期があるときにはじめて積極的加害意思の問題が生じる（昭和五九年判決）とする見地に立っていることが確認された。ところが、最高裁が上記のような基準で侵害の急迫性の存否を判断する根拠に関する手掛かりとしては、昭和五二年決定が示した「（刑法三六条）が侵害の急迫性を要件としている趣旨」という文言があるに過ぎず、これを如何に解するかについては下級審の（再）解釈に委ねられていたことになる[50]。それゆえ、以下では、昭和五二年決定に言及のあった下級審判例を中心に検討することにしたい。

第二項　下級審判例が示した「刑法三六条が侵害の急迫性を要件としている趣旨」（昭和五二年決定）の意義の内容

第一目　昭和五二年決定は侵害の急迫性判断において「防衛者の法益侵害の可能性」が「単に侵害者側の客観的事情だけでなく防衛者側の対応関係によっても重大な影響を受けること」を前提にすると解する判例

「（刑法三六条）が侵害の急迫性を要件としている趣旨」（昭和五二年決定）の意義については、下級審判例においても言及があるが[51]、ここではまず、最判昭二四・八・一八刑集三巻九号一四六五頁が示した侵害の急迫性の定義とその根拠について検討する。上記の通り、昭和二四年判決が示した侵害の急迫性に関する定義と昭和四六年判決の定義はほぼ同様の内容を有し[52]、昭和五二年決定は、この昭和四六年判決をさらに深化させたものだからである。

昭和二四年判決によれば、「『急迫』とは、法益の侵害が間近に押し迫つたことすなわち法益侵害の危険が緊迫したことを意味するのであつて、被害の現在性を意味するものではない」のであり、このように定義する根拠としては、「被害の緊迫した危険にある者は、加害者が現に被害を与えるに至るまで、正当防衛をすることを待たねばならぬ道理はない」点があげられているが、これは、「被侵害法益の保護」の観点からの理由づけであり、ここから、最高裁は、侵害の急迫性を検討する際に、防衛者側からの視座に着目しているという評価が可能となる[53]。そして、防衛者側からの視座に着目することは、法益侵害の可能性が、単に侵害行為者側の客観的事情だけでなく、被侵害者側の対応関係によっても重大な影響を受けることを前提にしていることになる。この点に関して、敷衍して述べると次のようになる。侵害行為（侵害行為者側の客観的事情）の存在により、「形式的」にみれば法益侵害の可能性があったと考えられる場合であっても、その侵害が予期されていて被侵害者にとって突然のものとはいえず、それを阻止するための準備（迎撃態勢をつくること）が可能となるならば（被侵害者側の対応関係）、被侵害者側の法益侵害の可能性は「実質的」に低下することになる。そして、この関係を前提にすると、次のような解釈が可能となる。防御者が、侵害を予期し客観的に迎撃態勢を敷き積極的に加害する意思をもっている場合には、侵害者からの侵害に対して迎撃態勢が強化されているといえ、この迎撃態勢が強化されると、防御者（迎撃者）の法益が侵害されるおそれは減少し、実質的（ないし現実的）には、防御者の法益侵害が生じ得なくなる事態も存在することになる。それゆえ、このような、防御者（迎撃者）の法益侵害の可能性が事実上失われる場合には、侵害の急迫性を否定できる事態が生じるのである。つまり、侵害を予期し客観的に迎撃態勢を敷き積極的加害意思をもっていた場合には、侵害の急迫性が消滅するのである。(54)

上記のように、侵害の急迫性を判断する上で重要となる法益侵害の可能性は、単に侵害行為者側の客観的事情だけでなく、被侵害者側の対応関係によっても重大な影響を受けることを前提にする見地に立っていると解し得る判例として、まず、平成元年一〇月二日札幌地裁判決をあげることができる。(55) 本判決は、侵害の急迫性の判断に際して、一般論として、「単に予期した侵害を避けなかったというにとどまらず、その機会を利用し積極的に相手に対して加害行為をする意思で侵害に臨んだときは、もはや侵害の急迫性の要件を充たさないものと解するのが相当である（最高裁判所第一小法廷昭和五二年七月二一日決定、刑集三一巻四号七四七頁参照）」とし、事例判断として、次のように説示する。「本件においては、被告人甲自身、けん銃を携行してG宅に向かう際、Gらの反撃を高い確度で予期していたとまではいえないにしても、場合によってはGら相手から得物で反撃を受けることもありうると予想していたことが認められるうえ、Gが喧嘩などは決して逃げたりせず受けて立つ好戦的な男であると認識し、またGが借金に絡んで以前暴力団体の者から暴行を受けたりしたことを聞知していたことなどの事情に鑑みれば、少なくとも、暴力団体の組事務所を兼ねているG宅の玄関の明かり取りのガラス等を割るなどの違法な行動に出た段階においては、Gが日本刀などの凶器を持ち出し反撃して来ることは同被告人において十分予測された事態であったと認めるのが相当である。そして、その後被告人甲は、模造日本刀を振り上げているGの姿を認めるや直ちに携行していたバッグ内からけん銃を取出し、同被告人とGとは玄関土間を挟んで玄関の外と玄関上がり口の式台付近との位置関係にあって、その間になお約四メートルの距離があったにもかかわらず、同被告人はけん銃を構えてGの行為を制止するなどの威嚇的行動を全くとろうともせず、丁、丙が後退して来た直後いきなりG目掛けてけん銃を発砲していること、しかも、一発目がGに命中していることを認識しながら更に引き続いて二発目を撃っていること、その後、玄関内に乗り込んで気勢を上げていることなどの事情に照らせば、被告人甲においては、共同器物損壊行為に及んだ時点で、Gの性向等からみて、同人らが日本刀などの武器を持ち出して反撃して来ることは確実なこととして予期できたというべく、そのことを予想したうえでその対抗手段として予め実包装填のけん銃を準備し、右の予期どおりGが日本刀と覚しき武器を持ち出した際、外形的には攻撃に出るように見えるGの侵害を避ける行動をとらないまま、Gに対しけん銃を連続して発砲したのであるから、右のような状況全体からみて、被告人甲は、その機会を利用し積極的にGに対して加害行為をする意思を有していたものと認めるのが相当である」。「してみれば、本件においては、被告人甲が模造日本刀を真剣と誤認したという前提に立ってみても、前記判例の趣旨に照らせば、刑法三六条における侵害の『急迫性』の要件を充たさない」というべきであるとするのである。

本件では、昭和五二年決定を引用した上で、侵害の急迫性の存否を判断しているが、事例判断において、まず、確認された「事情に照らせば、被告人甲においては、共同器物損壊行為に及んだ時点で、Gの性向等からみて、同人らが日本刀などの武器を持ち出して反撃して来ることは確実なこととして予期でき」、これを「予想したうえでその対抗手段として予め実包装填のけん銃を準備」したとする。これにより、札幌地裁は、Gの攻撃が、被告人甲にとって、突発的な事情ではなく、この確実な予期に基づいてGの攻撃を阻止する迎撃態勢を作っていたことを確認していると評価できる。そして、「予期どおりGが日本刀と覚しき武器を持ち出した際、外形的には攻撃に出るように見えるGの侵害を避ける行動をとらないまま、Gに対しけん銃を連続して発砲した」とするが、これは、上記のような迎撃態勢が整っている場合、Gの攻撃が「外形的には攻撃に出るように見える」ものと評価しているといえる。言い換えると、本判決は、このような攻撃を、「形式的」にみれば法益侵害の可能性があるようにみえる事態が存在しているに過ぎないと評価していると解することができる。その上で、このような「状況全体からみて、被告人甲は、その機会を利用し積極的にGに対して加害行為をする意思を有していたものと認める」とする札幌地裁は、積極的加害意思を肯定する際に、防衛者（被告人）側の迎撃態勢を考慮して、侵害の急迫性の存否を判断していると評価し得るのである。

次に、平成一二年一月二〇日京都地裁判決がある。[56] 本件においても、まず一般論として、「正当防衛が成立するためには、侵害に急迫性があることが必要であるが、緊急行為としての正当防衛の本質からすれば、反撃者が、侵害を予期した上、侵害の機会を利用し積極的に相手に対して加害行為をする意思で侵害に臨んだときは、侵害の急迫性は失われると解するのが相当である（最高裁昭和五二年七月二一日決定、刑集三一巻四号七四七頁、同昭和五九年一月三〇日判決、刑集三八巻一号一八五頁等参照）」とした上で、事例判断を行っている。すなわち、「これを本件について見るに、本件銃撃戦に加わった被告人及び氏名不詳者らは…A会長に対して、けん銃等を使用した襲撃があり得ることを予期していたが、警察等に救援を求めることもせず、同会長の外出時には、ボディーガードとして被告人がA会長に同行するとともに、二台の自動車に分乗した男たちが、無線機で連絡を取り合うなどしながら、その周辺を見張り、かつ、けん銃を適合実包とともに携帯するなどの厳重な警護態勢を敷いていたものである」。そして、「A会長らが本件襲撃を受けるや、被告人らは、事前の謀議に従い、即座に対応してこれに反撃を加え、本件襲撃者をその場から撃退するにとどまらず、殺意をもってけん銃を発砲して激烈な攻撃を加えてB及びCを殺害したものであって（このことは、B及びCの…被弾状況や、『戊田理容店』にいるA会長が本件襲撃を受けたことを察知したと解される氏名不詳者らが、同会長や被告人の救援に向かうことなく、逃走中と思われる本件襲撃者に対する反撃に向かっていることなどからも裏付けられる。）、A会長が襲撃を受けた機会を利用して積極的に本件襲撃者に加害行為をする意思で、B及びCの殺害を実行したものと評し得、また、関係各証拠を総合しても、予期していた以外の相手からの襲撃であったものとは認められないから、侵害の急迫性の要件を欠いており、正当防衛はもとより、過剰防衛も成立する余地はない」としている。

本件では、昭和五二年決定及び昭和五九年判決を引用しつつ「緊急行為としての正当防衛の本質からすれば、反撃者が、侵害を予期した上、侵害の機会を利用し積極的に相手に対して加害行為をする意思で侵害に臨んだときは、侵害の急迫性は失われると解するのが相当である」とするが、上記の通り、ここに引用された一連の判例は、侵害の急迫性と積極的加害意思の関係についての判断枠組みを示すものであり、この枠組みの根拠は、昭和五二年決定が示した「（刑法三六条）が侵害の急迫性を要件としている趣旨」という文言が、その手掛りとなっている。それゆえ、本件の「緊急行為としての正当防衛の本質」は、昭和五二年決定にいう「趣旨」を言い換えたものと評価できる。そして、この評価は、京都地裁の示した侵害の急迫性が失われる基準と昭和五二年決定の基準とが類似している点からも裏づけられる。そこで、本件の「緊急行為としての正当防衛の本質」の内容が問題となるが、これは、事例判断を次のように読めば、上記の札幌地裁判決が論理的前提としていた見地と同様の内容を有するものと解することができる。すなわち、被告人が「A会長に対して、けん銃等使用した襲撃があり得ることを予期していたが、警察等に救援を求めることもせず」とする部分は、侵害の予期があり、襲来までの時間的余裕が十分あったので、被告人にとっては突発的な襲来でないことを示しており、(57) A「会長の外出時には、ボディーガードとして被告人がA会長に同行するとともに、二台の自動車に分乗した男たちが、無線機で連絡を取り合うなどしながら、その周辺を見張り、かつ、けん銃を適合実包とともに携帯するなどの厳重な警護態勢を敷いていた」とする部分は、襲来に対して迎撃態勢を整えていることを示していると解することができる。そして、「A会長らが本件襲撃を受けるや、被告人らは、事前の謀議に従い、即座に対応してこれに反撃を加え、本件襲撃者をその場から撃退するにとどまらず、殺意をもってけん銃を発砲して激烈な攻撃を加えてB及びCを殺害した」とする部分は、B及びCの襲撃によって、被告人側は、「形式的」には、法益侵害の危険性が存在していたことになるが、この襲撃を契機として、準備されていた迎撃態勢に基づく反撃を予定しており、B及びCが死亡するまでもなく、これらの者が襲撃を開始した時点ですでに、「実質的」には、被告人側の法益侵害の可能性が喪失してしまったことを示したものと評価できる。京都地裁判決は「A会長が襲撃を受けた機会を利用して積極的に本件襲撃者に加害行為をする意思で、B及びCの殺害を実行したものと評し得」るから、「侵害の急迫性の要件を欠〔く〕」と結論づけているが、事例判断において考慮されている要素を上記のように評価すれば、同判決が示した「緊急行為としての正当防衛の本質」は、前述の札幌地裁判決が論理的前提としていた見地と同様の内容を有するものと解し得るのである。(58)(59)(60)

第二目　昭和五二年決定は侵害の急迫性判断において「防衛者」の「対抗行為がそれ自体違法性を帯び正当な防衛行為と認め難い」かを基準にすると解する判例

上記とは異なる趣旨で昭和五二年決定を評価した下級審判例として、昭和五六年一月二〇日大阪高裁判決がある。(61)「被告人のけん銃発砲行為を正当防衛である」とする原判決の判断に対して、検察官の控訴趣意では「(イ)右発砲行為は被告人が属する暴力団O組とこれに敵対する暴力団I組との間に行われていた一連の喧嘩闘争の一駒であつたこと、被告人はI組組員らによる攻撃を予期してその機会を利用し積極的に加害を行う目的で敢てけん銃を準備していたこと、I組組員らによるO組組員らに対する攻撃はさして強力なものではなく極度に緊迫した状況でもなかつたことのいずれの点からしても、侵害の急迫性の要件に欠けていた」とされている。

この点に関して、大阪高裁は、原判決と検察官の控訴趣意を次のように整理した上で検討を加えている。すなわち、「原判決は…被告人がけん銃を発砲した時点の状況に着目し、その時点では、Kらの身体に対して現に危害が加えられており、かつ、Kが車で拉致されようとしていてその自由に対する侵害の危険が切迫していたから、正当防衛における侵害の急迫性の要件は充たされていたとして、正当防衛の成立を肯定した」。これに対して、「前記の論旨(イ)は、侵害の急迫性の有無を判断するにあたつてはO組組員とI組組員との間の一連の抗争を全体として考慮に入れるべきであるとの観点に立ち、被告人はI組組員の本件現場での攻撃をあらかじめ十分に予想し、けん銃を準備して積極的な加害の意図であえてこれに立ち向い、けん銃を発砲したものであるから、侵害の急迫性の要件は充たされていなかつたと主張するのである」とする。

そして、次のように、一般論とその詳細な論拠を示す。すなわち、「正当防衛における侵害の急迫性の要件は、相手の侵害に対する本人の対抗行為を緊急事態における正当防衛行為と評価するために必要とされている行為の状況上の要件であるから、行為の状況からみて、右の対抗行為がそれ自体違法性を帯び正当な防衛行為と認め難い場合には、たとい相手の侵害がその時点で現在し又は切迫していたときでも、正当防衛を認めるべき緊急の状況にはなく、侵害の急迫性の要件を欠くものと解するのが相当である（最高裁判所昭和五二年七月二一日判決《ママ》・刑集三一巻四号七四七頁参照）。そして、このような本人の対抗行為の違法性は、行為の状況全体によつてその有無及び程度が決せられるものであるから、これに関連するものである限り相手の侵害に先立つ状況をも考慮に入れてこれを判断するのが相当であり、また、本人の対抗行為自体に違法性が認められる場合にそれが侵害の急迫性を失わせるものであるか否かは、相手の侵害の性質、程度と相関的に考察し、正当防衛制度の本旨に照らしてこれを決するのが相当である。ことに、相手からの侵害が避けられないと予想し、これに備えてけん銃を用意したうえ、相手の侵害が現実となつた際にけん銃を発砲してこれに対抗するような場合、あらかじめ兇器を準備したことについては、正当防衛行為の一環として正当視すべき例外的な場合を除き、これを違法と評価するほかなく、したがつてまた、準備した兇器を使用して相手の侵害に対抗した行為も、相手の侵害の性質、程度などからみて特にこれを正当視すべき例外的な場合を除き、正当防衛の急迫性の要件を欠くものとしてこれを違法と評価するのが相当である。すなわち、もし法の禁止する兇器を用いて相手の侵害に対抗する行為を正当防衛と評価すべきものとすれば、手段たる兇器の所持をも一定の範囲で正当と評価すべきこととなり、正当防衛の本旨ひいては法秩序全体の精神に反することとなるからである」。

これを前提に、大阪高裁は、次のような事例判断を行った。「被告人は、相手の侵害を避けるため警察の援助を受けることが容易であつたのに、敢えて自ら相手の侵害に対抗する意図でけん銃を準備したうえ、これを発砲して侵害に対抗したものであるから、けん銃の所持はもとより、その使用も違法なものであり、行為全般の状況からみて正当防衛の急迫性の要件は充たされていなかつたと解するのが相当である」とするのである。

本件では、昭和五二年決定を参照しながら、「正当防衛における侵害の急迫性の要件」に言及している。[62] それゆえ、ここで述べられた「正当防衛における侵害の急迫性の要件は、相手の侵害に対する本人の対抗行為を緊急事態における正当防衛行為と評価するために必要とされている行為の状況上の要件である」とする部分は、下級審が「(刑法三六条)が侵害の急迫性を要件としている趣旨」(昭和五二年決定)の内容を敷衍した一例ということができる。すなわち、侵害の急迫性が上記のような要件であることを前提として、本判決は、「行為の状況からみて、右の対抗行為がそれ自体違法性を帯び正当な防衛行為と認め難い場合には、たとい相手の侵害がその時点で現在し又は切迫していたときでも、正当防衛を認めるべき緊急の状況にはなく、侵害の急迫性の要件を欠く」とする。言い換えると、侵害の急迫性の要件を検討する際に、①防衛者の「対抗行為がそれ自体違法性を帯び」ているという事情と、②防衛者にとって「相手の侵害がその時点で現在し又は切迫していた」という事情とが併存することを肯定した上で、②の存在する場合であっても、①が認められる時には、侵害の急迫性が否定されるとしているのである。

そして、「本人の対抗行為の違法性は、行為の状況全体によつてその有無及び程度が決せられる」から、対抗行為の違法性の判断対象には、「これに関連するものである限り相手の侵害に先立つ状況をも考慮に入れ（る）」ことを前提に、①に関連して「本人の対抗行為自体に違法性が認められる場合にそれが侵害の急迫性を失わせるものであるか否か」の具体的な判断に際しては、「相手の侵害の性質、程度と相関的に考察し、正当防衛制度の本旨に照らしてこれを決する」ものとしている。

その上で、このような判断枠組みを前提に、本判決は、「相手からの侵害が避けられないと予想し、これに備えてけん銃を用意したうえ、相手の侵害が現実となつた際にけん銃を発砲してこれに対抗するような場合、あらかじめ兇器を準備したこと」が侵害の急迫性の存否を検討する際にどのような意義を有しているのかについて詳細に説示する。すなわち、事前に凶器を準備した点は、「正当防衛行為の一環として正当視すべき例外的な場合を除き、これを違法と評価するほかなく」、それゆえ、準備した凶器により相手の侵害に対抗した行為も、「相手の侵害の性質、程度などからみて特にこれを正当視すべき例外的な場合を除き、正当防衛の急迫性の要件を欠くものとしてこれを違法と評価するのが相当である」とする。そして、このように解する根拠として、さらに、「もし法の禁止する兇器を用いて相手の侵害に対抗する行為を正当防衛と評価すべきものとすれば、手段たる兇器の所持をも一定の範囲で正当と評価すべきこととなり、正当防衛の本旨ひいては法秩序全体の精神に反することとなる」点をあげているのである。

このように、昭和五六年大阪高裁判決は、もし法の禁止する凶器を用いた対抗行為を正当防衛と評価すべきとすれば、凶器の所持も一定の範囲で正当と評価すべきこととなり、正当防衛の本旨ひいては「法秩序全体の精神に反する」と指摘するが、これは、「喧嘩闘争と正当防衛」に関連して下された昭和二三年の最高裁判決が一般論において示した文言と類似している。(63) すなわち、昭和二三年判決は、「互に暴行し合う所謂喧嘩は、闘争者双方が攻撃及び防禦を繰り返す一団の連続的闘争行為であるから、闘争の或る瞬間においては闘争者の一方がもつぱら防禦に終始し正当防衛を行うの観を呈することがあつても、闘争の全般から見てその行為が法律秩序に反するものである限り刑法第三六条の正当防衛の観念を容れる余地がない」という一般論を述べており、正当防衛が成立するか否かに関して、ある行為が「法律秩序に反する」場合（昭和二三年判決）あるいは「法秩序全体の精神に反する」（昭和五六年判決）場合、その行為が正当防衛とはなり得ないとする点で、両判決には、「共通の思考」が窺われるのである[64]。

さらに、昭和二三年判決は、事例判断において、「被告人等三名はAとの衝突を予期して各自壮込杖、日本刀等を携えて同人と面談した末、交渉が決裂して喧嘩となり、Aが被告人Xに跳びかゝるや被告人Yは『やつちまえ』と叫び被告人Xは所携の日本刀でAの足に斬りつけ、組みついてきた同人と格闘中被告人Zは右Aの背後から所携の日本刀で同人に斬りつけ切創を負わせた結果右Aを死亡するに至らせたというのであるから、被告人等の行為はその全般から見て法律秩序に反するものと言うべきであつて、刑法第三六条を適用すべき余地はない」とする。それゆえ、被告人らが喧嘩闘争を「予期して各自仕込杖、日本刀等」を準備していた事情を判断対象としている点で、最高裁は、正当防衛の成否を判断する際に、「相手の侵害に先立つ状況」を考慮に入れていたといえる。一方、大阪高裁も、上記の通り、対抗行為の違法性を判断する限度において「相手の侵害に先立つ状況」を考慮し、これに従って、事例判断を行っている。それゆえ、事例判断において、両判決が検討している要素についても、「共通の思考」が窺われるのである[65]。

以上のような特徴のある昭和五六年大阪高裁判決であるが、第一目の判例との関係は次の通りである。すなわち、侵害の急迫性を判断する際に、相手方の侵害に先立つ状況を判断対象としている点で共通しているが、②防衛者にとって「相手の侵害がその時点で現在し又は切迫していた」こととは異なる要素、つまり、①防衛者の「対抗行為がそれ自体違法性を帯び」ているという要素によって、②の要素を否定し得ることを肯定する点で相違する。

その後、昭和五六年大阪高裁判決の延長上にある判例として、平成一三年一月三〇日大阪高裁判決がある。[66] 本判決は、正当防衛の成否に関して、「本件では正当防衛が成立しないことについて述べることとする」とし、次のように説示する。すなわち、「正当防衛の制度は、法秩序に対する侵害の予防ないし回復のための実力行使にあたるべき国家機関の保護を受けることが事実上できない緊急の事態において、私人が実力行使に及ぶことを例外的に適法として許容する制度であるところ、本人の対抗行為の違法性は、行為の状況全体によってその有無及び程度が決せられるものであるから、これに関連するものである限り、相手の侵害に先立つ状況をも考慮に入れてこれを判断するのが相当であり、また、本人の対抗行為自体に違法性が認められる場合、それが侵害の急迫性を失わせるものであるか否かは、相手の侵害の性質、程度と相関的に考察し、正当防衛制度の本旨に照らしてこれを決するのが相当である。そして、侵害が予期されている場合には、予期された侵害に対し、これを避けるために公的救助を求めたり、退避したりすることも十分に可能であるのに、これに臨むのに侵害と同種同等の反撃を相手方に加えて防衛行為に及び、場合によっては防衛の程度を超える実力を行使することも辞さないという意思で相手方に対して加害行為に及んだという場合には、いわば法治国家において許容されない私闘を行ったことになるのであって、そのような行為は、そもそも違法であるというべきである」とする。

そして、事例判断としては、「本件襲撃は、これのみを客観的に見ると、戌田理容店前に複数の自動車で乗り付けた七、八名の者が降車するや否や、いきなり一斉にC会長及び被告人に向けてけん銃で狙撃するという切迫した態様のものであったことは否定できない事実であるし、被告人らにおいて、日時、場所、態様等の特定された形態で本件襲撃を予期していなかったこともまた否定できない」とするが、「被告人らが普段から取っていた…C会長の身辺警護の態勢は、けん銃を携帯した被告人が外出時のC会長に同行し、けん銃を携帯した者が乗り込んだ乗用車二台でC会長の周辺を見張るというものであり、そのこと自体、法の許容しない凶器を所持した態様の迎撃態勢であったというべきである」。そして、本件襲撃は「被告人らの予期していた程度を超えた予想外のものでな（く）」、「被告人らは、これと同種同等の反撃を相手方に加え、場合によっては防衛の程度を超える実力行使をも辞さないとの意思で本件犯行に及んだものというべきである。したがって、本件襲撃は、それのみを客観的に見ると切迫した事態であったけれども、それだけで正当防衛の成立が認められる状況としての急迫性が肯定されるものではなく、これに対する被告人らの普段からの警護態勢に基づく迎撃行為が、それ自体違法性を帯びたものであったこと及び本件襲撃の性質、程度も被告人らの予想を超える程度のものではなかったことなどの点に照らすと、本件犯行は、侵害の急迫性の要件を欠き、正当防衛の成立を認めるべき緊急の状況下のものではなかったと解するのが相当である」としたのである。

本件において判断基準が示された部分、すなわち、「本人の対抗行為の違法性は、行為の状況全体によってその有無及び程度が決せられるものであるから、これに関連するものである限り、相手の侵害に先立つ状況をも考慮に入れてこれを判断するのが相当であり、また、本人の対抗行為自体に違法性が認められる場合、それが侵害の急迫性を失わせるものであるか否かは、相手の侵害の性質、程度と相関的に考察し、正当防衛制度の本旨に照らしてこれを決するのが相当である」とする部分は、上記の昭和五六年大阪高裁判決とほぼ同一の文言が用いられている。そして、事例判断において、「本件襲撃は、それのみを客観的に見ると切迫した事態であったけれども、それだけで正当防衛の成立が認められる状況としての急迫性が肯定されるものではなく、これに対する被告人らの普段からの警護態勢に基づく迎撃行為が、それ自体違法性を帯びたものであったこと及び本件襲撃の性質、程度も被告人らの予想を超える程度のものではなかったことなどの点に照らすと、本件犯行は、侵害の急迫性の要件を欠き、正当防衛の成立を認めるべき緊急の状況下のものではなかった」とする点をあわせて考えると、具体的な判断基準及び判断対象について、昭和五六年判決を踏襲していると評価できる。また、本件では、「侵害が予期されている場合には、予期された侵害に対し、これを避けるために公的救助を求めたり、退避したりすることも十分に可能であるのに、これに臨むのに侵害と同種同等の反撃を相手方に加えて防衛行為に及び、場合によっては防衛の程度を超える実力を行使することも辞さないという意思で相手方に対して加害行為に及んだという場合には、いわば法治国家において許容されない私闘を行ったことになるのであって、そのような行為は、そもそも違法であるというべきである」という判示があり、喧嘩ないし私闘の事例との類似性を示唆ないし指摘する点でも、昭和五六年判決と「共通の思考」をみることができる。さらに、本判決は、『正当防衛制度の本旨』に関して言及しているが、本件平成一三年判決は、昭和五二年決定及び昭和五九年判決を引用していた上記の平成一二年一月二〇日京都地裁判決に対する控訴審判決であるから、「正当防衛の制度は、法秩序に対する侵害の予防ないし回復のための実力行使にあたるべき国家機関の保護を受けることが事実上できない緊急の事態において、私人が実力行使に及ぶことを例外的に適法として許容する制度である」とする説示は、昭和五二年決定のいう「趣旨」を敷衍したものと解することができ、この「趣旨」に関して、昭和五六年判決よりも詳細に言及している点で、注目に値する。[67][68]

第三目　昭和五二年決定は侵害の急迫性判断において「法秩序に反しこれに対し権利保護の必要性を認め得ない」かを基準にすると解する判例

実務家からは、もともと侵害の急迫性に関する「判例理論は、喧嘩闘争や私闘と同視すべく、初めから違法というべきものを正当防衛から排除するための理論」である、という指摘があり、第二節第一款第二項第二目の判例においても、最判昭二三・六・二二刑集二巻七号六九四頁で示された一般論と類似する説示があったが、昭和五七年六月三日福岡高裁判決は、昭和五二年決定を参照しながら、昭和二三年判決と類似する一般論を判示している点で注目される。[69]

まず、本件の事実関係については、「被告人XがNの身体の枢要部を狙つて…拳銃を発射した際、これが優に人を殺害するにたる所為であることを考えると、殺意を有していたことは否定できず、また同被告人と…Nに対し殺意を以て斬りつけた被告人Lは、数名の…配下とともに…拳銃を構えたNと対峙したときに、単なる防衛の意思のみに止らずこの機に乗じ、機先を制して積極的にNを殺害する意思で対抗し、右現場で互いに暗黙のうちに共謀せる事実を肯認するに十分である」とする。そして、昭和五二年決定を参照しながら、「右のように被告人両名が単に予期された侵害を避けなかつたというにとどまらず、その機会を利用し機先を制して積極的に相手に対して加害行為をする意思で対抗するときは、もはや法秩序に反し、これに対し権利保護の必要性を認めえないから刑法三六条にいわゆる侵害の急迫性の要件を充たさないものと解するのが相当である（最高裁判所第一小法廷昭和五二年七月二一日決定、刑集三一巻四号七四七頁参照）」と指摘し、事例判断としては、「Nの…攻撃は不正の侵害というべきであっても、急迫性はなかつたものといわなければならない。そうすると、その余の点について判断するまでもなく、被告人両名の本件各所為は正当防衛行為にあたらないことが明らかである」とした。

さらに、福岡高裁は、昭和四六年判決及び昭和五二年決定を参照しながら、「刑法三六条にいう『急迫』とは、法益の侵害が現に存在しているか、または間近に押し迫つていることを意味し、その侵害があらかじめ予期されていたものであつても、そのことだけから直ちに急迫性を失うものと解すべきではない（最高裁判所第三小法廷昭和四六年一一月一六日判決、刑集二五巻八号九九六頁、同裁判所第一小法廷昭和五二年七月二一日決定、刑集三一巻四号七四七頁参照）」とし、「原判決は、原審弁護人の『被告人らのNに対する各所為は同人が先に拳銃を被告人らに発射した急迫不正の侵害に対する正当防衛行為である旨』の主張に対して、『Nの第一発目の拳銃発射は、いわゆる喧嘩闘争の一場面における先制攻撃として被告人らにおいて十分に予測されたところであり、これを目して急迫不正の侵害にあたるものとは認めがたい』と判示していることは所論の指摘するとおりである」とした上で、この点に関して、原判決は「刑法三六条の解釈を誤ったものというべきである」としている。

本件では、被告人らが「単に予期された侵害を避けなかつたというにとどまらず、その機会を利用し機先を制して積極的に相手に対して加害行為をする意思で対抗するとき」、つまり、積極的加害意思をもって対抗した時は、刑法三六条の「侵害の急迫性の要件を充たさない」としているが、その根拠として、昭和五二年決定を参照しながら、「もはや法秩序に反し、これに対し権利保護の必要性を認めえない」ことをあげている。それゆえ、ここでは、侵害の急迫性の存否を考慮する場合、「法秩序に反（する）」か否かが重要な視点となるが、これは、最高裁昭和二三年判決が示した「闘争の全般から見てその行為が法律秩序に反するものである限り刑法第三六条の正当防衛の観念を容れる余地がない」とする視点と類似している。したがって、正当防衛が成立するか否かを判断する際に、「法秩序」あるいは「法律秩序」に反するか否か、という視点から判断すべきであるとする点に関して、本件昭和五七年判決と昭和二三年判決とは「共通の思考」が働いていると評価できる。そして、昭和五七年判決は、昭和五二年決定を参照しながら、積極的加害意思をもって対抗行為を行った場合には、「もはや法秩序に反し、これに対し権利保護の必要性を認めえない」ことを理由に侵害の急迫性を否定し得ると説示しているので、昭和五二年決定のいう「趣旨」について、喧嘩闘争に類似する状況が存在する場合に侵害の急迫性を否定するものと解していることになる。そして、本判決は、一般論の中で積極的加害意思がある場合「法秩序」に反することを理由として、侵害の急迫性を否定すべきであるとする点で、第二節第一款第二項第二目の判例よりも、一層明確に、昭和五二年決定を喧嘩闘争の処理の一環として位置づけているといえる。

ところが、昭和五七年福岡高裁が積極的加害意思をもって対抗行為を行っているか否かを判断する際に対象としている事実関係は、犯行現場における事実関係であるという評価ができ、[70]被告人に対する侵害が開始されるまでの事実関係について一定の範囲で考慮している第二節第一款第二項第二目の判例及び昭和二三年最高裁判決とは異なる。[71]そして、このような評価は、福岡高裁が昭和四六年判決及び昭和五二年決定を参照しながら、「侵害の予期」と「侵害の急迫性」との関係について指摘している部分と、「積極的加害意思をもって対抗行為を行ったか否か」を判断する部分とは、別項目を立てて検討している点からも窺われる。[72]

その後、上記と同様の視点から昭和五二年決定を捉えた判例として、昭和五八年四月二七日福岡高裁判決を指摘できる。[73]まず、事実関係については、「B、C、D、Eは被告人と相対したAの背後にいたため被告人がAを出刃包丁で刺した瞬間を目撃してはいないけれども、Aが…脇差を振り上げ被告人の前頭部及び前額部を目がけて一回切りつけた直後ころ、Bは被告人がAの方に飛び込んできて、右両名の体が触れ合ったのを目撃したので、直ちに被告人のすぐ東側に走り寄りその左手首を左手で握り、右手で被告人の左腰のあたりを押したところ、Bが被告人の東側に走り寄るのと同時にDが被告人のすぐ西側に走り寄りその右手に持った出刃包丁の柄のあたりを両手で摑み、その直接Eが被告人とAの間に急いで割って入り、被告人の右手首付近を左手で摑む一方Aの左肘関節を右手で摑み、それぞれ被告人を…廊下北端の手摺に押しつけたうえ、Bが被告人の左手から…刺身包丁を、Dが被告人の右手から前記出刃包丁をそれぞれもぎ取って、右手摺の外へ投げ捨てるや、被告人は急いでBらを振り払ってその場から逃走したのであるが、Bは被告人の左手から右刺身包丁をもぎ取ろうとしていたところAの左胸部から血がにじみ出ているのを発見し、C及びEも被告人の逃走直後Aが右廊下において片手で左胸部を押えて苦しそうにし、その手の下から血がにじみ出ていたのを見たことを認めることができるのであって、以上の各事実を総合すると、被告人はAが前記脇差を振り上げ被告人の前頭部及び前額部目がけて切りつけた直後に、すかさず右手に持っていた出刃包丁で自己の右上方から左下方に向けて(Aの方から言えば、左上方から右下方に向けて)Aの左胸部を一回力一杯突き刺したものと認めるほかはないのである」と認定した上で、昭和五二年決定を参照しながら、「被告人が単に予期された侵害を避けなかったというにとどまらず、その機会を利用し積極的に相手に対して加害行為をする意思で対抗するときは、たとえ相手から先に攻撃を加えられて反撃した場合においても、もはや法秩序に反し、これに対し権利保護の必要性を認めえないから、刑法三六条にいわゆる侵害の急迫性の要件を充たな《ママ》いものと解するのが相当である（最高裁判所第一小法廷昭和五二年七月二一日決定、刑集三一巻四号七四七頁参照）」とし、本件では、「Aの前記攻撃は不正の侵害というべきではあるが、急迫性はなかったものといわなければならない。そうすると、その余の点について判断するまでもなく、被告人の本件所為は正当防衛行為にあたらないことが明らかである」とした。

　本判決は、「被告人が単に予期された侵害を避けなかったというにとどまらず、その機会を利用し積極的に相手に対して加害行為をする意思で対抗するときは」、刑法三六条の「侵害の急迫性の要件を充たな《ママ》い」とし、その根拠として、昭和五二年決定を参照しながら、「もはや法秩序に反し、これに対し権利保護の必要性を認めえない」ことをあげているが、これは、上記の昭和五七年福岡高裁判決と同様である。それゆえ、本判決は、昭和五二年決定のいう「趣旨」について、喧嘩闘争に類似する状況が存在する場合に侵害の急迫性が否定されるものと解していることになる。そして、本判決は、積極的加害意思をもって対抗行為を行っている場合、「たとえ相手から先に攻撃を加えられて反撃した場合」であっても、もはや法秩序に反し、これに対し権利保護の必要性を認め得ないから、侵害の急迫性の要件を充たさない、としており、相互闘争状態である喧嘩闘争との類似性が、昭和五七年高裁判決よりも明確となっている。したがって、本判決に対する上記の評価を、本判決自体が裏づけていると解し得るのである。さらに、判断対象となった事実関係は、現場での闘争状態に焦点が絞られており、この点でも、昭和五七年福岡高裁判決を踏襲している。

第四目　昭和五二年決定は侵害の急迫性判断において「積極的加害意思をもって対抗行為を行う者」に「回避義務」が課されるかを基準にすると解する判例

最近、学説において「急迫不正の侵害からの退避義務についての議論」が「進展」しているとされるが、(74)この観点から、昭和五二年決定の趣旨を捉えた判例として、平成一九年三月二七日奈良地裁判決がある。(75)奈良地裁は、「被告人は、平成18年6月9日午後3時40分ころ、甲市乙丁目丙番丁号所在のD大学Eキャンパス内において、F(当時23歳)と些細なことから口論となり、やにわにその顔面を手拳で数回殴打する暴行を加え、よって、同人に全治約3か月間を要する顔面多発骨折の傷害を負わせた」という公訴事実を指摘した上で、当事者に「争いがなく」、証拠によって「明らかに認められる」事実関係を説示する。まず、「現場の位置関係等」について、「本事件が発生したのは、D大学Eキャンパス敷地内の、法政策学部の校舎であるX号館と教員研修室となっているY号館の間に設置されていた渡り廊下においてである(以下『本件現場』という。)。同キャンパス敷地内には、人文科学部の校舎となっているZ号館等が建ち並び、隣接するZ号館とX号館の間には八角形状のベンチ式の椅子が設置されており、本件現場はその北東に位置している」とする。次に、「本事件当時の人間関係等」に関して、「ア　被告人は、D大学人文科学部の4回生である」、「イ　本事件の被害者であるF、本事件の現場に居合わせたG及びHは、いずれも同大学法政策学部の4回生である」、「ウ　本事件を約10から20メートルの距離から目撃したI及びJも、いずれも同学部の4回生である」、「エ　被告人とF、G及びH(以下「Fら3名」という。)とは、本事件まで全く面識がなかった」、「オ　G及びHは、Fの友人である」、「カ　I及びJは、被告人及びFとの間に直接の友人関係はないものの、他の友人との関係等から同人らを知っていた」とした。さらに、「事実経過等」については、「ア　被告人は、平成18年(以下、いずれも平成18年のことであるので、その記載を省略する。)6月9日午後3時40分ころ、授業に出るため、人文科学部の教室があるZ号館へと向かったところ、上記ベンチ式の椅子に座って雑談をしていたFら3名に出くわした」、「イ　被告人とFら3名は、お互いに『相手の顔を見た。見ていない。』という口論となった。その際、Fは、被告人の身体の一部を押した」、「ウ　被告人は、その場を離れ、Z号館の出入口を入ってエレベーター前まで行った」、「エ　被告人に立腹していたFら3名は、被告人の後を追いかけ、上記エレベーター前で再び被告人と口論を始めた。その際、被告人は、Fから土下座するよう求められたものの、これに応じなかった」、「オ　被告人とFら3名は、Z号館を出て本件現場に向かい移動した。その移動の間、先頭を歩いていた被告人は、Fから背中を押された」、「カ　Fは、本件現場で、被告人の顔面を1回頭突きした」、「キ　被告人は、上記頭突きにより鼻に痛みを感じ、すぐさま右手拳でFの左顔面を1回殴打した」、「ク　Fは、上記殴打を受けていったん後退したが、再び被告人に近づいてきた。被告人は、左右の手拳でFの左右の顔面を1回ずつ、計2回殴打した」、「ケ　Fは、上記殴打行為により、鼻血を出してうずくまった」、「コ　G及びHは、本件現場において、被告人に対し暴行を加えなかった」、「サ　被告人は、本件現場から立ち去ったが、その途中で、I及びJから鼻血が出ていることを指摘され、その際に、『やばいっすわ。この後授業あるからばれてしまいますわ。ティッシュ持ってないですか。このことは先生から聞かれても言わないでくださいよ。』、『余裕でしたわ。』などと言った」、「シ　Fら3名は、本件現場に駆けつけた同大学職員に対し、Fはこけて近くの柱にぶつかった旨虚偽の事実を申告した。Fは、後日、大学側に対し、そのように話した理由について、喧嘩で怪我をしたら保険金が下りないと思ったからであると説明した」とし、最後に「傷害結果等」に関しては、「Fは、被告人の上記各殴打行為により、顔面多発骨折の傷害を負い、医師により全治3か月と診断された」のに対して、「被告人は、Fの上記頭突き行為により、約10日間の通院加療を要する鼻背部打撲及び挫傷の傷害を負った」が、これにより、Fは、「9月27日K簡易裁判所において罰金20万円の略式命令を受けている」と指摘した。そして、奈良地裁は、「本件の争点は、正当防衛の要件のうち、侵害の急迫性が認められるか否かである」とし、当事者の主張を整理した上で、「当裁判所の判断」を示す。

最初に、一般論として「そもそも、刑法36条が正当防衛について侵害の急迫性を要件としているのは、予期された侵害を避けるべき義務を課する趣旨ではないから、当然又はほとんど確実に侵害が予期（以下、この趣旨を「侵害の確実な予期」などという。）されたとしても、そのことから直ちに侵害の急迫性が失われるわけではない。しかしながら、同条が侵害の急迫性を要件としている趣旨から考えて、単に予期された侵害を避けなかったというにとどまらず、その機会を利用し積極的に相手に対して加害行為をする意思で侵害に臨んだときは、もはや侵害の急迫性の要件を充たさないものというべきである（最決昭和52年7月21日刑集31巻4号747頁参照）。なぜなら、侵害の確実な予期がありながら、積極的加害意思をもって侵害に臨むことは、実質的にみれば、正当防衛状況を利用した単なる加害行為であり、緊急状況下における防衛行為として正当化できないからである。そして、このような場合、行為者には当然に回避義務が認められるといえるのである」。「これに対し、侵害の確実な予期がなく、侵害の単なる可能性を予期していたにすぎないときや、不意打ちといえるほど予想外の場面で侵害を受けたときは、たとえ行為者に積極的加害意思があったとしても、急迫性は否定されないというべきである。なぜなら、このような場合に急迫性を否定することは、行為者に回避義務を課すことになり、その分だけ不当に行為者の行動の自由を制約することになって、先に述べた刑法36条の趣旨を逸脱することになるからである」とする。次に「本件において、被告人に法的な回避義務があったとまではいえない…としながら…侵害の予期と回避可能性が認められ、侵害の機会を利用し積極的加害行為をする意思がある場合には急迫性の要件が欠ける」との検察官の主張に対して、まず、「このような見解によるならば、侵害の確実な予期がなく、法的な回避義務もないにもかかわらず、行為者に積極的加害意思がある場合には、その意思と併存して防衛の意思を有していた場合であっても、逃走等の回避措置をとらず反撃した場合には処罰を免れないことになってしまうのである。したがって、検察官の前記見解は、刑法36条の趣旨を逸脱し不当に行為者の行動の自由を制限するものといわざるを得ず、当裁判所の採用するところではないといわなければならない」とし、さらに、「本件において、検察官は、その主張の全体的な趣旨にかんがみれば、被告人がFの侵害行為を確実に予期していたとまでは考えておらず、そうであるからこそ、被告人に法的な回避義務があったとまではいえないとしているものと解される上、本件全証拠を精査してみても、被告人がFの侵害行為を確実に予期していたとは認められない」と説示して、「以上の点だけをみても、本件において急迫性の要件が否定されないのは明らかというべきである」と結論づけた。

本件では、昭和五二年決定を参照しつつ、同決定が説示した基準を示した上で、その根拠として「侵害の確実な予期がありながら、積極的加害意思をもって侵害に臨むことは、実質的にみれば、正当防衛状況を利用した単なる加害行為であり、緊急状況下における防衛行為として正当化できない」点をあげ、「このような場合、行為者には当然に回避義務が認められる」とする一方で、「侵害の確実な予期がなく、侵害の単なる可能性を予期していたにすぎないときや、不意打ちといえるほど予想外の場面で侵害を受けたときは、たとえ行為者に積極的加害意思があったとしても、急迫性は否定されないというべきである」とし、その根拠として、「このような場合に急迫性を否定することは、行為者に回避義務を課すことになり、その分だけ不当に行為者の行動の自由を制約することになって…刑法36条の趣旨を逸脱する」点をあげる。それゆえ、本判決は、昭和五二年決定にいう「趣旨」について、積極的加害意思をもって対抗行為を行う者に「回避義務」が課されるか否かを基準に、侵害の急迫性を判断すべきであるとする内容を有していると解していることになるが、この奈良地裁判決には、回避義務論が展開される「重要な契機となった」[76]佐藤教授の所説の影響が強くみられる。すなわち、「正当防衛の本質的属性である緊急行為性」及び「違法性論一般の基礎にある相当性の思想」に立ち帰り、退避可能性を正当防衛の解釈において組込むことを構想される佐藤説[77]では、侵害の急迫性の存否に関する判断について、次のように指摘されている。[78]「不正の侵害を予期したときは、これを回避することのできる場合が多い」が、「このような場合でも、一般的には、侵害を回避する義務はない。それは、侵害を予期したからといって、被侵害者の生活上の自由が制約されるべきいわれはないからである。…しかし、予期された侵害を避けないというにとどまらず、将来の侵害を受けて立つことにより、被侵害者（以下『行為者』ともいう。）において正当防衛状況を作り出した場合には、更に立ち入った考察を必要とする」とし、この具体例として、「予期した侵害の場所に出向く場合」（出向型）と、「予期した侵害を待ち受ける場合」（待機型）をあげ、これらの場合には、「正当防衛状況を作ってはならない義務、すなわち侵害の回避義務を認めてよい」としている。そして、「侵害の回避義務を認めるためには、侵害の出現を確実に予期していることが必要である」ことを前提として、「行為者の意思の内容は、侵害があれば反撃する意思があれば足り」、「住居などにいる場合を除き」、「積極的加害意思までは必要でない」ので、例えば、「生活上の利益がないのに、行けば必ず侵害を受けることを予期した上で出向いて行くのは、積極的加害意思がなくても、回避義務違反になる」とする。次に、「行為者側の負担」（被侵害者側の負担）に関して、「出向型の場合には、出向くことについて生活上の自由が制約される事態は少ない」ので、一定の例外を除いては[79]、「回避義務を認めてよい」。一方、「待機型の場合には、侵害の予期される場所に留まることに生活上の利益の伴うことが多い」ので[80]、このような場所に「侵害があれば反撃する意思だけで留まっている限りにおいては、回避すべき義務は生じない」が、「可能であるのに公の救助を求めることなく、積極的加害意思をもって留まる場合には」、滞留している場所を「私的闘争の場として利用する」ものであり、「生活上の自由」を享受しようとしていないから、その「場所に留まる正当な利益」は認められない。したがって、上記のような「単に侵害を予期しただけではなく、回避義務がある場合であるのに、自らが出向きあるいは待ち受けたことにより発生した侵害は、予期した緊急事態を自ら現実化させたものとして、急迫性を欠くとみてよい」とされるのである。

このように、平成一九年奈良地裁判決は、防衛者に「回避義務があるか否か」の視点から侵害の急迫性の存否を検討する佐藤説の影響が強くみられるが、佐藤説とは次の点で異なる。佐藤説の特徴は、問題となる事例を出向型と待機型とに分類した上で、「格別の生活上の不利益がない場合にのみ回避義務が課されるとすることにより、安定した判断が困難な嫌いがある積極的加害意思を持ち出すことなく、従来の判例理論の帰結の多くを整合的かつ客観的に説明できる点」であるのに対して、[81]平成一九年奈良地裁判決は、出向型と待機型とを区別せずに、一般的に、昭和五二年決定が示した「積極的加害意思」をもって行動した「行為者には当然に回避義務が認められる」としており、この点において佐藤説と異なっているのである。[82]

第二款　判例における「防衛意思」の意義

日本の判例は、正当防衛の成立要件として一貫して防衛意思を必要としているが、[83]その内容には変遷がある。防衛意思を扱った判例としては、昭和一一年一二月七日大審院判決がある。[84]ここでは、まず、原審が行った事実認定について、次のように説示する。「被告人ハ昭和十一年三月二十二日午後一時頃甲県乙郡丙町丁道路ノ南西丙港岸壁ニ於テK等ト共ニ同所岸壁ニ繋留セル発動機船ヨリ道路工事用砂利ノ陸揚運搬作業ニ従事中Kカ附近ニ居合セタル…Sニ対シ卑猥ナル…語ヲ以テ揶揄シタルコトヨリ同女ノ憤激ヲ買ヒ互ニ口論ノ末Kハ天秤棒ヲ以テ同女ヲ殴打スルニ至リタルカ附近岸壁上ニ於テ之ヲ傍観シ居タル被告人ハ同人等ノ中ニ入リ喧嘩ヲ仲裁セント試ミタルモ同人等カ容易ニ肯セサリシヲ以テ前同所ニ引返シタルトコロ其ノ間Kカ前記発動機船ニ逃ルルヤSハ被告人ニ立向ヒ来リ突然被告人ノ胸倉ヲ攌ミタルヲ以テ被告人ハ之ニ憤激シ同所ニ於テ同女ヲ海ニ向ヒ突飛ハシ右岸壁ヨリ海中ニ墜落セシメ因テ同女ニ対シ治療約四日間ヲ要スル海水嚥下ニ因ル気管枝炎症ヲ負ハシメタルモノニシテ被告人ハ心神耗弱ノ状態ニ在リタルモノナリ」とする。そして、被告人側からの主張に関して、次のように整理する。すなわち、「被害者S当時ノ体力又ハ当時ノ気勢ニ関シテハ同人ノ職業（土方《ママ》ニ類スル仕事ニ従事ス）及Kニ摑ミ掛リタル状況ヨリ見テ同年輩ノ婦人ト異ナルコトヲ認メ得ヘク」第一審公判調書によると、被告人は「前略私ハ夫レヲ仲裁スル為同人等ノ傍ニ行キマシタ処右…女ハ私ヲKト同類ノ者テ加勢ニ来タ様ニ思ツタノカ今度ハ私ノ胸倉ヲ摑ンテ突然飛懸ツテ来タノテ…後略」「私ハ其ノ時夢中テアリマシタカラ什ウニモナリマセンテシタ」と証言しており、また、第一審第二回公判におけるOの証言によれば、「前略Kニ籠ヲ投付ケ今度ハY（＝被告人）ノ胸倉ヲ摑ンテ同人ヲ押シテ居リマシタカ云々」とあるから、これを前提とすると、原審公判において被告人が「ワシノ胸倉ヲ取ツタ丈ケタ」と答えたのは、被告人が①「強度ノ精神耗弱者ナルノ関係」と②「日時経過ノ為記憶ヲ薄ラキ且意思ノ表示拙ナルカ為」であり、さらに、③「被告人ニ於テハ道義上ヨリ看テ寧ロ賞讃サルヘキ所為ナルニ何回ト繰リ返シ訊ネラルルヲ喜ハス斯クハ答ヘタリト認ムヘ」きであるにも拘わらず、上記の被告人証言があるために、「直ニ急迫不正ノ侵害ナシトスルハ被告人ノ心神ヲ考慮セス被告人ヲ責ムルノ甚タ酷ニシテ急ナルモノト謂フヘシ」とする。そして、「若シ夫レ『被告人カ之ヲ憤激シテ判示暴行ニ出テタルコト云々』ニ至リテハ事実ト相違スルコト甚タシク之ヲ原審公判調書ニ見ルモ『前略右彼女カワシノ胸倉ヲ摑ンタカラ癪ニ触リ何スルゾイト云フテ彼女ヲ突飛ハシタラ同人ハ海ノ中ニ落チタンヂヤ』ニヨリ窺ヒ知ル依ツテ本件ハ所謂正当防衛ニシテ刑法第三十六条ニ該当シ」ている等とした。この被告人側の主張に対して、大審院は、「原審ニ重大ナル事実ノ誤認アルコトヲ疑フニ足ルヘキ顕著ナル事由ナク」とした上で、「Sハ被告人ニ立向ヒ来リ突然被告人ノ胸倉ヲ摑ミタルヲ以テ云々ナル原判示ニ依レハSカ被告人ノ生命身体ニ対シ急迫不正ノ侵害ヲ加ヘツツアリタルカ如キ観アリ従テ被告人ノ判示所為ハ急迫ノ侵害ニ対スル正当防衛ノ過剰ニ非スト説明シタル原判決ハ其ノ形式妥当ナラスト雖モ元来刑法第三十六条ハ加害行為ニ付防衛意思ノ存在ヲ必要トスルモノニシテ仮令急迫不正ノ侵害アル場合ナルニモセヨ之ニ対スル行為カ防衛ヲ為ス意思ニ出テタルモノニ非サル限リ之ヲ以テ正当防衛又ハ其ノ程度超越ヲ以テ目スヘキモノニ非スト解スルヲ正当ナリトシ而シテ判示証拠説明ト対照シ仔細ニ之ヲ考察スルトキハ原審ハ被告人ノ行為ヲ以テ防衛意思ニ出テタルモノニ非スト為シタルモノナルカ故ニ之ニ対シ刑法第三十六条ヲ適用セサリシハ結局正当ニシテ擬律錯誤ノ違法ナシ」と判示した。

本件では、「元来刑法第三十六条ハ加害行為ニ付防衛意思ノ存在ヲ必要トスルモノニシテ仮令急迫不正ノ侵害アル場合ナルニモセヨ之ニ対スル行為カ防衛ヲ為ス意思ニ出テタルモノニ非サル限リ之ヲ以テ正当防衛又ハ其ノ程度超越ヲ以テ目スヘキモノニ非スト解スルヲ正当ナリ」としているから、大審院が防衛意思必要説の見地に立っていることは明確に肯定できる。ところが、その内容については、あくまでも「加害行為ニ付防衛意思ノ存在ヲ必要トスル」とするだけであるので、本判決は、防衛意思の概念規定がなされていないと評価し得る[85]。しかし、防衛意思を防衛の意図・動機に近いものと理解していたと解すべきである。すなわち、大審院は、まず、被告人側が原判決に対して行った「若シ夫レ『被告人カ之ヲ憤激シテ判示暴行ニ出テタルコト云々』ニ至リテハ事実ト相違スルコト甚タシク」とする主張を否定し、次に、「Sハ被告人ニ立向ヒ来リ突然被告人ノ胸倉ヲ摑ミタルヲ以テ被告人ハ之ニ憤激シ同所ニ於テ同女ヲ海ニ向ヒ突飛ハシ右岸壁ヨリ海中ニ墜落セシメ」たことを前提とし、上記の防衛意思に関する基準に基づき、「原審ハ被告人ノ行為ヲ以テ防衛意思ニ出テタルモノニ非スト為シタルモノナルカ故ニ之ニ対シ刑法第三十六条ヲ適用セサリシハ結局正当」としている。つまり、ここでは、攻撃者Sが向かって来て突然被告人の胸倉を摑んだことに対して、被告人は、「憤激して」Sを突き飛ばし岸壁から海へ突き落とす暴行に出たのであるから「防衛意思がない」ので、刑法三六条を適用できないが、これと同様の観点から同条を適用しなかった原判決を正当としており、ここから、大審院は、「防衛意思」と「憤激」とを両立し得ないものと評価していると解し得るのである。したがって、昭和一一年判決は、防衛意思の内容として、防衛の「動機[86]」又は「防衛の意図・

動機に近いもの」[87]あるいは「明確、積極的な防衛意思」[88]を要求していたと解すべきなのである[89]。

防衛意思の内容に関して上記のような厳格な態度を示していた大審院の立場は、戦後、昭和三三年の最高裁決定にも維持されていたが[90]、昭和四六年最高裁判決[91]によって、修正が加えられた。すなわち、最高裁は、「防衛意思の存否」を検討する際に、まず、一般論として「刑法三六条の防衛行為は、防衛の意思をもつてなされることが必要であるが、相手の加害行為に対し憤激または逆上して反撃を加えたからといつて、ただちに防衛の意思を欠くものと解すべきではない」とし、事例判断として、「被告人は旅館に戻つてくるやGから一方的に手拳で顔面を殴打され、加療一〇日間を要する傷害を負わされたうえ、更に本件広間西側に追いつめられて殴打されようとしたのに対し、くり小刀をもつて同人の左胸部を突き刺したものである（この小刀は、以前被告人が自室の壁に穴を開けてのぞき見する目的で買い、右広間西側障子の鴨居の上にかくしておいたもので、被告人は、たまたまその下に追いつめられ、この小刀のことを思い出し、とつさに手に取つたもののようである。）ことが記録上うかがわれるから、そうであるとすれば、かねてから被告人がGに対し憎悪の念をもち攻撃を受けたのに乗じ積極的な加害行為に出たなどの特別な事情が認められないかぎり、被告人の反撃行為は防衛の意思をもつてなされたものと認めるのが相当である」とした。次に、「原判決は、本件においてこのような特別の事情のあつたことは別段判示することなく」、原判決が「あたかも最初は被告人に防衛の意思があつたが、逆上の結果それが次第に報復の意思にとつてかわり、最終的には防衛の意思が全く消滅していたかのような判示をしている」点について、「被告人がGから殴打され逆上して反撃に転じたからといつて、ただちに防衛の意思を欠くものとはいえないのみならず、本件は、被告人がGから殴られ、追われ、隣室の広間に入り、西側障子のところで同人を突き刺すまで、一分にもみたないほどの突発的なことがらであつたことが記録上うかがわれるから、原判決の判示するような経過で被告人の防衛の意思が消滅したと認定することは、いちじるしく合理性を欠き、重大な事実誤認のあることの顕著な疑いがあるものといわなければならない」とした。

本件では、一般論として、「刑法三六条の防衛行為は、防衛の意思をもつてなされることが必要であるが、相手の加害行為に対し憤激または逆上して反撃を加えたからといつて、ただちに防衛の意思を欠くものと解すべきではない」とするが、これは、防衛行為の「きっかけ」が「憤激」又は「逆上」という「感情的要因に基づくとしても、なお防衛意思が存在することを認めたもの」であり、(92)それまでの判例における「情緒的、意図的防衛意思概念」を「認識的なもの」へと近づけたのであった。(93)(94)

また、本件では、事例判断に際して、「被告人は旅館に戻つてくるやGから一方的に手拳で顔面を殴打され、加療一〇日間を要する傷害を負わされたうえ、更に本件広間西側に追いつめられて殴打されようとしたのに対し、くり小刀をもつて同人の左胸部を突き刺した」場面を指摘した上で、「かねてから被告人がGに対し憎悪の念をもち攻撃を受けたのに乗じ積極的な加害行為に出たなどの特別な事情が認められないかぎり、被告人の反撃行為は防衛の意思をもつてなされたものと認めるのが相当である」とし、さらに、原判決は、本件において「特別の事情」の存在について別段判示せず、「あたかも最初は被告人に防衛の意思があつたが、逆上の結果それが次第に報復の意思にとつてかわり、最終的には防衛の意思が全く消滅していたかのような判示」する点に関して、最高裁は、「重大な事実誤認」がある「顕著な疑い」の存在を肯定している。これらをあわせて検討すると、次のようになる。最高裁が指摘とした防衛意思の存否が問題となる場面は、「侵害の開始以降」であるから、「かねてから」被告人がGに対し憎悪の念をもち攻撃を受けたのに乗じ積極的な加害行為に出た等の「特別な事情」の存否に関する判断時期について、最高裁は、侵害を受けた「当初」を問題にしていることになる。(95)そして、原判決が、右のような「特別の事情」について判示していない点と反撃行為を行う際に生じた被告人の内心の変化について説示している点を分けて議論しているところからも、最高裁が上記のような解釈を行っていることが窺われる。ここから、「特別の事情」（又は「特別な事情」）は、反撃行為開始時の被告人の心理状態が問題とされており、その後生じた被告人の内心の変化と区別していることが推測できるからである。

その後、防衛意思の存否が問題となった判例[96]として、昭和五〇年一一月二八日最高裁判決がある[97]。最高裁は、「職権」で調査を行い、原判決を次の理由により破棄し、名古屋高裁に差戻した。まず、ここでは、原判決が第一審判決を破棄して自ら事実を認定した点について「被告人は、昭和四八年七月九日午後七時四五分ころ、友人のAとともに、甲県乙市丙町丁一の五付近を乗用車で走行中、たまたま同所で花火に興じていたB（当時三四年）、C、Dらのうちの一名を友人と人違いして声を掛けたことから、右Bら三名に、『人違いをしてすみませんですむと思うか。』、『海に放り込んでやろうか。』などと因縁をつけられ、そのあげく酒肴を強要されて同県戊郡己町の飲食店「J」でBらに酒肴を馳走した後、同日午後一〇時過ぎころ、右Aの運転する乗用車でBらを乙市丙町庚一八番E方付近まで送り届けた。ところが、下車すると、Bらは、一せいに右Aに飛びかかり、無抵抗の同人に対し、顔面、腹部等を殴る、蹴るの暴行を執拗に加えたため、被告人は、このまま放置しておけば、右Aの生命が危いと思い、同人を助け出そうとして、同所から約一三〇メートル離れた同市辛町壬一〇番地の自宅に駆け戻り、実弟F所有の散弾銃に実包四発を装てんし、安全装置をはずしたうえ、予備実包一発をワイシヤツの胸ポケットに入れ、銃を抱えて再び前記E方前付近に駆け戻った。しかしながら、AもBらも見当たらなかったため、Aは既にどこかに致されたものと考え、同所付近を探索中、同所から約三〇メートル離れた同市丙町庚一番地付近路上において、Bの妻Gを認めたので、Aの所在を聞き出そうとして同女の腕を引っ張ったところ、同女が叫び声をあげ、これを聞いて駆けつけたBが『このやろう。殺してやる。』などといって被告人を追いかけてきた。そこで、被告人は、『近寄るな。』などと叫びながら西方へ約一一・二メートル逃げたが、同所二番地付近路上で、Bに追いつかれそうに感じ、Bが死亡するかも知れないことを認識しながら、あえて、右散弾銃を腰付近に構え、振り向きざま、約五・二メートルに接近したBに向けて一発発砲し、散弾を同人の左股部付近に命中させたが、加療約四か月を要する腹部銃創及び左股部盲管銃創の傷害を負わせたにとどまり、同人を殺害するに至らなかつたものである」。そして、「原判決は、被告人の右行為が自己の権利を防衛するためのものにあたらないと認定した理由として、被告人が銃を発射する直前にBから『殺してやる。』といわれて追いかけられた局面に限ると、右行為は防衛行為のようにみえるが、被告人が銃を持ち出して発砲するまでを全体的に考察し、当時の客観的状況を併せ考えると、それは権利を防衛するためにしたものとは到底認められないからであると判示し、その根拠として、(一)被告人は、Bらから酒肴の強要を受けたり、帰りの車の中でいやがらせをされたりしたうえ、友人のAが前記E方付近で一方的に乱暴をされたため、これを目撃した時点において、憤激するとともに、Aを助け出そうとして、Bらに対し対抗的攻撃の意思を生じたものであり、Bに追いかけられた時点において、同人の攻撃に対する防禦を目的として急に反撃の意思を生じたものではないと認められること、(二)右E方付近は人家の密集したところであり、時刻もさほど遅くはなかつたから、被告人は、Aに対するBらの行動を見て、大声で騒いだり、近隣の家に飛び込んで救助を求めたり、警察に急報するなど、他に手段、方法をとることができたのであり、とりわけ、帰宅の際は警察に連絡することも容易であつたのに、これらの措置に出ることなく銃を自宅から持ち出していること、(三)被告人が自宅へ駆け戻つた直後、Aは独力でBらの手から逃れて近隣のH方へ逃げ込んでおり、被告人が銃を携行してE方付近へきたときには、事態は平静になつていたにもかかわらず、被告人は、Bの妻の腕をつかんで引っ張るなどの暴行を加えたあげく、その叫び声を聞いて駆けつけ、素手で立ち向つてきたBに対し、銃を発射していること、(四)被告人は、殺傷力の極めて強い四連発散弾銃を、散弾四発を装てんしたうえ、予備散弾をも所持し、かつ、安全装置をはずして携行していることを指摘している」とする。これを踏まえて、最高裁は、一般論として「急迫不正の侵害に対し自己又は他人の権利を防衛するためにした行為と認められる限り、その行為は、同時に侵害者に対する攻撃的な意思に出たものであつても、正当防衛のためにした行為にあたると判断するのが、相当である。すなわち、防衛に名を借りて侵害者に対し積極的に攻撃を加える行為は、防衛の意思を欠く結果、正当防衛のための行為と認めることはできないが、防衛の意思と攻撃の意思とが併存している場合の行為は、防衛の意思を欠くものではないので、これを正当防衛のための行為と評価することができるからである」とする。そして、「原判決は、他人の生命を救うために被告人が銃を持ち出すなどの行為に出たものと認定しながら、侵害者に対する攻撃の意思があつたことを理由として、これを正当防衛のための行為にあたらないと判断し、ひいては被告人の本件行為を正当防衛のためのものにあたらないと評価して、過剰防衛行為にあたるとした第一審判決を破棄したものであつて、刑法三六条の解釈を誤つたもの」と結論づけた。その上で、「原判決がその判断の根拠として指摘する諸事情のうち、前記（一）、（二）、（四）は、いずれも被告人に攻撃の意思があつたか否か、又は被告人の行為が已むことを得ないものといえるか否か、に関連するにとどまるものであり、また、同（三）も、Aの所在を聞き出すためにした行為であるというのであるから、右諸事情は、すべて本件行為を正当防衛のための行為と判断することの妨げとなるものではない」としたのである。

本判決は、防衛意思の存否を判断する基準について言及しているが、これと上記の昭和四六年判決を比較すると、次のような本判決の特徴を指摘できる。すなわち、昭和四六年判決は「刑法三六条の防衛行為は、防衛の意思をもつてなされることが必要であるが、相手の加害行為に対し憤激または逆上して反撃を加えたからといつて、ただちに防衛の意思を欠くものと解すべきではない」とするにとどまり、「防衛の意思」と「憤激または逆上」と関係については明示していなかった。これに対して、本判決は、「急迫不正の侵害に対し自己又は他人の権利を防衛するためにした行為と認められる限り、その行為は、同時に侵害者に対する攻撃的な意思に出たものであつても、正当防衛のためにした行為にあたると判断するのが、相当である」とし、その理由として「防衛の意思と攻撃の意思とが併存している場合の行為は、防衛の意思を欠くものではないので、これを正当防衛のための行為と評価することができる」点をあげているが、これは、攻撃意思が「並存」する場合にも防衛意思を肯定するものといえるから[98]、防衛意思の内容を希薄化させる方向へさらに歩を進めた判例と評価できる[99]。このような昭和五〇年判決に対しては、防衛意思と攻撃意思を比較検討していないことは「物足りない感がする」という指摘があるように[100]、少なくとも、文言上は、防衛の意図とその他の意図の優劣、主従関係をまったく問題にしていない点が特徴となっているのである[101]。そして、昭和四六年判決では、防衛意思が失われる場面に関して「かねてから被告人がGに対し憎悪の念をもち攻撃を受けたのに乗じ積極的な加害行為に出たなどの特別な事情が認められないかぎり、被告人の反撃行為は防衛の意思をもつてなされたものと認めるのが相当である」とする説示が事例判断の中で指摘されるにとどまっていた。しかし、本件では、一般論として「防衛に名を借りて侵害者に対し積極的に攻撃を加える行為は、防衛の意思を欠く」と明示されている上、昭和四六年判決では示されていた「かねてから」被告人が侵害者に対して「憎悪の念」をもっていたという要件が、昭和五〇年判決では示されていない点にも相違がある。すなわち、「攻撃を受けたのに乗じ積極的な加害行為に出た」という事情（昭和四六年判決）と、「防衛に名を借りて侵害者に対し積極的に攻撃を加える行為」に出たという事情（昭和五〇年判決）は、類似する状況を示していると思われるが、後者では、「かねてから」被告人が侵害者に対して「憎悪の念」をもっていたという要件が欠けている。したがって、昭和五〇年判決によって、侵害が開始された後であっても、侵害開始当初と区別されることなく、一般的に、「防衛に名を借りて侵害者に対し積極的に攻撃を加える行為」と評価できる場合には、「防衛の意思を欠く」に至ることが明瞭となったのである[102]。

さらに、防衛意思の存否が問題となった事案において、上記の昭和四六年判決及び昭和五〇年決を参照しながら、一般論を示した判例として、昭和六〇年最高裁判決がある[103]。最高裁は、「職権」で、被告人側の上告趣意を調査し、原判決を破棄したが、まず、原判決が認定した事実について、次のように整理する。「被告人は、スナックを営んでいる妻A（以下、Aという。）が自己に冷淡になり、外泊を重ねたりしていることからAがB（当時四三歳、以下、Bという。）と情交関係を持つているのではないかと強く疑つていたところ、昭和五八年二月二八日午前零時ころ甲市乙区乙西四丁目三番一六号NKプラザ一階所在の自己の経営するスナック『S』（以下、Sという。）に、Bが女性一名を伴つて客として訪れ、酒を注文して飲み始めた。同店は、同月三日に開店したばかりであつたが、被告人は、そのことをBに知らせていないのにBが来たので、同店の開店を知つた理由を尋ねたところ、BがAから聞いて知つた旨答えたので、もともとBと顔を合わせたくなかつたのにAが開店を教えたことに強い不満を抱き、かつ、AとBとの関係についての疑いを一層深め、強い不快の念を抱きながらもそのまま時を過ごすうち、Bが同店内から、Aの経営しているスナックに電話をかけ、Aに対し、Sに来るよう繰り返し誘いかけているのを聞き、そのなれなれしい会話の調子からいよいよ右の疑いを深め一層不快の念を募らせていた。同月二八日午前二時ころ、AがS店内に入つて来たのを認めるや、被告人は、来るはずがないと思つていたAがBの誘いに応じてやつて来たことに激怒し、Aに対しその場にあつたウイスキーの空びんを持つて振り上げ、『お前はなんで来たんや』と怒鳴りつけた。すると、Bは被告人から右空びんを取上げたうえ、被告人に摑みかかつて、カウンターの奥に押しやり、左手でそのネクタイのあたりを摑み、右手拳で頭部、顔面を繰り返し殴打し、首を締めつけるなどのかなり激しい暴行を加えた（以下、これを第一暴行という。）。被告人はその間全く無抵抗でされるがままになつていたが、AがBに対し、『あんた、やめて』と呼んで制止しているのを聞き、Aのこの言葉遣いから、AとBとは情交関係を持つていると確信するに至り、右両名に対し言い知れない腹立ちを覚えたものの、まもなく右暴行をやめてカウンター内から出て元の席に戻つたBからウイスキーの水割りを注文されたので、三人分のウイスキーの水割りをつくつて差し出し、『なんで殴られなあかんのかなあ』などと思わず小声でつぶやいた。すると、またもや、Bは『お前まだぶつぶつ言つているのか』と言うなり、手許の右ウイスキー水割りの入つたガラスコップのほか灰皿、小鉢などを次々にカウンター内にいる被告人に投げつけ始めた（以下、これを第二暴行という。）。ここに至り、被告人は、同日午前二時二五分ころ、『なぜこんなにまでされねばならないのか。女房を取りやがつて』と、それまで抱いていたBに対する憤まんや不快感を一気に募らせ、Bに対する憎悪と怒りから、調理場にあつた文化包丁一丁を持ち出し、ことと次第によつてはBの殺害という結果に至ることがあるかもしれないがそれもまたやむをえないと決意を固め、Bに向かつて『表に出てこい』と申し向け、カウンターを出て通路（原判決に『道路』とあるのは誤記と認める。）を出入口の方へ行こうとしたところ、Bからなおも客席にあつた金属製の譜面台（高さ約一・二メートル）を投げつけられ、更には『お前、逃げる気か。文句があるなら面と向かつて話しせえ』などと怒鳴りながら後を追つてこられ、背後から肩を掴まれるなどしたため（以下、これを第三暴行という。）、Bから更にいかなる仕打ちを受けるかもしれない、かくなるうえは機先を制して攻撃しようという気持から振り向きざまに、右手に持つた文化包丁でBの右胸部を一突きし、よつて、そのころ、同所において、Bを大動脈起始部切破による心嚢血液タンポナーデにより死亡させたものである」とした。次に、「原判決は、被告人の本件行為が正当防衛にも過剰防衛にも当たらないと判断した理由」として、「Bによる第一ないし第三暴行は、同一場所で時間的にも接着して行われたものであり、凶器を使用したものではないとしても、単に被告人の身体に対する攻撃たるにとどまらず、生命に対する危険をもはらむ攻撃とみうるものであり、しかも被告人の本件行為の時点においても、ことと次第によってはなおBによる同種の攻撃が繰り広げられる気配が残存していたというべきではあるが、被告人は、右のとおり、Bに対する憎悪や怒りから、かつまた、機先を制して攻撃しようとする気持から、本件行為に及んだものであつて、自己の生命、身体を防衛せんとする意思に出たものではないといわなければならない旨判示している」とする。そして、この判示の趣旨について、最高裁は、「原判決は、被告人の本件行為は、Bによる自己の生命、身体に対する急迫不正の侵害に対してなされたものではあるが、防衛の意思を欠くため、過剰防衛の成否を論ずる余地もないとしたものと理解される」とした上で、防衛意思の成否に関する一般論として、昭和四六年判決及び昭和五〇年判決を参照しつつ、「刑法三六条の防衛のための行為というためには、防衛の意思をもつてなされることが必要であるが、急迫不正の侵害に対し自己又は他人の権利を防衛するためにした行為と認められる限り、たとえ、同時に侵害者に対し憎悪や怒りの念を抱き攻撃的な意思に出たものであつても、その行為は防衛のための行為に当たると解するのが相当である…（最高裁昭和四五年（あ）第二五六三号同四六年一一月一六日第三小法廷判決・刑集二五巻八号九九六頁、同昭和四九年（あ）第二七八六号同五〇年一一月二八日第三小法廷判決・刑集二九巻一〇号九八三頁参照）」とする。その上で、事例判断としては、「原判決が認定した前記事実自体から、被告人の本件行為が、Bから第三暴行に引続き更に暴行を加えられることを防ぐためのものでもあつたことは明らかであると思われるし、原判決が指摘する被告人のBに対する憎悪、怒り、攻撃の意思は、それだけで直ちに本件行為を防衛のための行為とみる妨げになるものでないことは、右に述べたとおりである」とした。最後に、原判決が「被告人においてはBに対する憎悪や怒りから、かつまた機先を制して攻撃しようという気持から本件所為に及んだものであつて、自己の生命・身体を防衛せんとする意思に出でたものではないといわなければならない」とする事例判断ついて、それが妥当でないことを示す。すなわち、「原判決は、『弁護人の控訴趣意中、責任能力ならびに殺意の有無に関する主張について』と題する項において、被告人が本件行為に先立つて『表に出てこい』などと言つて挑発した旨認定判示しており（ただし、自判にあたつて示した『罪となるべき事実』中にも、正当防衛、過剰防衛の成否についての説示部分にも、この挑発という表現は用いられていない。）、被告人の右言葉をかなり重視しているようにうかがわれ、更に、被告人が『機先を制して攻撃しようという気持』から本件行為に出た旨判示していることに照らすと、原判決は、被告人の右言葉から、被告人は包丁を手にしてBを店外に呼び出して攻撃するつもりで自分から先に店外に出ようとしていたところ、たまたま、店外に出る前にBから追いつかれたため、本件行為に及んだものである旨推認し、本件行為は専ら攻撃の意思に出たものとみているように理解されないでもない。しかしながら、挑発という点についてみると、原判決の認定するところによつても、Bは『お前、逃げる気か。文句があるなら面と向かつて話しせえ』などと怒鳴りながら、被告人を追いかけたというのであるから、そもそもBに被告人が発した『表に出てこい』などという言葉が聞こえているのか否かさえ定かではないというべきであるし（記録によると、当時Bの隣にいたBの連れの女性は被告人のそのような言葉は何も聞いていないと供述している。）、少なくとも当時Bは被告人が逃げ始めたと思つて追跡したとみられるのであつて、被告人の右言葉がBによる第三暴行を招いたものとは認めがたい。また、いずれも記録からうかがわれるBにより全く一方的になされた第一ないし第三暴行の状況、包丁を手にした後も直ちにBに背を向けて出入口に向かつたという被告人の本件行為直前の行動、包丁でBの右胸部を一突きしたのみで更に攻撃を加えることなく直ちに店外に飛び出したという被告人の本件行為及びその直後の行動等に照らすと、被告人の『表に出てこい』などという言葉は、せいぜい、防衛の意思と併存しうる程度の攻撃の意思を推認せしめるにとどまり、右言葉の故をもつて、本件行為が専ら攻撃の意思に出たものと認めることは相当でないというべきである」とした上で、「被告人の本件行為につき、防衛の意思を欠くとして、正当防衛のみならず過剰防衛の成立をも否定した原判決は、刑法三六条の解釈を誤ったか、又は事実を誤認したものといわなければならない」と評価し、原判決を破棄して、大阪高裁に差戻した。

本件は、前記の昭和四六年最高裁判決及び昭和五〇年最高裁判決を参照しつつ、「刑法三六条の防衛のための行為というためには、防衛の意思をもつてなされることが必要であるが、急迫不正の侵害に対し自己又は他人の権利を防衛するためにした行為と認められる限り、たとえ、同時に侵害者に対し憎悪や怒りの念を抱き攻撃的な意思に出たものであつても、その行為は防衛のための行為に当たると解するのが相当である」としているから、本判決が示した「防衛意思の内容に関する一般論」としては、右の二つの判決を確認したものといえ、これらに「新たに付加したり、修正したところは全くない」とされている。(104) そして、昭和四六年最高裁判決、昭和五〇年最高裁判決及び昭和六〇年最高裁判決の事案は、「一方的に暴行を受けていた者が途中から反撃の意思を抱き、殺意をもって兇器により素手の侵害者に反撃した」点において「共通」であるとされ[105]、また、前述の通り、昭和四六年判決及び昭和五〇年判決が示した「防衛意思が欠ける」事情についても類似性がみられるから、これらの判決を引用した昭和六〇年判決が示した事情も、上記の二つの判決と「同一の内容」を有していると考えるべきであるが、そうだとすると、昭和四六年判決のいう「攻撃を受けたのに乗じ積極的な加害行為に出た」という「特別な事情」、昭和五〇年判決のいう「防衛に名を借りて侵害者に対し積極的に攻撃を加える行為」に出たという事情及び昭和六〇年判決のいう「本件行為が専ら攻撃の意思に出た」という事情は、「内容的には同一である」ということになる。

ところで、先行する二つの判決は、「防衛意思を左右する事情の認定方法にふれていない」[106]又は「特別事情の認定方法」を「留保した」[107]という評価がある。その理由として、昭和四六年判決については、原判決が「特別の事情」の存在について判示していないと指摘するに留まる点をあげることができ、また、昭和五〇年判決については、同判決が原審の示した「被告人は、Bらから酒肴の強要を受けたり、帰りの車の中でいやがらせをされたりしたうえ、友人のAが前記E方付近で一方的に乱暴をされたため、これを目撃した時点において、憤激するとともに、Aを助け出そうとして、Bらに対し対抗的攻撃の意思を生じたものであり、Bに追いかけられた時点において、同人の攻撃に対する防禦を目的として急に反撃の意思を生じたものではないと認められること」について、「被告人に攻撃の意思があつたか否か、又は被告人の行為が已むことを得ないものといえるか否か、に関連するにとどまるものであり」、この事情は、「本件行為を正当防衛のための行為と判断することの妨げとなるものではない」とするのみで、右の事実関係が「被告人に攻撃の意思があつたか否か」に関連しているのか、それとも「被告人の行為が已むことを得ないものといえるか否か」に関連しているのかについて明言していない点をあげることができる。これに対して、昭和六〇年判決は、Bによる「暴行の開始から被告人の本件行為直後の行動に至る一連の客観的経過」[108]、特に「被告人によって発せられた挑発的言辞や被告人の具体的行動等の客観的状況」[109]を前提として、「本件行為が専ら攻撃の意思に出た」か否かについて立ち入った判断を示しているから、防衛意思を左右する事情の認定方法について具体的に示した、といえ[110]、この点に関して、本判決は、上記の二つの判決を「超えるものがある」という評価が可能となる。[111][112]

さらに、昭和六〇年判決では、「挑発という点についてみると、原判決の認定するところによつても、Bは『お前、逃げる気か。文句があるなら面と向かつて話しせえ』などと怒鳴りながら、被告人を追いかけたというのであるから、そもそもBに被告人が発した『表に出てこい』などという言葉が聞こえているのか否かさえ定かではないというべきであるし（記録によると、当時Bの隣にいたBの連れの女性は被告人のそのような言葉は何も聞いていないと供述している。）、少なくとも当時Bは被告人が逃げ始めたと思つて追跡したとみられるのであつて、被告人の右言葉がBによる第三暴行を招いたものとは認めがたい」としているが、「もし被告人の言辞が挑発と認められれば防衛の意思が否定されたであろうから、その意味では、挑発行為が防衛意思を否定する根拠となりうることを認めたもの」といえる点で重要である。[113] ただし、本件においては、「被告人に挑発の意図があり、前記言辞に若干の挑発効果があったと仮定してみても、それは相手方からの急迫不正の侵害がすでに開始され、これが継続している最中のことであるから」、正当防衛において自招侵害を如何に処理するかについて議論されている事例とは「おもむきを著しく異にする」というべきである。[114][115]

以上から、次の点が明らかとなった。最高裁は、防衛意思必要説の見地に立ち、「刑法三六条の防衛のための行為というためには、防衛の意思をもつてなされることが必要であるが、急迫不正の侵害に対し自己又は他人の権利を防衛するためにした行為と認められる限り、たとえ、同時に侵害者に対し憎悪や怒りの念を抱き攻撃的な意思に出たものであつても、その行為は防衛のための行為に当たる」と解しており、防衛意思が否定されるのは、「攻撃を受けたのに乗じ積極的な加害行為」に出たという事情又は「防衛に名を借りて侵害者に対し積極的に攻撃を加える行為」に出たという事情、言い換えると「行為が専ら攻撃の意思」に出たという事情がある場合に限られる。(116) そして、これらの事情は、「急迫不正の侵害が開始されてから、防衛行為が行われるまでに」存在していたかが問題となり、その存否は、被告人の(挑発的)言辞や具体的行動等から認定されることになる。

ただし、このような最高裁の見解によれば、防衛意思が否定されるのは「きわめて稀なケース」であり、(117)「きわめて例外的な事案に限られる」ことになる。(118) それゆえ、実際、「最近の下級審裁判例で防衛意思が否定された事例はごくわずかである」という指摘がなされているのである。(119)

第三款　判例における「積極的加害意思」と「防衛意思」の関係

以上では、判例における「侵害の急迫性」の意義と「防衛意思」の意義をそれぞれ検討してきたが、以下では、両者の関係、つまり、侵害の急迫性を消滅させる方向で作用する「積極的加害意思」と「防衛意思」の関係について、検討する。

この点に関して、前田教授は、昭和五二年決定以降「下級審では、正当防衛における積極加害意図の取り扱いについて、かなりの混乱状態にある」と評価され、その原因を昭和四六年判決、昭和五〇年判決、昭和五二年決定の三つの「最高裁判例の複雑な関係」に求めておられる。(120) つまり、昭和五二年決定は、「単に予期された侵害を避けなかったというにとどまらず、その機会を利用し積極的に相手に対して加害行為をする意思で侵害に臨んだときは」侵害の急迫性の要件を充たさないとする一方で、昭和四六年判決は、「攻撃を受けたのに乗じ積極的な加害行為」に出た場合以外は、防衛意思が否定されないとし、昭和五〇年判決は、「防衛に名を借りて侵害者に対し積極的に攻撃を加える行為」に出た場合以外は、防衛意思が否定されないとするが、これを前提として、例えば、昭和五三年三月八日大阪高裁判決は、「積極的な加害意思」という要件によって、「侵害の急迫性」の存否と「防衛意思」の存否を判断しているから、[121]「下級審では、正当防衛における積極加害意図の取り扱いについて、かなりの混乱状態にある」とされるのである。

たしかに、大阪高裁昭和五三年判決は、「積極的な加害意思」という「同一の」文言を用いて、侵害の急迫性の存否及び防衛意思の存否を判断している。しかし、本件では、「（一）いきなり立上つたHは、被告人の頭髪を左手で摑み右手拳で被告人の顔面を数回殴打し、さらに『今晩お前を殺してやる』などと言つて被告人の胸倉を摑んで右六畳の間から玄関先まで引きずり出し、片手で被告人の前襟を摑み他方の手でそのあごを突き上げるなどの行為に及んだこと（二）これに対し、被告人はとつさにズボンのポケットに入れていた原判示の切出しナイフ一本を取出して右手に持ち、Hの胸部腹部など上半身を多数回にわたつて突き刺し、切りつけたりし原判示のような傷害を負わせこれに因り同人を死亡させたことが認められる」とした上で、「Hの（一）の行為が急迫不正の侵害行為に該るかどうか、また被告人の（二）の所為が防衛意思に基づくものであるかどうか」につき順次考察を加えているので、「侵害の急迫性の存否」に関する「判断対象」と「防衛意思の存否」に関する「判断対象」が区別されている。そして、本判決は、「暴行を予期していたとしてもそのことから直ちに（一）の侵害行為の急迫性を否定する事由とは認めがたく」、被告人が平素の鬱憤を晴らすため、専ら積極的な攻撃意思を実現する意図のもとに切出しナイフを準備携帯していたものでないことは、B方においても「（一）の侵害行為を受けるまでHと仲直りするため自らも真摯な言動を示していることなどの一連の行動経過に徴して容易に窺われ」ると判示しているので、「侵害の急迫性」の存否に関する「積極的な加害意思」の存否の判断対象は、「不正の侵害を予期したときからその侵害に臨むに至ったときまで（反撃行為の予備・準備段階）」[122]、すなわち、「現に反撃行為に及ぶ以前（反撃行為の予備ないし準備段階)」までの事情であり、これらの事情を前提として、積極的加害意思の存否を判断していると評価できる。[123]
これに対して、本判決は、Hの暴行について、「その態様に照らし、素手であるとはいえ矢継早に連続してなされた執拗、強力なものであり、同人が被告人よりも体格、腕力に勝れ、極めて粗暴な性格の持主であるのみならず、…左眼窩部の受傷により被告人に敵意を抱いていた事情をも併わせ考慮すると、被告人において、Hの現存する侵害行為を排除しない限り、引続いて強度の暴行を受けると認識し、自己の生命、身体に切迫した危険を感じたことは、ごく自然の成行」であり、「同侵害行為に対応してなされた被告人の前掲反撃行為は防衛の意思に基づいて着手、実行されたものと認めるのが相当であ」ると判示しているので、「防衛の意思」の存否に関する「積極的な加害意思」の存否の判断対象は、「不正の侵害に対し現に反撃行為に及ぶ時点」[124]、すなわち、「反撃行為の実行時」[125]の事情であり、これらの事情を前提として、防衛意思の存否を判断していると評価できる。それゆえ、大阪高裁昭和五三年判決は、「侵害の急迫性」の存否の判断「対象」と「防衛の意思」の存否の判断「対象」とを明確に区別して検討しているので、「同一内容」の「積極的な加害意思」の存否が、「侵害の急迫性」の存否にも「防衛意思」の存否にも影響を及ぼすとは説示していないことになり、少なくとも、本判決は「正当防衛における積極加害意図の取り扱いについて、かなりの混乱状態にある」とはいえない。[126]そして、上記の検討から明らかなように、侵害の急迫性の存否を判断する場合に考慮される要素と防衛意思の存否を判断する場合に考慮される要素とは、その判断の対象となる時期から区別することが可能であり、[127]このような評価は、最高裁の文言の差異からも窺われる。[128]

第四款　小　括

まず、第二節第一款第一項の検討から、侵害の急迫性の存否に関して、最高裁は、当然又はほとんど確実に侵害が予期されたとしても、そのことから直ちに侵害の急迫性が失われるわけではないが、単に予期された侵害を避けなかったというにとどまらず、その機会を利用し積極的に相手に対して加害行為をする意思で侵害に臨んだときは、もはや侵害の急迫性の要件を充たされないとした。そして、積極的加害意思を判断する前提として侵害の予期を判断する必要があり、侵害の予期があるときにはじめて積極的加害意思の問題が生じるとする見地に立っていることが確認された。ところが、最高裁が上記のような基準で侵害の急迫性の存否を判断する根拠に関する手掛かりとしては、昭和五二年決定が示した「（刑法三六条）が侵害の急迫性を要件としている趣旨」という文言があるに過ぎず、この「趣旨」の具体的内容は、下級審の（再）解釈に委ねられていたが、第二節第一款第二項における下級審判例の検討から、下級審レベルでは、上記の「趣旨」の具体的内容に関して、四通りの解釈が存在することが明らかとなった。ただし、第二節第一款第二項第四目は、回避義務が肯定される行為者に対して侵害の急迫性を否定する見解であるが、この見解の実践的な意義は「格別の生活上の不利益がない場合にのみ回避義務が課されるとすることにより、安定した判断が困難な嫌いがある積極的加害意思を持ち出すことなく、従来の判例理論の帰結の多くを整合的かつ客観的に説明できる点」にあると考えられる。したがって、平成一九年奈良地裁判決が昭和五二年決定の示した「積極的加害意思」をもって行動した「行為者には当然に回避義務が認められる」としている点は、上記の意義を減殺する結果となっている[129]。

次に、第二節第二款の検討から、次の点が確認できた。最高裁は、防衛意思必要説の見地に立ち、刑法三六条の防衛のための行為というためには、防衛意思をもってなされることが必要であるが、急迫不正の侵害に対し自己又は他人の権利を防衛するためにした行為と認められる限り、たとえ、同時に侵害者に対し憎悪や怒りの念を抱き攻撃的な意思に出たものであっても、その行為は防衛のための行為に当たる、と解しており、防衛意思が否定されるのは、「攻撃を受けたのに乗じ積極的な加害行為」に出たという事情又は「防衛に名を借りて侵害者に対し積極的に攻撃を加える行為」に出たという事情、言い換えると「行為が専ら攻撃の意思」に出たという事情がある場合に限られるから、このような最高裁の見解によれば、防衛意思が否定されるのは「きわめて稀なケース」であり、「きわめて例外的な事案に限られる」ことになる。そして、自招侵害の処理に関連して、昭和六〇年判決は、挑発の存在と防衛意思の存否に言及があったが、本件においては、挑発があったか否かが問題となった時点は、相手方からの急迫不正の侵害がすでに開始され、これが継続している最中であり、正当防衛において自招侵害の処理について議論されている事例とは「おもむきを著しく異にする」ことが明らかとなった。

最後に、第二節第三款の検討から、積極的加害意思の存否を判断する際に対象となる事情と防衛意思の存否を判断する際に対象となる事情との関係について、次の点が確認された。積極的加害意思の存在が存在すれば、「侵害の急迫性」が否定されることになるが、ここでの判断の対象は、不正の侵害を予期したときからその侵害に臨むに至ったときまで、つまり、現に反撃に及ぶ以前(反撃行為の予備ないし準備段階)の事情であり、これらの事情を前提として積極的加害意思の存否を判断するのである。これに対して、「防衛意思」の存否を判断する際の対象は、不正の侵害に対し現に反撃行為に及ぶ時点、つまり、反撃行為の実行時の事情であり、これらの事情を前提として防衛意思の存否を判断するのである。したがって、「侵害の急迫性の存否」を判断する場合に考慮される要素と「防衛意思の存否」を判断する場合に考慮される要素とは、その判断の対象となる時期から区別し得ることとなったのである[130]。

(30) 最判昭二四・八・一八刑集三巻九号一四六五頁。
(31) 川端博『刑法判例演習教室』(平7年。一九九五年)四一頁。
(32) 最判昭四六・一一・一六・前掲注(23)。評釈として、鬼塚賢太郎「判批」『最高裁判所判例解説刑事篇(昭和四六年度)』(昭

47年・一九七二年）二四二頁以下、荘子邦雄「判批」『昭和四七年度重要判例解説』（昭48年・一九七三年）一一一頁以下、臼井滋夫「判批」臼井滋夫＝木村栄作＝鈴木義男『刑法判例研究Ⅲ』（昭50年・一九七五年）九七頁以下、大越義久「判批」『刑法判例百選Ⅰ総論』初版（昭53年・一九七八年）八二頁以下、内田文昭『刑法解釈論集（総論Ⅰ）』（昭57年・一九八二年）二二九頁以下、前田雅英「判批」『刑事判例評釈集』三二＝三三巻（昭62年・一九八七年）四一七頁以下等がある。

(33) 鬼塚・前掲注（32）二五四頁。なお、本判決の前段部分に関して、最高裁は「専ら侵害の時間的切迫性」という「客観的事実だけによって急迫性を判断すべきことを説示した」という評価がなされている（大嶋一泰「判批」『昭和五九年度重要判例解説』（昭60年・一九八五年）一六四頁。さらに、前田雅英『現代社会と実質的犯罪論』（平4年・一九九二年）一五二頁参照）。この点に関して、判決文前段の「急迫性に関する一般的判示を読む限り、本判決は、行為者の主観と全く無関係に急迫性の存否を判断している」と理解することも可能であるが、このような「一般的判示」は、例えば、昭和二四年最高裁判決のように、「以前の最高裁判例にもみられるところであり、本件において、それほど重要な意義はないように思われる」という指摘がある（橋爪・前掲注（2）一四二頁）。

(34) 大越・前掲注（32）八四頁。

(35) 鬼塚・前掲注（32）二五七頁。

(36) 本判決は、さらに事例判断において、「法益に対する侵害を避けるため他にとるべき方法があつたかどうかは、防衛行為としてやむをえないものであるかどうかの問題であり、侵害が『急迫』であるかどうかの問題ではない」としており、注目に値する。この点に関して、内田博士は、「本判決が侵害の回避可能性は防衛行為の必要性・相当性の問題であり、侵害の急迫性の問題ではない、としているのは妥当であろう」とされている（内田・前掲注（32）二三五頁）。

(37) 内田・前掲注（32）二三五頁。

(38) 最決昭五二・七・二一・前掲注（21）。評釈としては、曽根威彦「判批」『判例評論』二三三号（昭53年・一九七八年）四四頁以下、小暮得雄「判批」『昭和五三年度重要判例解説』（昭54年・一九七九年）一五九頁以下、香城・前掲注（19）二三五頁以下、前田雅英「判批」『刑事判例評釈集』三八＝三九巻（昭57年・一九八二年）二八二頁以下、大越義久「判批」『刑法判例百選Ⅰ総論』第二版（昭59年・一九八四年）七二頁以下、西田典之「判批」『刑法判例百選Ⅰ総論』第三版（平3年・一九九一年）五〇頁以下、第四版（平9年・一九九七年）四八頁以下、東條伸一郎「判批」東條伸一郎＝山本和昭編『刑事新判例解説（一）刑法総論』（平4年・一九九二年）一五八頁以下、曽根威彦「判批」『刑法判例百選Ⅰ総論』第五版（平15年・二〇〇三年）四六頁以下、松宮孝明「判批」『刑法判例百選Ⅰ総論』第六版（平20年・二〇〇八年）四八頁以下等がある。
(39) 前田・前掲注（33）一五三頁。
(40) さらに、安廣・前掲注（22）一四六頁には、「（昭和）五二判例が、侵害の急迫性が否定されるのは、単に積極的加害意思が存するのみではなく、侵害の予期と積極的加害意思が共に存在する場合であるとしていることは、その判文からも明瞭といってよい」という指摘がある。
(41) 安廣文夫「正当防衛・過剰防衛に関する最近の判例について」『刑法雑誌』三五巻二号（平8年・一九九六年）八七頁。
(42) 安廣・前掲注（22）一四六頁。さらに、橋爪教授は、積極的加害意思が侵害の予期と全く無関係に生じ得るならば、判例は侵害の予期と積極的加害意思というまったく異質なものを接合することで急迫性を否定したことになるが、「このような虫の良い理論構成には合理的な根拠が欠ける」と批判しておられる（橋爪・前掲注（2）一五一頁）。
(43) 橋爪・前掲注（2）一四六―七頁。
(44) 安廣・前掲注（41）八七頁。
(45) 橋爪・前掲注（2）一四六―七頁。
(46) 最判昭五九・一・三〇刑集三八巻一号一八五頁。評釈として、中野次雄「判批」『判例評論』三〇八号（昭59年・一九八四年）六〇頁以下、松浦繁「判批」『ジュリスト』八一七号（昭59年・一九八四年）五七頁、同「判批」『最高裁判所判例解説刑事篇（昭和五九年度）』（昭63年・一九八八年）三三頁以下、内田文昭「判批」『判例タイムズ』五四五号（昭60年・一九八五年）四三頁以下、大嶋・前掲注（33）一六三頁以下、金澤真理「判批」『法学』五七巻五号（平5年・一九九三年）一六九頁以下等がある。
(47) 松浦・前掲注（46）最判解三八―九頁。
(48) 松浦・前掲注（46）最判解三八頁。
(49) 堀籠＝中山・前掲注（19）三四六頁。なお、判例が侵害の予期のどのような内容を予定しているかについては争いがある、松浦・前掲注（46）最判解四四頁以下、安廣・前掲注（22）一五一―二頁、堀籠＝中山（19）三四七―八頁、橋爪・前掲注（2）一四七―八頁、一五〇―一頁参照。この点に関して、攻撃を受けることについて「具体的な予期まではなかった」ことを理由に、侵害の急迫性を肯定したものとして、東京地判平一〇・一〇・二七判タ一〇一九号二九七頁［二九九頁］がある。すなわち、被告人Aは、Dと対立関係にあって、Dが催涙スプレー、特殊警棒を持っていることを知っており、また、本件直前にも自宅付近で

Dの待ち伏せに遭い、新たにナイフ二本を購入して自ら一本持参していたから、「近い将来にDから催涙スプレー、特殊警棒をも使用した攻撃を受ける可能性を予期していたとは言える《ママ》。しかし、本件当時は、バカラ賭博をして深夜に帰宅しようとしていたのであって、被告人Aの自室に侵入した上での前記の（催涙スプレーを吹きかけ、特殊警棒で殴打する―筆者注）ような攻撃をDから受けるとの具体的な予期まではなかったといえる」。「したがって、被告人Aらの留守中に違法に被告人Aの自室に侵入した上でのDの前記攻撃は、被告人両名に対する急迫不正な侵害に当たる」とした。

(50) なお、安廣・前掲注（22）一四五頁参照。この点に関して、「積極的加害意思という概念」について、「その外延は必ずしも明らかではなく、その存否に関する安定した統一的判断は困難である」とする指摘があるが（橋爪・前掲注（2）一六三頁。さらに、的場＝川本・前掲注（26）一二三頁参照）、この背景には、昭和五二年決定の理由づけの「簡素さ」があるように思われる。

(51) 昭和五二年決定以降の下級審判例の動向については、山本輝之「『喧嘩と正当防衛』をめぐる近時の判例理論」『帝京法学』一六巻二号（昭62年・一九八七年）一五五頁以下、斎藤信治「急迫性（刑法三六条）に関する判例の新展開」『法学新報』一一二巻一＝二号（平17年・二〇〇五年）三八五頁以下、橋爪・前掲注（2）一五四頁以下等がある。

(52) 大阪高判昭五三・六・一四判タ三六九号四三一頁は、「『急迫』とは、法益の侵害が現に存在しているか、または間近かに押迫っていることを意味する」とし、参照判例として、最判昭二四・八・一八・前掲注（30）及び最判昭四六・一一・一六前掲注（23）をあげている。

(53) Vgl. noch Binding, Handbuch des Strafrechts Bd. I, 1885 [Neudruck, 1991], S. 735. 正当防衛権の根拠と正当防衛の客観的要件の関係ついては、拙稿「正当防衛権の根拠と正当防衛の客観的要件の関係の再検討」『刑法雑誌』四七巻二号（平20年・二〇〇八年）［後に拙著『正当防衛権の構造』（平25年・二〇一三年）に収録］七頁以下［引用は後者による］参照。

(54) 川端博『違法性の理論』（平2年・一九九〇年）九〇―四頁、同・前掲注（2）二二一―五頁、拙稿・前掲注（10）五四頁以下。この点に関しては、さらに、橋爪隆「正当防衛論の再構成（二）」『法学協会雑誌』一一六巻四号（平11年・一九九九年）六五一―二頁、同・前掲注（2）二五一―二頁、二五二頁注（137）、拙稿・前掲注（24）一〇三―四頁注（112）参照。一般に、「如何なる視点から事態を把握するかによって、事態に対する評価は異なってくる」が、上記の対立の背景には、事態の把握に際して、「物的不法論の観点から見るか」、それとも、「人的不法論の観点から見るのか」という「視点の違い」が存在している（拙稿・前掲注（24）一〇三―四頁注（112）参照）。

(55)　札幌地判平元・一〇・二判タ七二一号二四九頁。
(56)　京都地判平一二・一・二〇判時一七〇二号一七〇頁。評釈としては、大山弘「判批」『法学セミナー』五四九号（平12年・二〇〇〇年）一〇七頁、渋谷卓司「判批」『研修』六三四号（平13年・二〇〇一年）一三頁以下等がある。
(57)　松宮孝明＝本田稔「刑法」『判例回顧と展望2000』（平13年・二〇〇一年）三八頁は、原判決が私人に「警察に救助を求める義務」を肯定するものとされる。
(58)　拙稿「判批」『現代刑事法』四巻二号（平14年・二〇〇二年）八四—五頁参照。
(59)　侵害を予期し客観的に迎撃態勢を敷き積極的加害意思をもっていた場合、迎撃者は、「客観化された加害意思」を有していたと考えることができ、この加害意思は、客観的な迎撃態勢（むしろ攻撃態勢）によって推測されることが多いと思われるが（川端・前掲注（2）三四一頁参照）、ここでは、上記のように運用する判例の存在を確認できた（この点に関して、安廣判事は、『急迫性の消極的要件としての積極的加害意思』を認定するについても、外部に現われた準備行為、加害行為などの外形的事実関係が重視されるべきである」（安廣・前掲注（22）一五一頁）とし、「判例が積極的加害意思を認め急迫性を否定している事案では、客観的に積極的加害行為がなされたと認定されている」（安廣・前掲注（41）八六頁）と指摘しておられる）。なお、昭和五二年決定の問題点については、川端・前掲注（54）九四頁、同・前掲注（1）二五頁、拙稿・前掲注（24）一〇六頁参照。
(60)　なお、本件は、共同正犯の事例において、共同正犯者毎に、正当防衛の要件の存否を検討している点で、注目に値する（拙稿・前掲注（58）八四頁参照）。
(61)　大阪高判昭五六・一・二〇刑月一三巻一＝二号六頁、判時一〇〇六号一一二頁、判タ四四一号一五二頁。
(62)　香城教授は、「相手の侵害を予期し、自らもその機会に相手に対し加害行為をする意思で侵害に臨み、加害行為に及んだ場合、なぜ相手の侵害に急迫性が失われることになるのであろうか。このような場合、本人の加害行為は、その意思が相手からの侵害の予期に触発されて生じたものである点を除くと、通常の暴行、傷害、殺人などの加害行為とすこしも異なるところはない。そして、本人の加害意思が後から生じたことは、その行為の違法性を失わせる理由となるものではないから、右の加害行為は、違法であるというほかはない。それは、本人と相手が同時に闘争の意思を固めて攻撃を開始したような典型的な喧嘩闘争において双方の攻撃が共に違法であるのと、まったく同様なのである。したがって、前記のような場合に相手の侵害に急迫性を認めえないのは、このようにして、本人の攻撃が違法であって、相手の侵害との関係で特に法的保護を受けるべき立場にはなかったからである、と考えるべきであろう」とし（香城・前掲注（19）二四七—八頁）、本判決は、香城教授の見解を色濃く反映するものとなっているが、これは、同教授が裁判官時代に本判決を下した裁判体の構成員の一人であることに起因するといえる。そして、安廣教授は、昭和五二年決定にいう「(刑法三六条)が侵害の急迫性を要件としている趣旨」に関して、上記のような香城教授の「解釈が最も論理的であり、かつ妥当な結論を導きうるように思われる」と指摘しておられる(安廣・前掲注(22)一四五頁)。

(63)　最判昭二三・六・二二刑集二巻七号六九四頁。

(64)　香城・前掲注(19)二四二―三頁参照。

(65)　さらに、的場＝川本・前掲注(26)一一一―二頁は、「もともと急迫性に関する…判例理論は、喧嘩闘争や私闘と同視すべく、初めから違法というべきものを正当防衛から排除するための理論…である」と指摘する。

(66)　大阪高判平一三・一・三〇判時一七四五号一五〇頁。評釈としては、拙稿・前掲注(58)八二頁以下、橋爪隆「判批」『刑事法ジャーナル』八号(平19年・二〇〇七年)一二六頁以下等がある。その後に下された東京地判平一四・一・一一【文献番号28075343】も参照。なお、本章では、判例が公刊物未搭載の場合にはTKC LEX/DBの【文献番号】を示すこととする。

(67)　確かに、平成一三年判決のいう「侵害が予期されている場合には、予期された侵害に対し、これを避けるために公的救助を求めたり、退避したりすることも十分に可能であるのに、これに臨むのに侵害と同種同等の反撃を相手方に加えて防衛行為に及び、場合によっては防衛の程度を超える実力を行使することも辞さないという意思」を、何の補助線もなしに読むと、昭和五二年決定が示した「侵害の予期を前提とした積極的加害意思」に言及したものと解することには「やや違和感がある」であろう(橋爪・前掲注(66)一二九頁)。しかし、昭和五六年判決と平成一三年判決の類似性及び平成一三年判決が平成一二年京都地裁判決の控訴審である点をあわせて考慮すると、右に示した「意思」は、大阪高裁平成一三年判決が「積極的加害意思」の内容を敷衍したものと解することができる(拙稿・前掲注(58)八五頁参照)。

(68)　平成一三年判決は、共同正犯の事例において、共同正犯者毎に、正当防衛の要件の存否を検討しているが(注(60)参照)、この点に関して、「正面から」認めた最高裁判例としては、最決平四・六・五刑集四六巻四号二四五頁がある。そして、平成四年決定は、共謀共同正犯者が積極的加害を有していた場合には共謀共同正犯者に侵害の急迫性を欠くとしているが、これは第二節第一款第二項第二目の判例を前提にした思考のように思われる。

(69)　福岡高判昭五七・六・三判タ四七七号二一二頁。

(70)　福岡高裁では、積極的加害意思をもって対抗行為を行っているか否かを判断する際に、「被告人XがNの身体の枢要部を狙つて…拳銃を発射した際、これが優に人を殺害するにたる所為であることを考えると、殺意を有していたことは否定でき（ない）」点、被告人Xと、Nに対し殺意を以て斬りつけた被告人Lは、「数名の…配下とともに…拳銃を構えたNと対峙したときに、単なる防衛の意思のみに止らずこの機に乗じ、機先を制して積極的にNを殺害する意思で対抗し、右現場で互いに暗黙のうちに共謀せる事実を肯認するに十分である」点を前提とするのみである。

（71）　第二節第一款第二項第二目の判例の昭和五六年大阪高裁判決は、「本人の対抗行為の違法性は、行為の状況全体によってその有無及び程度が決せられるものであるから、これに関連するものである限り相手の侵害に先立つ状況をも考慮に入れてこれを判断する」とし、平成一三年大阪高裁判決は、「本人の対抗行為の違法性は、行為の状況全体によってその有無及び程度が決せられるものであるから、これに関連するものである限り、相手の侵害に先立つ状況をも考慮に入れてこれを判断する」とする。そして、昭和二三年最高裁判決は、被告人らが喧嘩闘争を「予期して各自仕込杖、日本刀等」を準備していた点を判断対象としている。

（72）　このような福岡高裁の見地は、昭和五二年最高裁決定が「侵害の予見と切り離されたところの積極的加害意図の存在により急迫性が否定され得る」という見解を採用したという前田教授の評価（前田・前掲注（33）一五三頁）の延長線上にあるといえる。

（73）　福岡高判昭五八・四・二七判タ五〇四号一七六頁。

（74）　山口・前掲注（25）六頁。侵害退避義務と正当防衛の成否については、米田泰邦『犯罪と可罰的評価』（昭58年・一九八三年）一一九頁以下、佐藤文哉「正当防衛における退避可能性について」『西原春夫先生古稀祝賀論文集』第一巻（平10年・一九九八年）二三七頁以下、岡本昌子「正当防衛と侵害回避義務」『同志社法学』五七巻六号（平18年・二〇〇六年）四三七頁以下、遠藤邦彦「正当防衛に関する二、三の考察」『小林充先生・佐藤文哉先生古稀祝賀刑事裁判論集』上巻（平18年・二〇〇六年）七七頁以下、佐伯仁志「正当防衛と退避義務」『小林充先生・佐藤文哉先生古稀祝賀刑事裁判論集』上巻（平18年・二〇〇六年）八八頁以下、橋爪・前掲注（2）三〇五頁以下、山口・前掲注（25）二二頁以下等参照。

（75）　奈良地判平一九・三・二七【文献番号】28135176。

（76）　山口・前掲注（25）二七—八頁。

（77）　佐藤・前掲注（74）二三七—八頁。

（78）　佐藤・前掲注（74）二四二—四頁。

(79)　ここで、回避義務が認められない例外の事例としては、「反撃する意思があっても、その機会に相手方を諫めるとか、仲直りするとかの目的がある場合、約束の履行等別の用件がある場合、帰宅途中で待ち伏せされている虞があるが通常の道順で帰宅する場合」があげられている（佐藤・前掲注（74）二四三頁）。

(80)　待機型でも、「何らの負担なく侵害の予期される場所から移動できるときは」、出向型と「同様に扱ってよい」が、「自宅や勤務時間中のオフィス、集会中の会場」等へ侵害が予期される場合、そこに留まることは「生活上の利益を伴うことが多い」とされる（佐藤・前掲注（74）二四三頁）。

(81)　的場＝川本・前掲注（26）一二三頁。橋爪教授は、積極的加害意思の概念の外延が必ずしも明らかではなく、「その存否に関する安定した統一的判断は困難」であり（橋爪・前掲注（2）一六三頁）、「実務的にも必ずしも使い勝手がよい概念ではない」（橋爪・前掲注（66）一二九頁）ので、「下級審判例の中には、最高裁判例の積極的加害意思論に依拠することなく、事実関係を全体的に判断しつつ、侵害の急迫性を否定しているものも存在する」とされ（橋爪・前掲注（2）一六三頁）、その具体例として、大阪高判昭五六・一・二〇・前掲注（61）、大阪高判昭六二・四・一五判時一二五四号一四〇頁及び大阪高判平一三・一・三〇・前掲注（66）を指摘されている（橋爪・前掲注（2）一六三―六頁、同・前掲注（66）一二六頁以下、一二九―三〇頁）。なお、大阪高判昭五六・一・二〇・前掲注（61）及び大阪高判平一三・一・三〇・前掲注（66）の本章での評価については、前記第二節第一款第二項第二目参照。

(82)　昭和五二年決定のいう「趣旨」について、奈良地裁のように解した場合、前述の昭和四六年一一月一六日最高裁判決との整合性が問題となる。昭和五二年決定は、昭和四六年判決を「深化」させたものだからである。昭和四六年判決は「被告人が脱出できる状況にあつたとか、近くの者に救いを求めることもできたとの部分は、いずれも首肯しがたいが、かりにそのような事実関係であつたとしても、法益に対する侵害を避けるため他にとるべき方法があつたかどうかは、防衛行為としてやむをえないものであるかどうかの問題であり、侵害が『急迫』であるかどうかの問題ではない」としており（さらに、後述する最判昭五〇・一一・二八刑集二九巻一〇号九八三頁においても、「E方付近は人家の密集したところであり、時刻もさほど遅くはなかつたから、被告人は、Aに対するBらの行動を見て、大声で騒いだり、近隣の家に飛び込んで救助を求めたり、警察に急報するなど、他に手段、方法をとることができたのであり、とりわけ、帰宅の際は警察に連絡することも容易であつたのに、これらの措置に出ることなく銃を自宅から持ち出している」点に関して「被告人に攻撃の意思があつたか否か、又は被告人の行為が已むことを得ないものといえるか否か、に関連するにとどまる」としている）、この点に関して、最高裁は、「行為者の侵害回避義務を、侵害の急迫性の存否を判断する上で関わりのない要素と捉えている」と評価することができる。それゆえ、行為者の侵害回避義務を侵害の急迫性の存否を判断する要素としている奈良地裁の判決は、昭和四六年判決と抵触し得ることになるのである（これに対して、栃木・前掲注（26）五七頁注（1）は、「回避可能性を急迫性判断の資料として考慮しても」昭和四六年判決とは「抵触するものではない」とする）。

(83)　これに対して、ドイツでは、現行刑法が成立した一八七一年以降において、当初帝国裁判所は、防衛意思不要説を採っていたとされている（RGRspr. 4 (1882), 804. Vgl. Spendel, Gegen den „Verteidigungswillen“ als Notwehrerfordernis, Festschrift für Paul Bockelmann, 1979, S. 247 f.）。ドイツの防衛意思に関する判例の動向については、拙稿「防衛意思の内容について」『法律論叢』七三巻六号（平13年・二〇〇一年）［後に同『正当防衛権の構造』（平25年・二〇一三年）に収録］二四九頁以下［引用は後者による］において検討を加えた。さらに、佐久間修『刑法における事実の錯誤』（昭62年・一九八七年）三九九頁、振津隆行『刑事不法論の研究』（平8年・一九九六年）一九八頁以下参照。

(84)　大判昭一一・一二・七刑集一五巻一五六一頁。

(85)　香川達夫『刑法解釈学の諸問題』（昭56年・一九八一年）一一四頁、同「防衛意思は必要か」『団藤重光博士古稀祝賀論文集』第一巻（昭58年・一九八三年）二七九頁、二八〇―一頁注（2）、吉田敏雄「防衛意思について」『刑事法学の課題と展望　香川達夫博士古稀祝賀』（平8年・一九九六年）一八一頁等。

(86)　平野龍一『犯罪論の諸問題（上）総論』初版（昭56年・一九八一年）復刊版（平12年・二〇〇〇年）五九頁。

(87)　内藤謙『刑法講義総論（中）』（昭61年・一九八六年）三四二頁、川端・前掲注（1）三〇頁。

(88)　福田平「『正当防衛』における防衛の意思」『法学教室』六七号（昭61年・一九八六年）一〇九頁。

(89)　橋爪教授は、本判決について、「本件事実関係においては、被告人が憤激していたこと以外にも、正当防衛の成立を否定すべき事情が認められる」と指摘しておられる（橋爪・前掲注（2）一三二頁）。

(90)　最決昭三三・二・二四刑集一二巻二号二九七頁。本決定は、職権で次のように説示した。すなわち、本件では、「被告人が容易に逃避可能であつたこと、成人した被告人の子供達が一室を隔てたところにいたのにこれに救援を求めようとしなかつたこと、被害者は泥酔していたこと、他方被害者と被告人とはかねて感情的に対立していた諸事情からすれば、被告人の本件所為は被害者の急迫不正の侵害に対する自己の権利防衛のためにしたものではなく、むしろ右暴行により日頃の忿懣を爆発させ憤激の余り咄嗟に右被害者を殺害せんことを決意してなしたものであり、その措置も已むことを得ざるに出でたものとは認められない」から、「被告人の本件所為が右認定の如く急迫不正の侵害に対し権利防衛に出でたものでない以上、正当防衛乃至過剰防衛の観念を容れる余地はないものと解すべきである」。したがって、「正当防衛行為ではなく、又防衛の程度を超えた過剰防衛行為でもない旨を判示した第一審の判断を肯認した」「原判決の右判断は相当である」とした。なお、橋爪・前掲注（2）一四一頁は、本件の事実関係を仔細に検討すると、「最高裁も大審院の類似の判例同様、防衛行為者が憤激したことだけを理由として、正当防衛の成立を否定したわけではない」とする。

(91)　最判昭四六・一一・一六・前掲注（23）。

(92)　川端・前掲注（31）四七頁。

(93)　西田典之「判批」『刑事判例評釈集』四六＝四七巻（平10年・一九九八年）三一九頁。

(94)　最高裁は、原判決が示した「あたかも最初は被告人に防衛の意思があつたが、逆上の結果それが次第に報復の意思にとつてかわり、最終的には防衛の意思が全く消滅していたかのような判示」について、「被告人がGから殴打され逆上して反撃に転じたからといつて、ただちに防衛の意思を欠くものとはいえないのみならず、本件は、被告人がGから殴られ、追われ、隣室の広間に入り、西側障子のところで同人を突き刺すまで、一分にもみたないほどの突発的なことがらであつたことが記録上うかがわれるから、原判決の判示するような経過で被告人の防衛の意思が消滅したと認定することは、いちじるしく合理性を欠き、重大な事実誤認のあることの顕著な疑いがあるものといわなければならない」としているが、これは、一般論の射程を示している点でも注目される。

(95)　「かねて」とは、「前もって。あらかじめ。前々から。」の意味を有する副詞であるが（新村出編『広辞苑』第六版（平20年・二〇〇八年）五六八頁）、問題となっているのは侵害を受けた後の場面であるから、「かねてから」は、「当初」被告人がどのような心理状態であったのかに焦点を絞って解釈すべきである。

(96)　中森教授は、「昭和五〇年判決の事案は、緊急救助から出発して、それがさらに変化したものであるが、ここでは重要な相違ではない」と指摘しておられる（中森喜彦「判批」『判例評論』三二九号（昭61年・一九八六年）六七頁）。

(97)　最判昭五〇・一一・二八刑集二九巻一〇号九八三頁。評釈としては、野村稔「判批」『判例タイムズ』三三四号（昭51年・一九七六年）九四頁以下、西原春夫「判批」『昭和五一年度重要判例解説』（昭52年・一九七七年）一四七頁以下、曽根威彦「判批」『刑法判例百選Ⅰ総論』初版（昭53年・一九七八年）八六頁以下、第二版（昭59年・一九八四年）七六頁以下、香城敏麿「判批」『最高裁判所判例解説刑事編（昭和五〇年度）』（昭54年・一九七九年）二八一頁以下、林美月子「判批」『刑事判例評釈集』三六＝三七巻（昭61年・一九八六年）二七二頁以下、山本輝之「判批」『刑法判例百選Ⅰ総論』第三版（平3年・一九九一年）五二頁以下、第四版（平9年・一九九七年）五〇頁以下、山本和昭「判批」東條伸一郎＝山本和昭編『刑事新判例解説（一）刑法総論』（平4年・一九九二年）一五一頁以下、橋爪隆「判批」『刑法判例百選Ⅰ総論』第五版（平15年・二〇〇三年）四八頁以下、安田拓人「判批」『刑法判例百選Ⅰ総論』第六版（平20年・二〇〇八年）五〇頁以下等がある。

(98)　川端・前掲注（31）四七頁。

(99)　最判昭五〇・一一・二八・前掲注（97）が下された後、福岡高判昭五七・六・三判タ四七七号二一二頁は、昭和五〇年判決を引用しながら、防衛意思に関して次のように判示している。すなわち、まず、福岡高裁は、原判決である福岡地判昭五六・一〇・一六判タ四七七号二一五頁が防衛意思の存否について「本件を全体的にみるときは、右はいわゆる喧嘩闘争の一場面で、専ら自己又は他人の生命、身体を防衛する意思をもつてなされたものとは認め難い」と判示していると指摘した上で、原判決の解釈は、「正当防衛における防衛意思を専ら防衛の意図のみで行つた場合に限定する見解を前提としていることが認められる」とする。そして、福岡高裁は、昭和五〇年最高裁判決を参照しつつ、防衛意思に関して「防衛の意思と攻撃の意思とが併存する行為においても、正当防衛の要件たる防衛意思を欠くものではないと解すべきであつて、防衛の意思を原判示のように限定して解するのは相当ではない」とし、原判決である福岡地裁判決は、刑法三六条の解釈を誤ったものであると評価している。

(100)　山本・前掲注（97）一五七頁。なお、野村教授は、本判決を「防衛の意思と攻撃の意思との優劣を判断」する判例として理解されている（野村・前掲注（97）九九頁）。

(101)　西田・前掲注（93）三二〇頁。

(102)　事例判断に関連して、安田・前掲注（97）五一頁は、「本判決では…急迫不正の侵害の存在が微妙であり、しかも、そのような侵害に対し殺意をもって散弾銃を腰に構えて発砲し重傷を負わせ、また、その銃がT（本章では「B」）に対する攻撃のために準備されたものであったいう事案につき防衛の意思が肯定されており、やや異例のものと言えよう」とされる。

(103)　最判昭六〇・九・一二刑集三九巻六号二七五頁。評釈としては、中森・前掲注（96）六四頁以下、大谷實「判批」『法学セミナー』三七七号（昭61年・一九八六年）一一三頁、福田・前掲注（88）一〇九頁、安廣文夫「判批」『ジュリスト』八五六号（昭61年・一九八六年）七八頁以下、同・前掲注（22）一三二頁以下、西田・前掲注（93）三一六頁以下等がある。

(104)　安廣・前掲注（22）一四二頁。

(105) 中森・前掲注(96)六七頁。なお、中森教授から、「昭和五〇年判決の事案は、緊急救助から出発して、それがさらに変化したものであるが、ここでは重要な相違ではない」との指摘があることについては、前述の通りである。
(106) 中森・前掲注(96)六七頁。
(107) 西田・前掲注(93)三二一頁。
(108) 中森・前掲注(96)六七頁。
(109) 西田・前掲注(93)三二一頁。
(110) 中森・前掲注(96)六七頁、西田・前掲注(93)三二一頁。
(111) 中森・前掲注(96)六七頁。ただし、この萌芽は、昭和四六年判決及び昭和五〇年判決にも見られる。
(112) 安廣教授は、原判決が用いた「機先を制して」攻撃しようという気持ちから被告人が本件行為に及んだと判示している点について、次のように批判しておられる。すなわち、本件のような「相手方からの激しい一方的な攻撃が先行し、それが継続している最中に反撃した」場合にこの用語を用いることは「ふさわしくない」とし、その根拠として「攻撃防衛の手段による正当防衛の場合には、本人が重大あるいは致命的な被害を受ける前に反撃行為をする意思は、必ずあるといってよいであろうから、防衛に成功した場合には常に『機先を制した』こととなってしまい、議論が混乱してしまう」点をあげておられる（安廣・前掲注(22)一五五―六頁）。
(113) 西田・前掲注(93)三二四頁。
(114) なお、ドイツでは「意図的挑発の存在を明確に認定した事案は見あたらないが、その後の連邦通常裁判所の判例は、意図的挑発の場合には防衛行為者は防衛意思を仮装しているにすぎず、正当防衛が成立しないという一般論を繰り返し判示している」という指摘がある（橋爪・前掲注(2)一九二頁注(163)）。
(115) 安廣・前掲注(22)一五五頁。
(116) 香城教授は、判例が急迫不正の侵害が加えられているという状況を認識しつつもこれとは無関係に行動をした場合、特にその機会を利用して専ら攻撃をする意思で行為に出た場合には、防衛の意思は認められない」とする見解（侵害排除意思説）に立っていると指摘される（香城敏麿「正当防衛における防衛の意思」小林充＝香城敏麿編『刑事事実認定（上）』（平４年・一九九二年）三〇一―四頁）。
(117) 橋爪・前掲注(2)一七一頁。

(118)　安田・前掲注（97）五一頁。
(119)　橋爪・前掲注（2）一七四頁。なお、橋爪教授は、下級審判例において防衛意思が否定された類型を三つに分類されている（橋爪・前掲注（2）一七四―七頁）。
(120)　前田・前掲注（33）一四二頁。
(121)　大阪高判昭五三・三・八判タ三六九号四四〇頁。
(122)　安廣・前掲注（41）八六頁。
(123)　安廣・前掲注（22）一四二頁、一五〇頁。
(124)　安廣・前掲注（22）一四二頁、同・前掲注（41）八五頁。
(125)　安廣・前掲注（22）一四二頁、同・前掲注（41）八五頁。
(126)　この判例に関して、詳細は拙稿・前掲注（24）七六頁以下参照。
(127)　井田良「正当防衛」川端博＝西田典之＝原田國男＝三浦守編『裁判例コンメンタール刑法』第一巻（平18年・二〇〇六年）二五八頁等参照。
(128)　このような解釈を補強するものとして、橋爪教授は、次の最高裁の文言に注目される。最高裁が防衛意思の欠ける場合について「積極的に攻撃を加える行為」（昭和五〇年判決）、「専ら攻撃の意思」（昭和六〇年判決）と判示する一方で、侵害の急迫性を否定した昭和五二年決定は、「積極的に相手に対して加害行為をする意思」としており、「共通の表現を用いることを慎重に避けている点」が「侵害の急迫性の存否」を判断する場合に考慮される要素と「防衛意思の存否」を判断する場合に考慮される要素とは、その判断の対象となる時期から区別し得ると考える見解の「補強証拠となりうる」とされるのである（橋爪・前掲注（2）一五四頁）。
(129)　さらに、積極的加害意思論を採る判例理論を前提に、回避義務が肯定される行為者に対して侵害の急迫性を否定する奈良地裁の見解は、昭和四六年最高裁判決と抵触する可能性がある点については、前掲注（82）において指摘した。
(130)　第二節第一款第二項第三目の判例において、積極的加害意思をもって対抗行為を行っているか否かを判断する際に対象となる事実関係は、「犯行現場における事実関係である」が、本文で示した分析が正しいとすると、第二節第一款第二項第三目の判例は、昭和五二年決定を含めた判例理論と抵触し得ることとなる。

第三節　最決昭和五二年七月二一日刑集三一巻四号七四七頁以降において「自招侵害」を処理した下級審判例の動向

第一款　侵害の自招性を「正当防衛の客観的要件を否定する要素」として検討する判例

第一項　侵害の自招性を「侵害の急迫性を否定する要素」として検討する判例

第二節第一款第一項において検討した結果、最高裁は、当然又はほとんど確実に侵害が予期されたとしても、そのことから直ちに侵害の急迫性が失われるわけではないが、単に予期された侵害を避けなかったというにとどまらず、その機会を利用し積極的に相手に対して加害行為をする意思で侵害に臨んだ場合、もはや侵害の急迫性の要件は充たされないとしつつ、積極的加害意思を判断する前提として侵害の予期を判断する必要があり、侵害の予期があるときにはじめて積極的加害意思の問題が生じることが明らかとなった。[131] そして、意図的挑発の場合には、「実務的には、相手方による侵害に臨むに当たりその予期と積極的加害意思ありと認められ、急迫性が否定されること」になるから、[132] その意味で、「判例の枠組みで処理できる」[133] とされている。[134] そこで、以下では、まず、侵害の自招性を、上記の「最高裁の判断枠組み」との関連において「侵害の急迫性の存否」を検討する判例を考察する。

第一目　侵害の自招性を「最高裁の判断枠組み」との関連において「侵害の急迫性の存否」を検討する判例

侵害の自招性を「最高裁の判断枠組み」との関連において「侵害の急迫性の存否」を検討する判例として、昭和六〇年六月二〇日東京高裁判決がある。[135] 東京高裁は、被告人側からの主張を次のように整理する。すなわち、「各所論は、要するに、被告人は、昭和五九年八月三一日午後六時ころ、本件事件現場を通りかかつたところ、Lが側の五〇歳くらいの老人に因縁をつけていじめていたので、Lを止めようとしたところ、『お前は関係ない、あっちへいけ。』と言って、被告人の膝を数回蹴り上げたので、Lの胸ぐらを掴んだところ、Lも同時に被告人の胸ぐらを掴みながら立ち上がり、被告人の横腹を膝で二、三回蹴り上げたので、やむなく手拳でLの顔面を一回殴りつけたところ、Lが前かがみになり、次いでガラスびんを右手に持つて殴りかかり、被告人の頭頂部及び前額部を殴打し（その結果被告人は全治二週間を要する頭頂部挫傷、頭部挫創等の傷害を負つた。）、ガラスびんが割れたので、身の危険を感じた被告人はLを足をかけて投げ飛ばしたが、Lが投げられても割れたガラスびんをはなさずに立ち上つて再び攻撃してくるようであつたので、被告人は手拳で数回Lを殴りつけたところLは倒れ、それでもなお割れたガラスびんをはなさなかつたので、再び攻撃を受けないように被告人は数回Lを蹴とばしたのである、右の如く攻撃はすべてLからなされており、被告人はむしろこの攻撃を止めさせるため、また自己の生命、身体を守るために反撃したものであり、仮りに喧嘩であつても、喧嘩闘争においても正当防衛が成立する余地があり、当該行為が法律秩序に反するものかどうかによつて判断されるべきであるところ、被告人は、Lの攻撃よりも常に程度態様において低い反撃しかしておらず、被告人の行為が法律秩序に反するとはいえないから、いずれにしても、被告人の本件行為は、正当防衛ないし過剰防衛にあたるか、仮りに、被告人がLを投げとばし、倒れたLにもはや攻撃の意思がなかつたとしても、被告人はLがガラスびんを持つて再び攻撃してくると誤信したのであるから、誤想防衛にあたる、したがつて、正当防衛若しくは過剰防衛又は誤想防衛の事実を認定しなかつた原判決には、判決に影響を及ぼすことが明らかな事実誤認がある、というのである」とした。

これを踏まえて証拠に基づき事実を認定した上で、次のような事例判断を行った。「被告人に対する最初のLの暴行は、座つたままの姿勢で被告人の膝を一回足蹴りしたというもので、しかも被告人が弱いものいじめをするなとLに干渉したところ、Lが被告人に対し関係ないから向へ行くように言つたことに端を発したものであつて、その原因や態様に照らせば、Lの右暴行はその限りのもので、それ以上に発展する恐れはなかつたものと認められる。しかるに、被告人が憤激して、『てめえやるのか。』と言いながら、座つているLの胸ぐらを掴んで引き立たせ、Lに喧嘩を挑んだため、Lはこれに誘発されて被告人の腹部を膝蹴りする暴行に及び、被告人もこれに対して手拳でLの顔面を殴打し、Lがガラスびんで被告人の右前額部を殴打するや、被告人がLをコンクリート床面に投げ倒し、以後一方的に同人に対し殴打、足蹴りなどの執拗な攻撃を加えたものであるが、本件の一連の経過に照らすと、被告人は、『てめえやるか。』と言つて座つているLの胸ぐらを掴んで同人を引き立たせた際、Lがこれに挑発されて攻撃してくるであろうことを予期し、その機会を利用して、被告人自身も積極的にLに対して加害する意思で本件行為に及んだものであると認められるから、本件は、正当防衛における侵害の急迫性に欠けるというべきである。したがつて、被告人の本件行為は正当防衛に該当しないことはもちろんのこと過剰防衛にも該当しない」とする。そして、「被告人がLを投げとばし、倒れたLにもはや攻撃の意思がなかつたと仮定しても、被告人はLがガラスびんを持つて再び攻撃してくると誤信していた」という主張について、東京高裁は、これを否定し、さらに「本件が喧嘩であつても、喧嘩闘争においても正当防衛が成立する余地があり、当該行為が法律秩序に反するものであるかどうかによつて判断されるべきである」という主張に対しては、「闘争行為全般からみても、被告人の行為は、明らかに法秩序に反し、防衛行為として許容する余地はない」とした上で、「本件について、正当防衛若しくは過剰防衛又は誤想防衛を認めなかつた原判決に所論の事実誤認はない。論旨は理由がない」とした。

本件は、「最高裁昭和52年決定に依拠して、侵害の確実な予期と積極的加害意思を根拠に侵害の急迫性を否定している」と評価されているが[136]、昭和五二年決定を含む最高裁の判断枠組みでは、積極的加害意思の存否を判断する際に対象となる事情は、「不正の侵害を予期したときからその侵害に臨むに至ったときまで、つまり、現に反撃に及ぶ以前（反撃行為の予備ないし準備段階）の事情」であり、これらの事情を前提として積極的加害意思の存否を判断するのであることが、第二節第三款における検討の結果、明らかとなった。[137] そして、このような「侵害に先行する事情として最も典型的なものが被侵害者（ないし防衛行為者）による挑発行為である」という指摘があるが、[138] 本件は、「被告人が憤激して、『てめえやるのか。』と言いながら、座っているLの胸ぐらを摑んで引き立たせ、Lに喧嘩を挑んだため、Lはこれに誘発されて被告人の腹部を膝蹴りする暴行に及」んだ挑発が存在する事例であり、このような事実関係を前提として、東京高裁は、「Lがこれに挑発されて攻撃してくるであろうことを予期し、その機会を利用して、被告人自身も積極的にLに対して加害する意思で本件行為に及んだものであると認められる」としている。これは、「相手の反撃を予期しつつ、その際に積極的加害意思をもって相手を挑発するような場合」には、「ことさら挑発行為を問題としなくとも、積極的加害意思を理由に侵害の急迫性が否定される」ことを示しているといえる。[139] つまり、東京高裁は、被告人が挑発したことを前提として、これに「挑発され」たLが「攻撃してくること」を、被告人は「予期」しているとするから、被告人の挑発を、侵害の予期の存否の判断の中で検討していることになるのである。

また、必ずしも、侵害の急迫性の存否を問題としたわけではないが、挑発と侵害の予期の関係について示した判例として、昭和六〇年五月一五日東京高裁判決がある。[140] 本件では、「正当防衛等に関する主張は原審においてはなされておらず、当審においてはじめて主張されている」が、この点に関して、東京高裁は、次のような事実認定を行う。「飲酒して帰宅した被告人と被害者は、被告人が奥六畳間に、被害者が表四畳半の間にいずれも畳の上にごろ寝したが、午前一時五〇分ころ、被害者がふと目を覚すと、何を言っているのかよくわからなかったが、被害者がぶつぶつ言っているのがうるさくて寝つかれなくなり、同人に対し『うるさいな。』と怒鳴ったところ、被害者が起き上がり、『お前の方がよっぽどうるさいじゃないか。』と怒鳴り返しながら被告人が寝ている六畳間に入って来たので、被告人も立ち上がり向い合ったとたん、いきなり同人が右手拳で被告人の顔面を二、三回強打し、そのため被告人の義歯が二本はずれて口外に飛び出し口腔内に負傷するとともに、左眼下部に腫れがひくまでに約二週間を要した打撲挫傷の傷害を受け、背後の襖が開かれていた押入に殴り倒されたこと、被害者はなおも被告人の前に立ち塞がり殴りかかってこようとしたので、被告人は、激昂し、立ち上がってとっさに押入の中段の棚に置いてあった千枚通しを右手に持って構えたが、被害者はひるむことなくつかみかかって来たので、右千枚通しで同人の左胸部を突き刺し、更に、同人がこれを取りあげようとしたので、取られては逆に刺されると考え、続けて何回も同人の身体を突き刺し原判示のとおりの傷害を負わせたところ、被害者が逃げ出したことが認められる」とする。

このような事実関係を前提として、東京高裁は、次のような事例判断を行った。すなわち、「被告人が被害者に『うるさいな。』と怒鳴った行為は、その性質上被害者から暴行が加えられることを予想し同人の攻撃を挑発したものとは解されず、寝ていた被害者が起き上がり暴行に及ぶとは被告人としては全く予期していなかったことと考えられ、正当防衛の成立を妨げるものとは考えられない」とし、防衛意思を肯定した上で、防衛行為の相当性が欠けるものとした。それゆえ「被告人の本件行為は過剰防衛行為と認められ」、この点を看過した原判決を破棄した。

本判決は、事例判断において、「被告人が被害者に『うるさいな。』と怒鳴った行為は、その性質上被害者から暴行が加えられることを予想し同人の攻撃を挑発したものとは解されず、寝ていた被害者が起き上がり暴行に及ぶとは被告人としては全く予期していなかったことと考えられ、正当防衛の成立を妨げるものとは考えられない」としており、必ずしも、挑発と侵害の急迫性の存否を関連づけているわけではない。しかし、被告人が「被害者に『うるさいな。』と怒鳴った行為」から「被害者から暴行」のあることを予想する経緯が原因と結果の関係にあるかによって正当防衛の存否を判断しているので、前述の昭和六〇年六月二〇日東京高裁判決との類似性が認められる。すなわち、昭和六〇年六月二〇日東京高裁判決は、「被告人は、『てめえやるか。』と言つて座つているＬの胸ぐらを摑んで同人を引き立たせた際、Ｌがこれに挑発されて攻撃してくるであろうことを予期し、その機会を利用して、被告人自身も積極的にLに対して加害する意思で本件行為に及んだものであると認められるから、本件は、正当防衛における侵害の急迫性に欠けるというべきである」とし、挑発と侵害の予期とを、原因と結果の関係にあると位置づけていたからである。

ただし、昭和六〇年六月二〇日判決は、挑発と侵害の予期とを、原因と結果の関係にあることを前提として、積極的加害意思の存否を判断していたが、本判決では、積極的加害意思の存否を判断することなく、正当防衛の成否を検討しているので、この点に関して、両者には差異がある。それゆえ、本判決は、最高裁の判断枠組みと関連づけていないようにもみえる。しかし、最高裁の立場によれば、積極的加害意思の判断をする前提として侵害の予期を判断する必要があり、侵害の予期があるときにはじめて積極的加害意思の問題が生じることになり(141)、逆に、侵害の予期がない場合には、積極的加害意思も問題は生じないのであるが、本件の「被告人が被害者に『うるさいな。』と怒鳴った行為」は、挑発とは解されず、「寝ていた被害者が起き上がり暴行に及ぶとは被告人としては全く予期していなかった」ので、昭和六〇年五月一五日東京高裁判決は、侵害の予期がなかったため、そもそも正当防衛を否定する要素としての積極的加害意思を検討するまでもなく、被告人の行為が「正当防衛の成立を妨げるものとは考えられない」と解している、というように評価できる。したがって、本判決は、積極的加害意思を判断する前提としての「侵害の予期」と挑発との関係を検討することによって正当防衛の成否を判断しているという意味で、最高裁の判断枠組みと関連づけていると解し得るのである(142)。

その後、被告人の挑発によって相手方から一定の侵害の予期は認められるが被告人の予期を超えた侵害があった事例において判断を下した判例として、平成七年三月三一日大阪高裁判決がある(143)。本件の控訴趣意では、「被告人には傷害の故意がなかったばかりか、本件では正当防衛が成立し、また、他の行為に出る期待可能性がなかったのに、原判決が傷害の故意を認めた上、正当防衛も過剰防衛も否定し、さらに、期待可能性がないとはいえないとしたのは、判決に影響を及ぼすことが明らかな事実を誤認したものである」と主張されている。

これに対して、大阪高裁は、まず、事実関係について次のように認定する。

「被告人は、本件当夜、中学の後輩又は同級生のA、B、C及びDと飲酒した後、飲んだ店のあるTビル前で、ア、イの本件各被害者のほか、ウ、エ、オ及びカのグループと行き合い、同人らが行き過ぎた後、後方から『こらガキ。ええかっこしやがって。くそガキ』などと罵声を浴びせた。アらは、いったんはそのまま北に進んだが、一部の者が『あいつら腹立つな』などと立腹し、これに他の者も同調して六名全員が引き返してきた」。「最初に、ウと前記ビル前路上にいたAが胸倉を摑み合っての喧嘩になり、ウがAの胸倉を摑んだまま道路東側の駐車場の中に押して行き、Aの顔面等を殴りつけ、同人を駐車場の奥まで追い詰めた。Aは、手に触れた植木鉢をウに投げつけると、これがウの顔に当たって同人は負傷した。その後駐車場の中に入ってきたイ、エ、オらは、ウがやられたなどと憤激し、Aに殴る、蹴るの暴行を加え、更に、『連れ出せ』などと叫びながら、Aを駐車場入り口付近の広い所に引き出し、カ、ウも加わって、無抵抗となったAを殴る、蹴るの袋叩きにした。このような一連の暴行により、Aは、顔面打撲、右眼部打撲、頭部打撲、頚部捻挫等の加療約一〇日間を要する傷害及び鼻骨骨折等の加療約三週間を要する傷害を負った」。「右の間被告人は、『すいません、止めてください』などと言って、揉み合っているウとAの間に手を入れたり、ウの後からその腰辺りを摑んだりして、二人を引き離そうとしたが、そうするうち、後からイら数人が近づき、イが『こいつらか』と言って、振り向いた被告人の顔面を手拳で殴った。被告人は、このときようやく自分の罵声が原因でイらが仕返しに来たものと分かり、イを駐車場出入口の方へ押し返しながら、『すいません。止めて下さい』と言って謝ったが、イは、被告人の首の付け根や背中の辺りを殴り、更に、謝り続ける被告人に『のけ、こら』と怒鳴り、首の付け根や左膝を殴ったり、蹴ったりした。被告人は、何とか謝って喧嘩を収めようとしたが、相手方の攻撃が止まないので、このままでは埒があかないなどと思い、駐車場から道路に出ると、そこにいたアが、『お前もか』と言って、被告人の口元を手拳で殴りつけ、『すいませんでした。許して下さい。勘弁して下さい』と謝る被告人に対し、一方的に、後頭部から首の辺り、太股、膝などを連続的に回し蹴りで蹴ったが、被告人が無抵抗であったので、それ以上の攻撃はしなかった」。そこへ、Cは頭から血を流しながら、被告人に「甲、頭をやられた」、「このままだとAが殺されてしまう」などと言った。そこで、被告人は、空のビール中瓶二本を取り出し、両手に一本ずつ瓶の口の方を握り、道路中央付近で瓶の底を叩きつけて割り、Aがいると思われる北の駐車場に向かって、「われ、こら」と怒鳴りながら小走りに走って行った。被告人は、駐車場に至る途中、アが、ボクシングスタイルで身構えながら、近づいてきたので、ビール瓶を持った右手を大きく右斜め上に振りかぶって、同人の顔付近に向けて振り下ろし、瓶の先を同人の左顔面に当てて傷害を負わせたため、同人は逃げた。次に、被告人は、近くにきたウに対し、ビール瓶を振り下ろして左顔面を傷つけ、同人も逃げた。さらに、被告人は、アが負傷したのを見て近づいてきたイに対し、左手のビール瓶を同人の首付近に向けてほぼ水平に振り回し、瓶の先をイの首の右側に突き刺し、イは、近くに駐車中の軽四自動車にもたれかかるようにして路上に倒れ、失血死した。その後、被告人は、イをそのままにして、ビール瓶を路上に叩きつけて細かく割ったが、仲間のことを思い出して、後の駐車場の入り口辺りにいたA、C、Bらに声を掛け、同人らと共に現場を離れた。

次に、このような事実関係を前提として、大阪高裁は、傷害の故意を肯定した後に、「正当防衛ないし過剰防衛の成否について判断する」が、侵害の急迫性の存否については、「Aは、引き返してきたウ、イ、エ、オ、カらから、駐車場内で殴る、蹴るなどの激しい暴行を受けたものであり、これは急迫不正の侵害に当たる。原判決も説示するように、本件の発端は、被告人が挑発的な罵声を発したことにあるが、その後の経緯、特に右のウら相手方の暴行がAや被告人らの予期、予測を遥かに超える激しいものであったことなどを考えると、Aに対する急迫不正の侵害があったと認めることができる」とした。そして、防衛意思の存否及び防衛行為の相当性について検討し、「ア、イに対する本件行為は、急迫不正の侵害に対し、Ａの権利を防衛するためのものであるが、いわゆる相当性を欠くため、正当防衛は成立しないが、過剰防衛は成立するものと認められる」と結論づけ、原判決を破棄した上で、自判した。

本判決は、事例判断において、「本件の発端は、被告人が挑発的な罵声を発したことにあるが、その後の経緯、特に右のウら相手方の暴行がＡや被告人らの予期、予測を遥かに超える激しいものであったことなどを考えると、Ａに対する急迫不正の侵害があったと認めることができる」とする。侵害の急迫性に関する最高裁の立場に従うと、積極的加害意思の判断をする前提として侵害の予期を判断する必要があり、侵害の予期がある場合にはじめて積極的加害意思の問題が生じるが、本判決は、「ウら相手方の暴行がＡや被告人らの予期、予測を遥かに超える激しいものであった」点を考慮して、「Ａに対する急迫不正の侵害があったと認めることができる」とするから、「最高裁の判断枠組みを前提として」判断を下しており[144]、「最高裁判例の趣旨に沿うもの」という評価が可能となる[145]。ここでの「予期、予測を遥かに超える」とは、侵害の予期ができないことを意味すると解し得るからである。そして、本判決では、「本件の発端は、被告人が挑発的な罵声を発したことにある」と指摘されているが、上記の理解を前提とすると、このような「挑発的な罵声」があったとしても、その後の経緯を踏まえると、侵害の急迫性を否定する際に必要となる「侵害の予期」を欠く（あるいは、欠くに至る）と判断していることになる。

その後、地裁レベルであるが、上記の判例とは異なる傾向を示す判例がある。例えば、昭和六一年六月一〇日浦和地裁判決がある[146]。本件の公訴事実は、「被告人は、昭和六〇年九月一七日午前七時四五分ころ、甲県乙市《番地略》Ａ（当時四二年）方前庭において、同人に対し、被告人の通行の妨害になるような状態で自転車を駐車していたことから同人と口論となり、同人の顔面を手拳で数回殴打する暴行を加えて同人に硬膜下血腫の傷害を負わせ、よって、同月一八日ころ、同人方において、右硬膜下血腫に基づく脳圧迫により死亡するに至らせたものである」とされるが、浦和地裁は、公訴事実記載の事実の存在を肯定した上で、被告人には正当防衛が成立する、少なくとも過剰防衛が成立する旨の弁護人からの主張の当否を検討する。そして、この主張の当否を判断するために必要となる事実関係について、次のように認定した。すなわち、「被告人と本件被害者Aとは二軒長屋に隣り合せで居住し、会えば挨拶する程度の仲であったが、被告人は、当時四八歳で、平素から飲酒闘争を好まず、比較的温厚な人柄であり、しかも、火傷による両肩・肘関節の機能障害をもつ身障者（身体障害者等級表による級別では、三級と認定されている。）であり、一方Aは、当時四二歳で、それまで鳶や土工等の職に携わっていたもので、生来の気性の荒さに加えて、一旦飲酒すると、いわゆる酒癖が悪く、悪態をついたり、人にからむ性向があり、左右上肢に入れ墨をしていたこともあつて、被告人はもとより、近隣の者からも疎まれ、怖がられていた。その上、被告人の女友達がA方の敷地を通って被告人方に出入りするようになってからは、これを快からず思い、それまで公道に出るために互いの敷地を自由に通行していたにもかかわらず、敷地境界付近に自転車をおき、被告人らの通行を妨げるなどして嫌がらせをすることが度重なり、被告人は、少なからずAに対して不快の念をいだいていたが、同人の粗暴な性格を恐れ、何も言い出せずにいた」。「被告人は、昭和六〇年九月一七日午前七時四五分ころ、自転車で勤めに出ようとした際、折から被告人方出入口前の市道が舗装及び側溝設置工事のため通行できなかつたため、やむなくA方出入口を利用すべく同人方庭を通行しようとしたところ、敷地境界付近にあたかも被告人の通行を妨害するかのように二台の自転車が置かれていたので、これを移動しようとした」。「被告人が、一台の自転車を移動させた折、たまたまAが同人方玄関先に出ていたのを認め、それまでの同人の嫌がらせに対する不快感もあつて、同人に対し、『こんな時ぐらい気をつけて置けよ。』などと言つたところ、Aは、『なにを、この野郎』などと怒号しながら、やにわに拳をふりあげ、後ずさりして逃げる被告人に迫つたうえ両手拳で数回殴りかかり、被告人は上半身を振るなどしてこれをかわし続けたが、Ａがなおも殴りかかろうとしたため、Ａの右顔面を左手拳で一回殴打し、その直後、Ａに両肩を摑まれたままの状態で、更に、その左顔面を右手拳で二回殴打した」。「その結果、Ａが、被告人の肩を摑んでいた手を放したので、被告人は、その場を離れ、Ａ方出入口から自転車を引いて公道に出たが、その際、Ａは、被告人に対して、『またそつちを通るんか。後で、おとしまえをつけるからな。』などと怒号した」としたのである。

この事実関係を前提として、浦和地裁は、正当防衛ないし過剰防衛の成否について検討する。「まずＡの行為が急迫不正の侵害に当たるか否かの点については、Ａが、前判示のような経緯で、被告人に対して、やにわに手拳で殴りかかり、次いで、その両肩を摑んだ行為は人の身体に対する不法な有形力の行使であるから、これが不正の侵害であることは明らかである。ところで、検察官は、被告人が、本件機会を利用してＡに対する日頃の憤懣を晴らそうとの意図から積極的に本件行為に及んだ旨主張するのであるが、前示のように、身障者である被告人とＡとの間にはかなりの体力差があると認められること、被告人は、従前からＡの粗暴な性格を恐れており、同人と喧嘩にでもなれば、当然一方的にやられてしまうと考え、同人の嫌がらせに対しても、それまで何ら苦情などを言ったこともないこと、Ａが拳をあげて近付いて来た際には、数歩あとずさりし、自ら積極的に立ち向かつた様子が窺われないこと、その他反撃行為の態様などにかんがみると、被告人が、本件犯行当時、Ａの右一連の侵害を予期ないしは挑発し、これに対して、積極的に応戦した如き事情は認められず、したがつて、侵害の急迫性の要件にも欠けるところはないというべきである」とする。そして、その他の正当防衛の要件も認められるとして、「被告人の本件所為は、刑法三六条一項に該当し、罪とならない」としたのである。(147)(148)

本件では、被告人の防衛行為の前提として、Ａの攻撃に急迫性があったのかが問題となるが、この点に関して、本判決は、「被告人が、本件犯行当時、Ａの右一連の侵害を予期ないしは挑発し、これに対して、積極的に応戦した如き事情は認められず、したがつて、侵害の急迫性の要件にも欠けるところはないというべきである」とし、侵害の「挑発」を「積極的に応戦した如き事情」と関連づけながら侵害の急迫性の存否を検討している。それゆえ、この部分については、上記の昭和六〇年六月二〇日東京高裁判決と類似している。[149] しかし「被告人は、『てめえやるか。』と言つて座つているLの胸ぐらを掴んで同人を引き立たせた際、Lがこれに挑発されて攻撃してくるであろうことを予期し」と指摘している点から窺われるように、東京高裁は、挑発と侵害の予期の関係について、挑発があれば、攻撃してくるであろうという予期が当然成り立つということを念頭において判断している。言い換えると、ここでは、「挑発」（原因）に基づいて、「侵害の予期」が生じる（結果）という関係を肯定していることになるのである。これに対して、浦和地裁では、「被告人が、本件犯行当時、Aの右一連の侵害を予期ないしは挑発し」と指摘されているから、侵害の「予期」と、侵害の「挑発」との関係については並列関係として捉えられていることが窺われる。それゆえ、浦和地裁の枠組みを前提とすると、侵害を「予期」し、「積極的に応戦した如き事情」が認められるか、あるいは、侵害を「挑発」し、「積極的に応戦した如き事情」が認められれば、侵害の急迫性が否定されると解することができる。したがって、「挑発」を原因とし、その結果、「侵害の予期」が生じるという、東京高裁が前提にする関係と同じであるとはいえないので、東京高裁と浦和地裁の判断枠組みは必ずしも同一ではないと評価できる。

「平成」に入ってから、浦和地裁と同様の枠組みで判断した判例として、平成九年一二月二日千葉地裁判決がある。[150] ここでは、事実関係について詳細に認定した上で、「正当防衛の成否」について、「当裁判所の判断」を示す。そして、「Aの被告人の胸倉をつかんで締め上げ続けた行為が、人の身体に対する不法な有形力の行使であることは明らかである」ことを前提として、侵害の急迫性について検討を加える。すなわち、「被告人の本件直前の行動をみると、被告人はAが走ってきた時には自室に帰るため同人方玄関に背中を向けて歩き出しており、自ら同人に積極的に立ち向かった様子が窺われず、同人に胸倉をつかまれても反撃せず、ひたすら同人を放そうとしていたことなどが認められ、これらの事実に鑑みると、被告人が本件犯行当時同人の侵害を予期し、あるいは挑発し、これに対して積極的に応戦し、加害したという事情は認められず、侵害の急迫性の要件にも欠けるところはない。なお、被告人の『自分でそういうこと云々』の言辞も当時の被告人の挙動等に照らし、被害者の攻撃を挑発したとまでいうことができない」とした。そして、防衛意思の存否及び防衛行為の相当性について検討した上で、「被告人がAを殴った行為は、刑法三六条一項にいう急迫不正の侵害に対して自らの権利を防衛するため、やむを得ずにした行為と認められ、右行為は処罰されず、本件は罪とならないものである」とした。

本件においても、侵害に対して「積極的に応戦し、加害したという事情」の存否により、侵害の急迫性の存否を判断しているが、その判断に際して、「被告人が本件犯行当時同人の侵害を予期し、あるいは挑発し」ていたか否かを検討している。そして、「侵害を予期し」ていたことと、侵害を「挑発し」ていたことが、「あるいは」という接続詞によって結ばれているから、これらの要件は並列関係にある。したがって、千葉地裁は、右の浦和地裁と同様の枠組みで判断していることになるのである。

以上の検討の結果、高裁レベルでは、侵害の急迫性の判断における最高裁の判断枠組み、具体的には、当然又はほとんど確実に侵害が予期されたとしても、そのことから直ちに侵害の急迫性が失われるわけではないが、単に予期された侵害を避けなかったというにとどまらず、その機会を利用し積極的に相手に対して加害行為をする意思で侵害に臨んだ場合、もはや侵害の急迫性の要件は充たされないとしつつ、積極的加害意思を判断する前提として侵害の予期を判断する必要があり、侵害の予期があるときにはじめて積極的加害意思の問題が生じるとする枠組みを前提として、「侵害の予期を判断する過程」において「挑発」を検討していたが、地裁レベルでは、侵害の「予期」と侵害の「挑発」とを並列的に捉え、積極的加害意思の存否を判断しようとする傾向が見られた。ただし、ここで検討した判例は、「高裁」及び「地裁」のいずれのレベルにおいても、侵害の急迫性を判断する場合、積極的加害意思の存否を判断することへ向けて議論を進めており、逆にいえば、積極的加害意思があれば、侵害の急迫性が欠けるとする判断が「最終的な」ものとなっている点において、共通の認識があったと評価できる。

ところが、平成一五年一二月二二日広島高裁判決は[151]、積極的加害意思の存否を検討しているが、侵害の自招性と積極的加害意思との関係が上記の判例群の理解とは異なっている部分があるので、ここで考察する。

広島高裁は、「正当防衛ないし過剰防衛の成否」について、「被告人の傘による刺突行為が、被害者による急迫不正の侵害に対する防衛行為といえるか否か」に検討を加える。「まず、被告人と被害者は車の離合方法をめぐって口論となっているところ、被害者は、『下がって降りい。』と言ったが、被告人から、『下がれるかいや。そっちが下がれ。』と言い返されると、被害者車両を一、二メートル後退させている。これに対し、被告人は、降車して被害者車両のほうに向かい、さらに、被害者車両が通り過ぎようとしているのに、運転席の窓に手を入れ、被害者の運転を妨害する行為をし、引き続き、被害者車両を追いかけている。他方、被害者は、左折後、直ぐに被害者車両を停車させることなく、約70メートル先の実母方前の路上まで運転して停車させていることからすると、それ以上被告人とかかわらず、実母方を訪れようとしたものとうかがわれる。ところが、被害者は、被告人が追いかけてくるのを認めて、降車し、傘を振り回しながら、被告人に近づいたものの、約3メートル手前で立ち止まり、直ちに傘で殴りかかる行為には及んでおらず、被告人から、『警察に言うど。』などと言われると、いったんは傘を振り回すのを止めていることからすると、被害者は、被告人が運転席に手を入れるといった行為に及んだばかりでなく、被害者車両を追いかけてきたことから、被告人を威嚇して追い払う目的で、傘を手に持って振り回すなどしたが、この時点では、被告人に対し、積極的に暴行を加える意思まではなかったものと認めることができる。そして、被告人は、一連の言動により、被害者に対し、傘を持ち出して威嚇するといった行動を誘発させた上、被害者がいったんは傘を振り回すのを止めたとみるや、『やれるもんならやってみいや。』と言って、被害者を挑発しているところ、被害者が傘を振り下ろして殴りかかるのを決意させたのは、被告人の挑発行為がきっかけとなったというべきであり、しかも、被害者の侵害行為は、被告人において、十分に予期していた範囲内の事態であったというべきである。さらに、被告人は、被害者が振り下ろした傘を左手でつかみ、被害者と傘を奪い合っているが、被害者の左襟首を右手でつかんで、被害者の態勢を崩すなど、直ちに反撃行為を行っており、被告人と被害者との年齢、体格などを考慮すると、被告人のほうがやや優位な状況にあったといえる。加えて、被告人は、被害者と傘を奪い合っている際、被害者ののどに石突きが当たってからも、傘の奪い合いを止めることなく、被害者から傘を奪い取るや、直ぐさま傘の石突きを勢いよく被害者の顔面に向けて突き出しており、刺突行為後も、被害者に対し、『ふざけるな。』などとの言葉を浴びせている。これらのことからすれば、被告人は、被害者の侵害行為に対抗して、積極的かつ危険な加害行為を行っていると評価することができ、単に侵害を避けるだけでなく、積極的に加害行為をする意思があったと認めることができる」とする。そして、「本件犯行について、その前後の事情を含めて全体的に考察すると、被告人は、被害者からの侵害が予期されていながら、被告人のほうから挑発的な言動を行い、被害者が攻撃を開始するや、直ちに積極的な加害意思をもって反撃をしているのであるから、被害者の傘による殴打行為は、被告人がこれを予期しつつ自ら招いたものであって、急迫性の要件を欠くものというべきである」とした上で、「原判決が、被告人が被害者から傘を奪い取った時点では、もはや急迫不正の侵害は止んでいて存在しなかったと説示した理由付けは、必ずしも相当でないが、過剰防衛の成立を否定したのは、結論において、正当である」と結論づけた。

本判決は、右で示した通り、積極的加害意思を肯定する際に、次のように説示している。すなわち①「被告人は、一連の言動により、被害者に対し、傘を持ち出して威嚇するといった行動を誘発させた上、被害者がいったんは傘を振り回すのを止めたとみるや、『やれるもんならやってみいや。』と言って、被害者を挑発している」という事実に関して、「被害者が傘を振り下ろして殴りかかるのを決意させたのは、被告人の挑発行為がきっかけとなった」とし、しかも、「被害者の侵害行為は、被告人において、十分に予期していた範囲内の事態であったというべきである」と評価している。そして、②「被告人は、被害者の態勢を崩すなど、直ちに反撃行為を行って」いる事実に関して、「被告人と被害者との年齢、体格などを考慮すると」、「被告人のほうがやや優位な状況にあった」とし、さらに、③「被告人は、被害者と傘を奪い合っている際、被害者ののどに石突きが当たってからも、傘の奪い合いを止めることなく、被害者から傘を奪い取るや、直ぐさま傘の石突きを勢いよく被害者の顔面に向けて突き出しており、刺突行為後も、被害者に対し、『ふざけるな。』などとの言葉を浴びせている」という事実を指摘した上で、「被告人は、被害者の侵害行為に対抗して、積極的かつ危険な加害行為を行っていると評価することができ、単に侵害を避けるだけでなく、積極的に加害行為をする意思があったと認めることができる」としているのである。

このように、本判決では、事例判断において、「認定された事実の如何なる部分がそれぞれどのように評価されているのか」についてかなり詳細に説示されているが、これは、上記の東京高裁昭和六〇年判決が示した事例判断と比較するとより一層明確となる。すなわち、東京高裁は、「本件の一連の経過に照らすと、被告人は、『てめえやるか。』と言って座っているＬの胸ぐらを摑んで同人を引き立たせた際、Ｌがこれに挑発されて攻撃してくるであろうことを予期し、その機会を利用して、被告人自身も積極的にＬに対して加害する意思で本件行為に及んだものであると認められるから、本件は、正当防衛における侵害の急迫性に欠けるというべきである」としており、挑発に基づいて攻撃してくることを予期した被告人に積極的加害意思があるとしている。これに対して、広島高裁は、「被告人は、被害者の侵害行為に対抗して、積極的かつ危険な加害行為を行っていると評価することができ、単に侵害を避けるだけでなく、積極的に加害行為をする意思があったと認めることができる」とし、挑発があった事例において積極的加害意思を肯定している点で、東京高裁と同様である。ところが、広島高裁は、被告人の挑発に関する①の事実の評価として、「被害者が傘を振り下ろして殴りかかるのを決意させたのは、被告人の挑発行為がきっかけとなった」とし、しかも、「被害者の侵害行為は、被告人において、十分に予期していた範囲内の事態であったというべきである」とするが[152]、これに対して、東京高裁は、挑発と侵害の予期との関係について、「本件の一連の経過に照らすと、被告人は、『てめえやるか。』と言って座っているLの胸ぐらを掴んで同人を引き立たせた際、Lがこれに挑発されて攻撃してくるであろうことを予期し」ていたと指摘するにとどまっている。その上、広島高裁は、積極的加害意思を肯定する際に、①の事実関係を検討しているだけでなく、②及び③の事実を考慮しているのに対して、東京高裁は、②及び③に対応する事実を考慮している形跡はなく、考慮されるべき事実関係についても差異が生じている[153]。

さらに、本件広島高裁判決は、「被告人は、被害者からの侵害が予期されていながら、被告人のほうから挑発的な言動を行い、被害者が攻撃を開始するや、直ちに積極的な加害意思をもって反撃をしているのであるから、被害者の傘による殴打行為は、被告人がこれを予期しつつ自ら招いたものであって、急迫性の要件を欠くものというべきである」とするが、これは、行為者に積極的加害意思があるから、「被害者の傘による殴打行為は、被告人がこれを予期しつつ自ら招いたもの」と指摘していることになる。そして、この被害者からの殴打行為について、被告人が「予期しつつ自ら招いたもの」であることを前提として、「急迫性の要件を欠くものというべきである」としており、この判示部分が上記の下級審判例と大幅に異なる点である。

侵害の急迫性の存否を判断する際、上記の通り、最高裁は、当然又はほとんど確実に侵害が予期されたとしても、そのことから直ちに侵害の急迫性が失われるわけではないが、単に予期された侵害を避けなかったというにとどまらず、その機会を利用し積極的に相手に対して加害行為をする意思で侵害に臨んだ場合、もはや侵害の急迫性の要件は充たされないとするが、この基準に従うと、被告人に積極的加害意思があれば、侵害の急迫性の要件は充たさないと判断できるはずである。したがって、広島高裁は、積極的加害意思があると判断した段階で侵害の急迫性を否定することができ、改めて「被害者の傘による殴打行為は、被告人がこれを予期しつつ自ら招いたもの」と指摘するまでもなかったはずである。にも拘らず、広島高裁は、被告人に積極的加害意思があったことを理由として、被害者からの殴打行為は、被告人が「予期しつつ自ら招いたもの」であることを指摘した後に、侵害の急迫性を否定しているので、侵害の自招性と積極的加害意思との関係が、右で検討した下級審判例とは非常に異なっていることになる。すなわち、高裁レベルでは、最高裁の判断枠組みを前提として、「侵害の予期を判断する過程」において「挑発」を検討するが、一方で、地裁レベルでは、侵害の「予期」と侵害の「挑発」とを並列的に捉えて、積極的加害意思の存否を判断しようとしている。それゆえ、たしかに、両者には差異が認められるが、「侵害の自招性」を、積極的加害意思の存否を検討する過程の中で考察を加えている点では共通しており、「被告人に積極的加害意思が認められれば、侵害の急迫性が否定される」とする基本的な視点において、最高裁と上記の下級審判例との間には、共通の認識が存在していたといえる。そして、広島高裁も、侵害の予期を判断する過程において挑発を検討している点では、上記の高裁レベルの判例と類似しているが、被告人に積極的加害意思があったから、被害者からの殴打行為は、被告人が「予期しつつ自ら招いたもの」であると指摘した上で、侵害の急迫性を否定しており、積極的加害意思の存在が、「侵害の自招性」の存否を判断する材料となっている。それゆえ、本判決が「侵害の急迫性」の存否を判断した枠組みについて上記の下級審判例と比較すると、「侵害の自招性」の判断と「積極的加害意思」の判断の関係が逆転していることとなるので、この点に関して、広島高裁は、最高裁の判断枠組みと関連づけたものとはなっていないのである。(154)

第二目　侵害の自招性を「直接」的に「侵害の急迫性の存否」と関連づけて検討する判例

侵害の自招性を「直接」的に「侵害の急迫性の存否」と関連づけて検討する判例として、昭和六〇年七月八日福岡高裁判決がある。[155][156] 本件では、検察官から控訴が行われているが、その主張の内容は次の通りである。すなわち、「原判決は、本件各公訴事実中、昭和五九年七月一七日付起訴にかかる、『被告人は、昭和五九年五月一一日午後一〇時三〇分ころ、甲県乙市丙町〈省略〉自宅玄関において、A（当六九年）が酔余自宅玄関先で騒いでいたことに憤激し、長さ約八六・五センチメートルの竹棒でその頭部を殴打する暴行を加え、よつて、同人に対し、加療約一〇日間を要する左前頭部挫創の傷害を負わせたものである。』との公訴事実については、被告人に対して無罪の言渡しをし、その理由として、被告人の右A（以下「A」という。）に対する傷害の事実は認められるけれども、それは、被告人が、自己の住居の平穏を阻害するAの急迫不正の侵害に対しその住居の平穏を防衛するためにやむなく出た行為の結果にほかならないから、その所為は、正当防衛行為として、罪とはならない旨判示しているが、これは、刑法三六条の『権利』についての解釈を誤り（『住居の平穏』は、『権利』とまではいえない。）、かつ、正当防衛の要件となるべき事実を誤認して、同法条の適用を誤つたものであり、その誤り及び誤認は判決に影響を及ぼすことが明らかである」とされる。

この主張を検討する前提として、福岡高裁は、本件の事実関係について改めて認定を行った。「被告人とAとは、甲県乙市丙町〈省略〉内に居住して、親しく近所付き合いをしていたが、昭和五九年五月一一日の夜、被告人の妻B女が酒に酔つてA方を訪れ、同人に対し酔余悪口雑言を述べたため、同人は、立腹の余り、右B女の後を追つて、同日午後一〇時過ぎころ、被告人宅に上り込み、被告人に対し文句を言つたところ、かえつて、被告人から、人の嫁のことに口出しをするなどと怒鳴り返され、押入れの襖に押しつけられたうえ、無抵抗な状態で右胸部を手拳で殴打され、かつ、同部に激しく二回膝蹴りを加えられたこと（その結果約一〇日間にわたり湿布等の治療を受けた。)、ちなみに、被告人宅は、電気料金滞納のため、送電を停止されていて、室内にはろうそくの明かりがともされていたこと」、「Aは、右のとおり、暴行を加えられて、そのまま自宅に逃げ帰つたものの、憤懣やる方なく、被告人に謝罪させるため、万一の用意に自宅から包丁を持ち出して、同日午後一〇時二〇分ころ、被告人宅に引き返したが、被告人は、Aが出て行つた雰囲気から同人が引き返してくることを察知して、玄関戸に施錠しておいたため、Aは、これを開けることができず、包丁を右手に持つて下げたまま、玄関外側から『開けろ』『開けんかこの野郎』『二人で俺を馬鹿にしやがつて』などと怒鳴りながら、玄関戸をさかんに足蹴にし、これに対し、被告人は、玄関内から『うるさいから帰れ』『たいがい分にして帰らんか』などと怒鳴り返して応酬していたが、Aは、五分ないし一〇分間にわたり、右のような行為を続けていたこと」、「被告人は、Aの右のような行為に立腹の度を深め、玄関脇の風呂場からサッシ窓を開けてAの様子を秘かに窺つたところ、同人が包丁を手にしていることに気づいたが、さしあたり、同人が右以上の行為に及ぶような気配はなく、かつ、屋内にいる被告人らに対して包丁で危害を加えるような可能性もなく、そのまま放置しておけば、間もなく諦めて帰宅することが十分予想される状況にあり、自らもその認識を有していたにもかかわらず、右風呂場からAに対し攻撃を加えてうつ憤を晴らすとともに、同人を追い払うことにより侵害を排除しようと決意したこと」、「そこで、被告人は、八畳の床間に置いてあつた竹棒一本(長さ約八六・五センチメートル…)を手にして右風呂場に戻り、浴槽の縁に足をのせて立ち、サッシ窓をあけて右竹棒を構え、玄関先から後ろに下がつたA目がけていきなり右竹棒を突き出す暴行を加えたが、その先端がAの左前頭部にあたり、突かれたAは、『あ痛つ』と声をあげてその場にうずくまったこと」、「Aは、その結果、左前頭部に左右に長さ約四センチメートルにわたる挫裂創を負い、五針縫合の手術を受けたが、その加療には約一〇日間の日数を要したこと」、「右挫裂創の創口は、右のとおり左右に水平方向に生じているのであるから、同創傷は、被告人の弁解するように、被告人がAの右手に振りかざした包丁を落とそうとして竹棒を上から下に向けて振り下ろすことによって生じたものではなく（もし、右のように振り下ろしたとすると、その先端がたまたま左前頭部に当たったとしても、それによる創口の方向は上下方向となるはずである。）、Aの供述するように左前頭部を突かれたために生じたものであること」、「そして、被告人は、Aがうずくまった後、同人の左前頭部から血が流れ出してそのシャツが赤く染まったのを見て驚き、止血のための応急措置をしたうえ、同人が病院に行くのに付き添ったこと」を認定し、原判決が行った認定の誤りについて指摘した。

次に福岡高裁は、「刑法三六条にいう権利の侵害とは、広く法律上保護に値する利益に対する侵害を含むものと解されるところ、Aが、被告人宅の玄関戸を五分ないし一〇分間にわたって足蹴りするなどした行為は、原判示のとおり、住居の平穏を侵害するにあたり、その行為に正当性を認めることはできないから、右は不正の侵害に該当するものと解すべきである」とした上で、「相手方の不正の侵害行為が、これに先行する自己の相手方に対する不正の侵害行為により直接かつ時間的に接着して惹起された場合において、相手方の侵害行為が、自己の先行行為との関係で通常予期される態様及び程度にとどまるものであって、少なくともその侵害が軽度にとどまる限りにおいては、もはや相手方の行為を急迫の侵害とみることはできないものと解すべきであるとともに、そのような場合に積極的に対抗行為をすることは、先行する自己の侵害行為の不法性との均衡上許されないものというべきであるから、これをもって防衛のための已むを得ない行為（防衛行為）にあたるとすることもできないものと解するのが相当である」という一般論を説示し、これを基準として事例判断を行う。「Aの行為に先行する被告人の行為が理不尽かつ相当強い暴行、すなわち身体に対する侵害であるのに対し、それに対するAの行為は、屋内にいる被告人に向けて、屋外から住居の平穏を害する行為を五分ないし一〇分間にわたって続けたに過ぎないものであって、Aにおいて包丁を所持していたとはいえ、未だ、それによって被告人らの身体等に危害が及ぶという危険が切迫した状態にもなかったことを考慮すると、Aの右行為については、未だこれを被告人に対する急迫の侵害にあたるものと認めることはできないし、右状況の下で、Aの身体に対し竹棒で突くという、傷害を負わせる危険性の高い暴行を加えて対抗することは、Aの行為を排除する目的を併せ有するものであることを考慮しても、自己の先行行為のもつ不法性との均衡上、これを防衛のための已むを得ない行為（防衛行為）にあたるものと評価することもできない（従って、過剰防衛にもあたらない。）」。「そうすると、前記公訴事実につき、被告人に正当防衛の成立を認めて、被告人に対し無罪の言渡しをした原判決は、正当防衛に関する事実を誤認して、法令の適用を誤ったものであり、その誤認及び誤りは判決に影響を及ぼすことが明らかである」として、原判決を破棄した上で、自判し、被告人を懲役一年八月に処したのである。

本判決は、急迫の侵害の不存在及び防衛のためのやむを得ない行為（防衛行為）の不存在を理由に、被告人の正当防衛（さらに過剰防衛）の成立を否定しているが、侵害の急迫性の存否に関しては、次のような要件を示す。「相手方の不正の侵害行為が、これに先行する自己の相手方に対する不正の侵害行為により直接かつ時間的に接着して惹起された場合」、「相手方の侵害行為が、自己の先行行為との関係で通常予期される態様及び程度にとどまる」ものであって、「少なくともその侵害が軽度にとどまる限り」においては、「もはや相手方の行為を急迫の侵害とみることはできない」としている。つまり、ここでは、①不正な自己の先行行為（挑発）とそれに誘発された相手方の侵害行為との間に、「直接かつ時間的に接着して」おり、②相手方の侵害行為が、自己の先行行為（挑発）から「通常予期される態様及び程度にとどまる」こと（「少なくともその侵害が軽度にとどまる」こと）が要求されているのである。[157] これを、上で検討した昭和六〇年六月二〇日東京高裁判決と比較すると、次のようになる。福岡高裁は、右の①及び②の要件によって、侵害の急迫性の存否を判断しているが、①は、「不正な」先行行為と「不正な」侵害行為との間に「直接かつ時間的な接着性」が存在するか否かについて判断する基準であり、「先行行為と侵害行為との客観的な関係」に関する要件である。そして、②は、侵害行為が先行行為から「通常予期される態様及び程度」

にとどまるか否かという「行為者の主観的な予期」とは異なる要件である。これに対して、東京高裁は、福岡高裁が示した①の「先行行為と侵害行為との客観的な関係」については特に触れることなく、挑発（先行行為）と「具体的に行為者が有する」侵害の予期とを、原因と結果の関係にあると位置づけ、この予期があったことを前提として「その機会を利用して、被告人自身も積極的にLに対して加害する意思で本件行為に及んだものであると認められる」としている。それゆえ、福岡高裁判決の理論は、「不正な先行行為時や侵害に臨む時点における意思内容に触れることなく、侵害の急迫性を否定したのは、理論的には、『自己の不正な侵害行為による相手方の侵害の惹起』と『侵害の予見可能性』という客観的事情がある場合を、『侵害の予期』と『積極的加害意思』という主観的事情がある場合と同列に扱おうとするもの」であり、積極的加害意思に関する最高裁の理論から「一歩を踏み出して、侵害の急迫性が否定される新たな類型を創出したもの」という評価がなされている。(158)(159)

上記の「福岡高裁判決と類似の理論」を前提として、(160)侵害の急迫性の存否を判断した判例として、平成八年二月七日東京高裁判決がある。(161)本件では、被告人側から「原判決は、被告人がSの右上腕部をつかみ、また同人着用のシャツを引き破るなどの暴行を加えたと認定しているが、そのような事実はなく、被告人は、駅の階段を通行区分に反して逆行してきたSが被告人に衝突したのに謝罪しないで立ち去ろうとしたので、注意を与え、また駅事務室に連れて行くため、シャツの袖口を軽くつかんだところ、Sが被告人の顔面を手拳で殴打してきたので、Sのシャツの袖口を強く握りしめて暴行を制止するとともに、逃走の防止を図ったのであって、このような被告人の行為は、社会生活上相当な行為ないし正当防衛に当たり、罪とならないから、被告人を有罪とした原判決には、事実誤認及び法令適用の誤りがある」と主張されている。

これに対して、東京高裁は、まず事実関係を次のように認定する。「(1)被告人は、平成六年九月一九日午前八時二〇分ころ、JR秋葉原駅の五番線ホームから三・四番線ホームへと通ずる階段の左側部分を下りの表示に従って下って行ったところ、同部分を逆行してきたS（当時二三歳）と衝突した。(2)被告人は、Sが謝罪しないで立ち去ろうとしたことから、階段を駆け上がって行く同人に途中の踊り場で追いつき、左手でSの右上腕を強くつかんだ上、『ちょっと待て、謝れ。』などと言って謝罪を求め、Sがこれに応じないとみるや、『駅長室に行こう。』などと言って同行を求めた。(3)Sは、急に腕を強くつかまれたことに対する反発心に加え、出勤途上で先を急いでいたことや、この程度のことで駅長室へ行く必要はないと感じたことなどから、同行を拒み、『放せ、放せ。』などと言いながら、力を込めて右腕を前後に振り、被告人の手を振りほどこうとした。しかし、被告人は、あくまでもSを駅長室へ連行しようとして、同人の右上腕をつかんでいた左手に更に力を加えて引っ張るなどし、放そうとしなかった。(4)Sは、被告人がどうしても手を放さないので、これを振りほどくため、平手で被告人の左右顔面を押すように数回たたいたが、その際、被告人の眼鏡が飛び、被告人は全治五日間程度を要する顔面打撲の傷害を負った。(5)これに対し、被告人は、Sが着用していたポロシャツの右袖口付近をつかんで引っ張り、このため同人はその場に転倒し、その際、ポロシャツの襟の後ろ付け根部分が長さ約八センチメートルにわたって破れた。(6)秋葉原駅に近い末広町交番の警察官Kは、同駅職員から乗客同士の喧嘩事案発生の通報を受けて直ちに臨場し、同駅事務室で被告人、S及び駅職員から事情を聴取したが、その際、Sの右上腕には指の跡が三本赤くついており、その指の跡は、本件の約一時間後にも消えていなかった」とした。そして、これを前提として、原判決の認定した事実に誤りはないとする。

その上で、被告人の行為が暴行罪の構成要件に該当する点について確認した後、「正当防衛の成否」については、次のように説示した。「Sが(4)のように被告人の左右顔面を平手でたたいて反撃したのは、若干行過ぎであるが、これに対し、被告人が(5)のようにポロシャツをつかんで引っ張るなどした行為についても、暴行罪が成立するものといわざるを得ない。前記認定の事実経過によれば、被告人がSに対し違法な暴行を開始して継続中、これから逃れるためSが防衛の程度をわずかに超えて素手で反撃したが、被告人が違法な暴行を中止しさえすればSによる反撃が直ちに止むという関係のあったことが明らかである。このような場合には、更に反撃に出なくても被告人が暴行を中止しさえすればSによる反撃は直ちに止むのであるから、被告人がSに新たな暴行を加える行為は、防衛のためやむを得ずにした行為とは認められないばかりでなく、Sによる反撃は、自ら違法に招いたもので通常予想される範囲内にとどまるから、急迫性にも欠けると解するのが相当である。したがって、被告人が⑸のように暴行に及んだ行為は、正当防衛に当たらず、また過剰防衛にも当たらないというべきである」とした。

本判決は、福岡高裁と同様、侵害の急迫性の不存在及び防衛のためやむを得ずにした行為（防衛行為）の不存在を理由に、被告人の正当防衛（さらに過剰防衛）の成立を否定している。すなわち、本件の事実関係を前提とすると、「更に反撃に出なくても被告人が暴行を中止しさえすればSによる反撃は直ちに止むのであるから、被告人がSに新たな暴行を加える行為は、防衛のためやむを得ずにした行為とは認められないばかりでなく、Sによる反撃は、自ら違法に招いたもので通常予想される範囲内にとどまるから、急迫性にも欠けると解するのが相当である」としているが、本件において侵害の急迫性が欠けるとする判断をなすにあたり、東京高裁は、「Sによる反撃」が、「自ら違法に招いたもの」で、「通常予想される範囲内にとどまる」点をあげている。これを、上記の福岡高裁判決と比較すると、福岡高裁の①の要件と本判決の「自ら違法に招いたもの」という要件が対応し[162][163]、福岡高裁の②の要件と本判決の「通常予想される範囲内にとどまる」という要件が対応している。したがって、両判決は、その「中核的な二要件」において「ほぼ共通する」と評価されることが可能となるのである[164]。

このように、福岡高裁判決及び平成八年東京高裁判決は、①及び②の要件を考慮して、侵害の急迫性の存否を判断する判例があるが、この判例群の中には、いずれか一方の要件を強調するものがある。①の要件を重視する判例として、例えば、昭和六一年六月一三日大阪高裁判決がある[165]。本件では、被告人側から「被告人が菜切包丁を右手に持って腰のあたりに構え、Kを脅迫した…所為は、同人が逃げまわる被告人を追いかけて殴りかかろうとしたので、その急迫不正の侵害に対し防衛の意思をもって行われたもので、正当防衛に該当し、またその場で右包丁を携帯した…所為も、正当の理由が存在するのに、原判決が右各所為につき正当防衛の成立及び正当理由の存在を認めなかったのは、侵害の急迫性、防衛の意思等に関する事実の認定を誤った結果、事実を誤認したものである」という主張がなされていたが、これに対して、大阪高裁は、改めて事実認定を行った上で、「Kは今にも暴行に及ぼうとする言動をもって被告人の目前に迫ってきたのであるから、被告人の身体に対する侵害が間近に押し迫った状況にあったものというべく、被告人の…脅迫の所為は、このような急迫不正の侵害に対し、右暴行を免れて自己の身体を防衛する意思に出たものと認められるが、素手で殴打或いは足蹴の動作を示していたにすぎないKに対し、殺傷能力のある刃体の長さ約一七・七センチメートルの菜切包丁を構えて立ち向かい、…脅迫したことは、防衛の手段としての相当性の範囲を逸脱したものというべきである」とした。そして、「原判決は、理由中の『弁護人らの主張に対する判断』の項において、『Kは、被告人の挑発に応じて向かって行ったが、被告人が包丁を取り出すまでは素手であって、その時点で被告人が緊迫した危険を感じるような状態に陥っていたとは到底考えられず、反って被告人が喧嘩を予想して自己が優位に立たんがために包丁を手にして先制行為に出たものと認められる。したがって、被告人の…の所為は急迫不正の侵害に対し自己又は他人の権利を防衛するためやむことを得ざるに出でたものとは認められない。』として、被告人の…脅迫行為が正当防衛に当たらない旨説示しているが、被告人は、…脅迫行為に及ぶ以前には、『言葉遣いに気をつけろ』と言ったほかには格別Kを刺激するような言動に及んでおらず、また右言辞をもってKの侵害を挑発したとまでは証拠上認めがたく…認定事実に照らして、被告人が予め同人に対する積極的な加害意思を有していたとも認められないうえ、前示のとおり、被告人が包丁を取り出した際には、その身体に対する侵害が間近に押し迫った状況にあったというべきであるから、原判決の右認定は事実を誤認したものというべきである」とした。

本判決は、侵害の急迫性を否定した原判決の判断には、「事実を誤認したもの」であるとしているが、侵害の急迫性を判断する際に、「被告人は、…脅迫行為に及ぶ以前には、『言葉遣いに気をつけろ』と言ったほかには格別Kを刺激するような言動に及んでおらず、また右言辞をもってKの侵害を挑発したとまでは証拠上認めがたく」(a)、「認定事実に照らして、被告人が予め同人に対する積極的な加害意思を有していたとも認められない」(b)上、「被告人が包丁を取り出した際には、その身体に対する侵害が間近に押し迫った状況にあったというべきである」(c)とするので、挑発の存否を問題とする部分(a)と積極的加害意思の存否を問題とする部分(b)とは、並列関係にあり、(a)と(b)は、共に侵害の急迫性の存否を判断する(c)を検討する前提として言及されているから、(a)は、侵害の急迫性の存否を判断する上で、(b)とは独立に検討されていると考えることができる。そして、(a)の部分を詳細にみると、ここでは、「被告人は、…脅迫行為に及ぶ以前には、『言葉遣いに気をつけろ』と言ったほかには格別Kを刺激するような言動に及んでおらず、また右言辞をもってKの侵害を挑発したとまでは証拠上認めがた（い）」とするが、これは、「言葉遣いに気をつけろ」という言動とKの侵害の関係、つまり、「先行行為と侵害行為との客観的な関係」について検討しているといえ、この意味で、福岡高裁判決が示した要件のうち、①を重視した判断枠組みであると評価できる[166]。

さらに、①の要件を重視する判例としては、平成二〇年五月二九日東京高裁判決をあげることができる[167]。東京高裁は、「抗議は正当防衛に該当するとの主張について」、「被告人の保護者に対する呼びかけは、威力業務妨害罪の構成要件に該当する上、正当行為とも正当防衛とも認められず、したがって、違法な行為である。そして、被告人がCやBから退場要求を受けたのは、被告人が、Cの制止にもかかわらず、上記のとおり、違法な保護者への呼びかけを行ったことによるのであるから、Cらの退場要求は、被告人が自らの違法な行為によって招いたものと評価するのが相当である。結局、Cらによる退場要求は、仮にそれが被告人の何らかの権利・利益に対する『侵害』であるとしても、被告人が自ら招いたものであるから急迫性を欠くことは明らかである。よって、その余の要件について検討するまでもなく、被告人のCらに対する抗議が正当防衛に当たるとする所論は採用できない」とした。

本判決は、「Cらの退場要求は、被告人が自らの違法な行為によって招いたものと評価するのが相当である」とした上で、「被告人が自ら招いたものであるから急迫性を欠くことは明らかである」とする。つまり、「Cらの退場要求」は、被告人が自ら違法に招いたものであるから、この退場要求には、侵害の急迫性が欠けるとしているのである。したがって、本件では、上記の①の要件が存在することによって、侵害の急迫性を否定したものと評価することができる。[168]

一方で、上記の②の要件である、相手方の侵害行為が、自己の先行行為から「通常予期される態様及び程度にとどまる」か否かを基準に、侵害の急迫性の存否を判断する判例として、平成一八年一〇月二三日仙台地裁判決がある。[169] ここで、仙台地裁は、「被告人が、被害者に追いかけられている間に、洋出刃包丁を持ち出して被害者に示した行為は…被告人を捕まえようとした被害者の行為に比べて、明らかに質的に過剰な行為であり、被告人が被害者の暴力癖を熟知していたことを併せ考慮すると、被害者が2度目に被告人の頸部を押さえつけた行為は、被告人にとって十分に予測可能なもので、いわば自らの行為によって招いた結果であるから、被害者の行為は急迫性を欠く」としている。[170] また、平成一九年一一月二〇日長崎地裁判決も次のように判示している。[171] すなわち、長崎地裁は、「Aが被告人に暴行を加えるきっかけとなったのは、被告人がHの車にぶつかった際に、『あっ当たった』とあたかも妻Eに押されて当たったかのような発言（以下『本件発言』という。）をしたことで、被告人に対する怒りを爆発させたからである。すると、Aの被告人に対する暴行は、被告人の言動によって引き起こされたものであるから、なお『急迫不正の侵害』の要件を満たさないのではないか一応問題となり得る」と問題提起した上で、次のように判示する。すなわち、「被告人は、本件発言をする際、Aが自宅から出てきていることに気が付いていなかったのであり、本件発言はAに直接向けられたものではなかった。また、本件発言の内容が、被告人に対する侵害行為の惹起を意図したり、容認したりする内容とも認められない。さらに、被告人は平成一八年一月ころ及び同年八月ころAに対して同人の神経を逆なでする非礼な言動をとってはいるものの…その非礼な言動の時期・内容・程度からすれば、そのことを考慮しても、本件発言を聞いたAにおいて被告人に暴行を加えることが、社会通念上、通常のこととして予想されるとまで認めることはできない」とする。そして、さらに、「なお、A自身は目撃していないものの、被告人は、本件発言の前に、妻Eらの方に向かってクスクス笑ったり、本件ボイスレコーダーを突きつけたりしており、これらは他人の神経を逆なでする行為と評価できる。しかし、これらの行為を受けた相手方において被告人の身体への侵害行為に及ぶことが、社会通念上、通常のこととして予想できるとまではいえない」と指摘し、その上で、「Aと被告人との間で、相互に身体の安全を侵害し合うという利益衝突状況を作出した第1次的責任はAにあると言わざるを得ないから、本件暴行について『急迫不正の侵害』の要件を満たさないということはいえない」と結論づけた。

このように、上記の二つの判例は、侵害が自招されたとみられる事例において、被告人が有していた侵害に対する具体的な予期を問題とせず、仙台地裁では、「被害者が2度目に被告人の頸部を押さえつけた行為は、被告人にとって十分に予測可能なもの」であることを、長崎地裁では、「本件発言を聞いたAにおいて被告人に暴行を加えることが、社会通念上、通常のこととして予想されるとまで認めることはできない」ことを、侵害の急迫性の存否の判断要素としている。(172)

ところが、自招侵害の場合に相手方からの侵害の予期の存否に関して、行為者の具体的な予期が侵害の急迫性の存否を判断する要素としている判例もある。例えば、平成一二年六月二二日大阪高裁判決は、被告人の具体的に予期「していた」ことと予期「できた」ことを並列的に扱っている。[173] 大阪高裁は、「自招侵害であるから、侵害の急迫性の要件を充たさない」という主張、すなわち、「甲野は、被告人から椅子を蹴り付けられるという暴行を加えられ、そのような違法な先制攻撃を受けたことに誘発されて被告人に殴り掛かったものであり、しかも、甲野による暴行の態様及び程度は、椅子を蹴り付けるという暴行を加えられた者の反撃行為として通常予期し得る態様及び程度に止まるものであったから、これをもって被告人に対する急迫の侵害と認めることはできない」という主張に対して、「なるほど、甲野の行為は、被告人から、…侮辱的言辞と共に椅子を蹴り付けられたことに誘発されたものであることが明らかであるとはいえ、…ハロウィンの店内出入口付近で甲野の顔面を左拳で突いた時点においては、被告人が、甲野から反撃を受けることを予期していたこと、あるいは予期することができたことを確認することができない」から、上記の主張は、その前提を欠いているとする。逆にいえば、これは、「被告人が、甲野から反撃を受けることを予期していたこと」あるいは「予期することができたこと」のいずれかが確認されると、上記の主張の前提が欠けるわけではないこととなる。そして、反撃を予期「していた」ことと予期「できた」ことは、「あるいは」によって接続されているので、大阪高裁は、両者の関係を、並列的に捉えていたと評価できる。[174]

さらに、相手方の侵害行為が、自己の先行行為から「通常予期される」か否かに言及せず、侵害に対する被告人の具体的な予期がある点に着目した判例として、平成一四年一二月三日大阪高裁判決がある。[175] 本件では、被告人側から「被告人は、畑で野菜を採るために本件刃物を自車に積載していたもので、Bの攻撃を受けた際、これを護身用に持ち出したとしても、被告人の所為は、刑法35条の正当行為に該当するか、Bの急迫不正の侵害に対する防衛行為としてなされたもので、同法36条1項の正当防衛に該当するのに、これらに該当する事実関係を認定せず、前記両条をいずれも適用しなかった原判決には、判決に影響を及ぼすことの明らかな事実誤認ないし法令適用の誤りがある」という主張がなされていた。これに対して、大阪高裁は、事実認定を行った上で、事例判断として次のように判示した。すなわち、「被告人が、転覆した自車のダッシュボードから本件刃物を取り出したのは、同車に、Bがその運転車両を故意に衝突させるなどした直後であり、被告人が、さらなるBの攻撃に備えて本件刃物を持ち出したという事実は認められるものの、本件以前から、被告人とBは、激しい反目状態にあり、本件と同種の刃物を含む凶器を示すなどして被告人が、Bを繰り返し脅迫していたことなどに照らすと、被告人が、Bを脅したり、同人との喧嘩抗争等に備える目的で、自車のダッシュボードに予め本件刃物を入れて保管していたことが十分にうかがえる…上、本件直前にも…カラオケ喫茶付近において、もっぱら被告人の方から、私用電話中であったBに対し…激しく挑発する行動に出たことから、これに我慢し切れなくなったBが…一連の行動に出たものであり、Bの被告人に対する攻撃は、被告人が自ら招いたもので、その予期するところであったというべきである。してみると、車を衝突させたBの…攻撃は、被告人にとっては、正当防衛における急迫性の要件に欠けるものであり、Bとの喧嘩闘争に備えた被告人の本件刃物の持ち出し行為が、正当行為であるとも到底認められないから、被告人の本件刃物の所持は、何ら違法性を阻却するものといえないことは明らかである」とされている[176]。また、地裁レベルではあるが、平成八年三月一二日東京地裁判決は[177]、「Cは、被告人から強度の暴行を加えられたため、仕返しとして筋引包丁で切り掛かったものであり、Cの侵害行為は、被告人自らが招いた危害という側面もあるから、急迫性を欠く」とする検察官の主張に対して、次のように判示している。「パブプラザ戊田店内及びその付近での被告人とCとのけんかにおいては、被告人がCに対し一方的に近い状態で暴行を加えた結果となってはいるが、このけんかのきっかけは、Cが作ったものであって、一方的に被告人のみが責められるべきものであるとはいえないし…被告人としても、Cが包丁で攻撃してくるであろうことを予測して、Cを挑発するためにけんかしたものでないことも明らかであるから、Cの侵害行為が被告人にとって自ら招いた危害であるとまではいえず、急迫性に欠けるということはできない」としている[178]。

以上の検討から、「相手方からの侵害行為は被告人が自ら招いた」場合、積極的加害意思に関する最高裁の理論から、一歩踏み出して、侵害の急迫性が否定される新たな類型を創出した判例の中には、上記の昭和六〇年七月八日福岡高裁判決及びそれを踏襲した判例群以外に、福岡高裁判決が示した①の要件を重視する判例群と、②の要件を重視する判例群があることが判明した。そして、②の要件を重視する判例群は、侵害の予期が侵害の急迫性の存否を判断する上で重要な要素となると考えている点では、共通の認識があるといえるが、[179]「侵害の予期」の内容については、必ずしも統一がとれていないことも明確となった。

第二項　侵害の自招性を「侵害の不正性を否定する要素」として検討する判例

次に、自招侵害の事例において「侵害の不正性」の存否を問題とした判例として、昭和六三年四月五日東京地裁判決がある。[180]東京地裁は、本件の事実関係を次のように認定した。すなわち、「被告人は」、第一「昭和六二年一二月二九日午前零時一五分ころから、甲都乙区〈以下省略〉Ａ（当時五一歳）方において、同人に対して『今日来ると言つていたのに、何で会社の方に電話なんかしたんだ。Nの方にごちやごちや言われ、俺は辞めろと言われている。足を引張られたうえで、どうして一五万円なんか払えるんだ』、『ごちやごちや言うな。俺は首になる寸前だ。何で銭を返さなければならないんだ』、『俺は首と同じなんだから明日から生活できないんだ。その分金を出してくれ』などと怒鳴りつけ、同人の上着の襟元を利き手である左手で摑み、肘で同人の首を押し上げるようにしたうえ、『何だこの野郎、叩きつけてやろうか』と怒鳴りながら同人を突き飛ばして転倒させたところ、同人が傍らにあつた置物の石塊大小二個を続けざまに投げつけてきてこれらが被告人の頭部に当たつたことに激高し、同日午前零時三〇分ころから午前一時三〇分ころまでの間、右石塊のうち大きい方の一個（長さ約一七センチメートル、幅約七センチメートル、高さ約一一センチメートル、重量一・二ないし一・三キログラム位）を左手に摑み、Ａの首を右腕でねじるようにして抱え込んでその頭部を四、五回思い切り殴りつけ、同人の頭部から出血したのを見るや、『こうなった以上、殺してやれ』と決意し、悲鳴を上げ逃げようとする同人に馬乗りになるなどしてその頭部及び顔面部を右石塊や同所にあったラジオカセット（硬質プラスチック製、長さ四五・九センチメートル、幅一一・六センチメートル、高さ一三・二センチメートル、重量電池とも三・一四キログラム…）であわせて約二〇回にわたり殴打し、さらにとどめをさすべく、同人に馬乗りになったまま、同人の頸部を左手で握りつぶすようにしたうえ体重を預けるようにして締めつけ、よって、即時同所において、同人をして、頭部、顔面打撲による失血に伴う急性循環不全により死亡させて殺害し」、第二「Aを殺害して寝込み、目が覚めた後の同日午前七時ころ、逃走資金にするため、同所において、同人所有に係る現会《ママ》約三万二五〇〇円及びカメラ一台（時価四万円相当）を窃取し」たものとした。

弁護人の「被告人の判示第一の所為は、Aが置物の石塊を頭頂部に、続いて小型の石を右側頭部に投げつけ、さらにラジオカセットを両手に持って立ち向かってきたことに対する過剰防衛である旨」の主張に関して次のように判示する。すなわち、「なるほど、被告人がAを殺害するに至った過程に同人の投石行為が存したことは判示のとおりであり、その後も被告人がAから投げつけられた石塊を持って同人に向かって行った際同人がラジオカセットを持っていた旨の被告人の供述（但し、被告人もAが立ち向かってきたとまでは供述していない。）を排斥するに足る証拠はない」。「しかしながら、Aの被告人に対するこれらの侵害行為は、Aに対し被告人が判示のとおりの脅迫や暴行を加えたことに対して、直接惹起された反撃行為であることは明らかである。Aは、被告人に対しあらかじめ敵対心を抱いていたわけではなく、深夜一人でいるところで、何の落度もないのに思いもかけず、一方的に脅迫されたうえかなり強い暴行を受けたのであるから、被告人に対して反撃行為に出るのは無理もないところである。また、その態様や程度も、被告人の受傷状況や被告人自身Aが自分をやっつけるとか殺すとかいう感じは受けなかった旨供述していることからみても、被告人がそれまで加えていた暴行脅迫の程度と比較して過剰なものではなく、投石という手段によるかどうかはともかく、被告人の先行行為に対して通常予想される範囲内のものであるにとどまる。そうすると、Aから受けた侵害は、被告人自らの故意による違法な行為から生じた相応の結果として自らが作り出した状況とみなければならず、被告人が防衛行為に出ることを正当化するほどの違法性をもたないというべきである」。「したがって、Aの侵害は、違法な先行行為をした被告人との関係においては、刑法三六条における『不正』の要件を欠き、これに対しては正当防衛はもとより過剰防衛も成立する余地はないと解するのが相当であり、弁護人の主張は採用できない」とするのである。

本件の事例判断では、「Aの被告人に対するこれらの侵害行為は、Aに対し被告人が…脅迫や暴行を加えたことに対して、直接惹起された反撃行為であることは明らかである」点、「Aは、被告人に対しあらかじめ敵対心を抱いていたわけではなく、深夜一人でいるところで、何の落度もないのに思いもかけず、一方的に脅迫されたうえかなり強い暴行を受けたのであるから、被告人に対して反撃行為に出るのは無理もないところである」点、さらに、反撃行為の「態様や程度も、被告人の受傷状況や被告人自身Aが自分をやっつけるとか殺すとかいう感じは受けなかった旨供述していることからみても、被告人がそれまで加えていた暴行脅迫の程度と比較して過剰なものではなく、投石という手段によるかどうかはともかく、被告人の先行行為に対して通常予想される範囲内のものであるにとどまる」点に言及している。これは、明示こそされていないが、内容的には、上記の福岡高裁判決が要求する①及び②の要件を前提として判断していると評価できる。[181] そして、東京地裁は、Aの侵害の性格を判断する際に、次のような指摘をしている。すなわち、「Aから受けた侵害は、被告人自らの故意による違法な行為から生じた相応の結果として自らが作り出した状況とみなければならず、被告人が防衛行為に出ることを正当化するほどの違法性をもたない」とするが、これは、上記の平成八年東京高裁判決において示された要件（侵害行為は、「自ら違法に招いたもので」通常予想される範囲内にとどまるか否か）及び平成二〇年東京高裁判決において示された要件（侵害行為は「被告人が自らの違法な行為によって招いたものと評価するのが相当である」か否か）と類似している。ところが、このような要件を充たす場合、正当防衛のいずれの成立要件が否定されるのか、つまり、いかなる理論構成をとるのかについては、異なった見解を示している。すなわち、福岡高裁及び二つの東京高裁は、前述の通り、侵害の「急迫」性が否定される要件としたのに対して、本判決は、「Aの侵害は、違法な先行行為をした被告人との関係においては、刑法三六条における『不正』の要件を欠く」とし、侵害の「不正」性を否定する要件としているのである。ここに、本判決の意義がある。そして、このような理論構成に対しては、「先行行為と侵害行為との間の客観的な関係を理由に侵害の急迫性を否定するという構成を採らなかったのは、急迫性に関する判例理論との矛盾を懸念したためであろう」という指摘がなされており、[182]本判決が侵害の「急迫」性の存否の問題として、本件を処理しなかった点は「正当である」という評価がなされている。[183][184]

第二款　侵害の自招性を「正当防衛の主観的要素（防衛意思）を否定する要素」として検討する判例

第一項　判例において防衛意思を否定する要件

侵害の自招性を、正当防衛の主観的要素（防衛意思）を否定する要素として検討する判例を検討するにあたって、まず、最高裁における防衛意思を否定する要素について、確認する。この点に関して、第二節第二款において検討した結果、次の結論を得た。[185]すなわち、最高裁は、防衛意思必要説の見地に立ち、「刑法三六条の防衛のための行為というためには、防衛の意思をもってなされることが必要であるが、急迫不正の侵害に対し自己又は他人の権利を防衛するためにした行為と認められる限り、たとえ、同時に侵害者に対し憎悪や怒りの念を抱き攻撃的な意思に出たものであっても、その行為は防衛のための行為に当たる」と解しており、防衛意思が否定されるのは、「攻撃を受けたのに乗じ積極的な加害行為」に出たという事情又は「防衛に名を借りて侵害者に対し積極的に攻撃を加える行為」に出たという事情、言い換えると「行為が専ら攻撃の意思」に出たという事情がある場合に限られることになるとし、これらの事情は、「急迫不正の侵害が開始されてから、防衛行為が行われるまでに」存在していたかが問題となり、その存否は、被告人の（挑発的）言辞や具体的行動等から認定されることになると指摘したのである。

ただし、上記の最高裁の見解によれば、防衛意思が否定されるのは「きわめて稀なケース」であり、[186]「きわめて例外的な事案に限られる」ことになる。[187]そして、実際の下級審の判断に対しても、「最近の下級審裁判例で防衛意思が否定された事例はごくわずかである」という指摘がなされているが、[188]このような中、被告人の客観的な挑発的行為を、防衛意思を否定する要素として考慮した判例として、昭和五四年五月一五日東京高裁判決がある。[189]

第二項　昭和五四年東京高裁判決が対象とした事実関係及び事例判断

本件は、被告人（女性）が内縁関係にある男性を、口論のもつれから洋鋏で突き刺す等によって殺害した事案であるが、犯行の経緯が防衛意思の存否に関わる事項に関連するので、犯行に至る経緯から示すことにする。

この点に関して、原審である東京地裁は次のように判示している。[190]すなわち、「被告人は、台湾で出生した中国人であるが、昭和四九年九月ごろ、台北市内のダンスホールで働いていた際に、客として遊びに来た甲野太郎（…以下、甲野という。）と知り合い、同人に好意を抱くとともに、経済的に困っていた同人に同情して同人を援助し、その後しばらくして台北市内の被告人のアパートで同棲生活に入り、翌五〇年一月同人と婚姻したが、同人が帰国を望んだため、その意思に従い、同年二月に来日した。以後被告人は、（アパート）に甲野と同居し、当初同人とともに付近のAホテルで働いたが、被告人は、間もなく都内X区にある中華料理店に、さらに昭和五二年六月からは都内Y区の中華料理店『B』b支店に順次働き先を移し、Bでは土曜、休日を除いて午後五時ごろから同一〇時ごろまでウエイトレスとして勤務し、月収約二〇万円を得ていた」。「甲野は、台湾にいた間は被告人にやさしく親切であつたが、来日後は、態度が一変して被告人に対し冷淡になり、被告人は、甲野のほか頼る者もない日本にあつて寂蓼に堪え難いこともしばしばであつたが、こうした状態について不平を言えば、甲野からかえつて暴力を振われるため、ひとり懊悩を重ねていたところ、甲野は、昭和五二年九月ごろ、前記Aホテルをやめ、ブラジルのサンパウロ市に本社があるC旅行社に被告人の反対を押し切つて入社し、被告人を日本に残したまま約一か月間、さらに同年一二月から約二か月間にわたりブラジルに滞在し、その間にブラジルの女性二名と次々に情交関係を結び、被告人に秘して後の一名と同棲に近い生活を営むようになつていたが、このような事情を知らない被告人は、甲野が帰国する日を待ちわびていたところ、同人は昭和五三年二月一一日一旦帰国した」。「被告人は、甲野が、久しぶりに帰国したにもかかわらず、孤独に堪え難い思いを抱いていた被告人に対し、ほとんど思いやりを示そうとしないことにいたく失望したが、さらに同人のスーツケースの中から、ブラジル女性の恋文やその写真を発見し、これにつき甲野に問いただしたところ、同人から、『男は遊ぶのが当然だ。』などと言われるのみで、それ以上相手にされなかつたため、甲野がブラジルの女性に心を移してしまつたのではないかとの強い不安を抱くに至つた。同月一六日朝になつて、被告人は、甲野が出発の際持参した夏服を持ち帰つていないことに気づいて、甲野が間もなくブラジルに戻るつもりで、これを右の女性のもとに預けて来たのに違いないと思い、被告人との結婚生活が破綻してしまうのではないかと感じて、一層やりきれない気持に陥つて行つた」。「被告人は、同日、いつものように夕方からの勤めに出て、夜一一時ごろ帰宅したところ、甲野は同夜三名の友人を呼んで麻雀をしており、翌一七日午前二時ごろになつて、友人らは帰つたが、その後甲野に食事をとらせ、台所で後片付けをしている際、被告人は、やりきれない気持から平素飲むことのないウイスキーコップ半分位を一気に飲み干した後、しばらくして同日午前三時ごろ、奥六畳間のベッドに横臥している甲野の傍らに行き、同人に対し、『子供を産んで落ちつきたい。』とか、『今の仕事をやめて商売でも始めたらどうか。』などと語りかけたが聞き入れられず、またブラジルの女性のことについて問いただしたところ、かえつて甲野から離婚を求められ、これに対し『別れないで欲しい。ブラジルに行くなら自分もついて行く。』などと懇願するうちに口論となり、甲野から頭髪を引つ張られ、顔面を殴られ、ベッドの脇の小型書棚を倒されるなどの暴行を受け、その際書棚が被告人の額に当つたので、被告人は同室の電灯を消し、豆球がついた状態にして、洗面所に行つたが、額付近にこぶができているのを見ているうちに感情が激昂してくるのを押えることができなかつた」とした。

これを前提として、東京地裁は、「罪となるべき事実」を示した。すなわち「被告人は、同日午前三時半ごろ、台所にあつたブランデーの空びん（丸型）を右手に持つて奥六畳間に戻り、右側を下にして横臥している甲野の頭部を腹立ちまぎれに二回程殴打したところ、不意をつかれた同人は、ブランデーびんを持つ被告人の手を振り払うとともに、被告人を強く突き飛ばし、そのため被告人はベッドの反対側に位置する鏡台付近に尻もちをつくような形で倒れたが、甲野は、さらにベッドから起き上り、大声で、『精神病だ。医者に見てもらえ。』などと怒鳴りながら、被告人に近づき、倒れている被告人の頸部を左手でつかみ圧迫を加えるなどの反撃行為に及んだが、被告人は、甲野からこのような反撃を受け、手で頸部を圧迫されるや、恐怖、狼狽のあまりこのままでは首を絞められてしまうものと誤想し、たまたま近くにあつた裁縫用の洋鋏一丁（全長約二四・三センチメートル…）に右手が届いたため、これを用いて自己の生命に対する侵害を防衛することもやむを得ないものと判断し、とつさにその鋏を逆手に持ち、同人を死に至らせるかも知れないが、そうなつてもやむを得ないと決意し、同人の上体左側部分を力まかせに突き刺し、鋏を取上げようとして必死に抵抗する同人に対し、さらに少なくとも数回、上体を力まかせに突き刺したが、その際、同人と激しく揉み合ううちに、やがて被告人は、激昂、恐怖、狼狽及びこれまでひたすら堪え忍んで来たことによる鬱積した感情が堰を切ったように迸り出たこと等により精神的に強度に興奮して情動性朦朧状態に陥るとともに、甲野を殺害する意思を抱くに至り、前記刺突行為により床に倒れた同人に対し、前記鋏でその頭部、顔面、頸部、背部、臀部等を滅多突きにし、あるいは刺し、さらには同人の陰茎を切断するなどし、結局、以上の行為により、同人に、肝臓、脾臓、腎臓、肺臓の損傷を伴う全身合計約一五〇箇所に及ぶ頭部、顔面、頸部、胸部、背部、腰部、臀部等の刺切創及び陰茎切断の各傷害を負わせ、同傷害により間もなく同所において同人を失血死させて殺害したものであるが、被告人の以上の行為は、自己の生命に対する急迫、不正の侵害があるものと誤想して、自己の生命を防衛するためにしたもので、かつ、防衛の程度を超えたものである」とした。

その上で、東京地裁は、被告人の行為は、刑法一九九条に該当し、さらに誤想過剰防衛行為であることも併せて肯定し、刑法三六条二項及び六八条三号により刑を減軽した（懲役六年）。

そこで、被告人側から、控訴された。

東京高裁は、被告人側から主張された、①殺意の不存在、②正当防衛又は誤想防衛の成立、③期待可能性の不存在及び④心神耗弱の存在という四つの事項に対して検討を加え、原判決の「被告人の本件所為を誤想に基づく過剰防衛行為と認定し、これに刑法三六条二項を適用処断した点」において「事実を誤認しかつ実体法令の解釈を誤った違法あ」るとした上で、この「違法は判決に影響を及ぼすものであることが明らかである」として原判決を破棄した。そして、「被告人の判示所為は刑法一九九条に該当する」と自判した（懲役六年）。

ここでは、本判決を、「侵害の自招性を『正当防衛の主観的要素（防衛意思）を否定する要素』として検討する判例」として取り上げているから、以下では、「被告人の所為をもつて正当防衛少なくとも誤想防衛に該当する」という被告人側の主張に対する東京高裁の説示を示すことにする。

東京高裁は、「原認定にかかる所論甲野の攻撃なるものは、まず被告人において、薄暗い室内のベッドに横臥中の右甲野に対し、その後方からいきなりブランデーの空瓶を揮って頭部を二、三回殴打するという先制的加害を行つたのに対し、同人が被告人の右手を払いのけて右空瓶を払い落とすとともに強く突きとばし、『精神病だ、医者にみてもらえ』などと怒鳴りながら、床上に尻もちをついて仰向けになつた被告人に近づき、その頸部を左手で摑み圧迫を加えたというものである。これによつてみれば、右甲野の攻撃は、被告人による急迫不正な加害並びに状況上当然予測される後続的加害に対する反撃として、自己の身体を防衛する意思並びに憤激昂奮にかられてこれとほとんど同時に併発した加害の意思とに基づき、なされたものであることは蓋し推認にかたくなく、また右攻撃は瞬時一連の一個の行為であつて、その程度態様もそれが被告人の身体に対する暴行であるという以上により意図的な傷害乃至殺人の行為であつたとまでは認めがたいから、右反撃をもつて防衛行為としての限界を逸脱するものとすることもできない。とくに、薄暗い室内で横臥中のところを不意に、しかも頭部にかなりの重量物による打撃を連続的に二、三回も加えられたとあつては、恐怖、狼狽、逆上のあまり加害者に対してとつさに右の程度の反撃に及ぶのも通常の人間にあつてはむしろ自然の反応として免れがたい成行きであるから、かかる因果の系列のもとでは、被告人が蒙つた程度の反撃は、実質的には被告人がみずから作出招来したものと目されてやむをえないという事情もそこに存するものであることは、原判示のとおりである」。「してみれば、右甲野の反撃は、客観的には、被告人による急迫不正の加害に対する正当な防衛の行為なのであり、これに対する被告人の再反撃たる殺意の行為をもつて正当防衛にあたるとする余地は客観的に存しない。この点の原判断も正当である」とした。

次に、原判決が「(イ)被告人は右甲野から頸部を圧迫されるや恐怖、狼狽のあまりこのままでは殺されてしまうものと誤想し、防衛行為に出たものである、(ロ)しかし右誤想を前提としても、素手でしかも片手で頸部を圧迫する行為が始まつたばかりの段階で、これに対抗するに直ちに鋭利な洋鋏で軀幹部を力任せに刺突し、かつ鋏をもぎ取ろうと抵抗する同人がついに力尽きて床上に倒れ無抵抗状態となるまでの間刺切を継続した行為は、防衛の程度を超えるものである、(ハ)そしてその後の、相手方が身動きしない状態となつたあとの刺切は誤想防衛にもあたらない、(ニ)しかし、結局被告人の行為は全体として誤想過剰防衛として刑法三六条二項の適用をうける旨判示し、右法条によつて刑を減軽した」点に関連して、「本件犯行の態様を被告人の捜査過程及び原審公判廷における各供述並びに死体の損傷の部位程度等に基づいていま少しく《ママ》詳細に見てみると、そこには次のような特徴的事実を見出すことができる」とし、以下のように説示する。「(イ)前記のとおり、さしあたって当面の甲野の反撃は被告人の頸部を片手で圧迫するという暴行の行為にとどまるものであるところ、(ロ)被告人は右暴行が開始されたばかりの時点で、その右側にあつた鏡台用椅子の蓋を開き、中から洋鋏を右手に取出したものであること、(ハ)被告人は、右椅子内に洋鋏を含む裁縫用具の外金槌などが収納されていることをかねて承知していたものであること、(ニ)被告人は鋏を取り出すや否や、とくに警告的示威的加害等の手段をとることもないまま、いきなり相対している右甲野の上体部を数回連続的に刺突したものであること、(ホ)右刺突を受けた甲野は被告人から離れ、立上つて後退し、次いで被告人の鋏を奪い取るべく暫時もみ合ううちに床上にかがみ込むように倒れ落ちたというものであるところ、右もみ合いの間は刺突の余裕はなかつた旨の被告人の言は信用できるから、してみると被告人の前記の刺突はかなりに強力なものであつて、それだけで相手方に深刻な打撃を負わせる程のものであったと推認されること、(ヘ)床上に倒れ落ちた甲野は、もはや決定的な抵抗力を失い、なお暫くは仰向けになつたりうつ伏せになつたりという身動きが可能であつたものの、やがてまつたく身動きのない状態におちいつたものと認められるところ、創傷の数、態様、部位から推して、被告人は相手方が床上に倒れ落ちた後においてこそかえつて執拗に、かなりの時間にわたつて刺切を反覆継続したものであつて、かつその加害には甲野の生命にとつて重大なものも含まれていると認められること、(ト)刺突の部位は特に頭部から胸部、背部の軀幹部にかけて多く、うち特に重大な創傷は左側胸部の一群並びに背部の一群であり、かつ被告人は右甲野の下着を切り抜いたうえで陰茎を切断していること、等の諸事情がそれである」とし、「以下、右の具体的事実関係に即して原判決の事実認定と法律判断の当否を検討してみる」とした。

その上で東京高裁は、「これについては、まずもつて、前提として考えておかなければならないことがある。それは被告人の所為は、同一機会場所において同一人に対し同一態様の加害行為を反覆継続したものとして、全体として一個の行為と認められるものであること原判示のとおりであるものの、そのうえで、それは時間的にかなりの幅のある行為であり、かつその時間を通じてほぼ同一態様の加害行為を多数回にわたり反覆継続しつづけたものであるという特殊性において、例えば一時の激情にかられて短時間内に相手方を一突き二突きしたというような一過的瞬間的な行為とは趣を異にするものがあるということである。後者の場合であれば、初度目の反撃によつて相手方の加害若しくはその誤想が客観的に解消したとしても、これに引続く二回目の反撃は時間的になお防衛意思の全面的に解消するいとまのないうちに行われたものとして、或はいつたん防衛行動を開始した者の心の動きとしていわばやむを得ぬ自然の成行きである故にその責任の減少が認められるものとして、なお全体として過剰防衛行為と評価されうることも多かろうが、前者の場合は直ちにこれと同一に考えることはできない。蓋しかかる場合、とくに本件においては、当初の誤想そのものの強弱乃至程度を勘案し、行為全体のうち誤想に基づいてなされた加害の時間的長さ、程度、態様を誤想解消後のそれと対比較量し、また、併存する防衛・加害の両意思のいわば比重を考え、防衛意思の存在下になされた加害の時間的長さ、程度、態様を右意思の解消後もつぱら積極的加害の意思のもとでなされたそれと対比較量することによつて、当該行為を全体として誤想に基づくかつ防衛意思に発する行為と認められるか否かが判断される外はないものと考えられる」としたのである。

そして、東京高裁は、「以上を前提におき本件事実関係に立ち帰ってみると、まず、被告人の先制加害に対する前記甲野の防衛的反撃をもつて、初め被告人が防衛の程度を超える殺害行為であると誤想したとする点は、事実の成行上全く有り得ぬことでもないから、原認定を肯認することができる。しかしながら、右甲野の反撃はもともと素手でかつ片手で行われたものであるし、被告人はこれに対応するに洋鋏をもつて数回連続的にその上体を刺突し、それだけでかなりの身体的打撃を与えているのであるから、概ね右甲野が決定的抵抗力を失つて床上に倒れ落ちた時点を境に、以後は前記誤想の原因となつた甲野の反撃はもとより、その再開継続を予期させる事情も客観的に解消したものと認めなければならない。この間の事情について、被告人は、相手方が頭部を台所の方向に向けてうつ伏せにかがみ込んだ、相手方ははあはあと苦しそうな息をしていた旨述べているのであるから、右甲野の反撃解消の事実は被告人においてもその時点において十分認識したものと認めるにかたくなく、そうである以上は、この時点を境として自己の生命に対する加害が存し若しくはさらに継続する旨の被告人の誤想もまた解消するにいたつたものと認めることができる。これより後、右甲野がまつたく身動きのない無抵抗状態となるに及んで漸く誤想が解消したとする原認定はいささか合理性を欠くものである。そして、右誤想解消の時期は行為開始後比較的初期のことであるから、合計一五〇余個所という創切傷はその大部分が右誤想解消後においてあえて加えられたものというべく、すなわち被告人は誤想のない状態において、当然被告人の加害から逃れようと転々し、或は背を向けたりしている同人に対し、なおも激しい加害行為をそれもかなりの時間にわたつて反覆継続したものであると認める外はない。かかる特別な事実関係のもとでは、被告人の前記誤想は、加害行為全体に対する関係ではその決定的原因として認めがたいばかりか、さほど意味ある原因としてさえ作用していないものと認めるべきであり、いい代《ママ》えれば、被告人の本件加害行為を全体としてみる場合、それが『誤想』に基づく行為であると認めることはできないものである」。

「次に防衛意思の有無につき検討する。いうまでもなく、相手方の攻撃に対し憤激逆上して反撃を加えたからといつて直ちに防衛の意思を欠くことになるものではなく、かえつて、急迫不正の侵害に対抗して若しくはこれありとの誤想に基づいて行う反撃については、それが客観的に右侵害若しくは誤想された侵害に対する防衛行為の意味合いを有するものであるときは、一般に防衛意思の併存を推認することさえ可能であろう。しかし右の理は一般論であり、行為者の主観の如何によつては、例えば、行為者がかねてから相手方に憎悪の念をもち、攻撃を受けたのに乗じて積極的な加害行為に出た等特段の事情がある場合とか、あるいは防衛に名を藉りて、すなわち急迫不正の侵害若しくはその誤想があることを好機としてその機会をかり相手方に対し積極的な攻撃を加えた場合のごときにおいて、防衛の意思を欠くものとされるのはやむをえない。これを本件の具体的事実関係についてみると、まずもつて、本件犯行は前記のブランデー空瓶による頭部殴打に引続いて生じたものであるから、そこには右殴打行為の動機たる事情、すなわち本件当夜右甲野から頭髪を引張られたり顔面を殴打されたりしたことを契機にかねてうつ積していた忿懣が一挙に発して加害の意思を生ずるにいたつたという事情が被告人の心中に尾を引き、これが右甲野から突きとばされ頭部を圧迫されるという反撃を受けるに及んで遂に爆発的に発現して本件刺切の一つの動機として作用したものと認めるのが合理的である。そうでなくては、前記の程度の反撃に対し直ちに洋鋏によるかなりの力での連続刺突をもつて応じ、かつ引続いて多数回の継続加害に及んだことが必ずしも合理的に説明できない。すなわち第一に、本件加害は既にその開始の時点において、かねてから相手方に対し抱いていた加害意思の爆発的昂揚発現という性質を濃厚に併有していたものと認められるのである。そして第二に、行為開始後比較的早い時点において相手方が反撃力を失い、被告人の誤想も解消したものと認められること前叙のとおりである以上、その時点においては誤想に基づく被告人の防衛意思も消滅するにいたり、すなわち被告人は、防衛意思がまったく解消したのちにおいて、もっぱら相手方に対する積極的加害の意思に基づいて量的にも質的にも本件加害行為の大部分を反覆継続したものと認められるのである。かかる特別な事情のある本件事実関係のもとでは、被告人の行為を全体としてみる場合、それが『防衛意思』に基づく行為であるとすることはとうていできない。してみれば、被告人の本件所為を全体として『防衛』の行為であるとは認めがたい」とした。

以上の検討の結果、東京高裁は、「被告人の所為を全体として誤想に基づく防衛の行為であると認めがたい以上は、そこに『過剰』防衛行為の成立する余地もなく、この点に関する原判決の事実認定並びに実体法の解釈適用は誤りであり違法である。行為開始当初に前記誤想が存し、かつ行為開始当初に防衛の意思が併存していたとの事情は、結局本件においては量刑にあたつて参酌されるべきものであるにとどまる」としたのである。

第三項　昭和五四年東京高裁判決と最高裁の関係

本件は、被告人から甲野に対して行われた「ブランデー空瓶による頭部殴打」をきっかけとして生じた事案であるので、東京高裁は、「甲野の反撃は、客観的には、被告人による急迫不正の加害に対する正当な防衛の行為なのであり、これに対する被告人の再反撃たる殺意の行為をもって正当防衛にあたるとする余地は客観的に存しない」ことを前提としている。それゆえ、純粋な正当防衛の事案ではない。しかし、東京高裁は、「なお全体として過剰防衛行為と評価されうる」ためには「当初の誤想そのものの強弱乃至程度を勘案し、行為全体のうち誤想に基づいてなされた加害の時間的長さ、程度、態様を誤想解消後のそれと対比較量し、また、併存する防衛・加害の両意思のいわば比重を考え、防衛意思の存在下になされた加害の時間的長さ、程度、態様を右意思の解消後もっぱら積極的加害の意思のもとでなされたそれと対比較量することによって、当該行為を全体として誤想に基づくかつ防衛意思に発する行為と認められる」ことが必要であるとした上で、事案処理を行っている。これは、東京高裁が誤想に基づく過剰防衛の成否を判断する場合にも「防衛意思」を必要としているものと解することができ、さらに、防衛意思を否定する要素として「積極的加害の意思」をあげているから、最高裁が防衛意思を否定する要素としてあげる基準とも平仄が合う。したがって、昭和五四年東京高裁判決は、最高裁判所の見地を前提として、被告人の挑発的行動を、防衛意思を否定する要素として考慮した判例として位置づけることができる。

そこで、以下では、東京高裁が被告人の挑発的行為をどのような形で防衛意思を否定する要素と解したのかについて、分析することにする。

第四項　昭和五四年東京高裁判決における被告人の挑発的行為の位置づけ

東京高裁は、防衛意思の存否について、最高裁が示した判断基準を踏まえて、[191]一般論として次のように指摘する。すなわち「相手方の攻撃に対し憤激逆上して反撃を加えたからといって直ちに防衛の意思を欠くことになるものではなく、かえって、急迫不正の侵害に対抗して若しくはこれありとの誤想に基づいて行う反撃については、それが客観的に右侵害若しくは誤想された侵害に対する防衛行為の意味合いを有するものであるときは、一般に防衛意思の併存を推認することさえ可能であろう」。しかし、「行為者の主観の如何によっては、例えば、行為者がかねてから相手方に憎悪の念をもち、攻撃を受けたのに乗じて積極的な加害行為に出た等特段の事情がある場合とか、あるいは防衛に名を藉りて、すなわち急迫不正の侵害若しくはその誤想があることを好機としてその機会をかり相手方に対し積極的な攻撃を加えた場合のごときにおいて、防衛の意思を欠くものとされるのはやむをえない」とする。

そして、これを前提として事例判断を行い、防衛意思を否定したが、東京高裁は、被告人の挑発的行為＝「ブランデー空瓶による頭部殴打」それ自体ではなく、その行為の背後に存在する被告人の動機に着目し、ブランデー空瓶による頭部殴打行為に至る動機が「本件刺切」の「一つの動機」と位置づけしている。すなわち、ブランデー空瓶による頭部殴打行為の「動機たる事情」を、「本件当夜右甲野から頭髪を引張られたり顔面を殴打されたりしたことを契機にかねてうつ積していた忿懣が一挙に発して加害の意思を生ずるにいたつたという事情」と位置づけ、「甲野から突きとばされ頸部を圧迫されるという反撃を受ける」ことと相俟って、その後の「本件刺切」に至ったとしているのである。

さらに、東京高裁は、①「本件加害は既にその開始の時点において、かねてから相手方に対し抱いていた加害意思の爆発的昂揚発現という性質を濃厚に併有していた」こと、②「行為開始後比較的早い時点において相手方が反撃力を失い、被告人の誤想も解消したものと認められる…以上、その時点においては誤想に基づく被告人の防衛意思も消滅するにいたり、すなわち被告人は、防衛意思がまったく解消したのちにおいて、もっぱら相手方に対する積極的加害の意思に基づいて量的にも質的にも本件加害行為の大部分を反覆継続した」ことを、「特別な事情」と位置づけ、「かかる特別な事情のある本件事実関係のもとでは、被告人の行為を全体としてみる場合、それが『防衛意思』に基づく行為であるとすることはとうていできない」としたのである。

第五項　昭和五四年東京高裁判決の位置づけ

最高裁において、積極的加害意思が正当防衛の要件（侵害の急迫性又は防衛意思）を否定する要素とされた後、「防衛意思を否定する意思」（積極的加害意思）と「行為者の犯行以前から犯行当時まで存在した行為者と被害者の人的関係に基づく動機」を関連づけた判例として、昭和五四年東京高裁判決を位置づけることができるが、これと同様の傾向を示す判例も散見される。

例えば、高裁レベルでは、昭和六〇年東京高裁判決がある。[192] 東京高裁は、被告人の行為は、被害者の「度重なる悪態に我慢しきれず、同人が包丁を手にしたのを見て憤懣が爆発し、積極的な攻撃の意思で行った」ことが強く推認できるとして、防衛意思を否定している。

地裁レベルでは、まず、昭和五六年大阪地裁判決がある。[193] 被告人は、被害者の「言動を契機」として、振り向きざまに被害者の腹部中央めがけ果物ナイフで思い切り突き刺し、一撃で同人に致命傷を与え、さらに、「かねてからしのぎに対し根強い反感を抱いていた」ことを踏まえて、大阪地裁は、「本件犯行前あるいは犯行時の状況、犯行の動機、原因等」に徴すれば、被告人は、被害者らの「言動に対し、憤激の余り積極的に攻撃を加える意図のもとに本件犯行に及んだ」ものとして、被告人の行為は防衛行為としてなされたことを否定している。次に、昭和五七年大分地裁は、「被告人の本件犯行は、単に防衛のためのみではなくそれまでのOに対する憤懣が一時に爆発したという面があつたことも否定できない」が、被告人の供述内容及びこれに至るまでの経緯等に照らすと、「この機に乗じて専ら積極的加害の意図でなされたものとまでは直ちに断定し難く、右憤懣による攻撃的意思が併存していたとしてもなお、被告人の本件犯行は『防衛する為め』にした」ことを肯定している。(194) さらに、昭和六一年福岡地裁は、最判昭四六・一一・一六刑集二五巻八号九九六頁、最判昭五〇・一一・二八刑集二九巻一〇号九八三頁、最判昭六〇・九・一二刑集三九巻六号二七五頁、判時一一七四号一五一頁を引用しつつ、Nからの急迫不正の侵害に対応してなされた「被告人の反撃行為の態様やその後の行動」に照らすと、「被告人がかねてNに対し抱いていた不満の念や本件刺突行為当時の憤激の情」を考慮に入れても、「被告人が専ら攻撃の意思のみに基づき本件刺突行為を行つた」ものと解するのは困難であるとして防衛意思を肯定している。(195)

ただし、昭和五四年東京高裁判決は、客観的な被告人の挑発的行為＝「ブランデー空瓶による頭部殴打」行為が存在している点で、右で示した判例と異なる。しかし、第三節第二款第四項で示した通り、東京高裁は、被告人の挑発的行為＝「ブランデー空瓶による頭部殴打」それ自体ではなく、その行為の背後に存在する被告人の動機に着目し、被告人のブランデー空瓶による頭部殴打行為に至る動機が、その後被告人が「本件刺切」を行う「一つの動機」と位置づけしているから、「防衛意思を否定する意思」（積極的加害意思）と「行為者の犯行以前から犯行当時まで存在した行為者と被害者の人的関係に基づく動機」を関連づけた判例として位置づけることができる。さらに、東京高裁は、客観的な被告人の挑発的行為を、「防衛意思を否定する意思」関連づけているから、「侵害の自招性を

『正当防衛の主観的要素（防衛意思）を否定する要素』として検討する判例」としても位置づけることができるのである。[196]

第三款　侵害の自招性を「防衛行為の相当性を制限する要素」として検討する判例

第一項　侵害の自招性を防衛行為の相当性と関連づけた判例

侵害の自招性を「防衛行為の相当性[197]を制限する要素」として検討する判例としては、昭和六〇年七月八日福岡高裁判決がある。[198]

福岡高裁は、「Aが、被告人宅の玄関戸を五分ないし一〇分間にわたつて足蹴りするなどした行為」を、「不正の侵害に該当する」と解した上で、「相手方の不正の侵害行為が、これに先行する自己の相手方に対する不正の行為により直接かつ時間的に接着して惹起された場合において、相手方の侵害行為が、自己の先行行為との関係で通常予期される態様及び程度にとどまるものであつて、少なくともその侵害が軽度にとどまる限りにおいては」、侵害の急迫性を否定すると共に、「積極的に対抗行為をすることは、先行する自己の侵害行為の不法性との均衡上許されないものというべきであるから、これをもつて防衛のための已むを得ない行為（防衛行為）にあたるとすることもできない」という基準を提示し、これに基づき、次のような事例判断を行う。すなわち、「Aの行為に先行する被告人の行為が理不尽かつ相当強い暴行、すなわち身体に対する侵害であるのに対し、それに対するAの行為は、屋内にいる被告人に向けて、屋外から住居の平穏を害する行為を五分ないし一〇分間にわたつて続けたに過ぎないものであつて、Aにおいて包丁を所持していたとはいえ、未だ、それによつて被告人らの身体等に危害が及ぶという危険が切迫していた状態にもなかつたことを考慮すると、Aの右行為については、未だこれを被告人に対する急迫の侵害にあたるものと認めることはできないし、右状況の下で、Ａの身体に対し竹棒で突くという、傷害を負わせる危険性の高い暴行を加えて対抗することは、Ａの行為を排除する目的を併せ有するものであることを考慮しても、自己の先行行為のもつ不法性の均衡上、これを防衛のための已むを得ない行為（防衛行為）にあたるものと評価することもできない（従って、過剰防衛にもあたらない。）」としたのである。

次に、平成一二年大阪高裁判決は、自己の先行行為がある場合、言い換えれば被害者の攻撃が被告人の行為により「誘発された」場合、侵害の急迫性は否定できなくとも、「相当性が認められる範囲がより限定される」とした(199)。すなわち、大阪高裁は、「本件においては…被告人がすでに退店しようとしていた際に起こった事件であるという特段の経緯、事情があることなどから、急迫性などの正当防衛状況がなかったとまでは断定できないとしても、被告人を殴打しようとした甲野の行為が、これより先に被告人が甲野に向けて椅子を蹴り付けた行為により誘発されたものであることは動かし難い事実であるから、被告人の反撃について、防衛行為としての相当性の有無を判断するに当たっては、本件事案を全体として見た上での保護法益の均衡という視点から、右のような誘発行為の存しない場合に比し、相当性が認められる範囲がより限定されるものと考えられる」とするのである。

第二項　昭和四四年最高裁判決と高裁判決の関係

防衛行為の相当性に関して、一般論を述べた最高裁判例として、昭和四四年最高裁判決が重要であるが(200)、ここでは、「刑法三六条一項にいう『已ムコトヲ得サルニ出テタル行為』とは、急迫不正の侵害に対する反撃行為が、自己または他人の権利を防衛する手段として必要最小限度のものであること、すなわち反撃行為が侵害に対する防衛手段として相当性を有するものであることを意味するのであつて、反撃行為が右の限度を超えず、したがつて侵害に対する防衛手段として相当性を有する以上、その反撃行為により生じた結果がたまたま侵害されようとした法益より大であっても、その反撃行為が正当防衛行為でなくなるものではないと解すべきである」と判示する。

大阪高裁判決は、「被害者の攻撃が被告人の行為により誘発されたこと」を「相当性を限定する要素」とする。これは、防衛行為者が挑発等の先行行為を行っている場合、昭和四四年判決が示した「自己または他人の権利を防衛する手段として必要最小限度」の範囲をより制限する方向で作用することを示したことになるが、「侵害を自招したことにより防衛行為の相当性が制約されるか否かについて、先例となる判例は見受けられない」という指摘があり、[201]注目に値する判例である。

さらに、大阪高裁判決は、福岡高裁判決と比較した場合、次のように解し得る。すなわち、福岡高裁判決では、「相手方の不正の侵害行為が、これに先行する自己の相手方に対する不正の侵害行為により直接かつ時間的に接着して惹起された場合において、相手方の侵害行為が、自己の先行行為との関係で通常予期される態様及び程度にとどまるものであって、少なくともその侵害が軽度にとどまる限りにおいては」、侵害の急迫性及び防衛行為の相当性を否定している。[202]これに対して、大阪高裁判決では、侵害の急迫性を肯定しつつ、「被害者の攻撃が被告人の行為により誘発されたこと」を「相当性を限定する要素」とする。それゆえ、自招侵害の事例において、判例は、侵害の急迫性が否定される場合は、同時に、防衛行為の相当性を否定することになるが（福岡高裁判決）、仮に、侵害の急迫性を否定できない場合であっても、防衛行為に相当性が肯定できる範囲がより限定される（大阪高裁判決）という枠組みで判断していたことになる。

第三項　行為の自招性を防衛行為の相当性と関連づける場合の視点

次に、防衛行為者の挑発等の先行行為（行為の自招性）が、如何なる見地に基づいて「防衛行為の相当性」の判断、言い換えると「防衛行為がやむを得ない行為といえるか」の判断に影響を与えるかが問題となる。

この点に関して、参考となる判例は昭和六三年東京高裁判決であるが、[203] 本件は、客Aに異常な行為を強要されたホテトル嬢[204]が逃げ出すため客をナイフで刺殺した行為について正当防衛の成否が問題となっている。すなわち、「Aは、被告人から…ナイフを突き刺されたことにより、左肺を損傷する創洞の長さ約九センチメートルの前胸部刺創（キ創）、第五肋骨を切断し、左肺を損傷する創洞の長さ約五センチメートルの前胸部刺創（ク創）、第五肋骨に切込みを作り、心臓に刺入する創洞の長さ約七センチメートルの前胸部刺創（ケ創）、肝臓を貫通し、胃を損傷する創洞の長さ約九・六センチメートルの腹部刺創（コ創）、同様の創洞の長さ約一一センチメートルの腹部刺創（ザ創）、肝臓を貫通し、胃小彎部脂肪織を損傷する創洞の長さ約一二センチメートルの腹部刺創（サ創）を負い、その他にも前記シ創、ハ創等いくつかの刺創、刺切創、切創などを負い、午後九時二分ころ、主に心臓、左肺、肝臓等についての胸腹腔臓器刺創に基づく失血により死亡した」ものであるが、[205] 本件では、このような被告人の本件行為が防衛のためやむを得ない行為といえるかが問題となっている。

この点に関して、まず、東京高裁は、Aと被告人の関係について、次のように説示する。すなわち、①「Aは、身長約一七二センチメートル、当時二八歳の男性であるのに対し、被告人は、身長約一五八センチメートル、当時二一歳の女性であって、体力的にAより劣勢であったこと」②「被告人は、本件犯行の一時間余り前にはAから、殴る、ナイフで突き刺す、ナイフを突き付けて脅すなどの強力かつ露骨な暴行や脅迫が加えられ、その後も手足を縛られて監禁状態に置かれ、わいせつ行為を強要されていたこと」③「Aは、被告人から第一撃を受けた後被告人を追い回している間、終始機敏に動いて攻勢を取り、被告人は守勢に回って、恐怖、驚き、怒り、興奮等の錯綜した心理状態の中で、必死に逃げあるいは応戦していたこと」を指摘する。[206] 一方で、④「被告人の最初の刺突行為についてはは、そのころ被告人は、監禁状態に置かれていたとはいえ、それ以上に強力な暴行を加えられていたわけではなく、そのような状況下でわいせつ行為を強要されていただけであり、被告人において、Aの言動、表情等から同人に無気味なものを感じ、更にどのようなことをされるかもしれないという不安を抱いていたことは否定し難いが、生命にまで危険を感じていたとは認められないこと」⑤「右の一撃は、先端の極めて鋭利な切出しナイフで、わいせつ行為に熱中する同人の腹部を狙いすまして強く突き刺した危険なものであること」⑥「被告人は、自らの意思により、『ホテトル嬢』として四時間にわたり売春をすることを約して、Aから高額の報酬を得ており、原審検察官が主張するように、これにより被告人が性的自由及び身体の自由を放棄していたとまではいえないが、少なくとも、Aに対し、通常の性交及びこれに付随する性的行為は許容していたものといわざるをえないから、被告人の性的自由及び身体の自由に対する侵害の程度については、これを一般の婦女子に対する場合と同列に論ずることはできず、相当に減殺して考慮せざるをえないこと」等の事情があるとした。

次に、「その後被告人がAから追い回されている間にした刺突行為」については、⑦「それが未必的にもせよ殺意をもって、右のような危険なナイフで繰り返し強烈に行われ、同人に対しキ、ク、ケ、コ、ザ、サの各創のような重傷を負わせ、間もなく同人をその場で失神させたうえ、約一時間後には失血死させたものであること」⑧「Aは、機敏かつ一方的に被告人を追い回し続けていたとはいいながら、素手であったうえ、被告人は、守勢に終始しながらも、Aに対しよく応戦していて、その間同人からナイフを奪い取られたようなことはなく、同人にナイフを取られない限り、被告人の生命までもが危険となることはなかったこと」⑨「Aの右のような執ような追撃は、被告人のAに対する前記の第一撃が、同人を刺激して激昂させ、これを誘発したといえなくもないこと」等の事情があり、「これらの事情もまた被告人の行為の違法性を判断するに当たって考慮に入れざるをえない」とした。

その上で、東京高裁は、「これらの諸事情を総合し、法秩序全体の見地からみると、確かにAの側に被告人の権利に対する侵害行為のあったことは否定し難いところであるが、本件の状況下でこれに対し前記のような凄惨な死をもって酬いることが相当であるとは認め難く、被告人の本件行為は、前後を通じ全体として社会通念上防衛行為としてやむことをえないといえる範囲を逸脱し、防衛の程度を超えたものであると認めざるをえない」としたのである。

昭和六三年東京高裁判決が示した⑨の事情すなわち「Aの右のような執ような追撃は、被告人のAに対する前記の第一撃が、同人を刺激して激昂させ、これを誘発したといえなくもないこと」は、被告人による先行行為を示したものといえるが、同判決では、⑨の事情を含めて「これらの事情もまた被告人の行為の違法性を判断するに当たって考慮に入れざるをえない」とするから、被告人の先行行為は、正当防衛の成否の判断（ここでは、「防衛行為がやむを得ない行為といえるか」の判断）に影響を及ぼすことを示していることになる。

「防衛行為がやむを得ない行為といえるか」の判断つまり防衛行為の相当性判断について、昭和二四年最高裁判決は、[207]「防衛行為が已むことを得ないとは、当該具体的事態の下において当時の社会通念が防衛行為として当然性、妥当性を認め得るものを言う」と説示するが、[208]この説示、「大審院時代からの一貫した考え方に基づくもの」であると指摘されている。[209]そして、昭和六三年東京高裁判決は、①～⑨の「諸事情を総合し、法秩序全体の見地からみると」、「被告人の本件行為は、前後を通じ全体として社会通念上防衛行為としてやむことをえないといえる範囲を逸脱し、防衛の程度を超えたものであると認めざるをえない」と判示しているが、ここで示された判断基準は、昭和二四年最高裁判決を踏まえたものとなっている。

さらに、前述の昭和四四年最高裁判決が「已ムコトヲ得サルニ出テタル行為」つまり「やむを得ずにした行為」の意義を示すにあたり、「すなわち」という「言い換えの文言」を間に入れた上で、「反撃行為が…防衛手段として相当性を有するもの」とする点を考慮すれば、昭和四四年判決も「基本的にはそれまでの判例の考え方に従ったものと理解でき」るとされる。[210]

第四項　小　括

以上を総合すると、「侵害の自招性を『防衛行為の相当性を制限する要素』として検討する判例群」においては、昭和四四年最高裁判決が示した基準（防衛行為が「自己または他人の権利を防衛する手段として必要最小限度」か）を前提として、侵害の自招性を「必要最小限度」の範囲をより制限する方向で作用させる要素として捉えており、この防衛手段の「最小限度」性を判断する視点としては、「大審院時代からの一貫した考え方に基づく」「当該具体的事態の下において当時の社会通念が防衛行為として当然性、妥当性を認め得る」か、言い換えると「全体として社会通念上防衛行為としてやむことをえないといえる範囲」かが前提となっている。

第四款　侵害の自招性を「喧嘩闘争の存在を肯定する要素」として検討する判例

第一項　喧嘩闘争と正当防衛の成否の関係

従来、日本の判例は、喧嘩闘争の場合、正当防衛の観念を入れる余地はないとしてきたが、その後、昭和二三年最高裁大法廷判決は、喧嘩の場合にも正当防衛の成立の余地があることを示唆していたところ(211)、この趣旨をさらに明確にした判例が、昭和三二年一月二二日最高裁判決(212)である。昭和三二年判決によれば、昭和二三年最高裁大法廷判決の趣旨は、「いわゆる喧嘩は、闘争者双方が攻撃及び防禦を繰り返す一団の連続的闘争行為であるから、闘争のある瞬間においては、闘争者の一方がもつぱら防禦に終始し、正当防衛を行う観を呈することがあつても、闘争の全般からみては、刑法第三六条の正当防衛の観念を容れる余地がない場合がある」というのだから、「法律判断として、まず喧嘩闘争はこれを全般的に観察することを要し、闘争行為中の瞬間的な部分の攻防の態様によつて事を判断してはならないということと、喧嘩闘争においてもなお正当防衛が成立する場合があり得るという両面を含むものと解することができる」とし、より明確に肯定説の立場を打ち出したのである。[213]

第二項　喧嘩闘争と挑発行為の関係

このように、判例は、喧嘩闘争の場合であっても、正当防衛の成立し得る場合のあることを肯定するに至っている。しかし、喧嘩闘争と評価される場合は、正当防衛が成立しないことまでは否定されていない。[214]それゆえ、「侵害の自招性を『喧嘩闘争の存在を肯定する要素』として検討する判例」群は、侵害の自招性と喧嘩闘争を関連づけながら、正当防衛の成立を否定し、その関連づけは、挑発と喧嘩闘争が原因と結果の関係にあることを意識して「挑発」を位置づけていることが多いといえる。

例えば、昭和五三年仙台高裁判決は、「被告人の挑発に基づく闘争拡大行為」が認められるかという視点から、挑発行為と喧嘩闘争行為との関連性の存否を検討し、これを否定している。[215]同様の視点から、昭和六〇年東京高裁判決も、「B子との喧嘩口論からすでに腹を立てていた被告人が、いきなりEに怒鳴り込まれ、同人から暴言を浴びせられ、金属性のへらで攻撃する仕草をされたため、一層腹を立て興奮したあげく、自ら『上等だ、表へ出ろ』と挑発的な言辞を申し向けたことから、Eもこれに応じ、互いに興奮して喧嘩口論から現実の喧嘩闘争に発展する状況となり、前記の事態に立ち至った」としている。[216]また、平成六年東京高裁判決は、「本件犯行は、いわゆる喧嘩闘争の一環としてされたものであって、本来防衛の観念を入れる余地がないから、過剰防衛はもちろん誤想過剰防衛すら成立しない旨」の検察官の主張に対して、「確かに、本件犯行の背景事情として、被告人とAの日頃の確執があったこと、当日のAの攻撃も、被告人の同人に対する『何が気に食わないんだ。文句があるなら殺せ。』という言葉に触発されたものであり、被告人の右発言を一種の挑発とみる余地があること等は、概ね検察官の主張するとおりであると認められる。しかし、当日Aは、前夜午後九時頃から翌日午前一時過ぎ頃まで、途中被告人が一時外出していた時間を含めると延々四時間以上にわたって、被告人が寝室としている八畳間でテレビを見ながら酒を飲み、テレビの番組にかこつけて大声で被告人に対する嫌がらせを言い、翌日糖尿病の診察を受けに病院へ行く予定で早く就寝したいと思っていた被告人を苛立たせたことが明らかであり、前記の言葉は、同人の暴言に耐えきれなくなった被告人が咄嗟に発したものと認められるから、これをことさらな挑発行為とみることには疑問がある」とする。そして、その後の闘争に言及した上で、「本件が、過剰防衛ないし誤想過剰防衛の観念を入れる余地のない喧嘩闘争の一環であるとする検察官の主張は、採用することができない」とする。[217] さらに、平成一二年大阪高裁判決は、「被告人が甲野に向けて椅子を蹴り付けた行為は、甲野に喧嘩を売ったとしか言いようのない挑発行為であって、被告人には、右行為によって、甲野の出方次第によっては同人と喧嘩闘争になっても構わないという未必的意図があったのであり、かつ、被告人は、甲野が立腹して被告人に対し何らかの反撃に出るであろうことを予期していたというべきであるから、被告人が椅子を蹴り付けたことによって、被告人と甲野との間に喧嘩闘争状態が出現したというべきであ」る、という検察官の主張に対して、事案を検討の上「被告人が甲野に向けて椅子を蹴り付けた行為が、所論の主張するような積極的な挑発行為であり、これにより両名の間に喧嘩闘争状態が出現したとまでは認められない」としている。[218][219][220]

(131)　拙稿「正当防衛における『自招侵害』の処理（一）」『松山大学論集』二一巻一号（平21年・二〇〇九年）［後に本書に収録］一二一頁［引用は後者による］。
(132)　的場＝川本・前掲注（26）一一三頁。
(133)　栃木・前掲注（26）六四頁。
(134)　ただし、栃木・前掲注（26）六四頁は、「故意的挑発や過失的挑発の場合には…判例の枠組みだけで有効に処理できるか疑問がないわけではない」とされる。さらに、的場＝川本・前掲注（26）一一三頁には、故意的挑発や過失的挑発の事案の処理について、「判例理論を前提とする限り、少なくとも侵害の急迫性は否定されないことになるはずであるが…下級審判例には、せいぜい故意的挑発と見るほかないと思われる事案で急迫性を否定したものがあるため、その位置付けが問題となる」という指摘がある。

(135) 東京高判昭六〇・六・二〇高刑集三八巻二号九九頁、判時一一六二号一六八頁。
(136) 橋爪・前掲注（2）一六〇頁。
(137) 拙稿「正当防衛における『自招侵害』の処理（二）」『松山大学論集』二一巻二号（平成21年・二〇〇九年）［後に本書に収録］一五九頁以下［引用は後者による］。
(138) 橋爪・前掲注（2）一六六頁。
(139) 橋爪・前掲注（2）一六六頁。なお、的場＝川本・前掲注（26）一一七頁は、本件を「被告人に侵害の予期と積極的加害意思に基づく意図的挑発ありとして、侵害の急迫性を否定している」判決であると評価する。
(140) 東京高判昭和六〇・五・一五東時三六巻四＝五号二八頁、高刑速（昭60）一二二頁。
(141) 拙稿・前掲注（131）一二一頁。
(142) 橋爪・前掲注（2）一五六頁参照。類似する判例として、仙台高判平一四・二・二〇【文献番号】28075204がある。ここでは、「被告人は、近づいてきたAからいきなりその顔面を手拳で殴打され、続けて膝蹴り等をされたものであり、被告人らのアベックに対する文句は、内容が格別相手を挑発するようなものでも、ましてやAやCに向けられたものではないから、Aの危難を自ら招いたといえないのであって、Aの被告人に対する暴行は、予期できない急迫不正の侵害に当たることは明らかである」と判示している。
(143) 大阪高判平七・三・三一判タ八八七号二五九頁。
(144) 山本輝之「判批」『平成七年度重要判例解説』（平成8年・一九九六年）一三三頁。
(145) 橋爪・前掲注（2）一五六頁。
(146) 浦和地判昭六一・六・一〇刑月一八巻五＝六号七六四頁、判時一一九九号一六〇頁。
(147) 浦和地裁は、侵害の急迫性の存否を判断するための要素として、「身障者である被告人とAとの間にはかなりの体力差があると認められること」をあげると共に、防衛行為の相当性を判断するための要素として、「双方の体軀・体力の違い（Aは、身長一七四センチメートル、体重五一・三キログラムであるのにして、被告人は、身長一六〇センチメートル、体重約五〇キログラム余である。）」をあげており、両者の関係をどのように解するかが問題となる。なお、最判平元・一一・一三刑集四三巻一〇号八二三頁は、攻撃者と防衛者との体力差については、防衛行為の相当性判断の中で検討している。

(148)　浦和地裁は、侵害の継続性に関して、「被告人は、Aに殴りかかられた際、結果的には、それをかわして、左手拳で一回その顔面を殴打しているのであるが、同人は、殴打されても、被告人を殴打しようという態勢を崩さなかったばかりか、更に、被告人の両肩を、両手で攔んでいるのであり、明らかにAの攻撃態勢が崩れ去ったことを示すような格別の事情は認められないので、被告人の右反撃行為により、Aの侵害が中断したとみるべきではなく、被告人に対する侵害は相変わらず継続していたというべきである」と指摘する。

(149)　『判例時報』一一九九号（昭61年・一九八六年）一六〇頁のコメントでは、浦和地裁が示した判断枠組みに関連づけながら、その「代表的な裁判例」として、最決昭五二・七・二一刑集三一巻四号七四七頁を指摘している。昭和五二年決定は、積極的加害意思のある場合、侵害の急迫性を否定するものであるが、上記のコメントによれば、浦和地裁は、昭和五二年決定の判断枠組みを前提として判断されていることになる。一方、東京高裁は、「被告人は、『てめえやるか。』と言つて座つているLの胸ぐらを攔んで同人を引き立たせた際、Lがこれに挑発されて攻撃してくるであろうことを予期し、その機会を利用して、被告人自身も積極的にLに対して加害する意思で本件行為に及んだものであると認められるから、本件は、正当防衛における侵害の急迫性に欠けるというべきである」としており、積極的加害意思のある場合、侵害の急迫性を否定する立場であることは明らかである。それゆえ、浦和地裁と東京高裁は、昭和五二年決定の判断枠組みと関連づけているという意味において、類似性があるといえるのである。

(150)　千葉地判平九・一二・二判時一六三六号一六〇頁。

(151)　広島高判平一五・一二・二二【文献番号】28095137。

(152)　これは、次の第三節第一款第一項第二目で検討する福岡高判昭六〇・七・八刑月一七巻七＝八号六三五頁、判タ五六六号三一七頁の影響がみられる。

(153)　なお、浦和地判昭六一・六・一〇・前掲注（146）では、積極的加害意思の存否に関連して、被告人と被害者との間の体格差が指摘されていた。

(154)　被告人が積極的加害意思を有していたか否かの判断と、相手方からの侵害行為は被告人が自ら招いたものであるか否かの判断とを、明確に分けて議論している判例としては、東京地判平八・三・一二判時一五九九号一四九頁、長崎地判平一九・一一・二〇判タ一二七六号三四一頁等がある。

(155) 福岡高判昭六〇・七・八・前掲注(152)

(156) 自招侵害の事例において、被告人の侵害者に対する暴行が、その「状況から見て通常予想し得る程度を超えないものであり、かつ、被告人の暴行に比して社会通念上著しく程度を超えた行為」であるか否かを基準にして、正当防衛の成否を判断した判例がある。例えば、地裁レベルであるが、東京地判昭五三・一一・六判時九一三号一二三頁、判タ三七五号一五三頁は、被告人側からの「正当防衛及び誤想防衛の主張」に対して、次のように判示している。「被告人は…薄暗い部屋で横臥している甲野の頭部を突如として同人の不意を衝いてかなりの重量があるブランデーの空びんで殴打したものであるから、このような場合、同人が激昂して相当激烈な反撃行為に出たとしても、被告人としてはみずからそのような行為を招いたものというべきであり、その限りにおいては防衛行為は許されないというべきであるところ、甲野の…頸部を圧迫する反撃行為は、被告人の甲野に対する右のような暴行の状況から見て通常予想し得る程度を超えないものであり、かつ、被告人の暴行に比して社会通念上著しく程度を超えた行為でもなかったと認められるから、このような甲野の行為に対して防衛行為をすることは、同人の手を振りほどくため暴れるなどの軽度なそれは別として、本来許されるものではなかったといわなければならない。しかし、被告人がみずから招いたとはいえ、首を絞められて生命を奪われることを甘受しなければならないものではないから、そのような侵害行為に対し相当な方法で防衛行為に及ぶことはやむを得ないものとして許されると解されるところ、被告人が…反撃を受け頸部を片手で摑まれ圧迫を受けたのに対し、当時被告人がかなりの興奮状態にあって恐怖、狼狽等のあまりこのままでは殺されてしまうと誤想したとしても、これを不合理とすることはできないものであり…すなわち、被告人は、正当防衛をなし得る事情がなかったにもかかわらず、そのような事情があるものと誤想したものとして、その行為は、いわゆる誤想防衛の場合に該当するものである」としている。

(157) 橋爪教授は、本判決(及び次に検討する東京高判平八・二・七東時四七巻一―一二号一四頁、判時一五六八号一四五頁)に関して、「挑発行為と侵害行為の関連性がきわめて密接であり、かつ、侵害の程度が比較的軽微である場合に限定された判断であると考えるべきである」と指摘されている(橋爪・前掲注(2)一六八頁)。この評価を前提とすると、相手方の侵害行為が、自己の先行行為から「通常予想される態様及び程度にとどまる」こと(「少なくともその侵害が軽度にとどまる」こと)が要求されている②の要件の中で、後半部分の「少なくともその侵害が軽度にとどまる」点を中心に、②の要件が検討されるべきこととなる。

(158) 的場＝川本・前掲注(26)一一八―九頁。川端教授は、福岡高裁判決に対する評価として、「先行行為から通常予想されるような侵害行為が惹起されたとしても、法益侵害の危険が存在するかぎり、やはり侵害の『急迫』性は否定できないであろう。これは、侵害の予見可能性があれば急迫性が失われるとするものであって、最高裁の判例とは相容れない立場である」と指摘しておられる(川端・前掲注(1)一一九頁。さらに、橋爪・前掲注(2)一六八頁参照)。

(159) 福岡高裁判決では、「防衛行為の相当性」に関する判断基準として、次のように説示する。すなわち、本文で述べた①及び②の要件を具備する場合に「積極的に対抗行為をすることは、先行する自己の侵害行為の不法性との均衡上許されないものというべきであるから、これをもつて防衛のための已むを得ない行為(防衛行為)にあたるとすることもできない」とされる。つまり、ここでは、第三の条件として、③対抗行為が先行行為の不法性と均衡がとれている必要があることを提示しているのであるが、これは、防衛行為の「相当性」の要件を挑発行為との関係で言い直したものであり、妥当である、とされる(川端・前掲注(1)一二〇頁)。ただし本件では、①及び②の要件が具備されれば、「もはや相手の行為を急迫の侵害とみることはできない」から、さらに進んで、③を検討するまでもなく、正当防衛は否定されるはずである。それにも拘わらず、あえて③について論及している。その根拠として、本件の事案の特徴があると考えられる。すなわち、本件の事実関係を前提とすれば、ここでの「暴行はその場限りのものであった可能性が高く、その時点で意図的挑発ありとは認めにくいであろうし、竹棒を突き出した行為を併せて考慮しても、相手方による侵害行為に臨む時点で積極的加害意思ありとは認めにくい事案」であったと評価できる(的場＝川本・前掲注(26)一一八頁)。したがって、あえて③に言及したのは、「①②だけでは正当防衛の成立を否定するのは困難であるとする考慮があった」という推測が成り立つのである(川端・前掲注(1)一二〇頁)。

(160) 橋爪・前掲注(2)一六八頁。

(161) 東京高判平八・二・七・前掲注(157)

(162) なお、①の要件では、先行行為と侵害行為との間に「直接かつ時間的な接着性」が存在するかが問題となっているが、本判決では、特に指摘がないようにみえるので、問題となる。つまり、本件東京高裁は、先行行為と侵害行為との間に「直接かつ時間的な接着性」が存在するか否かに関して問題にしなくなったのかについて疑問となるが、この点に関して、東京高裁は、事例判断の前提として、「被告人がSに対し違法な暴行を開始して継続中、これから逃れるためSが防衛の程度をわずかに超えて素手で反撃した」事実を指摘しているから、福岡高裁と同様、先行行為と侵害行為との「直接かつ時間的な接着性」が考慮されていると評価できる。

(163) 東京高裁は、「Sによる反撃」が「自ら違法に招いた」ものであると判示するが、「自ら違法に招いた」の趣旨は、「客観的誘発・惹起関係を意味するにとどまるのか、少なくとも故意的挑発ありとする趣旨なのか、必ずしも明らかではない」という指摘がある（的場＝川本・前掲注（26）一二二頁）。

(164) 的場＝川本・前掲注（26）一二二頁。

(165) 大阪高判昭六一・六・一三刑集四三巻一〇号八三五頁。

(166) なお、本件は上告されたが、その上告審である最判平元・一一・一三刑集四三巻一〇号八二三頁は、「職権で」次のような判断を示している。すなわち、ここでは、改めて事実を確認した上で、侵害の急迫性の存否に関して「被告人がKに対し本件菜切包丁を示した行為は、今にも身体に対し危害を加えようとする言動をもって被告人の目前に迫ってきたKからの急迫不正の侵害に対し、自己の身体を防衛する意思に出たものとみるのが相当であり、この点の原判断は正当である」とする。その上で、防衛行為の相当性に関しては、被告人の「行為をもって防衛手段としての相当性の範囲を超えたものということはできない」とし、この点に関して「原判決には、法令の解釈適用を誤った違法があるといわざるを得ない」としている。

上記の通り、侵害の急迫性の存否に関して、最高裁自体は、単に、「被告人がKに対し本件菜切包丁を示した行為は、今にも身体に対し危害を加えようとする言動をもって被告人の目前に迫ってきたKからの急迫不正の侵害に対し、自己の身体を防衛する意思に出たものとみるのが相当であ（る）」とするのみであり、「侵害が防衛者によって招かれたものであるか否か」、「自招侵害の場合、侵害の急迫性を否定すべきか否か」、「自招侵害と積極的加害意思とが侵害の急迫性の存否を考える上でどのような関係にあるのか」について言及していない。しかし、特に限定をつけることなく、「この点の原判断は正当である」を説示する点を考慮すると、最高裁は、自招侵害において侵害の急迫性の存否が問題となる場合、①の要件を重視する見解に対して好意的であったと評価することができる。

(167) 東京高判平二〇・五・二九判時二〇一〇号四七頁、判タ一二七三号一〇九頁。なお、本判決は、本章では検討の対象としていない最決平二〇・五・二〇刑集六二巻六号一七八六頁よりも、時系列的には「後に」下されている。したがって、東京高裁判決が、最高裁決定によって、如何なる変容を受けるのかについては、改めて検討する必要がある。

(168) 前述の通り、下級審判例の中には、昭和五二年決定のいう「趣旨」について、防衛者の「対抗行為がそれ自体違法性を帯び正当な防衛行為と認め難い」か否かより、侵害の急迫性を判断すべきであるとする内容を有していると解釈する判例群があるが（拙稿・前掲注（131）一二七頁以下）、本判決は、「防衛者が侵害行為を自らの違法な行為によって招いたもの」か否か（この意味において、防衛者の行為が違法性を帯びるか否か）という視点から、侵害の急迫性の存否を判断している点において、両者には、「共通の思考」が窺われる。

(169) 仙台地判平一八・一〇・二三判タ一二三〇号三四八頁。

(170) これに続けて、仙台地裁は、「これに対する被告人の行為は、防衛のためにやむを得ずにした行為とは認め難い」とし、侵害の急迫性を否定すると同時に、防衛行為の相当性も否定した上で、過剰防衛も成立しないと結論づけており、この点に関しては、昭和六〇年七月八日の福岡高裁判決の影響が窺われる。

(171) 長崎地判平一九・一一・二〇・前掲注(154)。

(172) 平成一九年長崎地裁判決は、前掲注(154)で指摘した通り、被告人が積極的加害意思を有していたか否かの判断と、相手方からの侵害行為は被告人が自ら招いたものであるか否かの判断とを分けて議論しているが、被告人の侵害に対する具体的な予期は、積極的加害意思の存否の判断において考慮している。

(173) 大阪高判平一二・六・二二判タ一〇六七号二七六頁。

(174) 本判決は、「挑発行為によって侵害が誘発されたという事実から、被侵害者の法益の要保護性の減少を認め、それによって防衛行為の相当性を制約する」ことを肯定しているが（橋爪・前掲注（2）一六九―七〇頁）、この判断枠組みに関しては、自招侵害の事例において「急迫性が肯定される事案について、侵害を自招した点を考慮して相当性の範囲の限定を考えることは、よりきめ細かな判断枠組みを提供するという意味で注目すべき考え方であろう」という指摘がある（小川新二「判批」『研修』六四二号（平一三年・二〇〇一年）二八頁）。

(175) 大阪高判平一四・一二・三刑集五九巻九号一四六七頁。

(176) 本件は上告されているが、上告審である最決平一七・一一・八刑集五九巻九号一四九九頁は、「刑訴法405条の上告理由に当たらない」とした上で、「なお、所論は、本件刃物携帯は正当防衛等として違法性が阻却されると主張するので、職権で判断する」とし、次のように説示する。「原判決の認定及び記録によれば、被告人は、かねて激しい反目状態にあった男性とのけんか抗争等に備える目的で、本件刃物（刃体の長さ約11cmのはさみの片刃を加工して作製した刃物）をその運転する自動車のダッシュボード内に入れておき、その男性運転の四輪駆動車に意図的に衝突されて自車が転覆した際、護身用に本件刃物をダッシュボードから取り出してズボンのポケットに入れて自車からはい出し、ゴルフクラブを所持したその男性と怒鳴り合う状態になったところ、その場にいた警察官や通行人らにより引き離され、通行人が本件刃物を被告人のズボンのポケットから取り出して警察官に渡したことから、警察官によりその場で本件刃物の不法携帯の容疑で現行犯人逮捕されたものであり、検察官は警察官が本件刃物を現認した時点における本件刃物の携帯を訴因としている」とした上で、事例判断として、次のように説示した。「以上の事実関係によれば、被告人が自動車のダッシュボード内に本件刃物を入れておいたことは不法な刃物の携帯というべきであり、その後本件刃物を護身用にポケットに移し替えて携帯したとしても、それは不法な刃物の携帯の一部と評価するのが相当であるから、本件訴因記載時点における被告人の携帯行為について、違法性が阻却される余地はないと解すべきであり、原審の判断は結論において正当である」とする。それゆえ、最高裁は、原審において言及のあった自招侵害の場合における「侵害の予期」の位置づけについては触れていない。

(177)　東京地判平八・三・一二判時一五九九号一四九頁。

(178)　本件は、長崎地判平一九・一一・二〇・前掲注(154)と同様、被告人が積極的加害意思を有していたか否かの判断と、相手方からの侵害行為は被告人が自ら招いたものであるか否かの判断とを分けて議論しているが、「相手方からの侵害行為は被告人が自ら招いたものであるか」の判断において、具体的な被告人の予測を検討している点は、長崎地裁と異なっている。

(179)　なお、②の要件を重視する判例群は、侵害の急迫性の存否を検討する際に、「侵害の予期」が重要な要素となると考えているので、本章で検討した最高裁の理論と共通の問題意識をもっていることになる(拙稿・前掲注(131)一二一頁)。

(180)　東京地判昭六三・四・五判タ六六八号二二三頁。

(181)　川端・前掲注(1)一二二頁。

(182)　的場＝川本・前掲注(26)一二〇頁。さらに、橋爪・前掲注(2)一六九頁。

(183)　川端・前掲注(1)一二二頁。ただし、川端教授は、本判決が侵害の不正性の問題として事案を処理している点については、疑問がある、とされている(川端・前掲注(1)一二二―三頁)。

(184)　本件の事案を、侵害の急迫性の問題として処理するとしても、侵害の不正性の問題として処理するとしても、結論にはまったく影響を与えないように見えるが、「後者の解決によれば、なお緊急避難(ないし過剰避難)が成立する余地が、少なくとも理論的には残る」から、「侵害の不正性を否定する」という処理は、「事実上」、「防衛行為の相当性を(緊急避難と同じレベルまで)制限するという効果をもたらすことになる」という指摘がある(橋爪・前掲注(2)一六九頁)。

(185)　拙稿・前掲注(137)一四四頁以下。一五八―九頁。

(186)　橋爪・前掲注(2)一七一頁。

(187) 安田・前掲注（97）五一頁。
(188) 橋爪・前掲注（2）一七四頁。
(189) 東京高判昭五四・五・一五判時九三七号一二三頁、判タ三九四号一六一頁。なお、本件は、上告取下により確定した。
(190) 東京地判昭五三・一一・六・前掲注（155）。
(191) 拙稿・前掲注（137）一四四頁以下参照。
(192) 東京高判昭六〇・一〇・一五東高刑三八巻一〇～一二号八二頁、判時一一九〇号一三八頁。
(193) 大阪地判昭五六・二・一九判時一〇一八号一三八頁、判タ四四七号一五五頁。
(194) 大分地判昭五七・一・二八判タ四六六号一九三頁。
(195) 福岡地判昭六一・六・四刑月一八巻五～六号七五八頁、判タ六〇七号一一〇頁。
(196) 本件では、被告人の客観的な挑発的行為（ブランデー空瓶による頭部殴打行為）によって、被告人には、「正当防衛が成立しない」ことが前提となっている。しかし、次の「第四款　侵害の自招性を『喧嘩闘争の存在を肯定する要素』として検討する判例」で詳しく検討するが、「挑発的行為」は、それがあれば、特別の考慮をすることなく、正当防衛が否定されるという要件ではない。それゆえ、東京高裁の判断が、判例の一般的な傾向に合致しているかについては、疑問がある。
(197) 「防衛行為の相当性の有無」言い換えると「やむを得ずにした行為の意義」に関しては、拙稿「正当防衛における『やむを得ずにした行為』の意義」『川端博先生古稀記念論文集』上巻（平26年・二〇一四年）一五七頁以下おいて検討を加えた。
(198) 福岡高判昭六〇・七・八・前掲注（152）。この判例は、第三節第一款第一項第二目においてすでに検討している。本件事案の詳細については、拙稿「正当防衛における『自招侵害』の処理（三）」『松山大学論集』二一巻三号（平21年・二〇〇九年）［後に本書に収録］一九四頁以下［引用は後者による］を参照。さらに、昭和六〇年福岡高裁判決と類似する理論を前提とした判例として、東京高判平八・二・七・前掲注（157）がある。
(199) 大阪高判平一二・六・二二・前掲注（173）。
(200) 最判昭四四・一二・四刑集二三巻一二号一五七三頁。
(201) 小川・前掲注（174）二七頁。ただし、平成一二年大阪高裁判決は、防衛者に対する侵害が防衛者の先行行為に誘発された場合、「事案を全体として見た上」で「保護法益の均衡という視点」から、防衛行為の相当性を判断すべきであるとしている。しかし、最判昭四四・一二・四・前掲注（200）は、「急迫不正の侵害に対する反撃行為」が「自己または他人の権利を防衛する手段として必要最小限度」であれば、当該「反撃行為が侵害に対する防衛手段として相当性を有する」ので、「侵害に対する防衛手段として相当性を有する」場合「反撃行為により生じた結果がたまたま侵害されようとした法益より大であっても、その反撃行為が正当防衛行為でなくなるものではない」と判示していることは上述の通りである。したがって、両者を整合的に捉えるならば、大阪高裁の示した「保護法益の均衡」は、保全法益と侵害法益の「単純な比較衡量」と解するべきではないことになる。

(202) 昭和六〇年福岡高裁判決は、侵害の急迫性を否定すると同時に防衛行為の相当性を否定している。正当防衛を否定するのであれば、侵害の急迫性を否定すれば足りるはずである。にも拘らず、防衛行為の相当性を追加的に否定している。これは、本件事案処理において、「侵害の急迫性を否定するだけでは足りない事案である」という思考が働いたことが推測されるが、仮にそうであるとすると、この時点において「要件論の領域を超える解決」への志向が示唆されていたと読むことも可能であろう。

(203) 東京高判昭六三・六・九判時一二八二号五四頁、判タ六九一号二四九頁。

(204) 東京高裁によれば、「ホテトル嬢」とは、「事務所に所属して客の待つホテルに赴いて売春をする」者を指称するとされる。

(205) シ創：「ひそかに枕の下に左手を差入れてナイフを握り、同人の隙をうかがううち、同人が被告人の右後ろに密着して電動性具で陰部をもてあそびながら、体を傾けてよそ見をした瞬間をとらえ、Aの左腹部をナイフで一回突き刺し、腸間膜及び腹膜を損傷する創洞の長さ約八センチメートルの腹部刺創（Sら作成の鑑定書記載のシ創、以下創傷をこの例により表示する。）」。
ハ創：「Aは、ナイフで刺されるや、被告人を突き飛ばすようにしたうえ、直ちにそのあとを追い、ドアの直前で、被告人の前に回り込んで立ち塞がり、被告人ともみ合い、被告人の持つナイフで、左大腿上部に創口の長さ約七・五センチメートル、創洞の長さ約五センチメートルの刺切創」。

(206) 第一撃とは「シ創」を負わせた攻撃を指す。

(207) 最判昭二四・八・一八・前掲注（30）。

(208) ただし、昭和二四年最高裁判決は、国家的・公共的法益のための正当防衛が問題となっていた。

(209) 川口宰護「判批」『最高裁判所判例解説刑事篇（平成元年度）』（平3年・一九九一年）三四三頁。

(210) 川口・前掲注（209）三四三頁。さらに、川端・前掲注（1）一五五―六頁参照。

(211) 最大判昭二三・七・七刑集二巻八号七九三頁。最高裁大法廷は、喧嘩を「闘争者双方が攻撃及び防禦を繰り返す一団の連続的闘争行為」であるとし、闘争のある瞬間において闘争者の一方が、専ら防御に終始する結果正当防衛を行う観を呈することがあっても、「闘争の全般からみては、刑法第三十六条の正当防衛の観念を容れる余地がない場合がある」と判示した。

(212) 最判昭三二・一・二二刑集一一巻一号三一頁。

(213) 喧嘩闘争と正当防衛に関する判例動向については、拙稿・前掲注(24)四九頁以下参照。

(214) ただし、「喧嘩闘争という事態」が「正当防衛の如何なる要件と関連しているか、それともまったく関連していないのか」について、下級審判例の判断は、当事者の理論構成を前提としたものとなることも影響するのだろうが、「喧嘩闘争という事態」の位置づけには一致がみられない。

例えば、「喧嘩闘争と評価されれば、一般的に（要件論を超えて）、正当防衛が否定される」ことを前提とした判例として、仙台高判昭五五・一・二九判タ四二三号一四八頁、東京高判昭六〇・六・一四高刑速（昭六〇）一五〇頁、東京高判平六・七・二〇判時一五三七号一八一頁、判タ八八八号二四六頁［二四九頁］等がある。「喧嘩闘争と評価されれば、侵害の急迫性が否定される」ことを前提とした判例として、大阪高判昭五三・三・八判タ三六九号四四〇頁、東京高判昭六〇・八・二〇高刑速（昭60）二二二頁、東京地八王子支判昭六二・九・一八判時一二五六号一二〇頁、富山地判平一一・一一・二五判タ一〇五〇号二七八頁、千葉地判平一四・一一・二七【文献番号】28085223等がある（なお、大阪高判平一二・六・二二判タ一〇六七号二七六頁）。「喧嘩闘争と評価されれば、侵害の急迫性及び防衛意思が否定される」ことを前提とした判例として、東京高判昭五五・五・二九東高刑三一巻五号六九頁、東京地判平一四・二・一九判時一七八九号一六〇頁等がある（なお、福岡地判昭五六・一〇・一六判タ四七七号二一五頁参照）。「喧嘩闘争と評価されれば、防衛意思が否定される」ことを前提とした判例として、大阪地判平三・四・二四判タ七六三号二八四頁等がある。

さらに、仙台高判昭五三・七・四判時九二四号一三六頁は、「まず本件に先立ち、被告人と相手方らとの間に喧嘩闘争が成立しているか」を検討し、その後、正当防衛の個別の成立要件について考察を加えている。防衛意思の存否に関しては、被告人の防衛意思を肯定しつつ「喧嘩闘争における劣勢挽回のための攻撃意思を有していたとは到底認められない」とし、さらに、侵害の急迫性の存否に関しては、「さきの不法攻撃とあいまって被告人に対する急迫不正の侵害と見るに十分であり、被告人の挑発に基づく闘争拡大行為とは認められない」と説示している。

(215) 仙台高判昭五三・七・四・前掲注(214)。

(216) 東京高判昭六〇・八・二〇・前掲注(214)。本判決は、前掲注(214)で示した通り、侵害の急迫性を否定している。

(217) 東京高判平六・七・二〇・前掲注(214)。

(218) 大阪高判平一二・六・二二・前掲注(214)。

(219) なお、富山地判平一一・一一・二五・前掲注(214)は、挑発と喧嘩闘争について、言及はあるが、両者の関係が原因と結果の関係にあることを意識して「挑発」を位置づけているとは必ずしもいえないものとなっている。すなわち、富山地裁は、「被告人らと太郎がもみ合いとなったのは、口論の最中で被告人Bが太郎に対し殴りかかったことがきっかけであって、被告人Bの挑発がけんか闘争を生じさせている」言い換えると「本件はけんか闘争であり、被告人Bが先に太郎に殴りかかって挑発したのであって、被告人らの行為を防衛行為とみることはできない」という検察官の主張に対して、「被告人Bが先に太郎に殴りかかり、その後二人がもみ合いとなったこと」を前提として、「被告人Bが殴りかかった段階においては、いわば口論の勢いが余って手を出したといえる程度のものであって、その後、太郎が一升瓶を割りその破片を凶器として攻撃してくることは予想できなかったものであるから、被告人Bの右行為をもって、太郎の右のような侵害行為を挑発したものということはできない」と判示している。

(220) 最高裁によれば、喧嘩闘争を根拠に正当防衛の成立を否定する場合、「闘争の全般からみては、刑法第三六条の正当防衛の観念を容れる余地がない」と評価する必要があることは前述した通りである。それゆえ、防衛者側からの挑発を契機として喧嘩闘争に発展したことを根拠として、防衛者の正当防衛の成立を否定するためには、防衛者の挑発的行為がどのような性格である必要があるかを判断する場合についても、「闘争の全般」からみた総合的判断にならざるを得ないのであろう。しかし、挑発と喧嘩闘争を関連づけて正当防衛の成否を判断する事案では、防衛者の挑発的行為が行われる前に、侵害者との関係で何らかの経緯（侵害者との口論、侵害者からの嫌がらせ等）が存在することが多い。したがって、「闘争の全般」からみた総合的判断をした結果、防衛者側からの挑発を契機として闘争に発展したと判断できるのは、如何なる場合であるかについて、非常に流動的な判断（ある意味で、場当たり的な判断）とならざるを得ないであろう。

第四節　結　論

本章では、平成二〇年最高裁決定[221]の意義を検討する前提として、判例における「侵害の急迫性」の意義、昭和五二年決定によって示された「侵害の急迫性の消極的要件」としての「積極的加害意思」と「防衛意思」の関係を整理した上で、昭和五二年最高裁決定[222]から平成二〇年最高裁決定に下された自招侵害に関する判例の動向を分析してきた。その結果、①「侵害の自招性」を、「正当防衛の『客観的要件を否定する要素』として検討する判例」[223]②「正当防衛の『主観的要素（防衛意思）を否定する要素』として検討する判例」、③「『防衛行為の相当性を制限する要素』として検討する判例」、④「『喧嘩闘争の存在を肯定する要素』として検討する判例」があることが判明した。

これを踏まえて、平成二〇年決定の射程を検討する必要がある[224]。

(221) 最決平二〇・五・二〇・前掲注(20)。
(222) 最決昭五二・七・二一・前掲注(21)。
(223) この類型には、「侵害の自招性」を、「侵害の急迫性を否定する要素」として検討する判例と「侵害の不正性を否定する要素」として検討する判例がある（詳細は、拙稿・前掲注(198)一七六頁以下参照)。
(224) 詳細は、拙稿「判批」『判例評論』六一一号（平22年・二〇一〇年）二七頁以下、同「正当防衛における『自招侵害』の意義」『法と政治の現代的諸相　松山大学法学部二十周年記念論文集』（平22年・二〇一〇年）〔後に本書に収録〕二四五頁以下〔引用は後者による〕参照。

第四章　判例における「自招侵害」の意義
――平成二〇年最高裁決定の意義――

第一節　本章の目的

自招侵害とは、防衛者が自ら不正の侵害を招いて正当防衛の状況を作り出すことをいい[1]、例えば、正当防衛に名を借りて相手方に侵害を加える場合[2]又は故意もしくは過失により相手方を挑発する場合[3]が自招侵害の事例にあたるが[4]、このような「自招侵害に対して正当防衛を認めてよいのか」に関して検討する場合、まず、自招侵害の事例において正当防衛の成立が「制限されるのか」が問題となり、次に、正当防衛の成立が「制限される」ことを前提として、それが「如何なる要件」に基づき、さらに、「どのような理論構成」によって、行われるのか、言い換えると、自招侵害の事例を正当防衛の要件論の次元で処理するのか、それとも、要件論の次元を超えた領域で処理するのかが問題となる。

自招侵害における正当防衛の成否に関して、大正三年九月二五日の大審院判決は、仮定的判断ではあるが、挑発行為者に正当防衛権を認めた[5]。本件では、被告人Xと被害者Aとが闘争し、AがXの咽喉を締めたので、Xはこれを排除するため、食事に使っていた五寸ぐらいの箸でAの面部右眼下を突き刺し、同人を死に至らしめた、という事例が問題となったが、大審院は、「被害者Aニ於テ先ツ手ヲ下シタリトノ事実ハ原判決ノ認メサルトコロナルノミナラス刑法第三十六条ノ規定ニ依レハ不正ノ行為ニ因リ自ラ侵害ヲ受クルニ至リタル場合ニ於テモ仍ホ正当防衛権ヲ行使スルコトヲ妨ケサルヲ以テ仮ニ所論ノ如ク被害者Aニ於テ先ツ手ヲ下シタリトスルモ原判決ノ判示シタル事実ナリトスレハ被告人Xニ正当防衛権ナキコト明白ナリトス」と判示した。これは、挑発行為者Aに正当防衛権が認められるから、その「反射効」として防衛行為者Xには正当防衛権はないとするのである。言い換えると、本件は、「故意による挑発行為と正当防衛の問題として把握したうえで、挑発行為者の正当防衛権を一般的に肯定している」と評価されている。[6] しかし、戦前においても、大正一四年一〇月二二日の大阪控訴院判決は、[7] 被告人が「Kニ加ヘタル暴行カTノ攻撃ヲ誘致シタル次第ナルヲ以テ」被告人の「反撃ハ素ヨリ正当ナリト云フヘカラス」として正当防衛を否定しており、「判例の傾向」としては、自招侵害の事例において正当防衛を認めることに「消極的である」と指摘されていた。[8] このような中、被告人が自らの暴行により相手方の攻撃を招き、これに対する反撃として行った侵害行為について正当防衛を否定した最高裁決定が、平成二〇年五月二〇日に下された。[9]

これまで、「自招侵害と正当防衛の成否について、すでにわが国の判例においても蓄積があるにもかかわらず、十分な検討がなされていない状況」にあった。[10] そして、実務家からは、意図的挑発の場合、積極的加害意思を肯定する旨の指摘があり、[11] 下級審レベルでは、実際に、積極的加害意思を判断する際に侵害の自招性を考慮する判例も存在している。それゆえ、別稿において、判例における「侵害の急迫性」の意義、昭和五二年決定によって示された侵害の「急迫性の消極的要件」としての「積極的加害意思」と「防衛意思」の関係を整理した上で、昭和五二年決定以降に下された自招侵害に関する判例の動向を分析した。[12]

そこで、本章では、上記の分析を踏まえ、平成二〇年最高裁決定の意義について検討を加えることとする。

（1）　川端博『正当防衛権の再生』（平年10年・一九九八年）九三頁。

（2）　具体的には、ある者が他人を苛立たせて暴力をふるう気にさせ、この他人からの攻撃を防衛する際に射殺するため、侮辱するという事例がある（Roxin, Strafrecht Allgemeiner Teil Bd. I, 4. Aufl., 2006, S. 687. 山中敬一監訳／前嶋匠訳『クラウス・ロクシン　刑法総論　第一巻［基礎・犯罪論の構造］【第四版】［翻訳第二分冊］』（平21年・二〇〇九年）一一七頁参照）。

（3）　具体的には、Aは、Bを侮辱し、それから、BがAを散々殴ろうとしているという事例がある（Roxin, a. a. O. [Anm. 2], S. 689. 山中／前嶋・前掲注（2）一一九頁参照）。ロクシンは、ここで、Bが違法な攻撃を遂行しているとし、その理由として、Aによる侮辱はもはや現在していないから、Bは正当防衛によってはカバーされない点をあげている（Roxin, a. a. O. [Anm. 2], S. 689. 山中／前嶋・前掲注（2）一一九頁参照）。

（4）　自招侵害の事例に関して、従来、日本では、「意図的な挑発」を中心にして議論されており、「挑発行為が過失か条件つき故意（未必の故意）でおこなわれた場合」については、必ずしも詳細に論じられていないとされる。それゆえ、「ドイツの議論をも参考にして、今後、詳しく検討される必要のある問題」と指摘されていたが（平川宗信「正当防衛論」芝原邦爾＝堀内捷三＝町野朔＝西田典之編『刑法理論の現代的展開―総論Ｉ』（昭63年・一九八八年）一四五頁）、ドイツでは、意図的挑発とそれ以外の有責招致を分けて検討するのが「一般的な傾向」となっている（橋爪隆『正当防衛論の基礎』（平19年・二〇〇七年）一九二頁注（164））。すなわち、正当防衛の挑発（Notwehrprovokation）の事例に関して、ドイツの判例及び通説は、被攻撃者が「意図的に」（absichtlich）攻撃を惹き起こしたのか、それとも「他の何らかの非難可能な方法で」（sonstwie vorwerfbar）攻撃を惹き起こしたのかによって、区別し（Wessels/Beulke, Strafrecht Allgemeiner Teil, 38. Aufl., 2008, S. 119. Vgl. Lenckner/Perron, Schönke/Schröder Strafgesetzbuch Kommentar, 27. Aufl., 2006, S. 662 ff.）、後者には、「故意的挑発及び過失的挑発」が含まれるとされている（Rönnau/Hohn, Leipziger Kommentar, 12. Aufl., 2006, S. 527）。

（5）　大判大三・九・二五刑録二〇輯一六四八頁。なお、本章では、判決文に旧漢字が用いられている場合、適宜、常用漢字に改めた。

（6）　川端・前掲注（1）一〇〇頁。

（7）　大阪控判大一四・一〇・二二新聞二四七九号一四頁。

（8）　堀籠幸男＝中山隆夫「正当防衛」大塚仁＝河上和雄＝佐藤文哉＝古田佑紀編『大コンメンタール刑法』第二巻　第二版（平11年・一九九九年）三六一頁。

（9）　最決平二〇・五・二〇刑集六二巻六号一七八六頁、判時二〇二四号一五九頁、判タ一二八三号七一頁。本決定に関する評釈と

しては、赤松亨太「判批」『研修』七二三号（平20年・二〇〇八年）二一頁以下、本田稔「判批」『法学セミナー』六四四号（平20年・二〇〇八年）一三五頁、井上宜裕「判批」『判例セレクト2008（法学教室三四二号別冊付録）』（平21年、二〇〇九年）二八頁、橋爪隆「判批」『平成二〇年度重要判例解説』（平21年・二〇〇九年）一七四頁以下等がある。なお、本決定を含めた最近の最高裁判例を中心に、判例が前提とする「正当防衛の構造」について考察を加えたものとして、前田雅英「正当防衛行為の類型性」『研修』七三四号（平21年・二〇〇九年）三頁以下がある。

(10)　川端・前掲注（1）九三頁。

(11)　最高裁は、「刑法三六条が正当防衛について侵害の急迫性を要件としているのは、予期された侵害を避けるべき義務を課する趣旨ではないから、当然又はほとんど確実に侵害が予期されたとしても、そのことからただちに侵害の急迫性が失われるわけではないと解するのが相当であり、これと異なる原判断は、その限度において違法というほかはない。しかし、同条が侵害の急迫性を要件としている趣旨から考えて、単に予期された侵害を避けなかつたというにとどまらず、その機会を利用し積極的に相手に対して加害行為をする意思で侵害に臨んだときは、もはや侵害の急迫性の要件を充たさないものと解するのが相当である」（最決昭五二・七・二一刑集三一巻四号七四七頁）としつつ、積極的加害意思の存否を判断する前提として侵害の予期を判断する必要があり、侵害の予期がある時はじめて積極的加害意思の問題が生じる（最判昭五九・一・三〇刑集三八巻一号一八五頁）としている（拙稿「正当防衛における『自招侵害』の処理（一）」『松山大学論集』二一巻一号（平21年・二〇〇九年）〔後に本書に収録〕一二二頁参照〔引用は後者による〕）。

(12)　拙稿・前掲注（11）、同「正当防衛における『自招侵害』の処理（二）〜（三）」『松山大学論集』二一巻二〜三号（平21年・二〇〇九年）〔後に本書に収録〕参照〔引用は後者による〕。

第二節　平成二〇年最高裁決定に至るまでの経緯

平成二〇年決定では、被告人が自らの暴行により相手方の攻撃を招き、これに対する反撃として行った侵害行為について正当防衛の成立を否定しているが、ここでは、第一審判決から最高裁決定に至る経緯を詳細にみていくことにする。

第一審判決は、検察官の主張である「罪となるべき事実」に関して、次のように指摘する。すなわち、「被告人は、平成17年11月17日午後7時30分ころ、…甲市…歩道上において、A（当時51歳）に対し、その顔面等を所携の特殊警棒…で数回殴打する暴行を加え、よって、同人に加療約3週間を要する顔面挫創、左手小指中節骨骨折の傷害を負わせたものである」とする。そして、もう一方の当事者である被告人（側）からの主張としての「弁護人の主張」の内容を、「被告人が、判示の事実を実行した（以下『本件犯行』という）ことは争わないが、被告人の供述に依拠して、被告人の本件犯行は、正当防衛に該当するので、被告人は無罪である」と指摘し、その当否について検討する旨述べ、考察を進めている。

まず、第一審判決は、本件の事実関係について詳細に検討した後に、「本件の経緯は、検察官が主張するように、概ね、次のような経緯であったと認定して誤りないというべきである」とし、次のような事実関係にあった旨認定している。すなわち、「被告人は、本件集積所において、Aから『何だよ。』などと言われたことがきっかけで口論となり、その態度に憤激して、Aの顔面を一回殴打し、甲州街道方面に逃走した。Aは、やられたらやり返すのが当然と考えて、自転車で被告人を追いかけ、本件犯行現場で追いつき、被告人の背後からいわゆるラリアットを見舞った。これにより、被告人は転倒したが、起きあがってAと掴み合いになり、所携の特殊警棒を抜き出して、判示の犯行に及んだ」とする。

次に、ここで認定された事実関係を前提として、「正当防衛の成否について」の検討がなされる。すなわち、「弁護人は、本件現場における、Aの被告人に対するラリアット攻撃が急迫不正の侵害に当たると主張する」が、これに対して、第一審判決は、「たしかに、その場面だけ考えれば、弁護人の主張も傾聴する余地はある」が、「これまで認定したとおり、被告人は、自分が先に手を出して逃走中に殴打されたものであり、被告人自身もAが追いかけてくる可能性を認識していたものと推認されるから、たとえ、本件集積所と本件犯行現場が約90メートル離れていたとしても、全体的にみると、本件は一連の喧嘩闘争というべきである。したがって、原則的に正当防衛の観念を入れる余地はない。そして、Aの攻撃が強烈なものであったとしても、素手での攻撃に過ぎず、これに対し、被告人は、いわゆる武器である特殊警棒を用いているのであるから、この点からも正当防衛を論ずることはできない」とし、[13] Aの「攻撃が急迫不正の侵害に当たる」とする「弁護人の主張は採用できない」と結論づけた。[14]

これを不服とし、被告人側から控訴がなされたが、弁護人は、控訴趣意において次のように主張した。第一審判決は、「その罪となるべき事実において、被告人が、平成17年11月17日午後7時30分ころ、…甲市…歩道上（以下『本件現場』という）において、A（当時51歳、以下『A』という）に対し、その顔面等を所携の特殊警棒…で数回殴打する暴行を加え、よって、Aに加療約3週間を要する顔面挫創、左手小指中節骨骨折の傷害を負わせたとの事実を認定している」が、「被告人の本件現場での殴打行為は正当防衛に該当し、被告人は無罪であるのに、喧嘩闘争で原則的に正当防衛の観念を入れる余地はないなどとした」第一審判決には「判決に影響を及ぼすことが明らかな事実の誤認、ひいては、判決に影響を及ぼすことが明らかな法令適用の誤りがある」とするのである。

控訴審は、「所論にかんがみ原審記録及び証拠物を調査し、当審における事実取調べの結果を併せて検討したが、被告人の本件現場での殴打行為について正当防衛は成立しないから、原判決に所論のいうような事実誤認及び法令適用の誤りはない」と結論づけ、さらに「関係証拠によれば、本件の事実経過は、次のとおりであったと認められる」とし、以下のように補足説明を加える。すなわち、「(1)…甲市…居住のAは、本件当日午後7時30分ころ…乙市立…小学校西側歩道上に設置されたゴミの種類毎に可燃物と不燃物の各ボックス及び瓶用と缶用の容器2個が置かれているゴミ集積所（以下『本件集積所』という）に出向き、南向きに止めたミニ自転車に跨ったまま、車道側からゴミを捨てていた」、「(2)折から、被告人は、勤務を終えて帰宅するため私鉄駅に向かう途中、上記歩道を歩いて南下していた際、前方にAの姿を見掛けて不審と感じ、本件集積所の瓶用と缶用の容器付近で、Aの様子を凝視した上、ゴミ捨てについて声を掛けたところ、Aが、被告人について付近住民でない者がゴミを捨てると受け止めたことから、両名は言い争いとなった」、「(3) こうした中、被告人は、Aの左頬を右拳で1回殴打し（以下『第1暴行』という）、直後に南方の交差道路である甲州街道方面に走って立ち去ったため、Aは、腹を立て、やられたらやり返すとの気持ちから、『待て』などと声を出して、被告人を追い掛け始めた」、「(4) そして、Aは、約26.5メートル先の交差道路の甲州街道に面した歩道を左折して約60メートルの本件現場付近に至った地点で、被告人に追い付き、プロレスのラリアット技のように、右腕を地面と水平に挙げて後方から前に出して被告人の背中の上部又は首付近を強く殴打した（以下『第2暴行』という）ため、被告人は前方に倒れ、弾みでAの自転車も倒れた」、「(5) 被告人は、まもなく起き上がり、自転車を起こそうとしていたAに向かって行き、つかみ合う恰好になる中で、護身用に携帯していた特殊警棒を衣服から取り出し、Aの顔面や防御しようとした左手を数回殴打する暴行を加えた」、「(6) その後、Aは、特殊警棒をつかみ、被告人ともども、倒れ込んだが、まもなく、両者は立ち上がって揉み合ううち、偶々車で現場付近を通り掛かって被告人がAを殴打するのを目撃し、仲裁のため車を別の場所に置いて駆け付けたCが、被告人を後方から抱えるようにして特殊警棒を取り上げた上、最終的に他の通行人と一緒に被告人を制圧し、通報で駆け付けた警察官が被告人を現行犯人逮捕した」というのである。そして、弁護人の主張を詳細に検討した上で退け、上記の事実関係を前提として、「被告人は、本件集積所でAとの間で言い争いを起こす中で、Aに対して第1暴行を加え、その直後、走って立ち去ったのであって、被告人からAに対して挑発的な有形力を行使したと認められる。また、Aに暴行を加えた際にはもちろん、走り去る途中でも、Aが被告人の挑発を受けて報復攻撃に出ることを十分予期していたものと推認できる。実際、Aは、被告人から暴行を加えられたため、やられたらやり返すとの思いから、被告人を直ぐさま自転車で追い掛けて行き、約90メートル先で追い付いて、第2暴行を加えており、Aの被告人に対する第2暴行は、被告人がAに対して第1暴行を加えたことによって招いたものといわざるを得ない。加えて、第2暴行は、第1暴行と時間的にも場所的にも接着しており、事態にも継続性があり、第2暴行の内容も、相当強烈であったものの、素手による1回限りの殴打に過ぎず、第1暴行との関係で通常予想される範囲を超えるとまでは言い難いものである。結局、Aによる第2暴行は不正な侵害であるにしても、これが被告人にとって急迫性のある侵害とは認めることはできない。したがって、これに対応した被告人の本件特殊警棒による殴打行為について正当防衛は成立しないといわなければならない」と結論づけた[15]。

さらに、被告人側から上告がなされたが、弁護人は、上告趣意において原判決が最判昭三二・一・二二刑集一一巻一号三一頁と「相反する判断をした違法がある」等の主張を行った。これに対して、最高裁は、弁護人の上告趣意について、「判例違反をいう点を含め、実質は単なる法令違反、事実誤認、量刑不当の主張」であるとし、被告人本人の上告趣意については「単なる法令違反、事実誤認、量刑不当の主張」であって、「いずれも刑訴法405条の上告理由に当たらない」とし、上告を棄却するが、所論に鑑み、「本件における正当防衛の成否」については、「職権で」判断した。

まず、本件の事実関係については、「1　原判決及びその是認する第一審判決の認定」を前提として次のように述べる。すなわち、「(1) 本件の被害者であるA（当時51歳）は、本件当日午後7時30分ころ、自転車にまたがったまま、歩道上に設置されたごみ集積所にごみを捨てていたところ、帰宅途中に徒歩で通り掛かった被告人（当時41歳）が、その姿を不審と感じて声を掛けるなどしたことから、両名は言い争いとなった」、「(2) 被告人は、いきなりAの左ほおを手けんで1回殴打し、直後に走って立ち去った」、「(3) Aは、『待て。』などと言いながら、自転車で被告人を追い掛け、上記殴打現場から約26.5m先を左折して約60m進んだ歩道上で被告人に追い付き、自転車に乗ったまま、水平に伸ばした右腕で、後方から被告人の背中の上部又は首付近を強く殴打した」、「(4) 被告人は、上記Aの攻撃によって前方に倒れたが、起き上がり、護身用に携帯していた特殊警棒を衣服から取り出し、Aに対し、その顔面や防御しようとした左手を数回殴打する暴行を加え、よって、同人に加療約3週間を要する顔面挫創、左手小指中節骨骨折の傷害を負わせた」というものである。[16]

次に、「本件の公訴事実は、被告人の前記1（4）の行為を傷害罪に問うものである」と指摘した上で、被告人側から「Aの前記1（3）の攻撃に侵害の急迫性がないとした原判断は誤りであり、被告人の本件傷害行為については正当防衛が成立する旨」の主張があったと指摘する。これを前提として、最高裁は、「前記の事実関係によれば、被告人は、Aから攻撃されるに先立ち、Aに対して暴行を加えているのであって、Aの攻撃は、被告人の暴行に触発された、その直後における近接した場所での一連、一体の事態ということができ、被告人は不正の行為により自ら侵害を招いたものといえるから、Aの攻撃が被告人の前記暴行の程度を大きく超えるものでないなどの本件の事実関係の下においては、被告人の本件傷害行為は、被告人において何らかの反撃行為に出ることが正当とされる状況における行為とはいえないというべきである」とし、「正当防衛の成立を否定した原判断は、結論において正当である」と結論づけた。

(13)　第一審判決は、「全体的にみると、本件は一連の喧嘩闘争というべきである」とし、「原則的に正当防衛の観念を入れる余地はない」とするが、控訴審及び最高裁は、本件を喧嘩闘争の事例ではなく、自招侵害の事例と評価している。それゆえ、両者の関係が問題となるが、この点に関しては、改めて検討する機会をもちたい。

(14)　第一審判決は、被告人を懲役一〇月、執行猶予三年とし、特殊警棒一本を没収した。

(15)　控訴審判決は、量刑について、第一審判決を破棄し、被告人を懲役六月、執行猶予三年とし、特殊警棒一本を没収した。

(16)　ごみ集積所と犯行現場の位置関係について、第一審では、「本件集積所と本件犯行現場は、90メートル近く離れており」という認定が行われているにとどまるのに対して、控訴審では、「Aは、約26.5メートル先の交差道路の甲州街道に面した歩道を左折して約60メートルの本件現場付近に至った時点で、被告人に追い付き、プロレスのラリアット技のように、右腕を地面と水平に挙げて後方から前に出して被告人の背中の上部又は首付近を強く殴打した」としている。そこで、この差異は如何なる意義を有しているのか。言い換えると、第一審及び控訴審において、事実関係の如何なる点を焦点としているのかが疑問となるので、ここで検討する。

第一審は、ごみ集積所と本件犯行現場が「90メートル近く」離れていることに加えて、「Aが自転車で追いかけたこと」を考慮すると、「被告人は相当のスピードで逃げ出したことを窺わせる」根拠となるとし、このように被告人が逃げ出したのは、「Aが追いかけてくることを予期していたものと推認するのが相当である」と解している。それゆえ、上記の位置関係は、「被告人はAとの口論で立腹し、Aに対し、暴行を加えたため、Aが反撃するかもしれないと考えていた」と認定する根拠の一つになっている。これに対して、控訴審は、上記のように、「Aは、約26.5メートルの本件現場付近に至った時点で、被告人に追い付き、プロレスのラリアット技のように、右腕を地面と水平に挙げて後方から前に出して被告人の背中の上部又は首付近を強く殴打した」とするが、事例判断の場面では、ごみ集積所と犯行現場の位置関係を含めた全体の事実関係を考慮して、「Aに暴行を加えた際にはもちろん、走り去る途中でも、Aが被告人の挑発を受けて報復攻撃に出ることを十分予期していたものと推認できる」としているにすぎず、さらに、「実際、Aは、被告人から暴行を加えられたため、やられたらやり返すとの思いから、被告人を直ぐさま自転車で追い掛けて行き、約90メートル先で追い付いて、第2暴行を加えており」と指摘されているから、「左折するまでの距離関係」と「左折した後の距離関係」に特別な考慮がはらわれていたとは考えられない。

したがって、第一審及び控訴審においては、共に、ごみ集積所と犯行現場とが全体として「90メートル近く」又は「約90メートル」離れていた点に焦点があたっていたと考えることができる。

第三節　平成二〇年最高裁決定の位置づけ

第一款　自招侵害における正当防衛の成立に関する制限の存否

本件では、被告人が、自らの暴行により相手方の攻撃を招き、これに対する反撃として行った傷害行為に関して、正当防衛の成否が問題となっているが、このような「自招侵害」の場合、「正当防衛の成立が制限されるのか」について、まず問題となる。

大審院時代には、右の通り、大判大三・九・二五刑録二〇輯一六四八頁が、仮定的判断ではあるが、挑発行為者について正当防衛権を認めていた。しかし、その後は、「適切な先例」は「見当らない」が、判例が正当防衛を「否定することは確実なように思われる」という指摘があり[17]、実際、大阪控判大一四・一〇・二二新聞二四七九号一四頁は、自招侵害の事例において正当防衛の成立を否定している[18]。それゆえ、「判例の傾向」は、自招侵害に対して正当防衛を認めることに「消極的」であったという評価がなされていた。

本決定は、被告人が、自らの暴行により相手方の攻撃を招き、この攻撃に対する反撃として行った傷害行為について「正当防衛の成立を否定している」から自招侵害の事例において正当防衛を認めることに「消極的」であった、従来の「判例の傾向」を確認したことになる。

第二款　正当防衛の成立が制限される「要件」及びその「理論構成」

右で述べたように、本決定は、自招侵害に対して正当防衛を認めることには「消極的」であった「判例の傾向」を確認したと評価できるが、次に、正当防衛の成立が制限されるのは、如何なる要件に基づいてなされているのか、さらに、その制限はどのような理論構成であるのか、言い換えると、自招侵害を正当防衛の要件論の次元で処理するのか、それとも、要件論の次元を超えた領域で処理するのかが問題となる。

第一項　最決昭和五二年七月二一日刑集三一巻四号七四七頁以降の下級審判例の動向

ここで、自招侵害の事例の一部についても処理可能とされる「積極的加害意思論」を採用した[19]昭和五二年最高裁決定以降において、自招侵害を処理した判例を理論構成の観点から大別した場合、次の四つの傾向が認められる。[20]それは、（Ⅰ）「侵害の自招性を『正当防衛の客観的要件を否定する要素』として検討する判例[21]」、（Ⅱ）「侵害の自招性を『正当防衛の主観的要件（防衛意思）を否定する要素』として検討する判例」、（Ⅲ）「侵害の自招性を『防衛行為の相当性を制限する要素』として検討する判例」、（Ⅳ）「侵害の自招性を『喧嘩闘争の存在を肯定する要素』として検討する判例」の四つであるが[22]、原判決が、本件の事実関係を前提に、「侵害の急迫性」を否定しており、本決定も原判決を「結論において正当である」とするから、以下では、（Ⅰ）の中の、侵害の自招性を「侵害の急迫性を否定する要素」として検討する判例の動向を中心に検討を加える。

そこで、「侵害の自招性を『侵害の急迫性を否定する要素』として検討する判例」の動向を分析することになるが、この判例群には、さらに、「侵害の自招性を『最高裁の判断枠組み』との関連において『侵害の急迫性の存否』

と関連づけて検討する判例」（i）と、「侵害の自招性を『直接』的に『侵害の急迫性の存否』と関連づけて検討する判例」（ii）とがあるので、ここではまず、（i）から検討することにする。

第一目　侵害の自招性を「最高裁の判断枠組み」との関連において「侵害の急迫性の存否」を検討する判例（i）の動向

まず、（i）にいう「最高裁の判断枠組み」は次の通りである。最高裁は、当然又はほとんど確実に侵害が予期されたとしても、そのことから直ちに侵害の急迫性が失われるわけではないが、単に予期された侵害を避けなかったというにとどまらず、その機会を利用し積極的に相手に対して加害行為をする意思で侵害に臨んだ場合には、もはや侵害の急迫性の要件を充たさない（昭和五二年決定）とするが、さらに、積極的加害意思の存否を判断する前提として侵害の予期を判断する必要があり、侵害の予期がある時はじめて積極的加害意思の問題が生じる（昭和五九年判決）とする。そして、この枠組みを前提として、（i）の判例は、自招侵害の場合に侵害の急迫性の存否を判断している。この類型に入る判例として、例えば、昭和六〇年六月二〇日東京高裁判決がある。[23] ここでは、「被告人が憤激して、『てめえやるのか。』と言いながら、座っているLの胸ぐらを掴んで引き立たせ、Lに喧嘩を挑んだため、Lはこれに誘発されて被告人の腹部を膝蹴りする暴行に及」んだとされ、このような関係を前提として東京高裁は、「被告人は、『てめえやるか。』と言って座っているLの胸ぐらを掴んで同人を引き立たせた際、Lがこれに挑発されて攻撃してくるであろうことを予期し、その機会を利用して、被告人自身も積極的にLに対して加害する意思で本件行為に及んだものであると認められるから、本件は、正当防衛における侵害の急迫性に欠けるというべきである」とする。これは、「相手の反撃を予期しつつ、その際に積極的加害意思をもって相手を挑発するような場合」には、「積極的加害意思を理由に侵害の急迫性が否定される」と判断していることになる。[24] つまり、ここで被告人は、自らの挑発を前提として、これに「挑発され」たLが「攻撃してくること」を「予期」しているとされるから、東京高裁は、被告人の挑発を、侵害の予期の存否の判断の中で検討しているといえるのである。[25][26]

第二目　侵害の自招性を「直接」的に「侵害の急迫性の存否」と関連づけて検討する判例（ⅱ）の動向

（ⅱ）の判例として、昭和六〇年七月八日福岡高裁判決がある。[27] 本判決は、一般論として、侵害の急迫性の存否及び防衛行為（の相当性）の存否について、並列的に要件を提示しているが、侵害の急迫性の存否に関しては、「相手方の不正の侵害行為が、これに先行する自己の相手方に対する不正の侵害行為により直接かつ時間的に接着して惹起された場合において、相手方の侵害行為が、自己の先行行為との関係で通常予期される態様及び程度にとどまるものであつて、少なくともその侵害が軽度にとどまる限りにおいては、もはや相手方の行為を急迫の侵害とみることはできないものと解すべきである」という基準を示している。それゆえ、ここでは、侵害の急迫性の存否を判断する場合、①「不正」な自己の先行行為とそれに誘発された相手方の侵害行為とが、「直接かつ時間的に接着して」おり、②相手方の侵害行為が、自己の先行行為から「通常予期される態様及び程度にとどまる」こと（「少なくともその侵害が軽度にとどまる」こと）が要求されていることになるが、これを右で検討した東京高裁判決と比較した場合、次の点が異なる。東京高裁は、要件①を要求しておらず、また、要件②は、具体的な行為者の主観的予期を問題としている。これに対して、福岡高裁が「不正な先行行為時や侵害に臨む時点における意思内容に触れることなく、侵害の急迫性を否定したのは、理論的には、『自己の不正な侵害行為による相手方の侵害の予見可能性』という客観的事情がある場合を、『侵害の予期』と『積極的加害意思』という主観的事情がある場合と同列に扱おうとするもの」である。[28] それゆえ、両者の判断基準は、その内容を異にするが、ここから、福岡高裁判決に対しては次の評価が可能となる。すなわち、積極的加害意思に関する「最高裁の判断枠組み」を前提とした東京高裁とは異なる内容をもつ「福岡高裁判決」は、最高裁の枠組みから「一歩を踏み出して、侵害の急迫性が否定される新たな類型を創出したもの」と解し得るのである。[29]

このように、福岡高裁は、要件①及び②を考慮して侵害の急迫性の存否を判断しているが、(ii)の判例の中には、何れか一方の要件を強調するものがある。要件①を重視する判例として、例えば、昭和六一年大阪高裁判決がある。[30] ここでは、「被告人は…脅迫行為に及ぶ以前には、『言葉遣いに気をつけろ』と言ったほかには格別Kを刺激するような言動に及んでおらず、また右言辞をもってKの侵害を挑発したとまでは証拠上認めがた(い)」とするが、これは、「言葉遣いに気をつけろ」という言動とKの侵害の関係、つまり、「自己の先行行為と相手方の侵害行為との客観的な関係」について検討しているといえ、この意味で、要件①を重視したものと評価できる。

また、平成二〇年東京高裁判決は、「Cらの退場要求は、被告人が自らの違法な行為によって招いたものと評価するのが相当」であり、「被告人が自ら招いたものであるから急迫性を欠くことは明らかである」としているが、[31] ここでは、被告人が自ら「違法」に招いた行為によって、不法の侵害行為となる「Cらの退場要求」が発生したから、侵害の急迫性が欠けるとするので、本件も、要件①を重視したものと解し得る。[32]

一方で、要件②を重視するものとして、平成一八年仙台地裁判決がある。[33] ここでは、「被害者が二度目に被告人の頸部を押さえつけた行為は、被告人にとって十分に予測可能なもの」であり、これは、「いわば自らの行為によって招いた結果である」から、「被害者の行為は急迫性を欠(く)」としているので、要件②を重視して、侵害の急迫正の存否を判断していることになる。[34] さらに、要件②の内容として、侵害の予期に関して、被告人が具体的に予期「していたこと」と、予期「することができたこと」とを「並列」的に扱っている判例[35]や、相手方の侵害行為が、自己の先行行為から通常予期されるか否かに言及せず、侵害に対する「被告人の具体的な予期」に着目した判例[36]があった。

第二項　平成二〇年最高裁決定の意義

このように、自招侵害の事例処理に関して侵害の急迫性の存否を問題とする判例群においても、種々の枠組みで判断されていたが、平成二〇年最高裁決定の原判決は、基本的には、昭和六〇年福岡高裁判決が示した枠組みを前提とする。ただし、要件②については、相手方の侵害行為が、自己の先行行為から「通常予期される態様及び程度にとどまる」点と共に、相手方の侵害行為の存在に関する「被告人の具体的な予期」について認定している。[37] すなわち、原判決は、「第2暴行は、第1暴行と時間的にも場所的にも接着しており、事態にも継続性があ（る）」とするが、これは、福岡高裁が示した要件①の「不正」な自己の先行行為とそれに誘発された相手方の侵害行為との間に、「直接かつ時間的に接着して」いるか、という「自己の先行行為と相手方の侵害行為との客観的な関係」に関する要件について検討していると評価できる。そして、要件②に関連して、原判決は、「Aに暴行を加えた際にはもちろん、走り去る途中でも、Aが被告人の挑発を受けて報復攻撃に出ることを十分予期していたものと推認できる」とし（第二暴行（報復攻撃）の「存在」の「具体的な予期」）、「第2暴行の内容も、相当強烈であったものの、素手による1回限りの殴打に過ぎず、第1暴行との関係で通常予想される範囲を超えるとまでは言い難いものである」（第二暴行の「内容」の「予期の可能性」）としている。[38] その上で、原判決は、本件の場合、Aによる第二暴行は「これが被告人にとって急迫性のある侵害とは認めることはできない」としている。

これに対して、最高裁は、「被告人は、Aから攻撃されるに先立ち、Aに対して暴行を加えているのであって、Aの攻撃は、被告人の暴行に触発された、その直後における近接した場所での一連、一体の事態ということができ、被告人は不正の行為により自ら侵害を招いたものといえる」とするから、この点に関しては、福岡高裁が示していた要件①を念頭におき、検討していると評価できる。福岡高裁は、右の通り、「不正」な自己の先行行為とそれに誘発された相手方の侵害行為との間に、「直接かつ時間的に接着して」いるかという「自己の先行行為と相手方の侵害行為との客観的な関係」に関する要件を示していたからである。[39]したがって、自己の先行行為（招致行為）と相手方の侵害行為とが「一連、一体の事態」と評価できない場合や先行行為（招致行為）が「不正な行為」でない場合には、本決定の射程が及ばないことになる。

次に、本決定は、侵害の自招性から直ちに正当防衛を否定したのではなく、「Aの攻撃が被告人の前記暴行の程度を大きく超えるものでないなどの本件の事実関係」を前提として判断を下しているが、[40]ここでも、最高裁は、昭和六〇年福岡高裁の判断枠組みを踏襲していると解し得る。[41]福岡高裁は、「相手方の不正の侵害行為が、これに先行する自己の相手方に対する不正の侵害行為により直接かつ時間的に接着して惹起された場合」つまり「侵害の自招性」を前提として、要件②を検討しているからである。本章で検討した判例の中には、侵害の自招性から直ちに正当防衛を否定するものもあったが、[42]本決定は、最高裁の判断として、「侵害の自招性」があれば、「直ちに」正当防衛の成立が否定されることを「肯定すべきではない」点に関して明確にしており、重要である。

ただし、本決定は、要件②について、「侵害の予期・予想という側面」を「排除する」という修正を加えている。[43]すなわち、福岡高裁は、相手方の侵害行為が自己の先行行為から「通常予期される態様及び程度にとどまる」こと（「少なくともその侵害が軽度にとどまる」こと）を要求していたが、[44]最高裁は、相手方の「攻撃が被告人の…暴行の程度を大きく超えるものでない」等を要求するにとどまる。したがって、本決定では、「侵害の予期・予想」の「側面」が考慮されていないと評価できるのである。

しかし、本決定は、相手方の「攻撃が被告人の…暴行の程度を大きく超えるものでない」という「先行行為と侵害との緩やかな均衡[45]」を要件としており、[46]福岡高裁も、自己の先行行為から「予期された」侵害行為と「現実に生じた」侵害行為との均衡を要件として検討している。したがって、両者には、自己の「現実に行った」先行行為を比較の対象とするか、自己の先行行為から「予期された」侵害行為を比較の対象とするかに差異があるものの、それらの行為と相手方からの侵害行為との均衡を要件として考慮しているので、この点に関して、平成二〇年最高裁決定は、福岡高裁の延長上にあると評価できる。[47]

最後に、正当防衛を否定する理論構成であるが、本決定は、「正当防衛の成立を否定した原判断は、結論において正当である」とするのみであり、「正当防衛のいかなる要件が否定されるか」は、明らかでない。[48] しかし、これは、原審である東京高裁が判断の対象としていた「侵害の急迫性」の存否に関して、「あえて」言及していないといえるから、この点を踏まえて本決定の理論構成を評価すると、最高裁は、自招侵害の事例である本件において「侵害の急迫性」の要件を欠くという見解を採用しなかったと解し得るのである。[49] したがって、本決定は、積極的加害意思に関する最高裁の判断枠組みから一歩踏み出して侵害の急迫性が否定される「新たな類型を創出した」と評価される福岡高裁の理論構成とは異なっている。

福岡高裁の枠組みでは、侵害の急迫性の存否を判断する上で、侵害の予期が非常に重要な要素となるが、(ii)の判例群では、侵害の予期について特に判断せず、侵害の急迫性の存否を判断する判例もあった。それゆえ、このような状況が続くと、侵害の「急迫性の理解・解釈に混乱が生じる」危惧があった。したがって、本決定は、自招侵害の事例において、「侵害の急迫性の存否」の問題として事案の解決を図らないことによって、右の危惧を避けており、この意味で、重要な意義を有している。[50][51]

(17)　香城敏麿「判批」『最高裁判所判例解説刑事篇（昭和五二年度）』（昭55年・一九八〇年）二四九頁。
(18)　ただし、本件は、通常の挑発行為と正当防衛のケースとは「異なる」という指摘がなされている（川端・前掲注（1）一〇一頁）。
(19)　「積極的加害意思」が問題となる事例と「自招侵害」が問題となる事例に関して、日本とドイツの理論状況は、「一部が重なる二つの円の関係にある」という指摘がなされている（井田良『刑法総論の理論構造』（平17年・二〇〇五年）一七二頁、同『変革の時代における理論刑法学』（平19年・二〇〇七年）一〇二頁）。
(20)「判例の動向」の詳細については、拙稿・前掲注（12）一七六頁以下参照。
(21)（Ⅰ）の判例群には、侵害の自招性を、「侵害の急迫性」を否定する要素として検討する判例と、「侵害の不正性」を否定する要素として検討する判例がある。
(22) このような下級審の状況に対して、「いかなる場合に正当防衛が否定されるのか、さらには、正当防衛のどの要件が否定されるのかについては一致を見ることはなかった」という評価がなされている（井上・前掲注（9）二八頁）。
(23) 東京高判昭六〇・六・二〇高刑集三八巻二号九九頁、判時一一六二号一六八頁。
(24) 橋爪・前掲注（4）一六六頁。
(25) さらに、東京高判昭和六〇・五・一五東時三六巻四＝五号二八頁、高刑速（昭六〇）一二二頁、大阪高判平七・三・三一判タ八八七号二五九頁参照。これに対して、地裁レベルであるが、侵害の「予期」と侵害の「挑発」とは「並列」関係にあると捉えている例として、浦和地判昭六一・六・一〇刑月一八巻五＝六号七六四頁、判時一一九九号一六〇頁がある。浦和地裁は、「被告人が、本件犯行当時、Aの右一連の侵害を予期ないしは挑発し、これに対して、積極的に応戦した如き事情は認められず、したがつて、侵害の急迫性の要件にも欠けるところはないというべきである」とするが、ここでは、侵害の「予期」と、侵害の「挑発」とが、「ないしは」という接続詞で結ばれている。それゆえ、本判決は、侵害の「予期」と、侵害の「挑発」とを並列関係として捉えていると解し得るのである（さらに、千葉地判平九・一二・二判時一六三六号一六〇頁参照）。
(26)「積極的加害意思」と「侵害の自招性」の関係を逆転させた判例として、広島高判平一五・一二・二二【文献番号】28095137がある。なお、本章では、判例が公刊物未搭載の場合にはTKC LEX/DBの【文献番号】を示すこととする。
　広島高裁は、「正当防衛ないし過剰防衛の成否」について、「被告人の傘による刺突行為が、被害者による急迫不正の侵害に対する防衛行為といえるか否か」に関して検討を加えるが、次のように説示して、まず、積極的加害意思の存在を肯定する。すなわち、「被告人は、一連の言動により、被害者に対し、傘を持ち出して威嚇するといった行動を誘発させた上、被害者がいったんは傘を振り回すのを止めたとみるや、『やれるもんならやってみいや。』と言って、被害者を挑発しているところ、被害者が傘を振り下ろして殴りかかるのを決意させたのは、被告人の挑発行為がきっかけとなったというべきであり、しかも、被害者の侵害行為は、被告人において、十分に予期していた範囲内の事態であったというべきである。さらに、被告人は、被害者が振り下ろした傘を左手でつかみ、被害者と傘を奪い合っているが、被害者の左襟首を右手でつかんで、被害者の態勢を崩すなど、直ちに反撃行為を行っており、被告人と被害者との年齢、体格などを考慮すると、被告人のほうがやや優位な状況にあったといえる。加えて、被告人は、被害者と傘を奪い合っている際、被害者ののどに石突きが当たってからも、傘の奪い合いを止めることなく、被害者から傘を奪い取るや、直ぐさま傘の石突きを勢いよく被害者の顔面に向けて突き出しており、刺突行為後も、被害者に対し、『ふざけるな。』などとの言葉を浴びせている。これらのことからすれば、被告人は、被害者の侵害行為に対抗して、積極的かつ危険な加害行為を行っていると評価することができ、単に侵害を避けるだけでなく、積極的に加害行為をする意思があったと認めることができる」とする。その上で、「本件犯行について、その前後の事情を含めて全体的に考察すると、被告人は、被害者からの侵害が予期されていながら、被告人のほうから挑発的な言動を行い、被害者が攻撃を開始するや、直ちに積極的な加害意思をもって反撃をしているのであるから、被害者の傘による殴打行為は、被告人がこれを予期しつつ自ら招いたものであって、急迫性の要件を欠くものというべきである」とする。それゆえ、ここでは、「積極的加害意思の存在」が自招侵害を肯定する一要素として考慮されていることになる。したがって、本判決は、積極的加害意思があれば侵害の急迫性を否定していた最高裁の判断枠組みとは異なる枠組み、言い換えると、「積極的加害意思」と「侵害の自招性」の関係を逆転させた枠組みで判断していることになるのである。

(27)　福岡高判昭六〇・七・八刑月一七巻七＝八号六三五頁、判タ五六六号三一七頁。

(28)　的場純男＝川本清巌「自招侵害と正当防衛」大塚仁＝佐藤文哉編『新実例刑法（総論）』（平13年・二〇〇一年）一一八―九頁。

(29)　的場＝川本・前掲注（28）一一九頁。川端・前掲注（1）一一九頁は、福岡高裁判決が「侵害の予見可能性があれば急迫性が失われるとするものであって、最高裁の判例とは相容れない立場である」と指摘されている。福岡高裁判決と類似の理論を前提とする判例としては、東京高判平八・二・七東時四七巻一～一二号一四頁、判時一五六八号一四五頁がある。

(30)　大阪高判昭六一・六・一三刑集四三巻一〇号八三五頁。

(31)　東京高判平二〇・五・二九判時二〇一〇号四七頁、判タ一二七三号一〇九頁。

(32)　この平成二〇年東京高裁判決は、本章においてその意義を検討している平成二〇年最高裁決定よりも、時系列的には「後に」下されたものであるから、平成二〇年決定の意義を考察する上で、東京高裁判決の上告審が示す判断は注目に値する。

(33)　仙台地判平一八・一〇・二三判タ一二三〇号三四八頁。

(34)　さらに、長崎地判平一九・一一・二〇判タ一二七六号三四一頁参照。

（35）　被告人が反撃のあることに関して、具体的に予期「していた」ことと、予期「できた」こととを並列的に扱っている判例として、大阪高判平一二・六・二二判タ一〇六七号二七六頁がある。

本判決は、「ハロウィンの店内出入口付近で甲野の顔面を左拳で突いた時点においては、被告人が、甲野から反撃を受けることを予期していたこと、あるいは予期することができたことを確認することができない」ので、「甲野は、被告人から椅子を蹴り付けられるという暴行を加えられ、そのような違法な先制攻撃を受けたことに誘発されて被告人に殴り掛かったものであり、しかも、甲野による暴行の態様及び程度は、椅子を蹴り付けるという暴行を加えられた者の反撃行為として通常予期し得る態様及び程度に止まるものであったから、これをもって被告人に対する急迫の侵害と認めることはできない」との主張は、その前提を欠くと結論づけている。

本判決は、「ハロウィンの店内出入口付近で甲野の顔面を左拳で突いた時点」において、被告人が、「甲野から反撃を受けること」を「予期していた」ことと「予期することができた」こととを、「あるいは」という接続詞で繋いでいるから、両者は、「並列的」に捉えられていることになるのである。

（36）　相手方の侵害行為が、自己の先行行為から通常予期されるか否かに言及せず、侵害に対して被告人に「具体的な予期がある」点に着目した判例として、大阪高判平一四・一二・三刑集五九巻九号一四六七頁がある。

本判決は、「Bの被告人に対する攻撃は、被告人が自ら招いたもので、その予期するところであったというべきである。してみると、車を衝突させたBの…攻撃は、被告人にとっては、正当防衛における急迫性の要件に欠ける」とするのみであり、相手方の侵害行為が、自己の先行行為から通常予期されるか否かについては言及していないのである（さらに、東京地判平八・三・一二判時一五九九号一四九頁参照）。

（37）　大阪高判平一四・一二・三・前掲注（36）参照。

（38）　第一審判決は、本件を一連の喧嘩闘争」の事例と評価し、正当防衛を否定しているが、その事例判断においては「被告人は、自分が先に手を出して逃走中に殴打されたものであり、被告人自身もAが追いかけてくる可能性を認識していたものと推認される」としており、反撃に対する「被告人の具体的な予期」について言及している点で注目に値する。

（39）　なお、本決定が「一連、一体の事態」と評価できることを要求している点に着目して、本件事案が「一団の連続的闘争行為」といえるか否かを問題としたという評価があり得る（赤松・前掲注（9）二七頁は、本決定の立場を「けんか闘争に関する従前の判例・裁判例の中で採られていたものに近い考え方によったもの」と評価している）。これに対して、橋爪・前掲注（9）

一七五頁は、右の評価によれば、「本決定のように第1暴行と第2暴行の均衡性などの要件を導くことは困難であろう」と批判されている。
(40)　橋爪・前掲注（9）一七四―五頁。
(41)　山口厚「正当防衛論の新展開」『法曹時報』六一巻二号（平21年・二〇〇九年）一四頁、橋爪・前掲注（9）一七五頁参照。
(42)　東京高判平二〇・五・二九・前掲注（31）参照。
(43)　山口・前掲注（41）一七頁。橋爪・前掲注（9）一七五頁、林幹人「自ら招いた正当防衛」『刑事法ジャーナル』一九号（平21年・二〇〇九年）四六頁参照。
(44)　さらに、本件の原判決でも、相手方が「被告人の挑発を受けて報復攻撃に出ることを十分予期していた」と認定されていた。
(45)　山口・前掲注（41）一七頁。
(46)　それゆえ、招致された侵害が先行行為の程度を大きく超える場合には、本決定の射程は及ばないことになる。
(47)　山口・前掲注（41）一四頁、橋爪・前掲注（9）一七五頁参照。
(48)　本田・前掲注（9）一三五頁、林・前掲注（43）四六頁。
(49)　赤松・前掲注（9）二四頁、山口・前掲注（41）一五―六頁、橋爪・前掲注（9）一七五頁。
(50)　山口・前掲注（41）一六頁。
(51)　さらに、山口教授は、本決定の態度に対して次のような評価を加えておられる（山口・前掲注（41）一九―二一頁）。教授は、「侵害に対する反撃行為について正当防衛の成立を否定するということは、実質的にみれば、当該反撃行為が正当防衛にふさわしくない行為であり、正当防衛としてそなえるべき属性をそなえていない行為だということを意味する」とされ、「正当防衛は急迫した不正な侵害に対する防衛行為であるから、当該反撃行為について、それが正当防衛にふさわしくないとする理由は」、「急迫した侵害という緊急状態下で許容される行為ではないこと（緊急行為性の否定）、侵害に対する防衛行為とはいえないこと（防衛行為性の否定）ということになる」と解しておられる。
　この点に関して、従来の判例は、緊急行為又は防衛行為としての正当防衛について、「①侵害の急迫性と積極的加害意思を問題とすることで、反撃行為の緊急行為性を否定する方法」、「②防衛の意思を否定することによって、反撃行為の防衛行為性を否定する方法」などを提示しているが、これらの判例は、「緊急行為性、防衛行為性の判断に当たり」、少なくとも「正当防衛を否定する直接の規範的基準」としては、いずれも「反撃者の主観面に注目した基準」を用いていた、とされる。

ところが、これらの方法では解決できない「自招侵害」の事例に対しては、①②以外の方法による解決の可能性が問われていたが、本決定は、「そのような別個の解決を示したもの」とされる。平成二〇年決定で問題となっているのは、「客観的な事実自体による正当防衛の制限」であり、このことは、「客観的な事実自体によって正当防衛の属性である、緊急行為性又は防衛行為性を否定すること意味する」からである。そして、山口教授によれば、本決定は、「反撃行為に出ることが正当とされる状況」を問題とし、それを否定しているが、このような「状況的要件」は、反撃行為自体に関わる防衛行為性ではなく、「緊急行為性に影響するものと考えることができる」のであり、この意味で、本決定は、「反撃行為について緊急行為性を否定することによって、正当防衛の成立を認めなかった」と解し得るのである。

その上で、山口教授は、自招侵害の事例において、「客観的な事実自体」によって「反撃行為について緊急行為性を否定することによって、正当防衛の成立を認めなかった」平成二〇年最高裁決定の態度を正当なものと評価しておられる。

第四節　結　論

本章の検討から明らかなように、本決定は、自招侵害の事例処理にあたっては、理論構成として「正当防衛の要件論の次元を超えた領域」において解決を図っている。[52] しかし、正当防衛が否定される理論的根拠については、明示されていない。[53] そして、平成二〇年最高裁決定の原判決は、昭和六〇年福岡高裁を起点とする判例群の理論構成を採用していたが、最高裁は、これを否定した。それゆえ、平成二〇年決定は、昭和六〇年福岡高裁の枠組みを採用しないことが明らかとなったが、その他の判例群の枠組みも同時に否定したといえるかは、明確でない。したがって、今後同種の事例において下される下級審の判断を含めた判例の動向を注視し、本決定が前提としている理論的根拠について解明していく必要がある。[54]

(52)　川端教授は、「自招侵害に対する正当防衛の成立を否定する」にあたっては、正当防衛の「要件論の次元を超えた領域での解決が必要とされる」と指摘しておられ（川端・前掲注（1）一二四頁）、さらに、吉田教授も、要件論によっては、「挑発防衛の問題を適切に解決することはできないといわなければならない」から、「正当防衛の成否を決定する要素を刑法三六条の外に求めざるを得なくなる」としておられる（吉田宣之「『自招防衛』と正当防衛の制限」『判例時報』二〇二五号（平21年・二〇〇九年）一三頁）。

(53)　吉田・前掲注（52）一二頁以下は、本決定が与した理論的根拠として、権利濫用説をあげておられる。

(54)　林教授は、「本決定を含め、判例が自招防衛の一定の場合に正当防衛を否定してきたのには、理由があると考えられる。本決定の内容を明らかにすることもさることながら、より根本的な問題の解明が要求されているといえよう」と指摘されている（林・前掲注（43）四六頁）。さらに、平成二〇年五月二〇日最高裁決定を契機とした判例研究としては、上に示したものの他、橋爪隆「正当防衛論の最近の動向」『刑事法ジャーナル』一六号（平21年・二〇〇九年）二頁以下、照沼亮介「正当防衛と自招侵害」『刑事法ジャーナル』一六号（平21年・二〇〇九年）一三頁以下等がある。

第五章　積極的加害意思の概念形成後の侵害の急迫性
――平成二一年東京高裁判決の意義――

第一節　本章の目的

刑法三六条における侵害の急迫性の要件に関して、例えば、昭和二四年最高裁判決は、「『急迫』とは、法益の侵害が間近に押し迫つたことすなわち法益侵害の危険が緊迫したことを意味するのであつて、被害の現在性を意味するものではない」とする。[1] また、昭和四六年最高裁判決は、「『急迫』とは、法益の侵害が現に存在しているか、または間近に押し迫つていることを意味し、その侵害があらかじめ予期されていたものであるとしても、そのことからただちに急迫性を失うものと解すべきではない」としている。[2] そして、昭和四六年判決と昭和五二年最高裁決定[3]の関係をめぐって、一連の「積極的加害意思論」が展開されてきていることについては、すでに論じたところである。[4]

また、判例における「侵害の急迫性」の意義、[5] 昭和五二年決定によって示された侵害の「急迫性の消極的要件」としての「積極的加害意思」と「防衛意思」の関係を整理した上で、[6] 昭和五二年最高裁決定から平成二〇年最高裁決定[7]までの間に下された自招侵害に関する判例の動向に関して分析した。その結果、「侵害の自招性」を、①「正当防衛の『客観的要件を否定する要素』として検討する判例」、[8] ②「正当防衛の『主観的要素（防衛意思）を否定する要素』として検討する判例[9]、③『防衛行為の相当性を制限する要素』として検討する判例[10]、④『喧嘩闘争の存在を肯定する要素』として検討する判例[11]」があることが判明した。

その後、自招侵害の事例において平成二〇年最高裁決定が下されている。平成二〇年決定の意義は、自招侵害の事例に関しては、侵害の急迫性を否定する事例処理をしないという点にある。すなわち、平成二〇年決定の原判決は、①の類型の昭和六〇年福岡高裁判決[12]を起点とする判例群の見解を前提とした理論構成を採用していたが[13]、平成二〇年最高裁決定によって、これが否定されたのである[14]。それゆえ、①の類型の昭和六〇年福岡高裁判決を起点とする判例群が問題としていた事例においては、侵害の急迫性を否定することによって問題を解決する処理はされなくなるはずである。少なくとも、平成二〇年最高裁決定は、自招侵害の事例に関して、侵害の「急迫性の問題として事案の解決を図らなかった」ことによって、「急迫性の理解・解釈に混乱が生じること」を回避したものと評価されているからである[15]。そして、平成二〇年決定は、自招侵害の処理にあたって、正当防衛の「要件論の次元を超えた領域」で解決を図っているとするならば[16]、逆に、侵害の急迫性の判断に関しては、「端的に」防衛者の法益侵害の危険性に基づいて、その存否を判断することが要請されることになるであろう[17]。

この点に関して、平成二〇年最高裁決定以降に下された侵害の急迫性に関する興味深い判例として、平成二一年東京高裁判決がある[18]。本章では、東京高裁判決を分析した上で、その「意義」及び「あるべき」理論構成を考察したい[19]。

（1）　最判昭二四・八・一八刑集三巻九号一四六五頁。なお、本章では、判決文に旧漢字が用いられている場合、適宜、常用漢字に改めた。
（2）　最判昭四六・一一・一六刑集二五巻八号九九六頁。
（3）　最決昭五二・七・二一刑集三一巻四号七四七頁。

（4）拙稿「わが国の判例における積極的加害意思の急迫性に及ぼす影響について」『法律論叢』七二巻五号（平12年・二〇〇〇年）［後に本書に収録］七八頁以下［引用は後者による］、同「正当防衛における『自招侵害』の処理（一）」『松山大学論集』二一巻三号（平21年・二〇〇九年）［後に本書に収録］一一六頁以下［引用は後者による］。さらに、「喧嘩闘争と正当防衛」に関しては、拙稿・注（4）法論六四頁以下参照。

（5）拙稿・前掲注（4）松大論集一一六頁以下。

（6）拙稿「正当防衛における『自招侵害』の処理（二）」『松山大学論集』二一巻三号（平21年・二〇〇九年）［後に本書に収録］一四四頁以下［引用は後者による］。

（7）最決平二〇・五・二〇刑集六二巻六号一七八六頁。

（8）なお、この類型には、「侵害の自招性」を、「侵害の急迫性を否定する要素」として検討する判例と「侵害の不正性を否定する要素」として検討する判例がある（詳細は、拙稿「正当防衛における『自招侵害』の処理（三）」『松山大学論集』二一巻三号（平21年・二〇〇九年）［後に本書に収録］一七六頁以下参照［引用は後者による］）。

（9）拙稿「正当防衛における『自招侵害』の処理（四・完）」『松山大学論集』二七巻三号（平27年・二〇一五年）［後に本書に収録］二一〇頁以下［引用は後者による］。

（10）拙稿・前掲注（9）二二四頁以下。

（11）拙稿・前掲注（9）二三〇頁以下。

（12）福岡高判昭六〇・七・八刑月一七巻七＝八号六三五頁、判タ五六六号三一七頁。詳細は、拙稿・前掲注（8）一九四頁以下参照。

（13）東京高判平一八・一一・二九刑集六二巻六号一八〇二頁。詳細は、拙稿「正当防衛における『自招侵害』の意義」『法と政治の現代的諸相　松山大学法学部二十周年記念論文集』（平22年・二〇一〇年）［後に本書に収録］二五〇―二頁参照［引用は後者による］。

（14）平成二〇年最高裁決定の意義については、拙稿・前掲注（13）二六〇頁以下、同「判批」『判例評論』六一一号（平22年・二〇一〇年）三〇頁以下において示した。

（15）山口厚「正当防衛論の新展開」『法曹時報』六一巻二号（平21年・二〇〇九年）一六頁。

（16）拙稿・前掲注（13）二六七頁、同・前掲注（14）三一頁。

（17）拙稿「共同正犯と正当防衛」『松山大学論集』二五巻六号（平26年・二〇一四年）［後に本書に収録］三三一―二頁参照［引

用は後者による」。なお、髙山教授は、平成二〇年決定に関して次のように指摘しておられる。すなわち、平成二〇年決定は「被告人が自ら侵害を招いた事案で、控訴審の解決が従来の『急迫性』要件によっていたにもかかわらず、その判断枠組みを採用しなかった。判例変更がなされたわけではないが、『急迫性』を客観的に判断すべきだとする学説に一歩近づいたように思われる」とされる（髙山佳奈子「実体刑法の改革」『法律時報』八五巻八号（平25年・二〇一三年）四九―五〇頁）。また、裁判官からは、同決定は「判文どおりの客観的事実があれば『被告人において何らかの反撃行為に出ることが正当とされる状況における行為とはいえない』としたもの」という指摘があり（三浦透「判批」『最高裁判所判例解説刑事篇（平成二〇年度）』（平24年・二〇一二年）四三三頁）、これを「正当防衛に関する判断枠組みの明確化ないし客観化を志向したもの」とする「理解」がなされている（増田啓祐「自招侵害」池田修＝杉田宗久編『新実例刑法［総論］』（平26年・二〇一四年）一四一頁）。

さらに、佐伯教授は、裁判員裁判の導入を契機として変化した方がよいとされる点について次のように指摘されている（佐伯仁志「裁判員裁判と刑法の難解概念」『法曹時報』六一巻八号（平21年・二〇〇九年）六―七頁）。すなわち、教授は、「裁判員裁判においてはより明確な基準が求められている」とされ（さらに、橋爪隆「裁判員制度のもとにおける刑法理論」『法曹時報』六〇巻五号（平20年・二〇〇八年）九―一〇頁参照）、「判例は、しばしば主観的要件を立てて、これを客観的な間接事実によって認定するという方法を用いているが、間接事実による主観的要件の認定は、裁判員にとってわかりやすいものとはいえない」と指摘される。これを踏まえて、増田判事は、平成二〇年最高裁決定を「裁判員裁判時代を迎え」、「侵害の予期ないしその可能性といった主観的要件を問題とすることなく正当防衛の成立を否定した」判例と位置づけておられる（増田・注（17）一四一頁。

（18）東京高判平二一・一〇・八東高刑六〇巻一～一二号一四二頁、判タ一三八八号三七〇頁。

（19）さらに、地裁レベルではあるが、侵害の急迫性の存否を判断する視点として、「防衛者の『法益侵害の危険性』の存否を重視する」判例①とそうではない判例②があるように思われる。

①の判例として、例えば、横浜地判平二七・三・一三【文献番号】25447224がある。なお、本章では、判例が公刊物未搭載の場合にはTKC LEX/DBの【文献番号】を示すこととする。

横浜地裁は、「検察官は、これまでの経緯から、被告人は被害者が酒に酔えば暴れることを分かっていながら自らそのような事態を招いたのであるから、侵害の急迫性がなかった旨主張する。しかしながら、被害者は酒を飲めば必ず暴れるわけではなかったこと等の事実も考慮すると、被告人は被害者が暴れることを確実に予期していたとまでは認められないし、そもそも侵害を予期していたというだけで急迫性が失われるものでもなく、被害者を保護監督する必要のある被告人にタクシーの利用を回避する義務が課せられるわけでもない。検察官の主張は採用できない（もっとも、上記のような事情は、後述のとおり、防衛行為の相当性の判断において、一定の意味を持つものと考えられる。）」とする。

②の判例として、例えば、神戸地判平二一・二・九【文献番号】25440853がある。

神戸地裁は、「被害者の被告人Cに対する一連の暴行が、被告人Cに対する急迫不正の侵害に当たるか否かを検討する」とし、一般論として、「（一）そもそも正当防衛は、法秩序に対する侵害の予防ないし回復のための実力行使にあたるべき国家機関の保護を受けることが事実上できない緊急状態において、私人が実力行使に及ぶことを例外的に適法として許容する制度であるところ、予期された侵害であっても、これに直面すれば緊急状態に陥ることがあるのだから、侵害を予期していたことのみをもって直ちに侵害の急迫性が失われるとはいえない」。「しかしながら、単に侵害を予期していたのみならず、その機会を利用し、侵害者に対する積極的な加害の意思で実力行使に及んだ場合には、そもそも国家機関に保護を求めるつもりがないのであるから、緊急状態に陥っていたとはいえないのであり、このような場合には、侵害の急迫性が認められず、正当防衛は成立しない」とする。

第二節　平成二一年東京高裁判決の事案の概要

東京高裁は、被告人側からの事実誤認の主張に関して、まず、原判決の事実認定の当否を検討する。すなわち、「原判決は、判示第1として、被告人が、平成20年12月1日午後9時47分ころ、甲市…のマンション（以下『本件マンション』という。）出入口前スロープ上において、被告人の実母の再婚相手であり、当時49歳の男性である被害者に対し、死の結果が生じるかもしれないが、それもやむを得ないと考え、その左前胸部を持っていた果物ナイフ（刃体の長さ約9.4㎝。以下『本件果物ナイフ』という。）で突き刺したが、同人に傷害を負わせたにとどまった殺人未遂の事実を認定している」。

これに対して、被告人側は、「①本件事件の凶器は本件果物ナイフではなく、キャンプ用折り畳み式ナイフ（以下『キャンプ用ナイフ』という。）であった可能性が高く、②被告人には殺意が認められず、被告人の行為は傷害罪の構成要件に該当するにとどまり、③被告人の行為については正当防衛が成立して無罪であり、仮にそれが防衛の程度を越えているとしても過剰防衛が成立するのであって、原判決のこれらの事実誤認が判決に影響を及ぼすことは明らかである」と主張する。

東京高裁は、主文において控訴を棄却し[20]、被告人側からの主張に対しては、「原判決が挙示する証拠によれば、原判示の事実を認めることができ、本件殺人未遂につき被告人には正当防衛も過剰防衛も成立せず、原判決が『判示第1の犯行における争点に対する判断』（以下『争点に対する判断』という。）の項で説示するところも、おおむね正当として是認することができる」とした上で、「補足」として「凶器」、「故意」及び「正当防衛」に言及し、結論として「原判決に判決に影響を及ぼすことが明らかな事実誤認はなく、論旨は理由がない」とした。

まず「殺意」に関連して、次のように説示する。「殺意の有無及び正当防衛（ないし過剰防衛）の成否の判断の前提として、本件犯行直前から犯行時までの被告人及び被害者の行動については、原判決挙示の関係証拠により、原判示のとおりの事実が認められる（すなわち、本件当日午後9時半ころ、被害者は、本件マンション1階出入口前で、実母を訪ねて来た被告人に対し、実母はいないと告げて追い返そうとしたが、被告人がこれに応ぜず、被害者に続いて本件マンションの中に入り込もうとしたり、その場を動かなかったりした。そこで被害者は、出入口前のスロープ上にいた被告人に近寄り、帰るよう強く促したものの、被告人が無言でにらみ返すだけで立ち去ろうとしないため、右手で被告人のジャンパー左襟首をつかみ、『なめんな』『ふざけんじゃねえ』などと言いながら、左方向に3、4回強く引っ張る暴行に及び、その際、被害者の右手が被告人の頬付近に当たるなどした。その後被告人は、被害者の左前胸部を本件果物ナイフで突き刺した。）」とした。

次に、「正当防衛」に関連しては、「原判決挙示の関係証拠によれば、本件に至る経緯として、原判決の『犯行に至る経緯』のとおりの事実が認められる（概要は、次のとおりである。被告人は、長年にわたりいわゆる『引きこもり』の状態にあり、平成12年ころから自立を期待した実母や被害者の経済的援助の下にアパートで一人暮らしを始めたが、隣室居住者らとトラブルを繰り返して平成19年10月には退去せざるを得なくなり、実母にも援助を拒まれるに至った。平成19年12月に被告人は困窮して本件マンションに実母を訪ねたが、その際、実母との面会を阻もうとした被害者から殴る蹴るといった暴行を受けた。しかしそれでも被告人が実母に会うことを渇望したため、実母から約100万円の援助を受けることができた。しかし、その後、被告人の自立を促すため、携帯電話をつながらないようにするなどして実母からも距離を取ろうとされたため、平成20年3月ころ被告人は実母をその職場近くで待ち伏せして暴行騒ぎを起こすに至った。このため被告人は、同年1月に実母の紹介により就いた警備の仕事も辞めるところとなり、生活費に窮するようになった。そこで被告人は、本件当日、実母に会って更に経済的援助を求めようと本件マンションを訪れたが、本件マンション出入口前で被害者に実母はいない旨告げられ、帰るよう促され、［殺意の冒頭］の状況で本件犯行に至ったものである。）」とした上で、「上記のような経緯中、特に平成19年12月の訪問時に被害者に暴行を加えられた状況やその後の経緯、実母が自分と会おうとしないであろうということも被告人は容易に推測し得たと考えられることなどからすると、被告人は、本件マンションを訪問する前の段階で、同マンションを被告人が訪問して実母と会うことに固執すれば、被害者が被告人を追い払おうとして暴行を加えてくることを予期していたものと推定することができる。そして、このような状況の下で、被告人は、着用していたジャンパーのポケット内に本件果物ナイフを準備した上で、本件マンションを訪れたものであるから、被害者が暴行を加えてきた際には本件果物ナイフを用いて被害者に反撃する意思を有していたものと推定することができる。被告人の捜査段階の供述には、本件マンションに行けば、被害者が出てきて、無理やり被告人を追い返そうと平成19年12月と同じように被告人に暴力を振るってくる可能性も高いと思った、被害者から暴力を振るわれたとしても、被害者を打ち負かして実母に会おうと思っていた、本件果物ナイフで被害者を切ったり刺したりすれば被害者を打ち負かすことができると考えた、などという部分があるが、これらは被告人の予期や意思についての上記の推定を裏付けているものといえる」とし、「現実に被害者が本件殺人未遂の犯行直前に被告人に加えた暴行は、被告人の予想の範囲・程度にとどまるものであったというべきである」とした。

東京高裁は、「刑法36条1項が侵害の急迫性を要件としている趣旨から考えると、侵害があらかじめ予期されたものであったとしても、そのことから直ちに同条項にいう急迫性が失われるものと解すべきではない（最高裁昭和46年11月16日第三小法廷判決・刑集25巻8号996頁等参照）」とするが、「しかし、単に侵害が予期されただけでなく、被侵害者が正当な利益を損なうことなく容易にその侵害を避けることができたにもかかわらず、侵害があれば反撃する意思で、自ら侵害が予想される状況に臨み、反撃行為に及んだという場合には、実際に受けた侵害が事前の予想の範囲・程度を大きく超えるものであったなどの特段の事情がない限り、『急迫不正の侵害』があるということはできないし、また反撃行為に出ることが正当とされる状況にあったとはいえない」という一般論を述べ、事例判断として次のように説示する。すなわち、「本件においては、上記のとおり、被告人は、被害者の暴行の高い可能性を予期し、かつ、被害者や実母の意思に反してまで実母に会おうとしなければ容易に被害者の暴行を避けることができたにもかかわらず（なお、被告人が当時34歳の成人男性であることを踏まえて上記のような経緯をみれば、本件当時被害者や実母の意思に反して強引に実母に面会を求めることに、何ら正当な利益を認めることはできず、かえって被告人には、実母との面会を断られた時点で、少なくとも道義的には本件マンションから立ち去る義務があったというべきである。）、被害者の暴行があれば準備した本件果物ナイフを用いて反撃する意思で、本件マンションを訪れ、予想された範囲・程度にとどまる被害者の暴行を受け、本件果物ナイフで上記のような刺突行為に及んだ、というのであって、本件においては到底『急迫不正の侵害』があったとはいえず、正当防衛も過剰防衛も成立しない」。「そうすると、正当防衛の成立を否定し、過剰防衛も認めていない原判決は結論において正当であって、この点について事実誤認は認められない」としたのである。

(20) なお、本件は上告されているが、最高裁によって棄却されている。

第三節　平成二一年東京高裁判決の分析

第一款　本件の正当防衛の成否に関する争点

本件の正当防衛の成否に関する争点は、次の通りである。

被告人は、被害者から暴行を受ける可能性が高いことを予期しかつ正当な利益を損なうことなく容易に当該侵害（被害者からの暴行）を避けることができたにも拘らず、被害者からの暴行があれば準備した果物ナイフを用いて反撃をする意思で被害者方マンションを訪れ、自ら侵害が予想される状況に臨み、その予想された範囲・程度にとどまる被害者からの暴行を受けて、被害者の左前胸部を果物ナイフで突き刺す行為（反撃行為）に及んだ場合、被告人には、正当防衛が成立するか、である。より端的に言えば、本件の争点は、上記の事実関係において、「被害者からの暴行は、急迫不正の侵害といえるか」、言い換えると、「被告人は、正当防衛状況にあったか」にある。

第二款　東京高裁が示した基準とその当てはめ

第一項　基　準

この問題を処理するために、東京高裁は、昭和四六年最高裁判決[21]を引用しつつ、「刑法36条1項が侵害の急迫性を要件としている趣旨から考えると、侵害があらかじめ予期されたものであったとしても、そのことから直ちに同条項にいう急迫性が失われるものと解すべきではない」とするが、「単に侵害が予期されただけでなく、被侵害者が正当な利益を損なうことなく容易にその侵害を避けることができたにもかかわらず、侵害があれば反撃する意思で、自ら侵害が予想される状況に臨み、反撃行為に及んだという場合には、実際に受けた侵害が事前の予想の範囲・程度を大きく超えるものであったなどの特段の事情がない限り、『急迫不正の侵害』があるということはできないし、また反撃行為に出ることが正当とされる状況にあったとはいえない」という一般論を示した。

第二項　当てはめ

右の一般論を前提として、東京高裁は、本件において「被告人は、被害者の暴行の高い可能性を予期し、かつ、被害者や実母の意思に反してまで実母に会おうとしなければ容易に被害者の暴行を避けることができた」にも拘らず、「被害者の暴行があれば準備した本件果物ナイフを用いて反撃する意思で、本件マンションを訪れ、予想された範囲・程度にとどまる被害者の暴行を受け、本件果物ナイフで上記のような刺突行為に及んだ」というのだから、「本件においては到底『急迫不正の侵害』があったとはいえず、正当防衛も過剰防衛も成立しない」としたのである。

そして、東京高裁は、被告人が侵害を回避すべき時期として次のように指摘する。すなわち、「被告人が当時34歳の成人男性であることを踏まえて」、本件における経緯をみれば、被告人には「本件当時被害者や実母の意思に反して強引に実母に面会を求めることに、何ら正当な利益を認めることはでき」ないとした上で、「実母との面会を断られた時点」において、「少なくとも道義的には本件マンションから立ち去る義務があったというべきである」と説示している。

(21)　最判昭四六・一一・一六・前掲注（2）。

第四節　平成二一年東京高裁判決の意義

第一款　「侵害の急迫性と侵害の予期の関係」と「侵害の急迫性の存否」

平成二一年東京高裁判決が引用する昭和四六年判決は「侵害の予期と侵害の急迫性の存否に関する先例」とされるが、(22) 昭和四六年判決は、上記の通り「『急迫』とは、法益の侵害が現に存在しているか、または間近に押し迫っていることを意味し、その侵害があらかじめ予期されていたものであるとしても、そのことからただちに急迫性を失うものと解すべきではない」とする。そして、判例上、従来は、昭和五二年決定を踏まえて、積極的加害意思の存否によって、侵害の急迫性の存否を判断する道筋が用意されていた。昭和五二年決定は、「刑法三六条が正当防衛について侵害の急迫性を要件としているのは、予期された侵害を避けるべき義務を課する趣旨ではないから、当然又はほとんど確実に侵害が予期されたとしても、そのことからただちに侵害の急迫性が失われるわけではないと解するのが相当」である。しかし、刑法三六条が「侵害の急迫性を要件としている趣旨から考えて、単に予期された侵害を避けなかつたというにとどまらず、その機会を利用し積極的に相手に対して加害行為をする意思で侵害に臨んだときは、もはや侵害の急迫性の要件を充たさない」としているのである。

第二款　昭和五二年最高裁決定（積極的加害意思）の意義

昭和五二年最高裁決定にいう「（刑法三六条）が侵害の急迫性を要件としている趣旨」に関連して、香城教授は、『最高裁判所判例解説』において、次のように指摘されている。[23]

教授は、「相手の侵害を予期し、自らもその機会に相手に対し加害行為をする意思で侵害に臨み、加害行為に及んだ場合、なぜ相手の侵害に急迫性が失われることになるのであろうか」という問題提起をされる。

これに対して「このような場合、本人の加害行為は、その意思が相手からの侵害の予期に触発されて生じたものである点を除くと、通常の暴行、傷害、殺人などの加害行為とすこしも異なるところはない。そして、本人の加害意思が後から生じたことは、その行為の違法性を失わせる理由となるものではないから、右の加害行為は、違法であるというほかはない」①とされ、そして、「それは、本人と相手が同時に闘争の意思を固めて攻撃を開始したような典型的な喧嘩闘争において双方の攻撃が共に違法であるのと、まったく同様なのである」②と指摘される。

その上で、「前記のような場合に相手の侵害に急迫性を認めえないのは、このようにして、本人の攻撃が違法であって、相手の侵害との関係で特に法的保護を受けるべき立場にはなかったからである、と考えるべきであろう」と結論づけられる。

香城教授が昭和五二年決定に関する評釈を『最高裁判所判例解説』において指摘していることに鑑みると、昭和五二年決定が示した積極的加害意思の理論は「喧嘩闘争や私闘と同視すべく、初めから違法というべきものを正当防衛から排除するための理論」であったことは誤りではないであろう。[24] しかし、昭和五二年決定の趣旨を右のように解した場合、積極的加害意思の理論は、「道具立てがいささか大げさで、小回りが利きにくい嫌いもないではない」。[25]そして、「積極的加害意思という概念は、実はその外延は必ずしも明らかではなく、その存否に関する安定した統一的判断は困難である」[26]という批判につながってくるのである。

第三款　香城説とは異なる理論構成を採用する判例

そこで、香城教授が示した理論構成とは異なる構成を採用する下級審判例が存在している。[27]

例えば、平成元年札幌地裁判決は、[28]川端説の影響を受けていると考えられるが、川端説は次の通りである。[29]すなわち、ビンディングによれば、全正当防衛論にとって、この攻撃が単に正当防衛権の発生事由として「被攻撃者のために」考慮されるという事実が礎石を形成する、つまり、「不正に攻撃されていること」が正当防衛権の源泉を形成しているとされるが、[30]防衛者側からの視座に着目すると、法益侵害の可能性は、単に侵害行為者側の客観的事情だけでなく、被侵害者側の対応関係によっても重大な影響を受けることを前提にすることができる。

この観点から侵害の急迫性について敷衍すると次のようになる。すなわち、侵害行為（侵害行為者側の客観的事情）の存在により、「形式的」にみれば法益侵害の可能性があったと考えられる場合であっても、その侵害が予期されていて被侵害者にとって突然のものとはいえず、それを阻止するための準備（迎撃態勢をつくること）が可能となるならば（被侵害者側の対応関係）、被侵害者側の法益侵害の可能性は「実質的」に低下することになる。

この関係を前提にすると、侵害の急迫性に関して、次のような解釈が可能となる。防御者が侵害を予期し客観的に迎撃態勢を敷き積極的に加害する意思をもっている場合、侵害者からの侵害に対する迎撃態勢が強化されているので、防御者（迎撃者）の法益が侵害される恐れは減少し、「実質的」（ないし現実的）には、防御者の法益侵害が生じ得なくなる事態も存在することになる。それゆえ、防御者（迎撃者）の法益侵害の可能性が事実上「実質的」に失われる時は、侵害の急迫性を否定できる事態が生じる。つまり、侵害を予期し客観的に迎撃態勢を敷き積極的加害意思をもっていた場合、侵害の急迫性が消滅するのである。

平成元年札幌地裁判決では、昭和五二年決定を引用した上で、急迫性の存否を判断しているが、事例判断において、まず、「被告人甲においては、共同器物損壊行為に及んだ時点で、Gの性向等からみて、同人らが日本刀などの武器を持ち出して反撃して来ることは確実なこととして予期でき」、これを「予想したうえでその対抗手段として予め実包装填のけん銃を準備」したとする。これにより、札幌地裁は、Gの攻撃が、被告人甲にとって、突発的な事情ではなく、この確実な予期に基づいてGの攻撃を阻止する迎撃態勢を作っていたことを確認したといえる。そして、「予期どおりGが日本刀と覚しき武器を持ち出した際、外形的には攻撃に出るように見えるGの侵害を避ける行動をとらないまま、Gに対しけん銃を連続して発砲した」としているが、上記のような迎撃態勢が整っている場合、Gの攻撃は「外形的には攻撃に出るように見える」攻撃であるとしており、このような攻撃を、本判決は、「形式的」にみれば法益侵害の可能性があるようにみえる事態が存在しているにすぎないと評価していると解することができる。その上で、このような「状況全体からみて、被告人甲は、その機会を利用し積極的にGに対して加害行為をする意思を有していたものと認める」とする札幌地裁は、積極的加害意思を肯定する際に、防衛者（被告人）側の迎撃態勢を考慮して、侵害の急迫性の存否を判断していると評価し得るのである[31]。

以上のような枠組みで、昭和五二年決定を理解すれば、「防衛者の法益侵害の可能性」という視点から、昭和二四年最高裁判決及び昭和四六年最高裁判決における「侵害の急迫性」の定義の延長上に「積極的加害意思が問題となる場面」を位置づけることができる[32]。

第四款　平成二一年東京高裁判決の理論構成

ところが、平成二一年東京高裁判決は、川端説を踏まえた理論構成で問題解決を図っているわけではない。すなわち、本判決は、「単に侵害が予期されただけでなく、被侵害者が正当な利益を損なうことなく容易にその侵害を避けることができたにもかかわらず、侵害があれば反撃する意思で、自ら侵害が予想される状況に臨み、反撃行為に及んだという場合には、実際に受けた侵害が事前の予想の範囲・程度を大きく超えるものであったなどの特段の事情がない限り、『急迫不正の侵害』があるということはできないし、また反撃行為に出ることが正当とされる状況にあったとはいえない」とし、[33]一定の場合には、行為者に回避義務を課し、仮に、行為者に回避義務違反があれば、「急迫性を欠く」とする理論構成を提示している佐藤説を踏まえた基準の設定となっているからである。[34]

最近、学説において「急迫不正の侵害からの退避義務についての議論」が「進展」しているが、[35]回避義務論が展開される「重要な契機となった」のが[36]佐藤説である。[37]佐藤教授によれば、「不正の侵害を予期したときは、これを回避することのできる場合が多い」が、「このような場合でも、一般的には、侵害を回避する義務はない。それは侵害を予期したからといって、被侵害者の生活上の自由が制約されるべきいわれはないからである…しかし、予期された侵害を避けないというにとどまらず、将来の侵害を受けて立つことにより、被侵害者（以下『行為者』ともいう。）において正当防衛状況を作り出した場合には、更に立ち入った考察を必要とする」とし、検討対象となる具体例としては、「予期した侵害を格別の負担を伴うことなく回避できるのに、侵害があれば反撃する意思をもって、予期した侵害の場所に出向く場合」（出向型）と、「予期した侵害を待ち受ける場合」（待機型）をあげ、これらの場合には、「正当防衛状況を作ってはならない義務、すなわち侵害の回避義務を認めてよい」とする。そして、「侵害の回避義務を認めるためには、侵害の出現を確実に予期していることが必要である」ことを前提として、「行為者の意思の内容は、侵害があれば反撃する意思があれば足り」、「住居などにいる場合を除き」、「積極的加害意思までは必要ではない」ので、例えば、「生活上の利益がないのに、行けば必ず侵害を受けることを予期した上で出向いて行くのは、積極的加害意思がなくても、回避義務違反になる」とする。次に、「行為者側の負担」（被侵害者側の負担）に関して、「出向型の場合には、出向くことについて生活上の自由が制約される事態は少ない」ので、一定の例外を除いては[38]、「回避義務を認めてよい」。一方、「待受型の場合には、侵害の予期される場所に留まることに生活上の利益の伴うことが多い」ので、このような場所に「侵害があれば反撃する意思だけで留まっている限りにおいては、回避すべき義務が生じない」が、「可能であるのに公の救助を求めることもなく、積極的加害意思をもって留まる場合には」、滞留している場所を「私的闘争の場として利用する」ものであり、「生活上の自由」を享受しようとしていないから、その「場所に留まる正当な利益」は認められない。したがって、上記のように、「単に侵害を予期しただけではなく、回避義務がある場合であるのに、自らが出向きあるいは待ち受けたことにより発生した侵害は、予期した緊急事態を自ら現実化させたものとして、急迫性を欠くとみてよい」とされるのである[39]。

第五款　平成二一年東京高裁判決の理論構成の妥当性

まず、平成二一年東京高裁判決の理論構成には、昭和四六年最高裁判決[40]との関係で整合性があるのかが問題となる。昭和四六年最高裁判決は、「法益に対する侵害を避けるため他にとるべき方法があつたかどうかは、防衛行為としてやむをえないものであるかどうかの問題であり、侵害が『急迫』であるかどうかの問題ではない」と指摘しているからである。

ただし、それぞれの事実関係を分析すると、昭和四六年最高裁判決が問題としている「回避可能性」は、侵害が生じた「後」の場面であるのに対して、平成二一年東京高裁判決が問題としている「回避可能性」は、侵害が生じる「前」の場面である。[41]したがって、昭和四六年判決と平成二一年判決とは、場面を異にしているから、両者に矛盾はないという解釈も可能であろう。[42]

そこで、この点は措くとして、次に、平成二〇年最高裁決定が、侵害の急迫性の判断に関しては、「端的に」防衛者の「実質的」な「法益侵害の危険性」の存否に基づいて判断する、という方向性を示していたことをも含意するのであれば、平成二一年東京高裁判決は、平成二〇年決定とは方向性を異にすることになる。[43][44]

第六款　平成二一年東京高裁判決の「あるべき」理論構成

むしろ、平成二一年東京高裁判決が前提とする事例は、「特定の正当防衛の要件」と結びつけて結論を出すという判示方法をとらない事例として位置づけるべきであり、[45]理論的には、防御者が正当防衛を主張することは、権利の濫用として許されないという構成をとるべきであろう。[46]

第一項　正当防衛の正当化根拠

ここでまず、正当防衛権の内容について示すと次のようになる。すなわち、「正当防衛権には『自然権』としての側面と『緊急権』としての側面があり、その正当化もこれらの2つの面から考察しなければならない。そこで、自然権の側面においては、個人の自己保全の原理が正当化の働きをし、緊急権の側面においては、法の自己保全の原理が正当化の働きをすることになり、両者が同時に作用する」と解すべきであるが、[47]「自然権」の側面からみると、正当防衛権を主張する者は「不正に対する正」の立場に立っている必要がある。[48]それゆえ、喧嘩闘争の場合、いずれの当事者も正当防衛権を主張することができないことになる。いずれの当事者も、正当防衛権を主張するために必要となる「不正に対する正」の立場に立っていないからである。

第二項　喧嘩闘争の事例において正当防衛の成立が否定される根拠

判例によれば、喧嘩闘争は「闘争者双方が攻撃及び防御を繰り返す一団の連続的闘争行為」であり、闘争のある瞬間において闘争者の一方が、専ら防御に終始する結果正当防衛を行う観を呈することがあっても、「闘争の全般からみては、刑法第三十六条の正当防衛の観念を容れる余地がない場合がある」とされているが、[49]これは、右で示した通り、いずれの当事者にとっても、「不正に対する正」の立場に立っていると主張することができない状況にある。したがって、仮に、闘争のある瞬間において闘争者の一方が、専ら防御に終始する結果正当防衛を行う観を呈することがあっても、その場合に、「専ら防御に終始する」側が正当防衛を主張することは、権利の濫用であって、その主張は許されないというべきである。

そして、このように解することは、喧嘩闘争の場合、「正当防衛権を主張することが許されず」正当防衛の成立が肯定できない理由を明示することができることに加えて、挑発等の自招行為と喧嘩闘争の関係を整理することもできる。[50]

第三項　自招侵害の事例において正当防衛の成立が否定される根拠

次に、平成二〇年決定において問題となったのは自招侵害の事例である。[51]ここで本決定は、「被告人は、Aから攻撃されるに先立ち、Aに対して暴行を加えている」が、この「Aの攻撃は、被告人の暴行に触発された、その直後における近接した場所での一連、一体の事態」であって、この事態を、「被告人は不正の行為により自ら侵害を招いたもの」であるから、「被告人において何らかの反撃行為に出ることが正当とされる状況における行為とはいえない」とする。

この判断基準自体は、第一節で示した①の類型の昭和六〇年福岡高裁判決[52]を起点とする判例群が用いていた基準の延長上にあるといえる[53]。しかし、正当防衛を否定する理論構成は、侵害の急迫性を欠くからではなく、この場合も、「正当防衛の主張が権利の濫用として許されない」というものにすべきであろう[54]。

平成二〇年決定の事例において、被告人は、「形式的」には、Aからの攻撃を受けている[55]。しかし、「Aの攻撃は、被告人の暴行に触発された、その直後における近接した場所での一連、一体の事態」であって、被告人は、「不正の行為により」このような事態を「自ら侵害を招いた」ものであるから、「被告人において何らかの反撃行為に出ること」は権利の濫用であって、「正当とされる状況における行為とはいえない」と解すべきである[56]。この場合、被告人に正当防衛を肯定することは、法益侵害行為（防衛行為）の正当化を通じて「法の厳在性」を積極的に示す必要がまったくない場面で、「法の厳在性」を示していることになるからである[57]。

敷衍すると次のようになる。

法的緊急における法益侵害行為（防衛行為）が正当化される理由は次の点にある。すなわち、刑法秩序による相互不可侵状態の維持が不可能であるにも拘らず、刑法秩序が個別的に行われた「個人の自己保全行為」を違法と評価するならば、それは、刑法秩序の存在意義を自ら否定する「一種の自己矛盾」になるのである。なぜならば、国民は、刑法秩序による「相互不可侵状態の維持」を前提に、刑法秩序に暴力を独占させているからである[58]。それゆえ、刑法秩序は、「一定の場合」法益侵害行為（防衛行為）の正当化を通じて「法の厳在性」を積極的に示す必要があるわけである[59]。

逆に、刑法秩序は、「積極的」に「相互不可侵状態」を破った者＝挑発等の自招侵害行為を行った者に対して、「形式的」には、正当防衛行為を執行できる要件を充足しているという理由に基づいて、自招侵害行為を行っていない者と同様の権利を認めることも、刑法秩序の存在意義を自ら否定する「一種の自己矛盾」となろう。「刑法秩序は、個別的に締結された相互不可侵の契約を一般的に提示し、相互不可侵状態を維持する権限を有し義務を負う」から、[60]「積極的」に「相互不可侵状態」を破った者＝挑発等の自招侵害行為を行った者が行った法益侵害行為(防衛行為)の正当化を通じて「法の厳在性」を積極的に示す必要がまったくない場面で、「法の厳在性」を示すことになり、これが、刑法秩序の存在意義を自ら否定する「一種の自己矛盾」と評価できるのである。

したがって、平成二〇年決定における自招侵害の事例においては、「Aの攻撃は、被告人の暴行に触発された、その直後における近接した場所での一連、一体の事態」であって、被告人は、「不正の行為により」このような事態を「自ら侵害を招いた」者であるから、「被告人において何らかの反撃行為に出ること」は権利の濫用であって、「正当とされる状況における行為とはいえない」のである。[61]

第四項　平成二一年東京高裁判決の事例において正当防衛の成立が否定される根拠

ところが、平成二一年判決の事例は、自招侵害の事例ではない。「単に侵害が予期されただけでなく、被侵害者が正当な利益を損なうことなく容易にその侵害を避けることができたにもかかわらず、侵害があれば反撃する意思で、自ら侵害が予想される状況に臨み、反撃行為に及んだという場合」なのである。

これは、佐藤教授が指摘されるように、「生活上の利益がないのに、行けば必ず侵害を受けることを予期した上で出向いて行く」場合であり、このような行動を回避することによって、行為者の「生活上の自由が制約される事態は少ない」といえる。しかし、仮に、右行為者に「法律上」の回避義務を課すものであれば、妥当ではないであろう。[62]人間には「誰にでも自然に帰属している」生得の権利として「自由の権利」が帰属しており、[63]この権利を全ての者に対して主張し得るはずだからである。[64]そして、法律上の回避義務を課した上で、行為者（防衛者）に回避義務違反が存在する場合、「侵害の急迫性」を否定すると解するのは、あまりにも「侵害の急迫性」の「概念」を規範化するものであり、[65]平成二〇年最高裁決定が示した「侵害の急迫性」に関する取扱いと方向性を異にするものであろう。それゆえ、平成二一年判決の事例において、被告人が侵害に臨むために反撃行為に出た場合「正当防衛の主張が権利の濫用として許されない」という理論構成をとるべきである。[66]

たしかに、平成二一年判決の事例において、被告人は、自招侵害の事例のように、「積極的」に「相互不可侵状態」を破った者とはいえず、予想された範囲・程度にとどまるとはいえ、「形式的」には、被害者の暴行を受けている。しかし、このような事態は、被告人が「被害者や実母の意思に反してまで実母に会おうとしなければ容易に被害者の暴行を避けることができた」ものであり、さらに、被告人は、「被害者の暴行の高い可能性を予期し」、実際に、被害者からの暴行を受け、「被害者の暴行があれば準備した本件果物ナイフを用いて反撃する意思で、本件マンションを訪れ、予想された範囲・程度にとどまる被害者の暴行を受け、本件果物ナイフで…刺突行為に及んだ」ものであるから、被害者から暴行させることによって、「相互不可侵状態を維持する」ために障害となるような「事態」を「誘発」した者である。[67]

仮に、本件において、被告人に正当防衛を肯定することは、「相互不可侵状態を維持する」ために障害となるような「事態」を「誘発」した者に対して、正当防衛権を認めることになるが、これは、刑法秩序の存在意義を自ら否定する「一種の自己矛盾」となろう。「刑法秩序は、個別的に締結された相互不可侵の契約を一般的に提示し、相互不可侵状態を維持する権限を有し義務を負う」から、[68]本件において、被告人に正当防衛を肯定することは、「相互不可侵状態を維持する」ために障害となるような「事態」を「誘発」した者が行った法益侵害行為（防衛行為）

の正当化を通じて「法の厳在性」を積極的に示す必要がまったくない場面で、「法の厳在性」を示すことになり、この場合も、自招侵害の事例と同様、刑法秩序の存在意義を自ら否定する「一種の自己矛盾」と評価できるのである。

人間は、「いわれのない他者からの侵害を甘んじて受ける理由は存在せず、さらに、それを黙って甘受する義務もない」。それゆえ、本来自由に自己保全の行動をなし得る人間は、他者からの侵害に対して、他者の法益を侵害し得る場面がある。(69) しかし、仮に、自招侵害の事例のように、「積極的」に「相互不可侵状態」を破った者とはいえないとしても、他者からの侵害が「いわれのない」ものではない場合、「他者の法益を侵害すること」が「正当化される」という効果が生じないことがあるわけである。

さらに、平成二一年東京高裁判決の事例では、平成一二年大阪高裁判決(70)の事例において存在した「被告人がすでに退店しようとしていた際に起こった事件であるという特段の経緯、事情」は存在せず、むしろ、「単に侵害が予期されただけでなく、被侵害者が正当な利益を損なうことなく容易にその侵害を避けることができたにもかかわらず、侵害があれば反撃する意思で、自ら侵害が予想される状況に臨み、反撃行為に及んだ」という事実関係にあるから、被告人は、「相互不可侵状態を維持する」ために障害となるような「事態」を「誘発」した者である。したがって、仮に、被害者からの暴行が存在する前に挑発等の自招行為がないとしても、被害者に対する果物ナイフによる刺突行為に関して被告人が正当防衛を主張することは、権利の濫用にあたり、許されないと解することが妥当な事例であったと考えられるのである。

(22)　川端博『刑法判例演習教室』(平7年・一九九五年)四一頁。
(23)　香城敏麿「判批」『最高裁判所判例解説刑事篇(昭和五一年度)』(昭55年・一九八〇年)二四七―八頁。さらに、安廣教授

は、昭和五二年決定において指摘された「刑法三六条が侵害の急迫性を要件としている趣旨」に関して、上記のような香城教授の「解釈が最も論理的であり、かつ妥当な結論を導きうるように思われる」と評価しておられる（安廣文夫「判批」『最高裁判所判例解説刑事篇（昭和六〇年度）』（平元年・一九八九年）一四五頁）。

(24)　的場純男＝川本清巌「自招侵害と正当防衛」大塚仁＝佐藤文哉編『新実例刑法（総論）』（平13年・二〇〇一年）一一一―二頁。

(25)　的場＝川本・前掲注（24）一一二頁。遠藤邦彦「正当防衛判断の実際」『刑法雑誌』五〇巻二号（平23年・二〇一一年）三〇九頁参照。

(26)　橋爪隆『正当防衛論の基礎』（平19年・二〇〇七年）一六三頁。

(27)　橋爪・前掲注（26）一六三頁参照。

(28)　札幌地判平元・一〇・二判タ七二一号二四九頁。

(29)　川端説の詳細については、川端博『違法性の理論』（平2年・一九九〇年）九〇―四頁参照。

(30)　Binding, Handbuch des Strafrechts Bd. I, 1885 [Neudruck 1991], S. 735.

(31)　平成元年札幌地裁判決の詳細は、拙稿・前掲注（4）松大論集一二三―五頁参照。

(32)　そして、このように解することが、平成二〇年最高裁決定の延長上にあると解される「侵害の急迫性の判断に関しては、『端的に』防衛者の法益侵害の危険性の存否に基づいて判断する」という方向性にも合致するといえる。

(33)　東京高裁は、事例判断において「被告人が当時34歳の成人男性であることを踏まえて上記のような経緯をみれば、本件当時被害者や実母の意思に反して強引に実母に面会を求めることに、何ら正当な利益を認めることはできず、かえって被告人には、実母との面会を断られた時点で、少なくとも道義的には本件マンションから立ち去る義務があったというべきである」とするが、この「**道義的には本件マンションから立ち去る義務**」に関する意義についての一つの意味づけとしては、後掲注（64）参照。

(34)　尤も、東京高裁判決は、「特定の正当防衛の要件に結び付けて結論を出すという判示方法をとっていない」とする評価がある（『判例タイムズ』一三八八号（平25年・二〇一三年）三七一頁［コメント］）。

(35)　山口・前掲注（15）六頁。

(36)　山口・前掲注（15）二七―八頁。

(37)　佐藤文哉「正当防衛における退避可能性について」『西原春夫先生古稀祝賀論文集』第一巻（平10年・一九九八年）二四二

一四頁。

(38)　ここで、回避義務が認められない例外の事例としては、「反撃する意思があっても、その機会に相手方を諌めるとか、仲直りするとかの目的がある場合、約束の履行等別の用件がある場合、帰宅途中で待ち伏せされている虞があるが通常の道順で帰宅する場合」があげられている（佐藤・前掲注（37）二四三頁）。

(39)　この点に関して、佐伯教授は、「判例研究」を通じて「実際には、実務は、人を死亡させる危険性の非常に高い防衛行為が必要な場合については、その場に臨むことを回避することができた、あるいはその場から退避することができた場合には、正当防衛を否定しているのではないか」という「印象」をもっていた、と指摘しておられる（佐伯仁志「新時代の刑法解釈について」『司法研修所論集』一二三号（平26年・二〇一四年）一五四―五頁）。さらに、教授は、「防衛行為」を、①「生命に対する危険の高いもの」（「致命的防衛行為」）と②「そうでないもの」に二分して、①については「重大な法益を守るためで、かつ、他に侵害を避ける方法がない場合に限って、許容する」というルールを「判例として確立すべき」と主張しておられる（佐伯・前掲注（17）二二頁。この主張に反対するものとして、山口・前掲注（15）三〇―一頁）。

なお、佐伯教授は、回避義務に反して正当防衛が否定される場合、その説明として、「急迫性を欠く」という説明（佐藤・前掲注（37）二四四頁）でも、「急迫した侵害という緊急状況下で許容される行為ではないこと」（緊急行為性の否定）という説明（山口・前掲注（15）二〇―一頁）でも、「実際上は、どちらでも違いはないであろう」と指摘されている（佐伯仁志「正当防衛と退避義務」『小林充先生　佐藤文哉先生　古稀祝賀刑事裁判論集』上巻（平18年・二〇〇六年）一〇五頁）。

(40)　最判昭四六・一一・一六・前掲注（2）。

(41)　遠藤邦彦「正当防衛に関する二、三の考察」『小林充先生　佐藤文哉先生　古稀祝賀刑事裁判論集』上巻（平18年・二〇〇六年）八四頁。すなわち、昭和四六年最高裁判決は、「本件広間（八畳間）の四周に障子があつたのではなく、北側には帳場との間に板の開き戸があつただけであり、東側には廊下との間に四枚の唐紙、南側には二枚のガラス障子があるので、以上の北、東、南三方はど《ママ》もかく出入りが可能であるが、被告人がAと向き合つたまま後退し、いわば追いつめられた地点である西側には、ガラス障子をへだてて当時物置となつていた廊下があり、ここに衣類、スーツケース等の物品がうず高く積まれていたため、とうてい《ママ》『脱出することができる状況』ではなかつたこと、近くの帳場（四畳半）にはたしかに『泊り客の一人』であるB（五一才《ママ》）がいたが、同人はA、被告人両名と知り合いの仲でありながら、眼前でAが被告人を殴るのを制止しようともしなかつたこと、まだ《ママ》、右帳場と勝手場との境付近に『旅館の若主人』である…Cもいたが、女性である同人が荒つぽいAを制して被告人を助けることを期待するのは困難であったことがうかがわれるから、原判決の…判示中、被告人が脱出できる状況にあったとか、近くの者に救いを求めることもできたとの部分は、いずれも首肯しがたいが、かりにそのような事実関係であったとしても、法益に対する侵害を避けるため他にとるべき方法があったかどうかは、防衛行為としてやむをえないものであるかどうかの問題であり、侵害が『急迫』であるかどうかの問題ではない」と判示していたのである。

(42)　波床昌則「正当防衛における急迫不正の侵害」大塚仁＝佐藤文哉編『新実例刑法〔総論〕』（平13年・二〇〇一年）八六―七頁。

さらに、最決昭五二・七・二一・前掲注（7）が「刑法三六条が正当防衛について侵害の急迫性を要件としているのは、予期された侵害を避けるべき義務を課する趣旨ではないから、当然又はほとんど確実に侵害が予期されたとしても、そのことからただちに侵害の急迫性が失われるわけではない」とする点に着目して、「判例は、『回避可能性』を防衛行為の『相当性』を判断するための一要素として考慮することを想定している」とする指摘がある（中川博之「正当防衛の認定」木谷明編著『刑事事実認定の基本問題』初版（平20年・二〇〇八年）一〇八頁注（33）、第二版（平22年・二〇一〇年）一三六頁注（36）、第三版（平27年・二〇一五年）一四六頁注（35））。

この点に関して、橋爪教授は、下級審の裁判例を分析した上で（橋爪・前掲注（17）一六―二〇頁）、次のように述べておられる。裁判実務では「積極的加害意思」という「概念」を用いつつ、「実質的」には、「正当防衛による対抗を許すような客観的な状況にあったか否か」が問題とされる（橋爪・前掲注（17）二〇頁）。さらに、下級審の裁判例には、積極的加害意思を認定することなく、「侵害に先行する客観的事情を基礎として侵害の急迫性を否定したものが散見される」とし（橋爪・前掲注（17）二〇頁）、これらの裁判例は、積極的加害意思という主観面を過度に強調することなく、「侵害を事前に回避すべき客観的状況にあること」を「理由」として、「侵害の急迫性」を「否定」したものであり、「判例理論の根底にある基本的な発想」を「より端的に」示したものと指摘されている（橋爪・前掲注（17）二二頁）。

その上で、橋爪教授は、上記の中川判事の指摘を踏まえて、裁判実務において「侵害を事前に回避すべき場合がある」という発想のもと侵害の急迫性の存否が判断されているという「理解」は、昭和五二年最高裁決定と「整合的ではない」という解釈があり得るとされる（橋爪・前掲注（17）二二―三頁）。これに対して、教授は、昭和五二年決定の趣旨について「予期された侵害全てを事前に避ける義務が課されているわけではない」というように理解すべきであると主張され（橋爪・前掲注（17）二三頁）、このように解すべき根拠として、「本決定の立場からも、侵害を予期して積極的加害意思を有した行為者は対抗行為によって自己の利益を保護することができないのであるから、結局のところ、事前に侵害を回避することが義務づけられているのと同じである」点を指摘しておられる（橋爪・前掲注（17）二三三頁）。

（43）　安廣教授は、香城説の意義を次のように敷衍される。すなわち、教授は、正当防衛の要件を個々に検討すると共に、全体として正当防衛の成立範囲を適正妥当な範囲にとどめるという「統括調整的な観点」からの考察も重要であるとした上で、右の観点から「正当防衛の本質的属性である緊急行為性が欠け」る場合について、これを条文に即していうと「急迫不正ノ侵害」の中の「急迫性」が欠けることになるとされるのである（安廣・前掲注（23）一四八―五〇頁）。

平成二一年東京高裁判決は、回避義務論の観点から、「侵害の急迫性」の存否を判断する思考方法を前提とするものと解されるが、そうだとすると、同判決は、「侵害の急迫性」という要件に「全体として正当防衛の成立範囲を適正妥当な範囲にとどめる」という「統括調整」機能をもたせようとした「積極的加害意思論」と、思考方法としては共通の要素を有することになってしまう。しかし、平成二〇年最高裁決定が、「侵害の急迫性」の概念を「防衛者の法益侵害の危険性」に純化しようとする意図があるとすれば、平成二一年東京高裁判決の思考方法は妥当とはいえない。

（44）　なお、前掲注（34）三七一頁［コメント］は、東京高裁判決が「特定の正当防衛の要件に結び付けて結論を出すという判示方法をとっていない」との評価を前提として、平成二〇年最高裁決定の影響を受けていると評価している。

東京高裁は、「本件においては到底『急迫不正の侵害』があったとはいえず、正当防衛も過剰防衛も成立しない」と判示しているから、これを形式的に読んだ場合、東京高裁は、被告人（防衛者）に回避義務を課した上で、この義務に違反するときには、「侵害の急迫性」を否定するという趣旨に読める。しかし、前掲注（34）三七一頁［コメント］において、東京高裁判決は「特定の正当防衛の要件に結び付けて結論を出すという判示方法をとっていない」という指摘があるから、本判決においては、侵害の急迫性を否定することではなく、要件論を超えた処理を行うことに、その主眼があったものと推測することができる。

（45）　前掲注（34）三七一頁［コメント］は、東京高裁判決が平成二〇年最高裁決定を踏まえたものであり、「この点に関しては更なる議論の発展を待つ趣旨であるとも考えられる」と指摘している。

（46）　川端博『正当防衛権の再生』（平10年・一九九八年）一二四頁参照。

（47）　川端博『刑法総論講義』第三版（平25年・二〇一三年）三五二頁。

（48）　これは、正当防衛権の「自然権としての側面」から導き出せる（拙著『正当防衛権の構造』（平25年・二〇一三年）九―一〇頁）。

(49) 最大判昭二三・七・七刑集二巻八号七九三頁。ただし、昭和二三年大法廷判決は、喧嘩闘争の場合であっても、正当防衛を肯定し得ることを肯定した判例とされている。

(50) 拙稿・前掲注（9）二三〇頁以下において、「侵害の自招性」を「喧嘩闘争の存在を肯定する要素」として検討する判例群に関する整理を行った。

(51) 最決平二〇・五・二〇・前掲注（7）の事例は、自招侵害である。すなわち、「1　原判決及びその是認する第1審判決の認定」として次のように説示する。「(1) 本件の被害者であるA（当時51歳）は、本件当日午後7時30分ころ、自転車にまたがったまま、歩道上に設置されたごみ集積所にごみを捨てていたところ、帰宅途中に徒歩で通り掛かった被告人（当時41歳）が、その姿を不審と感じて声を掛けるなどしたことから、両名は言い争いとなった」、「(2) 被告人は、いきなりAの左ほおを手けんで1回殴打し、直後に走って立ち去った」、「(3) Aは、『待て。』などと言いながら、自転車で被告人を追い掛け、上記殴打現場から約26.5m先を左折して約60m進んだ歩道上で被告人に追い付き、自転車に乗ったまま、水平に伸ばした右腕で、後方から被告人の背中の上部又は首付近を強く殴打した」、「(4) 被告人は、上記Aの攻撃によって前方に倒れたが、起き上がり、護身用に携帯していた特殊警棒を衣服から取出し、Aに対し、その顔面や防御しようとした左手を数回殴打する暴行を加え、よって、同人に加療約3週間を要する顔面挫創、左手小指中節骨骨折の傷害を負わせた」というものである。

被告人側から「Aの前記1（3）の攻撃に侵害の急迫性がないとした原判断は誤りであり、被告人の本件傷害行為については正当防衛が成立する」旨主張に対して、最高裁は、「前記の事実関係によれば、被告人は、Aから攻撃されるに先立ち、Aに対して暴行を加えているのであって、Aの攻撃は、被告人の暴行に触発された、その直後における近接した場所での一連、一体の事態ということができ、被告人は不正の行為により自ら侵害を招いたものといえるから、Aの攻撃が被告人の前記暴行の程度を大きく超えるものでないなどの本件の事実関係の下においては、被告人の本件傷害行為は、被告人において何らかの反撃行為に出ることが正当とされる状況における行為とはいえないというべきである」とし、「正当防衛の成立を否定した原判断は、結論において正当である」と結論づけた。

(52) 福岡高判昭六〇・七・八・前掲注（12）。

(53) 拙稿・前掲注（13）二六〇—二頁、同・前掲注（14）三〇頁。

(54) なお、拙稿・前掲注（9）二四一頁注（202）において、昭和六〇年福岡高裁判決がすでに「要件論の領域を超える解決」への志向性を有していた可能性があるという指摘を行った。

(55)　形式的にではあるが、被告人は、「不正に対する正」の立場を主張し得るように見える。

(56)　ドイツの通説によれば、被攻撃者から挑発された攻撃の場合、正当防衛の成立に制限が加えられる（Perron, Schönke/Schröder Strafgesetzbuch Kommentar, 29. Aufl., 2014, S. 666）。また、ドイツの判例においても正当防衛が制限されるが、その制限は、「権利の濫用」を根拠としている (Perron, a. a. O. [Anm. 56], S. 666, Lackner/Kühl, Strafgesetzbuch Kommentar, 28. Aufl., 2014, S. 270)。ドイツの判例の動向については、拙稿「積極的加害意思が急迫性に及ぼす影響について」『法律論叢』七二巻一号（平11年・一九九九年）［後に本書に収録］三五頁以下参照［引用は後者による］。

ただし、本章において、防衛行為（法益侵害行為）を行った者が正当防衛の主張が「権利の濫用」として許されないと評価される場合には、正当防衛の成立が否定される場面に限ることにする。

(57)　刑法秩序は、「一定の場合」法益侵害行為（防衛行為）の正当化を通じて「法の厳在性」を積極的に示す必要があるが、これは、（刑）法秩序自体が市民の正当防衛行為を正当化することによって「法が厳然としてそこに存在していること」を積極的に示しているという意味として「法確証」を捉え得る。したがって、「緊急権としての正当防衛権」と「法の自己保存」（法確証）とが結びつくことになる（拙著・前掲注（48）一二―三頁）。

(58)　拙稿「正当防衛における『やむを得ずにした行為』の意義」『川端博先生古稀記念論文集』上巻（平26年・二〇一四年）一六八頁。

(59)　川端博＝日高義博＝井田良「《鼎談》正当防衛の正当化の根拠と成立範囲」『現代刑事法』二巻一号（平12年・二〇〇〇年）八頁［川端発言］。

(60)　拙稿・前掲注（58）一六八頁。

(61)　ここでは、刑法秩序は、「一定の場合」法益侵害行為（防衛行為）の正当化を通じて「法の厳在性」を積極的に示す必要があるかという視点（「緊急権としての正当防衛権」という視点）から、検討を加え、これが肯定できない場合は、「形式的」には、法益侵害行為が正当防衛の要件を充足するようにみえるとしても（法益侵害行為を行っている者が「不正に対する正」の立場を主張することが可能となるようにみえるとしても）、その法益侵害行為を行った者が正当防衛を主張することは権利の濫用であり、許されない場面である。それゆえ、正当防衛は成立しないことになる。

これに対して、先行する挑発行為があったとしても、法益侵害行為を行っている者が「不正に対する正」の立場を主張することが否定されず、また、法益侵害行為（防衛行為）の正当化を通じて「法の厳在性」を積極的に示す必要が完全に否定されない場合もあり得るであろう。ただし、このような場合、自招侵害行為を行っていない者と同様の権利を認めることは、上述のように、刑法秩序の存在意義を自ら否定する「一種の自己矛盾」となろう。それゆえ、防衛行為の相当性が認められる範囲は、侵害の自招性が存在することによって、より制限的になるはずであるが、この関係について判示した「先例」（小川新二「判批」『研修』六四二号（平13年・二〇〇一年）一七頁）として、大阪高判平一二・六・二二判タ一〇六七号二七六頁がある。大阪高裁は、被告人の反撃行為が「防衛行為としての相当性を欠く」とするがこの点に関して、「本件においては…被告人がすでに退店しようとしていた際に起こった事件であるという特段の経緯、事情があることなどから、急迫性などの正当防衛状況がなかったとまでは断定できないとしても、被告人を殴打しようとした甲野の行為が、これより先に被告人が甲野に向けて椅子を蹴り付けた行為により誘発されたものであることは動かし難い事実であるから、被告人の反撃について、防衛行為としての相当性の有無を判断するに当たっては、本件事案を全体として見た上での保護法益の均衡という視点から、右のような誘発行為の存しない場合に比し、相当性が認められる範囲がより限定されるものと考えられるので、そのことをも勘案すると、右の結論は、より一層肯定されるというべきである」としたのである。

このように、第一節で示した③「侵害の自招性」を「防衛行為の相当性を制限する要素として検討する判例」群には、法益侵害者（防衛行為者）が正当防衛を主張することが権利の濫用として許されない場合から防衛行為の相当性の範囲がより制限される場合まで含まれるものといえるが、これは、「緊急権としての正当防衛権」の視点からの議論の当然の帰結といえるであろう。「緊急権としての正当防衛権」の視点からの議論は、「如何なる範囲までの行為を『許容』するか、つまり、法秩序の見地からどの程度の防衛行為を『正当化』するのか」に関わるからである（拙著・前掲注（48）一三頁）。

(62)　平成二一年東京高裁判決の事例は「殺人未遂の事例」であるが、佐伯教授は、このような「生命に危険の高い防衛行為が必要な場合」には、行為者に「回避義務」又は「退避義務」を課すべきであるとされる（佐伯・前掲注（39）司研一五六頁）。そして、「価値判断の問題」として、教授は、「人の生命を侵害する危険性の高い防衛行為については、なるべく避けるべきであって、容易にかつ安全に逃げられるという場合は、やはり逃げることを義務づけるべきであって、逃げずに防衛行為に出た場合には、正当防衛を否定するという処理が妥当ではないか」と言及しておられるが（佐伯・前掲注（39）司研一五五頁）、この価値判断「それ自体」は、妥当なものと考えられる。

(63)　拙著・前掲注（48）九頁。

(64)　拙稿・前掲注（58）一六四頁。

(65)　この点に関して、敷衍すると次のようになる。

東京高裁は、「侵害の急迫性」の存否を判断する前提となっている「正当な利益を損なうことなく容易にその侵害を避けることができた」かという基準をあげ、さらに、事例判断の中に「被告人が当時34歳の成人男性であることを踏まえて上記のような経緯をみれば、本件当時被害者や実母の意思に反して強引に実母に面会を求めることに、何ら正当な利益を認めることはできず、かえって被告人には、実母との面会を断られた時点で、少なくとも道義的には本件マンションから立ち去る義務があったというべきである」と言及している。そうすると、仮に、被告人（防衛者）が「34歳」ではなく、未成年者であった場合、「正当な利益」の存否を判断する際に（言い換えれば、侵害の急迫性の存否を判断する際に）、影響を及ぼす可能性があるという解釈も可能となる。しかし、侵害の急迫性判断において、防衛者と侵害者「側」との関係を右の点についても詳細に検討する必要があると解するならばそれは、あまりにも「侵害の急迫性」の「概念」を規範化することになるであろう。

(66)　尤も、正当防衛の主張が権利の濫用にあたり許されない、という理論構成をとったとしても、「生活上の利益がないのに、行けば必ず侵害を受けることを予期した上で出向いて行く」者に対して、「事実上」正当防衛状況が生じ得る事態を回避する選択を迫ることになる。右に示した場合であっても、「形式的」には、正当防衛の成立要件を充たしているが、にも拘らず、「防衛行為者」＝「侵害を受けている者」には、正当防衛の主張が許されないので、その他の犯罪阻却事由がない限り、犯罪が成立してしまう。それゆえ、事態を合理的に判断できる主体であれば、主体的な自己決定として「生活上の利益がないのに、行けば必ず侵害を受けることを予期した上で出向いて行く」ことを避けるはずだからである。ここで述べた見解によっても、正当防衛の主張が否定される場面は、佐藤説を前提とした場合の結論と重なることが多いと思われるが、なお、正当防衛の主張を否定する要件又は根拠と、「防衛行為者」に課された義務の性質の点で異なる。

防衛行為者に「法律上の義務を課すべきではない」という観点からすると、平成二一年東京高裁判決が、被告人には「**道義的には本件マンションから立ち去る義務があった**」と言及した点は、正鵠を射たものといえる。

(67)　「相互不可侵状態を維持する」ために障害となるような「事態」を「誘発」した者について、敷衍すると次のようになる。

平成二一年東京高裁判決において、被告人は、自招行為を行っているわけではないので、自招行為によって「事態」が発生したわけではない。しかし、被告人が「本件マンション」に赴かなければ、「事態」が発生しなかったにも拘らず、その場に赴くことによって、被害者からの暴行を受けている。「形式的」には、被害者が「相互不可侵状態」を破っているのであるが、この「被害者の暴行」の原因は、被告人が「正当な利益を損なうことなく容易にその侵害を避けることができた」にも拘らず、「本件マンション」に赴いたことにある。このような意味で、被告人は「相互不可侵状態を維持する」ために障害となるような「事態」を「誘発」した者と評価できる。

ただし、どの時点において、「正当な利益を損なうことなく容易にその侵害を避けることができた」にも拘らず、「本件マンション」に赴いたと評価できるのか（例えば、被告人が「34歳」ではなく未成年者であった場合、「正当な利益」の存否を判断する場面において影響を及ぼす可能性があるのか）や、「事態」（つまり正当防衛状況）を「誘発」した者として、正当防衛の主張が許されないと評価するためには、被告人側に、どのような事情（例えば、前掲注（38）において示された事情や被告人が「果物ナイフ」を携帯するのではなく、素手であったという事情）が存在する必要があるのか等について、さらに検討しなければならないであろう。

なお、右の「事態」を「誘発」した者に対して「法律上」の「回避義務」を課すことに関する理論上の問題点は、本文で述べた通りである。

（68）拙稿・前掲注（58）一六八頁。
（69）拙稿・前掲注（58）一六八頁。
（70）大阪高判平一二・六・二二・前掲注（61）。

第五節　結　論

本章では、平成二〇年最高裁決定は、自招侵害の処理にあたって、正当防衛の「要件論の次元を超えた領域」で解決を図っているとするならば、逆に、侵害の急迫性の判断に関しては、「端的に」防衛者の「実質的」な「法益侵害の危険性」の存否に基づいて判断することを要請しているとする見地に立って、平成二一年東京高裁判決を分析した上で、その「意義」及び「あるべき」理論構成を考察した。

その結果、まず平成二一年判決は、一定の場合には、防衛行為者に回避義務を課し[71]、仮に、行為者に回避義務違反があれば、「急迫性を欠く」とする佐藤説を踏まえた理論構成をとっていることが明らかとなった。次に、平成二一年判決の理論構成の妥当性に関しては、仮に、平成二〇年決定が右の趣旨であると解した場合、平成二〇年決定とは方向性を異にすることとなる評価が可能であり、これを前提とすると、平成二一年判決の理論構成は、妥当ではないことになる。最後に、平成二〇年決定において、正当防衛を否定する根拠は、侵害の急迫性を欠くからではなく、「正当防衛の主張が権利の濫用として許されない」という構成をとるべきことを前提として、[72]平成二一年判決が扱った事例も、「権利の濫用」を根拠として正当防衛の成立を否定する一場面として処理すべきであったことについて確認した。これを前提として、これからも正当防衛に関する「判例の動向」を注視していきたい。[73]

(71)　ただし、防衛行為者に課されるのが「法律上」の義務であると解するならばそれは妥当ではない点に関しては、上述の通りである。

(72)　なお、検討の結果、「正当防衛の主張が権利の濫用として許されない」の中には、「いずれの当事者にとっても『不正に対する正』の立場に立っていると主張することができない場面（例えば、喧嘩闘争）であるため、法益侵害行為を正当化することはできない」という意義を有する場合と、「法益侵害行為（防衛行為）の正当化を通じて『法の厳在性』を積極的に示す必要が全くない場面であるため、『法の厳在性』を示し、法益侵害行為を正当化することはできない」という意義を有する場合が存在していたことが明らかとなった。

(73)　裁判員裁判時代を迎えて、「形式的」には、正当防衛が成立すると解される場面であっても、「実質的」には、正当防衛による防衛行為の正当化を認めるべきではない事例を類型化することは、正当防衛判断の明確化のために、非常に重要である（この点に関して、前掲注（17）参照）。しかし、類型化の過程で「正当防衛の正当化原理」との関係が希薄化することは、正当防衛判断の安定化を阻害する要因となろう。この点に留意しつつ、判例の分析及び位置づけを行っていきたいと考えている（この点に関して、さらに橋爪・前掲注（17）二一三頁参照）。

第六章　判例における共同正犯と正当防衛の関係
——侵害の急迫性の意義を中心に——

第一節　本章の目的

刑法六〇条は、「二人以上共同して犯罪を実行した者は、すべて正犯とする」と規定している。例えば、ＡとＢは、甲を殺害することを共謀し、それぞれ出刃包丁を携帯して甲宅に赴き、甲を見つけた。計画通り、Ａは、甲を羽交い絞めにして身動きが取れないようにしているところを、Ｂが甲の胸に出刃包丁を数回突き刺したため、甲は多量の失血により死亡した場合、ＡとＢとは、正犯となり、それぞれ殺人罪の共同正犯が原則として成立する。

では、ＡとＢからの攻撃の前に、甲からの攻撃が存在した場合は、正当防衛の成否が問題となろうが、正当防衛の要件の存否はどのように判断すべきなのであろうか[1]。すなわち、ＡとＢが、甲宅に赴き、Ｂを先頭にしてＡがその後をついていく形で甲宅に入ろうとしていたが、甲は、ＡとＢを見つけると、いきなりＢに対して、さらにＡに対して、金属バットで殴りかかってきたので、それぞれ持参した出刃包丁を使って反撃した。その結果、いずれかの出刃包丁が甲の胸に突き刺さり、甲は多量の失血により、死亡した。甲の攻撃に関して、Ｂは、よもや甲が襲ってくるとは思っておらず、積極的加害意思を有していなかったが、Ａは、甲が襲ってくることを予期し、積極的加害意思を有して、持参した出刃包丁を手に持ち、迎撃態勢をとっていた場合、ＡとＢに対する甲からの攻撃は、Ａ

とBの関係において、同一の判断になるのであろうか。つまり、本件において、侵害の急迫性は、Aが積極的加害意思を有しているため、その存在が否定されるとすれば、Bとの関係においても、侵害の急迫性が否定されるのであろうか。逆に、Bを基準とし、Bとの関係では、侵害の急迫性が肯定される以上、Aとの関係でも侵害の急迫性が肯定されるのであろうか。

さらに、共謀共同正犯の場合の処理はどのようになるのであろうか。すなわち、AとBは、甲を殺害することを共謀し、それぞれ出刃包丁を携帯して甲宅に赴いたが、Aは、「俺は顔が知られているからお前先に行ってくれ。喧嘩になったらお前をほうっておかない」等と言い、甲を殺害することもやむを得ないとの意思の下に「やられたらナイフを使え」と指示する等して説得した。Bは、内心では甲に対して自分から進んで暴行を加えるまでの意思はなかったものの、甲とは面識がないからいきなり暴力を振るわれないだろうと考え、飲食店の出入口付近でAの指示を待っていた。ところが、予想に反して、甲は、Bに対して金属バットで殴りかかってきたので、持参した出刃包丁を使って反撃した。その結果、出刃包丁が甲の胸に突き刺さり、甲は多量の失血により、死亡した。甲の攻撃に関して、Bは、面識のない甲がいきなり襲ってくるとは思っておらず、積極的加害意思を有していなかったが、Aは、甲が襲ってくることを予期し、積極的加害意思を有していた場合、甲からの攻撃は、Aに対する関係とBに対する関係において同様に判断すべきであろうか。つまり、本件において、侵害の急迫性は、Aが積極的加害意思を有しているため、その存在が否定されるとすれば、Bとの関係においても、侵害の急迫性が否定され、逆に、Bを基準とし、Bとの関係では、侵害の急迫性が肯定される以上、Aとの関係でも侵害の急迫性が肯定されるのであろうか。

この点に関して、共犯論においては、「違法は連帯的に、責任は個別的に」という命題が「暗黙裡に」当然のこととして前提とされ、しかも、「違法は客観的に、責任は主観的に」という命題と表裏をなすものと理解されてきたが、この「違法は連帯的に」作用するという「命題」が共同正犯にも及ぶことを前提とした場合、共犯者全員が直接犯行現場に赴いた場合だけでなく、共同正犯者の一部しか現場に赴かなかった共謀共同正犯の場合であっても、Bに正当防衛（又は過剰防衛）が成立すれば、その効果は、Aにも及んでいくという解釈が可能となる。そして、「共謀共同正犯形態における共謀者が、積極的加害意思を有していた場合、侵害の急迫性は否定されるか」という問題について、平成四年最高裁決定は判断を示している。[3]

そこで、本章では、まず、「侵害の急迫性」の意義を確認し、判例における「侵害の急迫性と積極的加害意思の関係」とその理論的説明について概観する。次に、平成四年最高裁決定を分析し、平成四年決定が前提とした理論的根拠とその問題点を検討した上で、平成四年最高裁決定を踏まえた下級審判例について考察を加える。さらに、自招侵害の事例において正当防衛の成立を否定した平成二〇年最高裁判決[4]の位置づけを行い、平成二〇年決定が平成四年決定の判断方法に対して及ぼす影響について検討したい。

（1）　実行共同正犯の事例において正当防衛の成否が問題となった判例として、大阪高判平一三・一・三〇判時一七四五号一五〇頁がある。大阪高裁は、拳銃で武装した他の暴力団からの襲撃に対して、現場に駆け付けた氏名不詳者らと共に、拳銃で応戦し、襲撃者のうち二人を射殺したとの事案で、正当防衛の成立を否定した原判決の判断が維持されたが、本件の評釈としては、拙稿「判批」『現代刑事法』四巻二号（平14年・二〇〇二年）八二頁以下、橋爪隆「判批」『刑事法ジャーナル』八号（平19年・二〇〇七年）一二六頁以下等参照。

（2）　川端博『正当防衛権の再生』（平10年・一九九八年）二六六頁。

（3）　最決平四・六・五刑集四六巻四号二四五頁。本件評釈としては、小川正持「判批」『ジュリスト』一〇一一号（平4年・一九九二年）九八頁以下、同「判批」『最高裁判所判例解説刑事篇（平成四年度）』（平6年・一九九四年）二九頁以下、高橋則夫「判批」『法学教室』一四八号（平5年・一九九三年）一二二頁以下、橋本正博「判批」『平成四年度重要判例解説』（平5年・一九九三年）一六六頁以下、葛原力三「判批」『刑法判例百選Ⅰ総論』第四版（平9年・一九九七年）一七六頁以下、川端・前

掲注（2）二六五頁以下、曽根威彦『刑事違法論の研究』（平10年・一九九八年）二六五頁以下、園田寿「判批」『判例セレクト'86～'00』（平14年・二〇〇二年）四三七頁、船山泰範「判批」『刑法判例百選Ⅰ総論』第五版（平15年・二〇〇三年）一七四頁以下、今井孟嘉「判批」『刑法判例百選Ⅰ総論』第六版（平20年・二〇〇八年）一八四頁以下、松原芳博「判批」『刑法判例百選Ⅰ総論』第七版（平26年・二〇一四年）一七八頁以下等参照。なお、本件では、殺人の共同正犯者中の一人に過剰防衛が成立する場合に他の一人について過剰防衛が成立するかが問題となっているが、本章では、この点に関して言及せず、侵害の急迫性（又は積極的加害意思）に関連する議論にとどめることにする。過剰防衛に関する判例としては、最決平六・一二・六刑集四八巻八号五〇九頁、最判平九・六・一六刑集五一巻五号四三五頁、最決平二〇・六・二五刑集六二巻六号一八五九頁、最決平二一・二・二四刑集六三巻二号一頁等非常に重要な最高裁の判断が下されており、改めて、検討する機会をもちたい。

（4）　最決平二〇・五・二〇刑集六二巻六号一七八六頁。本件の評釈としては、赤松亨太「判批」『研修』七二三号（平20年・二〇〇八年）二二頁以下、本田稔「判批」『法学セミナー』六四四号（平20年・二〇〇八年）一三五頁、井上宜裕「判批」『判例セレクト2008』（平21年、二〇〇九年）二八頁、橋爪隆「判批」『平成二〇年度重要判例解説』（平21年・二〇〇九年）一七四頁以下、拙稿「判批」『判例評論』六一一号（平22年・二〇一〇年）二七頁以下、三浦透「判批」『最高裁判所判例解説刑事篇（平成二〇年度）』（平24年・二〇一二年）四〇四頁以下等参照。さらに、本件を前提した論文については、山口厚「正当防衛論の新展開」『法曹時報』六一巻二号（平21年・二〇〇九年）一頁以下、橋爪隆「正当防衛論の最近の動向」『刑事法ジャーナル』一六号（平21年・二〇〇九年）二頁以下、照沼亮介「正当防衛と自招侵害」『刑事法ジャーナル』一六号（平21年・二〇〇九年）一三頁以下、同「急迫性の判断と侵害に先行する事情」『刑法雑誌』五〇巻二号（平23年・二〇一一年）二六七頁以下、前田雅英「正当防衛行為の類型性」『研修』七三四号（平21年・二〇〇九年）三頁以下、吉田宣之「『自招侵害』と正当防衛の制限」『判例時報』二〇二五号（平21年・二〇〇九年）三頁以下、林幹人「自ら招いた正当防衛」『刑事法ジャーナル』一九号（平23年・二〇一一年）［後に、同『判例刑法』（平23年・二〇一一年）に収録］四四頁以下［引用は後者による］、橋田久「自招侵害」『研修』七四七号（平22年・二〇一〇年）三頁以下、拙稿「正当防衛における『自招侵害』の意義」『法と政治の現代的諸相　松山大学法学部二十周年記念論文集』（平22年・二〇一〇年）［後に本書に収録］二四五頁以下［引用は後者による］、遠藤邦彦「正当防衛判断の実際」『刑法雑誌』五〇巻二号（平23年・二〇一一年）一八五頁以下等参照。

第二節　侵害の急迫性と積極的加害意思の概観

正当防衛における「急迫」とは、「法益侵害の危険が切迫していること」をいうとされ[5]、言い換えると、「侵害が過去または未来に属せず現在し、または侵害の危険が間近に緊迫しており、これを排除するために反撃的に防衛行為に出る外はない緊急状態にあること」をいうとされている[6]。

最高裁も、「侵害の急迫性」に関して、次のように定義している。すなわち、昭和二四年最高裁判決は「刑法三六条にいわゆる急迫の侵害における『急迫』とは、法益の侵害が間近に押し迫つたことすなわち法益侵害の危険が緊迫したことを意味するものであつて、被害の現在性を意味するものではない」とする[7]。さらに、侵害が予見されていた場合についても侵害の急迫性を肯定したものとして、昭和四六年最高裁判決があり[8]、ここでは、「『急迫』とは、法益の侵害が現に存在しているか、または間近に押し迫つていることを意味し、その侵害があらかじめ予期されていたものであるとしても、そのことからただちに急迫性を失うものと解すべきではない」とする。昭和四六年判決の前段部分は、昭和二四年判決等従来の判例と同趣旨のものと解されるが[9]、後段の「その侵害があらかじめ予期されていたものであるとしても、そのことからただちに急迫性を失うものと解すべきではない」とする部分は、侵害の予期と侵害の急迫性の問題を「正面から」取り上げたものであり[10]、最高裁としては「新判例である」から[11]、侵害の予期と侵害の急迫性の存否に関する先例となっている。

ただし、昭和四六年判決が示した基準によると、侵害行為が「ある程度予期されていた」だけでは、「ただちに侵害が急迫性を失うものと解すべきでない」ことは明らかであるが、「侵害が確実に予期されていて、十分な反撃が準備されているような場合には、急迫性が欠ける、とする余地をなお残している」ことになる[12]。

この点に関する処理方法を示した判例が、昭和五二年最高裁決定である。[13] すなわち、同決定は、「刑法三六条が正当防衛について侵害の急迫性を要件としているのは、予期された侵害を避けるべき義務を課する趣旨ではないから、当然又はほとんど確実に侵害が予期されたとしても、そのことからただちに侵害の急迫性が失われるわけではないと解するのが相当であり、これと異なる原判断は、その限度において違法というほかはない。しかし、同条が侵害の急迫性を要件としている趣旨から考えて、単に予期された侵害を避けなかつたというにとどまらず、その機会を利用し積極的に相手に対して加害行為をする意思で侵害に臨んだときは、もはや侵害の急迫性の要件を充たさないものと解するのが相当である」とする。

昭和五二年決定に関して、侵害の予見と切り離された積極的加害意図の存在により急迫性を否定するものと解する見解もあるが、[14] 判例の判断には「連続性がある」とする見地からすると、[15] 右の解釈は妥当でない。やはり、本決定は、昭和四六年判決の内容を「さらに深化させ」、①当然又はほとんど確実に侵害が予期される場合にも、直ちに侵害の急迫性が失われるわけではないが、②予期される侵害の機会を利用し積極的に相手方に加害行為をする意思で侵害に臨んだ場合には、急迫性が失われることを明らかにしたものと解すべきである。[16][17]

右で示した通り、判例によれば、防衛者に積極的加害意思がある場合、侵害の急迫性を欠くことになるが、その理論的基礎づけとして次のように説明できる。

ビンディングによれば、全正当防衛論にとって、この攻撃が単に正当防衛権の発生事由として「被攻撃者のために」考慮されるという事実が礎石を形成する、つまり、「不正に攻撃されていること」が正当防衛権の源泉を形成しているとされるが、[18][19] 防衛者側からの視座に着目すると、法益侵害の可能性は、単に侵害行為者側の客観的事情だけでなく、被侵害者側の対応関係によっても重大な影響を受けることを前提にすることができる。

この観点から侵害の急迫性について敷衍すると次のようになる。すなわち、侵害行為（侵害行為者側の客観的事情）

の存在により、「形式的」にみれば法益侵害の可能性があったと考えられる場合であっても、その侵害が予期されていて被侵害者にとって突然のものとはいえないときには、侵害を阻止するために、迎撃態勢をつくることが可能となるが、実際に被侵害者側が侵害に対応して迎撃態勢を作った場合には、被侵害者側の法益侵害の可能性は「実質的」に低下しているはずである。

この関係を前提にすると、侵害の急迫性に関して、次のような解釈が可能となる。すなわち、防御者が侵害を予期し客観的に迎撃態勢を敷き積極的に加害する意思をもっている場合、侵害者からの侵害に対する迎撃態勢が強化されているので、防御者（迎撃者）の法益が侵害される恐れは減少し、「実質的」（ないし現実的）には、防御者の法益侵害が生じ得なくなる事態も存在することになる。それゆえ、防御者（迎撃者）の法益侵害の可能性が事実上「実質的」に失われるときは、侵害の急迫件を否定できる事態が生じる。つまり、侵害を予期し客観的に迎撃態勢を敷き積極的加害意思をもっていた場合、侵害の急迫性が消滅するのである。[20][21]

これに対して、香城教授は、次のように説明しておられる。

まず、教授は、昭和五二年決定にいう「刑法三六条が侵害の急迫性を要件としている趣旨」に関連して、次のように指摘しておられる。すなわち「相手の侵害を予期し、自らもその機会に相手に対し加害行為をする意思で侵害に臨み、加害行為に及んだ場合、なぜ相手の侵害に急迫性が失われることになるのであろうか」という問題提起をされた上で、これに対して「このような場合、本人の加害行為は、その意思が相手からの侵害の予期に触発されて生じたものである点を除くと、通常の暴行、傷害、殺人などの加害行為とすこしも異なるところはない。そして、本人の加害意思が後から生じたことは、その行為の違法性を失わせる理由となるものではないから、右の加害行為は、違法であるというほかはない」とされ、そして、「それは、本人と相手が同時に闘争の意思を固めて攻撃を開始したような典型的な喧嘩闘争において双方の攻撃が共に違法であるのと、まったく同様なのである」と指摘される。これを踏まえて、「前記のような場合に相手の侵害に急迫性を認めえないのは、このようにして、本人の攻撃が違法であって、相手の侵害との関係で特に法的保護を受けるべき立場にはなかったからである、と考えるべきであろう」と結論づけられる。(22)(23)(24)

(5) 川端博『刑法総論講義』第三版（平25年・二〇一三年）三五三頁。
(6) 藤木英雄「正当防衛」団藤重光編『注釈刑法（二）のⅠ　総則（二）』（昭43年・一九六八年）二二五頁。
(7) 最判昭二四・八・一八刑集三巻九号一四六五頁。なお、本章では、判決文に旧漢字が用いられている場合、適宜、常用漢字に改めた。
(8) 最判昭四六・一一・一六刑集二五巻八号九九六頁。
(9) 鬼塚賢太郎「判批」『最高裁判所判例解説刑事篇（昭和四六年度）』（昭47年・一九七二年）二五四頁。
(10) 大越義久「判批」『刑法判例百選Ⅰ総論』初版（昭53年・一九七八年）八四頁。
(11) 鬼塚・前掲注（9）二五七頁。
(12) 内田文昭『刑法解釈集（総論Ⅰ）』（昭57年・一九八二年）一三五頁。
(13) 最決昭五二・七・二一刑集三一巻四号七四七頁。
(14) 前田雅英『現代社会と実質的犯罪論』（平4年・一九九二年）一五三頁。
(15) 拙稿「刑法における判例研究の意義」『松山大学論集』二二巻二号（平22年・二〇一〇年）［後に本書に収録］三三五頁参照［引用は後者による］。
(16) 川端博『刑法判例演習教室』（平7年・一九九五年）四一頁。
(17) さらに、判例における「侵害の予期及び積極的加害意思と急迫性の関係」についての詳細は、拙稿「わが国の判例における積極的加害意思の急迫性に及ぼす影響について」『法律論叢』五二巻五号（平12年・二〇〇〇年）［後に本書に収録］七八頁以下参照［引用は後者による］。
(18) Binding. Handbuch des Strafrechts Bd. I, 1885[Neudruck1991], S. 735.
(19) 最判昭二四・八・一八刑集三巻九号一四六五頁は、侵害の急迫性の定義を示した直後に「被害の緊迫した危険にある者は、加害者が現に被害を与えるに至るまで、正当防衛をすることを待たねばならぬ道理はない」と指摘している点は注目に値する（この点に関しては、拙稿「正当防衛における『自招侵害』の処理（一）」『松山大学論集』二一巻一号（平21年・二〇〇九年）［後に本書に収録］一二二頁［引用は後者による］、同・前掲注（15）三五五頁注（41）参照。

(20)　川端博『違法性の理論』（平2年・一九九〇年）九〇―四頁。

(21)　川端説に従ったと解される下級審判例として、札幌地判平元・一〇・二判タ七二一号二四九頁がある。

(22)　香城敏麿「判批」『最高裁判所判例解説刑事篇（昭和五二年度）』（昭55年・一九八〇年）二四七―八頁。安廣教授は、昭和五二年決定に関する香城教授の「解釈が最も論理的であり、かつ妥当な結論を導きうるように思われる」と評価しておられる（安廣文夫「判批」『最高裁判所判例解説刑事篇（昭和六〇年度）』（平元年・一九八九年）一四五頁）。

(23)　香城説に従ったと解される下級審判例として、大阪高判昭五六・一・二〇刑月一三巻一＝二号六頁、福岡高判昭五七・六・三判タ四七七号二一二頁がある。

(24)　最近、学説において「急迫不正の侵害からの退避義務についての議論」が「進展」しているが（山口・前掲注（4）六頁）、回避義務論が展開される「重要な契機となった」のは（山口・前掲注（4）二七―八頁）、佐藤説である（佐藤文哉「正当防衛における退避可能性について」『西原春夫先生古稀祝賀論文集』第一巻（平10年・一九九八年）二四二―四頁）。佐藤説及びこれに影響を受けた下級審判例は、重要性を増しているが、本章においては、侵害の急迫性と積極的加害意思の関係を説明する上で的確に的を射たものと解される川端説と平成四年決定の理論的前提となっていると解される香城説について概観するにとめた。佐藤説及びこれに影響を受けた下級審判例については、拙稿・前掲注（15）三五二頁以下参照。

第三節　平成四年最高裁決定の分析

以上では、判例における侵害の急迫性と積極的加害意思の取扱い及びその理論的説明について概観したが、次に、平成四年最高裁決定の分析を行うこととする。

平成四年判決の前提となる事案は次の通りである。

被告人Aは、昭和六四年一月一日午前四時ごろ、友人Bの部屋から飲食店「X」に電話をかけ、勤務中の女友達と話していたが、店長甲に長い話はだめだと言われて一方的に電話を切られる等の電話対応に腹を立てたので、「X」に押しかけようと決意して、同行を渋るBを強く説得し、包丁（刃体の長さ約一四・五センチメートル）を持たせて一緒にタクシーで同店に向かった。Aは、甲と面識はなかったが、移動のタクシー内でBに対して「おれは顔が知られているからお前先に行ってくれ。けんかになったらお前をほうっておかない。」と言い、甲を殺害することもやむを得ないとの意思の下に「やられたらナイフを使え。」と指示する等して説得していた。同日午前五時ころ、甲の店に着いた後、Aは、Bを甲の店に行かせて、自分は、少し離れた場所で同店から出て来た女友達と話をしたりして待機していた。Bは、内心では甲に対し自分から進んで暴行を加えるまでの意思はなかったものの、甲とは面識がないからいきなり暴力を振るわれないだろうと考え、飲食店の出入口付近でAの指示を待っていた。ところが、予想外にも、Bは、同店から出て来た甲にAと間違えられ、いきなり襟首をつかまれて引きずり回された上、手拳で顔面を殴打されコンクリートの路上に転倒させられて足げりにされたので、殴り返す等の反撃を加えた。しかし、頼みとするAの加勢も得られず、再び路上に殴り倒されたため、Bは、自己の生命身体を防衛する意思で、とっさに包丁を取り出し、Aの指示通り包丁を使用して甲を殺害することになってもやむを得ないと決意し、Aとの共謀の下に、包丁で数回突き刺し、急性失血により甲を死亡させた。

控訴審は、以上の事実関係の下に、Bについては、積極的な加害の意思はなく、甲の暴行は急迫不正の侵害であり、これに対する反撃が防衛の程度を超えたものであるとして、過剰防衛の成立を認めたが、一方、被告人Aについては、甲との喧嘩闘争を予期してBと共に「X」近くまで出向き、甲が攻撃してくる機会を利用し、Bをして包丁で甲に反撃を加えさせようとしていたもので、積極的な加害の意思で侵害に臨んだものであるから、甲のBに対する暴行は被告人Aにとっては急迫性を欠くものであるとして、過剰防衛の成立を認めなかった。

そこで、被告人側から憲法違反、判例違反等を理由として上告がなされたが、その根拠は「違法性の連帯性と、AがBの過剰防衛行為を支配し、利用したという関係にはなく、結果的にそのようなことが、発生したという本件の特長、及び、Aは、何ら実行行為を行っていないという事実からして、実行行為者のBの過剰防衛という正当化事由はAにも効果を及ぼすべきである」というところにあった。

これに対して、平成四年最高裁決定は、被告人側の上告は、「刑訴法四〇五条の上告理由に当たらない」として、上告を棄却した上で、職権で、次のような判断を示した。すなわち、「所論は、Bに過剰防衛が成立する以上、その効果は共同正犯者である被告人にも及び、被告人についても過剰防衛が成立する旨を主張する」が、「共同正犯が成立する場合における過剰防衛の成否は、共同正犯者の各人につきそれぞれその要件を満たすかどうかを検討して決するべきであって、共同正犯者の一人について過剰防衛が成立したとしても、その結果当然に他の共同正犯者についても過剰防衛が成立することになるものではない」とした。次に、「原判決の認定によると、被告人は、甲の攻撃を予期し、その機会を利用してBをして包丁で甲に反撃を加えさせようとしていたもので、積極的な加害の意思で侵害に臨んだものであるから、甲のBに対する暴行は、積極的な加害の意思がなかったBにとっては急迫不正の侵害であるとしても、被告人にとっては急迫性を欠くものであって（最高裁昭和五一年（あ）第六七一号同五二年七月二一日第一小法廷決定・刑集三一巻四号七四七頁参照）、Bについて過剰防衛の成立を認め、被告人についてこれを認めなかった原判断は、正当として是認することができる」と説示している。

平成四年決定は、共同正犯が成立する場合における過剰防衛の成否の判断方法について、最高裁として初めて判断を示すと共に、過剰防衛の成否が共同正犯間で当然に共通するものではないことを明らかにしたものであるが、(25)ここでは、正当防衛の要件である侵害の急迫性について、共同正犯者の各人につきそれぞれの要件を充たすかを検討すべきとするのであって、急迫不正の侵害が存在して初めて問題となる過剰防衛独自の要件が共同正犯者毎に検討されなければならないとしたのではない。つまり、一方が防衛状況にあり他方が防衛状況にない場合の処理を問題にしているのである。それゆえ、本決定によれば、Bに正当防衛が成立する場合であっても、被告人Aについては、Bと異なった取扱いが十分に考えられる。[26]したがって、本決定は、共同正犯における正当防衛の要件の有無を判断する場合に「個別化」を「真正面」から認めたものと評価できるのである。[27]そして、平成四年決定の事例が共謀共同正犯であるにも拘らず、[28]単に「共同正犯が成立する場合」としているだけであるから、本決定において肯定された「共同正犯における正当防衛の要件の有無を判断する場合」行為者毎に「個別化」して判断する方法は、共同正犯全体に及ぶことになる。

また、本件の上告趣意において、被告人側から、「違法の連帯性」を根拠として、Bに過剰防衛が成立するならば、被告人Aにも過剰防衛が成立するという主張がなされているが、この点に関して、「違法の連帯性という問題は、違法性阻却事由（例えば正当防衛）の少なくとも客観的要件（例えば急迫性）についても妥当する事柄である」とする指摘がある。[29]

これに対して、「急迫性という違法阻却要件は、それが存在するという、いわば正当防衛の『行為主体』を特定する要素と考えるべきである」から、「急迫性要件それ自体が相対的な判断ということになる」という反論がなされている。[30]

そもそも、共同正犯がそれぞれ「一部実行の全部責任」を負う根拠は次のように説明すべきである。[31]すなわち、社会心理学的現象として共犯を見た場合、そこに集団力学が存在するが、それは、必ずしも常に犯罪「団体」的な一心同体として結合しているものではなく、個人の集合体であるにとどまる。このように「共同正犯を個人主義的に把握した場合」、各人が各自の目的をもち、その目的を実現するために集合力を利用し合っているという集団現象が存在すると評価できるのである。言い換えると、各人が、この「相互的な利用・補充関係にある集団関係」に立つことによって、単独では実現し得ないことでも、あるいは分業形態により、あるいは合同力により、あるいは相互的な精神的強化によって、これを遂行することができるようになる。このような社会心理学的観点から、共同正犯の成立と処罰に関する「一部実行の全部責任」の原則が基礎づけられるのである。[32]

共同正犯は、構成要件の修正形式として把握することができるが、その成立要件は、通常、「意思の連絡」と「共同実行」とされる。そして、この要件を充たせば、各人が、「相互的な利用・補充関係にある集団関係」に立つものと評価することができるため、「一部実行の全部責任」が肯定され、「相互的な利用・補充関係にある集団関係」に立つ共同正犯は、「外形的に」相似している「同時犯」と区別が可能となる。言い換えると、複数の者が、共同の意思を形成し、それに基づいて犯罪的行為を相互に分担することを通して、それぞれが構成要件的結果の実現を目指して「相互補充」し合って、最終的にそれぞれの構成要件を実現していくところに共同正犯の本質が存するのである。[33]

以上のように共同正犯に関して個人主義的把握をすれば、「違法は連帯的に」の命題は、「自明の理」とはいえなくなるが、本決定では、「違法は連帯的に」の命題を根拠した被告人側からの主張を否定しているので、最高裁としても、「違法は連帯性に」の命題を否定したことになる。それゆえ、同命題は、理論上も実務上も動揺を余儀なくされているのである。[34]

共犯論においては、「違法は連帯的に、責任は個別的に」という命題が「暗黙裡に」当然の前提とされ、しかも、「違法は客観的に、責任は主観的に」という命題と表裏をなすものと解されてきたのは上述の通りである。しかし、右で検討した通り、共犯論において、判例上、「違法は連帯的に」という命題は、動揺を余儀なくされているが、これは、人的不法論（二元的行為無価値論）の見地からみると、[35]妥当な方向に変化していると解される。

(25) 小川・前掲注（3）ジュリ九八頁、同・前掲注（3）最判解三三頁。
(26) 曽根・前掲注（3）二六七頁。
(27) 川端・前掲注（2）二六一頁、葛原・前掲注（3）一七六頁、船山・前掲注（3）一七四頁。
(28) なお、船山・前掲注（3）一七四頁は、最決平四・六・五刑集四六巻四号二四五頁が共謀共同正犯の事例であるかについて若干の疑問を呈されているが、結論として、共謀共同正犯の事例であると評価されている。
(29) 曽根・前掲注（3）二七〇頁。
(30) 高橋・前掲注（3）一一三頁。
(31) 川端・前掲注（5）五二五―六頁。
(32) この見地からすると、罪名従属性に関する議論では、犯罪共同説ではなく、行為共同説が妥当であるということになる（川端・前掲注（5）五二五頁）。さらに、罪名従属性を否定したと解される最高裁判例として、最決昭五四・四・一三刑集三三巻三号一七九頁参照。
(33) 川端・前掲注（2）二五六―七頁。
(34) 川端・前掲注（2）二六〇―一頁、二六六頁参照。
(35) 行為無価値論及び結果無価値論の詳細な議論は、川端・前掲注（20）六四頁以下、振津隆行『刑事不法論の研究』（平8年・一九九六年）一頁以下参照。

第四節　平成四年最高裁決定が前提とした理論的根拠とその問題点

平成四年最高裁決定は、侵害の急迫性に関して、昭和五二年最高裁決定を前提として、「被告人は、甲の攻撃を予期し、その機会を利用してBをして包丁で甲に反撃を加えさせようとしていたもので、積極的な加害の意思で侵害に臨んだ」ことを指摘した上で、「被告人にとっては急迫性を欠く」ものであるとしているが、本決定は、昭和五二年決定を如何なる観点から根拠づけた理解に立っているといえるかが問題となる。

本決定の事案は、共謀共同正犯の事例であり、被告人Aは、Bを甲の店に行かせて、自分は、少し離れた場所で同店から出て来た女友達と話をしたりして待機していただけである。それゆえ、Aは、「侵害を予期」し「客観的に迎撃態勢」を敷いていたわけではない。

川端説によれば、防御者が侵害を予期し客観的に迎撃態勢を敷き積極的に加害する意思をもっている場合、侵害者からの侵害に対する迎撃態勢が強化されているので、防御者（迎撃者）の法益が侵害される恐れは減少し、「実質的」（ないし現実的）には、防御者の法益侵害が生じ得なくなる事態も存在することになり、防御者（迎撃者）の法益侵害の可能性が事実上「実質的」に失われるときは、侵害の急迫性を否定できる事態が生じるが、現場にいないAが「客観的な迎撃態勢」と整えることによって、侵害の急迫性を否定できるとは考えられない。なぜならば、仮に、Aが「客観的な迎撃態勢」と整えていたとしても、Aは、現場にいない以上、Aの法益が侵害される恐れは減少し、「実質的」（ないし現実的）には、防御者の法益侵害が生じ得なくなる事態も存在するとは考えられないからである。

したがって、川端説は、平成四年決定を理論的に説明する考え方として採用できないことになる。

一方で、香城説によれば、本人が積極的加害意思を有している場合、「本人と相手が同時に闘争の意思を固めて攻撃を開始したような典型的な喧嘩闘争において双方の攻撃が共に違法である」のと、「まったく同様」であり、「本人の攻撃が違法であって、相手の侵害との関係で特に法的保護を受けるべき立場にはな」いので、侵害の急迫性を欠くことになる。これは、「積極的加害意思」を侵害の急迫性を否定する要件とする根拠として、「積極的加害意思のある行為が違法」であり、これは喧嘩闘争や私闘と同視できるから、初めから違法というべきものを正当防衛から排除する点に求めるものといえる。本決定の事案において、Aは、飲食店「X」に電話をかけ、勤務中の女友達と話していたが、店長甲に長い話はだめだと言われて一方的に電話を切られる等の電話対応に腹を立て、Bに対して「けんかになったらお前をほうっておかない。」と言ったり、甲を殺害することもやむを得ないとの意思の下に「やられたらナイフを使え。」と指示したりしていた。本件では、Aには、積極的加害意思があるので、その行為は、喧嘩闘争や私闘と同視できるから、初めから違法というべきものを正当防衛から排除することができる。

したがって、香城説は、平成四年決定を理論的に説明する考え方として採用していることになる。

香城説によれば、「侵害の急迫性」の存否を判断するに際して、「法益の侵害が間近に押し迫ったことすなわち法益侵害の危険が緊迫したこと」以上の要素を考慮していることになる。この点に関して、安廣教授は、香城説の意義を次のように敷衍される。すなわち、教授は、正当防衛の要件を個々に検討すると共に、全体として正当防衛の成立範囲を適正妥当な範囲にとどめるという「統括調整的な観点」からの考察も重要であるとした上で、上記のような場合には「正当防衛の本質的属性である緊急行為性が欠け」、これを条文に即していうと「急迫不正ノ侵害」の中の「急迫性」が欠けることになるとされるのである。[36]

たしかに、正当防衛を適正妥当な範囲にとどめるという「統括調整的な観点」からの考察それ自体は重要である。しかし、そのために本判決が「急迫性」の存否の判断に規範的・評価的観点を包含させていることは要件論を超えていると言わざるを得ないであろう。「急迫性」の存否の判断に規範的・評価的な判断を包含させると、急迫性の中に侵害が迫っているという意味での急迫性とは全く別次元の概念を含ませることになるが、[37]これを急迫性に纏めると混乱を招くのである。[38]急迫性の存否の判断はあくまでも「事実的関係」に限定すべきなのであり、[39]この見地からすると、平成四年最高裁決定が被告人Aに関して侵害の急迫性の存在を否定した結論は是認し得るとしても、その理論的根拠には疑問が残るのである。[40]

平成四年決定において問題となった事例において、被告人Aに関して侵害の急迫性を否定する場合、必ずしも、香城説に従って、Aに「積極的害意思」が存在することを根拠とする必要はなかったともいえる。すなわち、本決定が共同正犯における正当防衛の要件の有無を判断する場合に「個別化」を「真正面」から認めたものであることを前提として、急迫性の存否の判断はあくまでも「事実的関係」に限定すべきであるとする観点からすれば、Aには、「端的に」「法益の侵害が間近に押し迫った」状況、言い換えると、「法益侵害の危険が緊迫した」状況がなかったとすれば足りるのである。

敷衍すると次のようになる。「緊急」とは「速やかに救済方法を講じなければ生活利益の失われる危険状態」であり、「法益」に対するものを「法的緊急」という。[41] 正当化事由の一類型である正当防衛の成否を判断する場合、法的緊急に対処する構成要件該当行為が、「形式的」には他者との共同生活の実現を阻害していても、「実質的」には阻害していないと評価できるかが問題となるが、「法益の侵害が間近に押し迫った」状況、言い換えると、「法益侵害の危険が緊迫した」状況の存否を判断する「侵害の急迫性」は、法的緊急が生じているかを判断する要件となっている。

平成四年決定の事案では、被告人Aは、Bを甲の店に行かせて、自分は、少し離れた場所で同店から出て来た女友達と話をしたりして待機していただけである。そして、Aは、Bに対して、「おれは顔が知られているからお前先に行ってくれ。けんかになったらお前をほうっておかない。」と言っていたが、Bが甲から「いきなり襟首をつかまれて引きずり回された上、手拳で顔面を殴打されコンクリートの路上に転倒させられて足げりにされた」にも拘らず、Bを助けるために、甲と対峙した形跡はない。そうだとすると、Aは、「速やかに救済方法を講じなければ生活利益の失われる危険状態」にはない。したがって、Aは、「端的に」、「法益の侵害が間近に押し迫った」状況、言い換えると、「法益侵害の危険が緊迫した」状況にはないので、侵害の急迫性の要件を充たさないと評価すれば足りるのである。[42]

(36)　安廣・前掲注(22)一四八―五〇頁。

(37)　遠藤判事は、「客観的な抗争状態は認められるが、そこに至る先行事情が、正当防衛等の成否にどのような影響を与えるのか」に関して、昭和五二年最高裁決定は「積極的加害意思」理論を展開したが、これまでの「積極的加害意思」理論が「先行事情が正当防衛の成否にどのような影響するか」という判断に関して「安定した判断を担保する基準となっているか」について、検討の余地があるとされ（遠藤・前掲注(4)一八八頁)、そして、下級審レベルでは、「積極的加害意思」理論が、先行事情の考慮の仕方を正当防衛の個々の要件論に結びつけた「唯一」の「判例理論」であったため、先行事情の評価を、この「積極的加害意思」理論に準拠して解決しようとし、この「積極的加害意思」理論をさらに「規範的に解釈、適用して」、事案の解決にあたる傾向が強まっていたといってよいとされる（遠藤・前掲注(4)一九一頁)。

(38)　前田・前掲注(14)一五四頁、同『刑法の基礎総論』(平5年・一九九三年)二〇二頁。

(39)　この点に関して、判例の重視してきた積極的加害意思は、侵害が現実化し場合にはその機会を利用して加害行為に及ぼうとする心情要素にすぎないと捉えた上で、積極的加害意思の存否によっては、侵害が現実化する以前の利益状況に変わりはないとする批判があるが（橋爪隆「不正の侵害に先行する事情に正当防衛の限界」『現代刑事法』二巻一号（平12年・二〇〇〇年）三四頁)、ここでは反撃者の「法益侵害の具体的危険性」が問題の核心であり、反撃者が積極的加害意思をもって客観的に迎撃態勢を整えている場合には「危険性の程度」に影響を及ぼすと解し得るという意味で「事実的関係」においても関連し得るのである（川端博＝日高義博＝井田良「《鼎談》正当防衛の正当化の根拠と成立範囲」『現代刑事法』二巻一号（平12年・二〇〇〇年）［川端発言］一四頁)。

(40)　拙稿・前掲注(1)八五頁参照。

(41)　平場安治『刑法における行為概念の研究』(昭41年・一九六六年)一三七頁参照。

(42)　なお、本件の上告趣意において、被告人側は、「違法性の連帯性と、AがBの過剰防衛行為を支配し、利用したという関係にはなく、結果的にそのようなことが、発生したという本件の特長、及び、Aは、何ら実行行為を行っていないという事実からして、実行行為者のBの過剰防衛という正当化事由はAにも効果を及ぼすべきである」と主張しているが、最高裁は、被告人側の主張を尊重しつつ、言い換えると、「事実的関係」においては、Aは、法益の侵害が間近に押し迫った状況、法益侵害の危険が緊迫した状況にあると「評価できる」としても、「甲の攻撃を予期し、その機会を利用してBをして包丁で甲に反撃を加えさせようとしていたもので、積極的な加害の意思で侵害に臨んだものである」から、Aにとっては「急迫性を欠く」と説示した可能性がある。しかし、「侵害の急迫性」の存否の判断はあくまでも「事実的関係」に限定すべきであり、これを前提とすれば、本文の指摘したような判断の方がより妥当であると思われる。

第五節　下級審判決の位置づけ

共同正犯と正当防衛の事例において、下級審判例では、川端説を前提としたと解し得る処理をしたものと香城説を前提としたと解し得る処理をしたものがある。前者の例と考えられる判例は、平成一二年京都地裁判決であるが(43)、これは、後者の例と考えられる平成一三年大阪高裁判決(44)の第一審判決である。

第一款　事実関係

両判決は、次の事実関係を前提として判断がなされた。すなわち、指定暴力団甲組傘下の乙会内丙組組長である被告人は、乙会会長Aの生命身体を狙って拳銃等を用いた襲撃があり得ることを予期し、襲撃を受けた場合にはその機会を利用して襲撃者に対し積極的に加害行為をすることを、氏名不詳者数名と共謀していた。被告人は、Aの散髪に身辺警護として同行し、Aの散髪中、理容店の待合室で待機していたところ、Aらが、B及びCらから拳銃で発砲される襲撃を受けるや、その反撃として、上記の謀議に基づき、上記理容店及び周辺路上において、殺意をもって、法定の除外事由がないのに所持していた拳銃を発砲し、襲撃者のうちB及びCを殺害した。

第二款　第一審の判断とその後の経緯

平成一二年京都地裁判決において、被告人は殺人罪、銃刀法違反の罪に問われたが、弁護人らは、本件訴因の特定が不十分なので公訴を棄却すべきであり、②被告人が現場で拳銃を所持し、発射したと認めるに足る証拠はなく、③被告人は、氏名不詳者らと事前共謀も現場共謀もしておらず、④被告人の発砲行為と射殺されたB及びCとの間に因果関係は認められず、⑤仮に②～④の主張が認められないとしても、被告人の行為は正当防衛であると主張した。

これに対して、京都地裁は、①～④の点に関し詳細な検討を加えた上で、弁護人らの主張を斥け、また、⑤の正当防衛の主張についても、最高裁の昭和五二年決定(45)及び昭和五九年判決(46)を参照しつつ、「緊急行為としての正当防衛の本質からすれば、反撃者が、侵害を予期した上、侵害の機会を利用し積極的に相手に対して加害行為をする意思で侵害に臨んだときは、侵害の急迫性は失われる」とした上で、被告人らは、「A会長に対して、けん銃等を使用した襲撃があり得ることを予期していたが、警察等に救援を求めることもせず」、「厳重な警護態勢を敷いていた」のであり、「A会長らが本件襲撃を受けるや、被告人らは、事前の謀議に従い、即座に対応してこれに反撃を加え、本件襲撃者をその場から撃退するにとどまらず、殺意をもってけん銃を発砲して激烈な攻撃を加えてB及びCを殺害した」のであって、「A会長が襲撃を受けた機会を利用して積極的に本件襲撃者に加害行為をする意思で、B及びCの殺害を実行したものと評し得」、また、「予期していた以外の相手からの襲撃であったものとは認められないから、侵害の急迫性の要件を欠いており」、正当防衛も過剰防衛も成立し得ないと判示した。

弁護人らは、①訴因の特定がないにも拘らず訴因特定の措置も公訴棄却もなさなかったのは訴訟手続の法令違反である、②被告人が氏名不詳者数名と共謀し二人を殺害したと認定した上、正当防衛が成立しないとしたのは事実誤認である、③主刑の刑期が長過ぎこれに算入された未決勾留日数も過少であり、量刑不当である等として控訴した。

これに対して、平成一三年大阪高裁は原判決を破棄し自判したが、ここでは、正当防衛に関する論点について言及する。[47]すなわち、大阪高裁においても、被告人には正当防衛が成立しないとした京都地裁判決を是認する。しかし、正当防衛不成立に関連して、正当防衛制度の本旨については、次のように言及した。「正当防衛の制度は、法秩序に対する侵害の予防ないし回復のための実力行使にあたるべき国家機関の保護を受けることが事実上できない緊急の事態において、私人が実力行使に及ぶことを例外的に適法として許容する制度である」が、「本人の対抗行為の違法性は、行為の状況全体によってその有無及び程度が決せられる」から、これに関連する限り、「相手の侵害に先立つ状況をも考慮に入れて」判断すべきであって、「本人の対抗行為自体に違法性が認められる場合、それが侵害の急迫性を失われるか否かは、相手の侵害の性質、程度と相関的に考察し、正当防衛制度の本旨に照らしてこれを決す」べきであり、また、「侵害が予期されている場合には、予期された侵害に対し、これを避けるために公的救助を求めたり、退避したりすることも十分に可能であるのに、これに臨むのに侵害と同種同等の反撃を相手方に加えて防衛行為に及び、場合によっては防衛の程度を超える実力を行使することも辞さないという意思で相手方に対して加害行為に及んだという場合」には、「いわば法治国家において許容されない私闘を行ったことにもなる」から、上記の「行為は、そもそも違法である」と述べ、本件襲撃は、「それのみを客観的に見ると切迫した事態であった」が、それだけでは侵害の急迫性が肯定されず、襲撃に対する被告人らの普段からの警護態勢に基づく迎撃行為自体が違法性を帯び、その襲撃の性質、程度も被告人らの予想を超えていなかったこと等に照らすと、「本件犯行は、侵害の急迫性の要件を欠き、正当防衛の成立を認めるべき緊急の状況下のものではなかった」として、正当防衛を否定した京都地裁判決の判断を是認する。

第三款　下級審判決の位置づけ

本件は、実行共同正犯の事案であるので、共同正犯の場合正当防衛の要件を如何に判断するのかにつき問題とすべきであるが、京都地裁判決及び大阪高裁判決は共に、これには何ら触れず、被告人のみに「個別的に」侵害の急迫性の要件が備わるのかについて検討している。これは、平成四年最高裁決定については何らの言及もないが、同決定を当然の前提として、正当防衛の要件の存否につき、各共同正犯者に備わっているのかを検討する運用がなされているといえる。

次に、京都地裁判決は、最高裁昭和五二年決定及び昭和五九年判決を参照しつつ、侵害の急迫性の要件に関して「緊急行為としての正当防衛の本質からすれば」、反撃者が、侵害を予期した上、侵害の機会を利用し積極的に相手に対して加害行為をする意思で侵害に臨んだときは、侵害の急迫性は失われるという基準を示し、その基準を適用して、本件では、侵害の急迫性の要件を欠き、正当防衛も過剰防衛も成立し得ないとしており[48]、「緊急行為としての正当防衛の本質」から、右基準を導き出している点で注目に値するが、その内容につき、具体的に判示しておらず、問題となる。

この点に関して、京都地裁判決が判断した要素を分析すると、川端説を前提としたと評価し得る。

本判決は、被告人らが拳銃等をもって襲撃のあり得ることを予期したにも拘らず「警察等に救援を求めることもせず」Aの身辺警護のため拳銃で武装し共犯者同士連絡を取り合う等して「厳重な警護態勢を敷いていた」のであり、襲撃を受けた機会を利用して積極的に本件襲撃者に加害行為をする意思で、B及びCの殺害を実行したものであるとし、「予期していた以外の相手からの襲撃であったものとは認められない」から、侵害の急迫性の要件を欠くとする。ここであげた要素は次のような働きをする。すなわち、被告人が「警察等に救援を求めることもせず」という要素は[49]、侵害までの時間的余裕が十分あったことを示す要素となる。そして、被告人が「厳重な警護態勢を敷いていた」という要素は、被告人が厳重な警護態勢を敷くことによって、被告人の「法益侵害の具体的危険性」が減少するのに比例して襲撃者の「法益侵害の具体的危険性」が増加するという関係が成立していることを示す要素となる。また、被告人の「予期していた以外の相手からの襲撃であったものとは認められない」という要素は、被告人にとって襲撃者の侵害の突発性がないことを示す要素となる。このような場合には、反撃者の「法益侵害の具体的危険性」は消滅しているといえ、侵害の急迫性を否定できる。

京都地裁判決が「緊急行為としての正当防衛の本質」について右のように解しているとすれば、同判決は、川端説を前提にするものと評価し得るのである。

しかし、仮にこのような解釈を許すと、最高裁昭和五二年決定を受け、高裁レベルにおいては[50]、侵害の急迫性の存否について規範的・評価的観点を導入して判断していること[51]と矛盾することになる。

そこで、この矛盾を回避するために、大阪高裁判決は、改めて「正当防衛制度の本旨」に言及して、襲撃が「それのみを客観的に見ると切迫した事態であった」だけでは侵害の急迫性を肯定できないことにも明言すると共に、侵害の急迫性の存否の判断に規範的・価値的観点を導入することを肯定している。そして、「これに臨むのに侵害と同種同等の反撃を相手方に加えて防衛行為に及び、場合によっては防衛の程度を超える実力を行使することも辞さないという意思で相手方に対して加害行為に及んだという場合」が如何なる場合であるかについては不明確であるが、仮に、これを積極的加害意思で臨んだ場合とすると[52]、本判決は、侵害が予期されているとき、予期された侵害回避のため公的救助の要請又は退避が十分可能であるのに、侵害に対して積極的加害意思をもって臨んだ場合には、法治国家において許容されない私闘ともなるから、右行為はそもそも違法である、と判示したことになる。それゆえ、香城説を前提とするものと評価し得るのである。

(43) 京都地判平一二・一・二〇判時一七〇二号一七〇頁。評釈としては、大山弘「判批」『法学セミナー』五四九号（平12年・二〇〇〇年）一〇七頁、渋谷卓司「判批」『研修』六二四号（平13年・二〇〇一年）一三頁以下等参照。
(44) 大阪高判平一三・一・三〇・前掲注（1）。
(45) 最決昭五二・七・二一・前掲注（13）。
(46) 最判昭五九・一・三〇刑集三八巻一号一八五頁。
(47) 本章において取り上げる論点以外は、拙稿・前掲注（1）八三頁以下参照。
(48) さらに、本件は、詳細な理由を付し判決する点で実務上参考になるとされるが、侵害の急迫性の要件を欠くに至る事情が量刑にも影響するとしている点で非常に興味深い。
(49) なお、松宮孝明＝本田稔「刑法」『判例回顧と展望2000』（平13年・二〇〇一年）三八頁は、この要素を、本判決が私人に「警察に救助を求める義務」を肯定するものと評価しておられる。
(50) 大阪高判昭五六・一・二〇刑月一三巻一＝二号六頁、福岡高判昭五七・六・三判タ四七七号二一二頁、東京高判昭六〇・八・二〇判時一一八三号一六三頁等参照。
(51) 安廣文夫「正当防衛・過剰防衛に関する最近の判例について」『刑法雑誌』三五巻二号（平8年・一九九六年）八七頁参照。
(52) 安廣・前掲注（22）一四九頁参照。

第六節　平成二〇年最高裁決定の意義

平成四年最高裁決定は、正当防衛を適正妥当な範囲にとどめるという「統括調整的な観点」から、「侵害の急迫性」の存否を判断することを前提とした説明と整合的な判断をしているが、下級審レベルでは、「積極的加害意思」理論が、先行事情の考慮の仕方を正当防衛の個々の要件論（つまり侵害の急迫性）に結びつけた「唯一」の「判例理論」であったため、先行事情の評価をこの「積極的加害意思」理論に準拠して解決しようとする傾向が生じていたとされる。[53] この傾向に従って、下級審レベルでは、自招侵害の処理に際しても、「侵害の急迫性を否定する」処理が主流であったが、[54] 前述の平成二〇年五月二〇日最高裁決定は、これとは異なる理論構成を採用したものと評価されている。

平成二〇年決定の事案は次の通りである。

「1　原判決およびその是認する第一審判決の認定によれば、本件の事実関係は、次のとおりである。」「(1) 本件の被害者であるA（当時51歳）は、本件当日午後7時30分ころ、自転車にまたがったまま、歩道上に設置されたごみ集積所にごみを捨てていたところ、帰宅途中に徒歩で通り掛かった被告人（当時41歳）が、その姿を不審と感じて声を掛けるなどしたことから、両名は言い争いとなった。」「(2) 被告人は、いきなりAの左ほおを手けんで1回殴打し、直後に走って立ち去った。」「(3) Aは、『待て。』などと言いながら、自転車で被告人を追い掛け、上記殴打現場から約26.5m先を左折して約60m進んだ歩道上で被告人に追い付き、自転車に乗ったまま、水平に伸ばした右腕で、後方から被告人の背中の上部又は首付近を強く殴打した。」「(4) 被告人は、上記Aの攻撃によって前方に倒れたが、起き上がり、護身用に携帯していた特殊警棒を衣服から取出し、Aに対し、その顔面や防御しようとした左手を数回殴打する暴行を加え、よって、同人に加療約3週間を要する顔面挫創、左手小指中節骨骨折の傷害を負わせた。」

被告人側から上告がなされたが、最高裁は、上告を棄却した。すなわち、弁護人の上告趣意について、「判例違反をいう点を含め、実質は単なる法令違反、事実誤認、量刑不当の主張」であるとし、被告人本人の上告趣意については「単なる法令違反、事実誤認、量刑不当の主張」であって、「いずれも刑訴法405条の上告理由に当たらない」とした。その上で、「本件における正当防衛の成否」については、「職権で」判断した。すなわち、平成二〇年決定は、「本件の公訴事実は、被告人の前記1（4）の行為を傷害罪に問うものであるが、所論は、Aの前記1（3）の攻撃に侵害の急迫性がないとした原判断は誤りであり、被告人の本件傷害行為については正当防衛が成立する旨主張する。しかしながら、前記の事実関係によれば、被告人は、Aから攻撃されるに先立ち、Aに対して暴行を加えているのであって、Aの攻撃は、被告人の暴行に触発された、その直後における近接した場所での一連、一体の事態ということができ、被告人は不正の行為により自ら侵害を招いたものといえるから、Aの攻撃が被告人の前記暴行の程度を大きく超えるものでないなどの本件の事実関係の下においては、被告人の本件傷害行為は、被告人において何らかの反撃行為に出ることが正当とされる状況における行為とはいえないというべきである。そうすると、正当防衛の成立を否定した原判断は、結論において正当である」としたのである。

本決定は、「正当防衛の成立を否定した原判断は、結論において正当である」とするのみであり、ここで、「正当防衛のいかなる要件が否定されたのか」、つまり、「正当防衛はいかなる理論構成によって否定されたのか」については、「文言」上、明らかでない[55]。それゆえ、最高裁は、法律構成に関して、「一切」何も語っていないという解釈もあり得る。しかし、被告人側からの上告趣意について、「刑訴法405条の上告理由に当たらない」とした上で、「本件における正当防衛の成否」について、「職権で」判断した点を考慮すると、むしろ、最高裁は、理論構成についても、一定の判断を示したと捉えるべきである。

では、どのように解すべきであろうか。

この点に関しては、最高裁の意図は、「原審である東京高裁がいかなる理論構成を採っていたのか」との対応関係を考慮して検討されるべきである。本決定は、「正当防衛の成立を否定した原判断は、結論において正当である」

としており、「無前提に」判断を下しているわけではないからである。

原審である東京高裁の理論構成をみると、ここでは、「Aによる第2暴行は不正な侵害であるにしても、これが被告人にとって急迫性のある侵害とは認めることはできない」としているから、自招侵害の事例処理をする場合の理論構成としては、「侵害の急迫性」の存否を検討していることになる。

これに対して、最高裁は、「正当防衛の成立を否定した原判断は、結論において正当である」とするのみである。言い換えると、理論構成については触れておらず、「結論において正当である」と言及するだけである。

ただし、最高裁が言及した「結論において」正当である、という点に着目すると次のような解釈が可能となる。すなわち、高裁の「辿った」「理論構成」、つまり、「侵害の急迫性の存否を論点として」正当防衛の成否を判断する「理論構成」は、「正当でない」が、「正当防衛を否定した」という「結論」は、「正当である」ということを含意していると解し得るのである。したがって、最高裁は、「自招侵害の事例処理につき、『侵害の急迫性』の要件の存否を検討する」という理論構成を「採用しなかった」と評価することができることになる。(56)

平成二〇年決定は、被告人側からの上告を棄却している以上、職権判断を行うことは必ずしも必要ではないはずである。にも拘らず、職権判断を行っている。それゆえ、この職権判断には一定の含意があったはずである。したがって、平成二〇年決定は、自招侵害の事例処理につき、東京高裁が採用していた「侵害の急迫性」の要件の存否を検討するという理論構成を「採用しなかった」と評価することが最高裁の意図にも沿うものと考えられるわけである。(57)

平成二〇年決定に以上のような含意を読み込む場合、本決定の意義について、さらに次のように指摘できる。すなわち、原判決である東京高裁は、基本的に、昭和六〇年福岡高裁判決(58)の判断枠組みに従っていたが、福岡高裁は、侵害の急迫性の存否に関して、「相手方の不正の侵害行為が、これに先行する自己の相手方に対する不正の侵害行為により直接かつ時間的に接着して惹起された場合において、相手方の侵害行為が、自己の先行行為との関係で通常予期される態様及び程度にとどまるものであつて、少なくともその侵害が軽度にとどまる限りにおいては、もはや相手方の行為を急迫の侵害とみることはできないものと解すべきである」という基準を示している。それゆえ、ここでは、侵害の急迫性の存否を判断する場合、①「不正」な挑発行為とそれに誘発された侵害行為とが、「直接かつ時間的に接着して」おり、②相手方の侵害行為が、自己の先行行為から「通常予期される態様及び程度にとどまる」こと（「少なくともその侵害が軽度にとどまる」こと）が要求されていることになる。[59] そして、この枠組みに従うと、侵害の急迫性の存否を判断する上で、侵害の予期が非常に重要な要素となるが、一方で、福岡高裁を起点とする判例群の中には、侵害の予期について特に判断せず、侵害の急迫性の存否を判断する判例もあった。[60] したがって、このような状況が続くと、「急迫性の理解・解釈に混乱が生じる」危惧があったので、自招侵害の事例において、「侵害の急迫性の存否」の問題として事案の解決を図らなかった本決定は、上記の危惧を避ける上で、重要な意義を有している。[61][62]

(53)　遠藤・前掲注（4）一九一頁。
(54)　この点に関しては、拙稿「正当防衛における『自招侵害』の処理（三）」『松山大学論集』二一巻三号（平21年・二〇〇九年）［後に本書に収録］一七六頁以下［引用は後者による］参照。
(55)　本田・前掲注（4）一三五頁、林・前掲注（4）四五頁。
(56)　赤松・前掲注（4）二四頁、山口・前掲注（4）一五—六頁、橋爪・前掲注（4）重判解一七五頁、拙稿・前掲注（15）三四二頁。
(57)　拙稿・前掲注（15）三四二頁。
(58)　福岡高判昭六〇・七・八刑月一七巻七＝八号六三五頁、判タ五六六号三一七頁。
(59)　詳細は、拙稿・前掲注（4）評論三〇頁、同・前掲注（4）二十周年二六〇頁参照。

(60)　詳細は、拙稿・前掲注（54）一九四頁以下。
(61)　山口・前掲注（4）一六頁。
(62)　遠藤判事は、自招侵害の事例の処理に関連して、「平成20年5月決定の直接的な射程は、刑法上違法な行為といえる場合」とされ、「問題は、口頭での挑発行為、あるいは相手の気持ちを害する不適切な対応といった場合に、その自招性をどう考えるかである」とした上で「刑法上違法とまではいえない不適切な自招行為は、正当防衛状況自体を否定するものではないが、行為の相当性で考慮するという判断基準もあってよい」と指摘されている（遠藤・前掲注（4）一九五頁）。

第七節　平成二〇年最高裁決定の平成四年最高裁決定に対する影響

前述の通り、下級審レベルでは、「積極的加害意思」理論をさらに規範的に解釈、適用して、事案の解決にあたる傾向が強まっていたという指摘があるが、「積極的加害意思」理論によれば、「形式的」には、侵害を受けていると評価し得る者に関して積極的加害意思を有していると評価できる場合、その者に関連する侵害の急迫性を否定できることになる。それゆえ、この理論に基づいた規範的な解釈は、侵害の急迫性の理解・解釈の混乱に拍車をかけることになる。したがって、平成二〇年最高裁決定は、「積極的加害意思」理論が規範的に解釈されていく傾向に歯止めをかけ、その理論の適用範囲の適正化を図るために一定の影響を及ぼすものと考えられる。そこで、最後に、平成二〇年決定が平成四年決定に及ぼす影響について、分析することにする。

平成四年決定は、「共謀共同正犯形態において、犯行現場に赴かなかった共謀共同正犯者Aに積極的加害意思が認められるが、犯行現場に赴いた実行共同正犯者Bには積極的加害意思が認められない場合、Bには、侵害の急迫性が認められる状況であっても、Aに関しては、積極的加害意思があるため、侵害の急迫性が否定されるのだろうか」という点が問題となった。これに対して、平成二〇年決定は、「単独犯の形態において、Bから攻撃されたAがその反撃として実行した傷害行為について、Bの攻撃に先立ちAがBに対して暴行を加えていた場合、Aは不正の行為により自ら招いたものであり、Aにおいて何らかの反撃行為に出ることが正当とされる状況における行為とはいえないとして正当防衛が否定されるのだろうか」という点が問題となった。それゆえ、両者は、同一の事例ではないので、平成二〇年決定が下されたからといって、平成四年決定に影響を及ぼすことはないともいえる。しかし、平成二〇年決定が「積極的加害意思」理論が規範的に解釈されていく傾向に歯止めをかけ、その理論の適用範囲の適正化のために一定の影響を及ぼすものならば、平成四年決定のような事例においても、影響を及ぼすものと思われる。そもそも、平成四年決定の事例におけるAにとって、甲からの攻撃は、法益の侵害が間近に押し迫った状況すなわち法益侵害の危険が緊迫した状況にはなっていない。なぜならば、Aは、共謀共同正犯者であり、具体的には、甲がBを襲っている場所からは、少し離れた場所で待機していただけに過ぎないからである。にも拘らず、平成四年決定は、そもそも、Aが法益の侵害が間近に押し迫った状況すなわち法益侵害の危険が緊迫した状況に陥っていなかったことを理由とはせず、昭和五二年最高裁決定を引用しつつ、Aには積極的加害意思があることを理由として、甲からの侵害の急迫性を否定している。しかし、これは、「積極的加害意思」理論の行き過ぎた規範的解釈といえるであろう。「積極的加害意思」によって、侵害の急迫性を否定する場合であっても、あくまでも、それは、判例が採用する「急迫」の定義から出発すべきである。昭和二四年最高裁判決によれば、「『急迫』とは、法益の侵害が間近に押し迫つたことすなわち法益侵害の危険が緊迫したことを意味するものであつて、被害の現在性を意味するものではない」のであり、昭和四六年最高裁判決によれば、「『急迫』とは、法益の侵害が現に存在しているか、または間近に押し迫っていることを意味」するのである。それゆえ、「防衛者の法益侵害の危険性が失われる可能性がある状況とは、どのような状況か」という観点から、積極的加害意思の概念について、その射程範囲を確定すべきである。[63]
以上を前提とすると、判例の変化の方向としては、平成二〇年決定によって、平成四年決定は影響を受け、平成四年決定において問題となった「共謀共同正犯形態」において関与した共謀者に関して侵害の急迫性を判断する場合、「積極的加害意思」理論を経由せず、「端的に」、共謀者の法益侵害の危険性の存否に基づいて判断すべきことが期待される。

(63)　この観点からすると、川端教授の所説に基づく積極的加害意思の理論的説明は、まさに正鵠を射たものである。

第八節　結　論

本章では、まず、「侵害の急迫性」の意義を確認し、判例における「侵害の急迫性と積極的加害意思の関係」とその理論的説明について概観した。次に、平成四年最高裁決定を分析し、平成四年決定が前提とした理論的根拠とその問題点を検討した上で、さらに、自招侵害の事例において正当防衛の成立を否定した平成二〇年最高裁判決を踏まえて、平成二〇年決定が平成四年決定の判断方法に対する影響について検討を加えた。

平成四年決定は、共同正犯における正当防衛の要件の有無を判断する場合に「個別化」を「真正面」から認めたものと評価できるが、これは、人的不法論（二元的行為無価値論）の見地からみると、妥当な方向に変化していると解される。しかし、共謀共同正犯形態において、共謀者に関して「積極的加害意思」の存在を根拠として侵害の急迫性を否定した点は、香城説を理論的前提にしたものと解されるが、これは、「積極的加害意思」の概念（それゆえ侵害の急迫性の概念）を防衛者の法益侵害の危険性から離れ規範的・評価的に解釈し過ぎている点で妥当性に欠けるものと思われる。平成二〇年決定には、この「行き過ぎ」に対して歯止めをかける意味があるが、判例の変化の方向としては、平成二〇年決定によって、平成四年決定は影響を受け、「共謀共同正犯形態」において関与した共謀者に関して侵害の急迫性を判断する場合、「積極的加害意思」理論を経由せず、「端的に」、共謀者の法益侵害の危険性の存否に基づいて判断すべきことが期待されることになる。

補　論　刑法における判例研究の意義
――正当防衛の判例を中心に――

第一節　本補論の目的

日本の裁判制度は、刑事裁判を含め、最高裁判所が頂点をなしており、最高裁が判断を下した場合、それが先例となって、下級審の判断を縛る。この関係は、刑事訴訟法において端的に示されている。すなわち、同法四〇五条二号は、上告理由として「最高裁判所の判例と相反する判断をしたこと」をあげているが、これを前提にすると、仮に、下級審が最高裁と異なる判断を下した場合、その下級審の判断は、最終的には、最高裁において覆されることとなる。それゆえ、下級審は、最高裁の判断と相反する判断を行うことを回避するようになると考えられ、この意味で、最高裁の判断は、下級審の判断を縛っていることになるのである。(1) したがって、実務上、先例殊に最高裁判所の判例には、事実上の強い拘束力が認められている。(2) 言い換えると、判例は、各裁判所が事例判断を行う前提としての基準になっているのである。(3)

このように、裁判実務では、最高裁の判断が非常に大きな意味をもっているが、本補論では、実体刑法に関する判例の規範性を検討する際、「評価者は、どのような視点から判例をみるべきであり、その視点から、具体的に下された裁判所の判断をどのように意義づけるべきか」という点と、「学説と判例は、どのような関係にあり、判例は、学説が示した理論からどのような影響を受けているか」という点について検討し、これを踏まえて、裁判所が示した判断について、検討を加えることにする。(4)

(1)　実務法曹教育においても、「判例を絶対的な前提としてそれとの関連で事実をどう認定していくのか、そして、その事実を基にして法令を具体的にどう適用していくのか」という点が中心部分となっているとされる（川端博『法学・刑法学を学ぶ』（平10年・一九九八年）四三頁）。

(2)　団藤重光『法学の基礎』第二版（平19年・二〇〇七年）一六七頁。団藤博士は、「判例には法形成的な機能がある」とされ、しかも「それは単なる法社会学的な事実だというだけではなく、法的安定性および法における平等という法そのものの根本的な要請にもとづくものである」と指摘しておられる（団藤・注（2）一六七頁）。

(3)　なお、判例が拘束するのは「直接には」裁判官だけである。これに対して、検察官及び弁護士は、裁判官と同じ意味では拘束されないので、「どういう意見を述べようと自由である」が、彼らも「裁判官に対し自己の期待する裁判を求める立場にある」以上、判例を全く無視して議論してもあまり意味はない。それよりも、裁判官が判例に拘束されることを前提として訴訟活動をした方が実際的であり有効である。このような意味で、検察官及び弁護士も、「間接には」判例に支配されている（中野次雄「判例は実務を支配する」中野次雄編『判例とその読み方』三訂版（平21年・二〇〇九年）一一頁）。

(4)　「判例」は多様な意味に用いられるが（この点に関しては、中野次雄「判例とはどういうものか」前掲注（3）三頁以下参照）、本補論では、下級審の判断も判例規範の一部を形成しているという観点から（刑訴法四〇五条三号参照）、下級審の示した判断についても「判例」と表現することがある。

第二節　判例研究において評価者は判例をどのようにみるべきか

第一款　最高裁相互の判断の「関係」の捉え方

上記のように、裁判実務において、最高裁判例は、非常に大きな影響力をもち、実務家によって運用されているので、当該事例（群）の判断に関する（暫定的な）法規範ということになる。それゆえ、最高裁判例の意義を検討する場合、評価者は、最高裁の判断にはできるだけ「連続性がある」ものとして評価すべきである。このように評価することが、法的安定性に資するからであり、仮に、そうしないと、「法の統一性と安定性に対する社会の側の信頼」を裏切ることにもつながるからである。(5)

この点に関して、例えば、昭和四六年判決と昭和五二年決定は、侵害の急迫性に関して争点となっているが、両判断の「関係」を検討すると次のようになる。

昭和四六年判決は、侵害の急迫性の定義として「『急迫』とは、法益の侵害が現に存在しているか、または間近に押し迫っていることを意味し、その侵害があらかじめ予期されていたものであるとしても、そのことからただちに急迫性を失うものと解すべきではない」とする。(6) 本判決が示した侵害の急迫性の定義の前段、すなわち、「『急迫』とは、法益の侵害が現に存在しているか、または間近に押し迫っていることを意味し」とする部分は、従来の判例と同趣旨のものと考えられるが、(7) 後段の「その侵害があらかじめ予期されていたものであるとしても、そのことからただちに急迫性を失うものと解すべきではない」とする部分は、侵害の予期と侵害の急迫性の問題を「正面から」取り上げたものであり[8]、最高裁としては「新判例である」から[9]、侵害の予期と侵害の急迫性の存否に関する先例となっている。ただし、最高裁の示した基準によると、侵害行為が「ある程度」予期されていただけでは、「ただちに侵害が急迫性を失うものと解すべきでない」ことは明らかであるが、「侵害が確実に予期されていて、十分な反撃が準備されているような場合には、急迫性が欠ける、とする余地をなお残している」ことになる[10]。

このような中で、昭和五二年決定が下されている[11]。ここでは、まず、被告人側の主張が上告理由に当たらないとする点に関連して、昭和四六年判決の意義を確認する。すなわち、最判昭四六・一一・一六刑集二五巻八号九九六頁は、「何らかの程度において相手の侵害が予期されていたとしても、そのことからただちに正当防衛における侵害の急迫性が失われるわけではない旨を判示しているにとどまり」、「侵害が予期されていたという事実は急迫性の有無の判断にあたつて何の意味をももたない旨を判示しているものではないと解される」とする。

そして、「職権で」、次のように説示する。「刑法三六条が正当防衛について侵害の急迫性を要件としているのは、予期された侵害を避けるべき義務を課する趣旨ではないから、当然又はほとんど確実に侵害が予期されたとしても、そのことからただちに侵害の急迫性が失われるわけではないと解するのが相当であり、これと異なる原判断は、その限度において違法というほかはない。しかし、同条が侵害の急迫性を要件としている趣旨から考えて、単に予期された侵害を避けなかつたというにとどまらず、その機会を利用し積極的に相手に対して加害行為をする意思で侵害に臨んだときは、もはや侵害の急迫性の要件を充たさないものと解するのが相当である」としている。

本決定によれば、①「当然又はほとんど確実に侵害が予期されたとしても、そのことからただちに侵害の急迫性が失われるわけではない」が、②「単に予期された侵害を避けなかつたというにとどまらず、その機会を利用し積極的に相手に対して加害行為をする意思で侵害に臨んだときは、もはや侵害の急迫性の要件を充たさない」こととなる。それゆえ、②の場合には、「正当防衛が成立しない」のである。この判断基準に関して、①の部分は、「主観的事情に基づく急迫性の限定を否定する」趣旨であり、②の「積極的加害意図があれば急迫性が欠ける」とする部分は、「侵害の予見と切り離されたところの積極的加害意図の存在により急迫性が否定され得る」趣旨であるとする分析がある。[12]

この分析に対しては、最高裁の昭和四六年判決と昭和五二年決定との間に、「矛盾があるとみるのは、よほどの根拠がない限り、判例の解釈として不自然というべき」であるという批判がある。[13] さらに、昭和五二年決定の前提となった上告趣意において、被告人側は、昭和四六年判決の意義を、「急迫の要件としては法益の侵害が現に存在するか又は間近に迫つていること即ち法益の侵害が過去又は未来に属しないことで足り法益の侵害が予め予期できたか否かは正当防衛の他の要件である防衛の意思の存否の判断や法益に対する侵害を避ける為に他にとるべき手段があつたか否かという観点から、防衛行為としてやむを得ないものであるか否かの判断においては重要な意味を持ち得ても、急迫性の要件の判断にあたつては何ら意味を持たない」と解している。これに対して、最高裁は、この意義について、「所論のように、侵害が予期されていたという事実は急迫性の有無の判断にあたつて何の意味をももたない旨を判示しているものではないと解される」としている。それゆえ、このように「昭和四六年判決の意義に関して、昭和五二年決定が言及していること」「それ自体」が、右の批判をより説得的なものとしている。[14]

第二款　最高裁と下級審の判断の「関係」の捉え方

第一項　最高裁の判断基準及びその理由づけが抽象的な場合における下級審の対応

裁判所の法的判断は、最高裁判所を含めて、具体的事案の適正な解決を主眼とするから、判断基準やその理由づけについても、事案解決に必要な限度に限定される傾向にある。[15]それゆえ、最高裁判所が示す基準及びその根拠が抽象的なものに止まることもあるが、これは、法的安定性の観点から好ましくない。特に、罪刑法定主義が支配する刑法の領域においてはなおさらである。

この点に関して、刑法上の犯罪の成立要件と判例の関係については、団藤博士が次のように指摘しておられる。すなわち、罪刑法定主義は、犯罪の定型化を要請する。ところが、法律の規定だけでは、いくら精密な表現を用いて犯罪の成立要件を記述しても、犯罪の定型は抽象的にしか決められない。個々の具体的事案に即して裁判所が下す判断の集積によって、はじめて犯罪定型の具体的内容が形成されていくのである。つまり、犯罪構成要件の規定に関する解釈を固めるのは判例の任務であり、この任務を果すことによって、判例は法的安定性に寄与するのである。それゆえ、判例に、右の意味における「犯罪定型の具体的内容」に関する「形成的機能」を認めることは、「罪刑法定主義に反するものでないばかりか、実はむしろ、罪刑法定主義の要請するところだとさえいうべきである」とされるのである。[16]

そして、これは、最高裁が示す基準が抽象的なものにとどまる場合にも当てはまる。それゆえ、最高裁の示した規範がどこまで他の類似事例へ適用可能であるのか（つまり最高裁判例の射程範囲）は、その後に下される（はずの）下級審の判断の集積によって画定されるべきことになる。すなわち、最高裁の判断が下された後、裁判実務は、この判断基準に従って処理されることとなるが、最高裁の示した基準及びその根拠が抽象的な場合、下級審において、最高裁の判断基準及びその根拠についての（再）解釈が行われなければならないのである。したがって、評価者としては、基点となる最高裁判例よりも時系列的に「後に」下された下級審判例が、「最高裁の基準を踏まえてその内容をどのように具体化しているか」という観点から評価すべきである。

右で述べたことは、犯罪成立を阻却する事由の解釈においても同様であるが、下級審判例の蓄積により、最高裁判例の内容を具体化されなければならなかった判例として、「侵害の急迫性の存否」に関して判断を下した昭和五二年決定をあげることができる。本決定以降、下級審において最高裁決定の意義に関する解釈が分かれたが、その原因は次の点に求められる。すなわち、上記の通り、最高裁が「単に予期された侵害を避けなかつたというにとどまらず、その機会を利用し積極的に相手に対して加害行為をする意思で侵害に臨んだときは、もはや侵害の急迫性の要件を充たさない」とする理由として指摘しているのは、「（刑法三六条）が侵害の急迫性を要件としている趣旨」のみである。ところが、この「趣旨」から「なぜ積極的加害意思が存在する場合に侵害の急迫性の要件を充たさなくなるか」について、「一義的に明確な説明がなされている」とは「いえず」、むしろ、様々な理論構成が「可能」である。それゆえ、どのような経路を辿って最高裁が示した基準に至るのかは、下級審の（再）解釈に委ねられていたと考えられるのである。(17)

第二項　同種事例に対する下級審の判断が分かれている場合の最高裁の対応

右の通り、下級審における（再）解釈により、抽象性の高い最高裁の判断基準が具体化されることになるが、一方で、同種事例において、最高裁の判断を前提としつつも、実質的に考慮される要件が異なる形で運用されると、実定法（本補論では刑法三六条）に規定されている文言の理解に混乱が生じることになり、「法の統一性と安定性に対する社会の側の信頼」を裏切ることにもつながり得る。したがって、この種の不都合を回避するために、最高裁は、当該事例において「今後裁判所が従うべき判断基準」を示す必要が生じてくる。

例えば、「被告人が、自らの暴行により相手方の攻撃を招き、これに対する反撃として行った傷害行為」つまり「自招侵害」に対して、正当防衛が成立するか否かに関する判例の状況をみると次のようになる。

自招侵害に対する正当防衛の成否について、大審院時代には、仮定的判断ではあるが、挑発行為者について正当防衛権を認めた大正三年判決があった。[18] 本判決は、挑発行為者Yに正当防衛権が認められるから、その「反射効」として防衛行為者Xには正当防衛権はないとしているのであるが、これは、本件事案を「故意による挑発行為と正当防衛の問題として把握したうえで、挑発行為者の正当防衛権を一般的に肯定している」と評価できる。[19] ところが、その後、自招侵害の事例に関して、大審院及び最高裁の判断が下されぬまま、下級審において、様々な判断基準に基づいて、事例処理が行われていたが、[20] 全体の傾向としては、正当防衛の成立が制限されており、言い換えると、正当防衛を認めることには「消極的」であった。[21] そして、このような状況に対して、自招侵害の事例につき、「適切な先例」は「見当らない」が、判例が正当防衛を「否定することは確実なように思われる」という指摘をなす実務家もおられた。[22]

このような中、平成二〇年五月二〇日最高裁決定が下されている。[23] 本決定は、自招侵害に対して正当防衛を否定しているので、従来の下級審の傾向を是認していることになる。そして、この決定により、従来、様々な理論構成をとりながら事案処理を行っていた裁判実務に対して、一定の指針が与えられたという解釈も可能となるので、以下では、平成二〇年決定に対してどのような評価があり得るのかについて検討する。[24]

本件では、被告人側から上告がなされたが、弁護人は、上告趣意において、原判決が最判昭三二・一・二二刑集一一巻一号三一頁と「相反する判断をした違法がある」等の主張を行った。

これに対して、最高裁は、弁護人の上告趣意について、「判例違反をいう点を含め、実質は単なる法令違反、事実誤認、量刑不当の主張」であるとし、被告人本人の上告趣意についても、「単なる法令違反、事実誤認、量刑不当の主張」であって、「いずれも刑訴法405条の上告理由に当たらない」とし、上告を棄却するが、「本件における正当防衛の成否」については、「職権で」判断した。

職権判断の前提となる事実関係については、「1　原判決及びその是認する第1審判決の認定」に従って次のように指摘する。すなわち、「(1)　本件の被害者であるA（当時51歳）は、本件当日午後7時30分ころ、自転車にまたがったまま、歩道上に設置されたごみ集積所にごみを捨てていたところ、帰宅途中に徒歩で通り掛かった被告人（当時41歳）が、その姿を不審と感じて声を掛けるなどしたことから、両名は言い争いとなった」、「(2)　被告人は、いきなりAの左ほおを手けんで1回殴打し、直後に走って立ち去った」、「(3)　Aは、『待て。』などと言いながら、自転車で被告人を追い掛け、上記殴打現場から約26.5m先を左折して約60m進んだ歩道上で被告人に追い付き、自転車に乗ったまま、水平に伸ばした右腕で、後方から被告人の背中の上部又は首付近を強く殴打した」、「(4)　被告人は、上記Aの攻撃によって前方に倒れたが、起き上がり、護身用に携帯していた特殊警棒を衣服から取り出し、Aに対し、その顔面や防御しようとした左手を数回殴打する暴行を加え、よって、同人に加療約3週間を要する顔面挫創、左手小指中節骨骨折の傷害を負わせた」とする。

次に、「本件の公訴事実は、被告人の前記1(4)の行為を傷害罪に問うものである」とした上で、被告人側は「Aの前記1(3)の攻撃に侵害の急迫性がないとした原判断は誤りであり、被告人の本件傷害行為については正当防衛が成立する旨主張する」とされる。これを前提として、最高裁は、「前記の事実関係によれば、被告人は、Aから攻撃されるに先立ち、Aに対して暴行を加えているのであって、Aの攻撃は、被告人の暴行に触発された、その直後における近接した場所での一連、一体の事態ということができ、被告人は不正の行為により自ら侵害を招いたものといえるから、Aの攻撃が被告人の前記暴行の程度を大きく超えるものでないなどの本件の事実関係の下においては、被告人の本件傷害行為は、被告人において何らかの反撃行為に出ることが正当とされる状況における行為とはいえないというべきである」とした上で、「正当防衛の成立を否定した原判断は、結論において正当である」と結論づけた。

本決定は、「正当防衛の成立を否定した原判断は、結論において正当である」とするのみであり、ここで、「正当防衛のいかなる要件が否定されたのか」、言い換えると、「正当防衛はいかなる理論構成によって否定されたのか」については、文言上、明らかでない。[25] それゆえ、最高裁は、理論構成に関して、「一切」何も語っていないという解釈もあり得る。しかし、被告人側からの上告趣意について、「刑訴法405条の上告理由に当たらない」とした上で、「本件における正当防衛の成否」について、「職権で」判断した点を考慮すると、むしろ、最高裁は、理論構成についても、一定の判断を示したと捉えるべきである。

では、「どのように解すべきであるか」であるが、最高裁の意図は、「原審である東京高裁がいかなる理論構成を採っていたのか」との対応関係を考慮して検討されるべきである。本決定は、「正当防衛の成立を否定した原判断は、結論において正当である」としており、「無前提に」判断を下しているわけではないからである。

東京高裁は、「Aによる第2暴行は不正な侵害であるにしても、これが被告人にとって急迫性のある侵害とは認めることはできない」としているから、自招侵害の事例処理における理論構成としては、「侵害の急迫性」の存否を検討していることになる。これに対して、最高裁は、上記の通り、「正当防衛の成立を否定した原判断は、結論において正当である」とするのみである。言い換えると、理論構成については触れておらず、「結論において正当である」と言及するだけであるが、ここで、最高裁が言及した「結論において正当である」という点に着目すると、次のように解釈できる。すなわち、原判決である東京高裁の「辿った」「理論構成」、つまり、「侵害の急迫性の存否を論点として」正当防衛の成否を判断する「理論構成」は、「正当でない」が、「正当防衛を否定した」という「結論」は、「正当である」ということを含意していると解し得るのである。したがって、最高裁は、「自招侵害の事例処理につき、『侵害の急迫性』の要件の存否を検討する」という理論構成を「採用しなかった」と評価することができることになる。[26] そして、このように解することが、「あえて」職権判断を行った最高裁の意図にも沿うものと考えられる。

以上のように、最高裁は、「自招侵害の事例処理につき、『侵害の急迫性』の要件の存否を検討する」という見解を「採用しなかった」と解した場合、本決定の意義を、次のように指摘できる。すなわち、原判決は、基本的に、昭和六〇年福岡高裁判決[27]の判断枠組みに従っていたが、福岡高裁は、侵害の急迫性の存否に関して、「相手方の不正の侵害行為が、これに先行する自己の相手方に対する不正の侵害行為により直接かつ時間的に接着して惹起された場合において、相手方の侵害行為が、自己の先行行為との関係で通常予期される態様及び程度にとどまるものであつて、少なくともその侵害が軽度にとどまる限りにおいては、もはや相手方の行為を急迫の侵害とみることはできないものと解すべきである」という基準を示している。それゆえ、ここでは、侵害の急迫性の存否を判断する場合、①「不正」な挑発行為とそれに誘発された侵害行為とが、「直接かつ時間的に接着して」おり、②相手方の侵害行為が、自己の先行行為から「通常予期される態様及び程度にとどまる」こと（「少なくともその侵害が軽度にとどまる」こと）が要求されていることになる。[28] そして、この枠組みに従うと、侵害の急迫性の存否を判断する上で、侵害の予期が非常に重要な要素となるが、一方で、福岡高裁を起点とする判例群の中には、侵害の予期について特に判断せず、侵害の急迫性の存否を判断する判例もあり、[29] このような状況が続くと、「急迫性の理解・解釈に混乱が生じる」危惧があった。それゆえ、自招侵害の事例において、「侵害の急迫性の存否」の問題として事案の解決を図らなかった本決定は、上記の危惧を避ける上で、重要な意義を有することになる。[30][31]

（5）井田良『変革の時代における理論刑法学』（平19年・二〇〇七年）六二頁参照。
（6）最判昭和四六・一一・一六刑集二五巻八号九九六頁。
（7）鬼塚賢太郎「判批」『最高裁判所判例解説刑事篇（昭和四六年度）』（昭47年・一九七二年）二五四頁。従来の判例としては、例えば、最判昭二四・八・一八刑集三巻九号一四六五頁を参照。
（8）大越義久「判批」『刑法判例百選Ⅰ総論』初版（昭53年・一九七八年）八四頁。

(9) 鬼塚・前掲注（7）二五七頁。
(10) 内田文昭『刑法解釈集（総論Ⅰ）』（昭57年・一九八二年）二三五頁。
(11) 最決昭五二・七・二一刑集三一巻四号七四七頁。
(12) 前田雅英『現代社会と実質的犯罪論』（平4年・一九九二年）一五三頁。
(13) 安廣文夫「判批」『最高裁判所判例解説刑事篇（昭和六〇年度）』（平元年・一九八九年）一四六頁。これは、最高裁判例を一つの法規範として考える見地からみた場合（団藤・前掲注（2）一六七頁参照）、当然の批判であると思われる。
(14) さらに、拙稿「正当防衛における『自招侵害』の処理（一）」『松山大学論集』二一巻一号（平21年・二〇〇九年）[後に本書に収録]一一六頁以下参照[引用は後者による]。
(15) 井田・前掲注（5）六九—七〇頁参照。
(16) 団藤・前掲注（2）一六八頁。

さらに、構成要件の解釈と比較した場合、正当化事由（違法性阻却事由）の解釈の特徴としては、次のような指摘がなされている。すなわち、正当化事由は、具体的な事例において問題となる犯罪類型を超えている。そして、構成要件への該当性が問題となった後に、正当化事由の適用が問題となり得る。言い換えると、ある者の行為が構成要件に該当したことを前提として、正当化事由の存否が問題となるのである。例えば、Aは、ピストルを所持したBに殺されそうになったので、防衛のためやむを得ずBに対して、殺意をもってピストルを発射し、Bを殺害した場合、Aの行為は、殺人罪の構成要件に該当するが、これを「前提」として、さらに、正当化事由である正当防衛の成否が問題となる。また、正当防衛が成立するために「前提」となる構成要件は、殺人罪に限られるわけでもない。それゆえ、正当化事由は、犯罪類型において切り取られた生活の一断面を「記述すること」(die Beschreibung) によって規制されるのではなく、社会秩序原理を「定立すること」(die Aufstellung) によって規制される。したがって、罪刑法定主義に適合する正当化事由の解釈は、文言の限界に拘束されるのではなく、問題となっている正当化事由に内在している秩序原理のみに拘束されるのである（Vgl. Roxin, Strafrecht Allgemeiner Teil Bd. I, 4. Aufl. , 2006, S. 289. 平野龍一監修／町野朔・吉田宣之監訳／吉田宣之訳『クラウス・ロクシン　刑法総論　第一巻［基礎・犯罪論の構造］第三版［翻訳第一分冊］』（平15年・二〇〇三年）三〇一—二頁参照）。

そして、上記のような正当化事由に関する解釈の特徴を前提とすると、構成要件の具体的内容を固める際に果たす判例の役割よりも、正当化事由（違法性阻却事由）の具体的内容を固める際に果たす判例の役割の方が重要であるといい得るのである。

(17)　下級審が示した理論構成は第三節において検討するが、そこでは、次の四つの解釈が提示されている。すなわち、昭和五二年最高裁決定のいう「趣旨」は、侵害の急迫性判断において、①「『防衛者の法益侵害の可能性』が『単に侵害者側の客観的事情だけでなく防衛者側の対応関係によっても重大な影響を受けること』を前提にすると解する判例」、②「『防衛者』の『対抗行為がそれ自体違法性を帯び正当な防衛行為と認め難い』かを基準にすると解する判例」、③「『法秩序に反しこれに対し権利保護の必要性を認め得ない』かを基準にすると解する判例」、④「『積極的加害意思をもって対抗行為を行う者』に『回避義務』が課されるか」を基準にすると解する判例」の四つである（さらに、拙稿・前掲注（14）二二二頁以下参照）。

(18)　大判大三・九・二五刑録二〇輯一六四八頁。

(19)　川端博『正当防衛権の再生』（平10年・一九九八年）一〇〇頁。

(20)　井上宜裕「判批」『判例セレクト2008（法学教室三四二号別冊付録）』（平21年・二〇〇九年）二八頁。具体的には、（Ⅰ）「侵害の自招性を『正当防衛の客観的要件を否定する要素』として検討する判例」、（Ⅱ）「侵害の自招性を『正当防衛の主観的要素（防衛意思）を否定する要素』として検討する判例」、（Ⅲ）「侵害の自招性を『防衛行為の相当性を制限する要素』として検討する判例」、（Ⅳ）「侵害の自招性を『喧嘩闘争の存在を肯定する要素』として検討する判例」の四つの判例群がある。そして、（Ⅰ）には、侵害の自招性を、「侵害の急迫性を否定する要素」として検討する判例と、「侵害の不正性を否定する要素」として検討する判例があった（拙稿「正当防衛における『自招侵害』の処理（三）」『松山大学論集』二一巻三号（平21年・二〇〇九年）［後に本書に収録］一七六頁以下参照［引用は後者による］）。

(21)　堀籠幸男＝中山隆夫「正当防衛」大塚仁＝河上和雄＝佐藤文哉＝古田佑紀編『大コンメンタール刑法』第二巻第二版（平11年・一九九九年）三六一頁。戦前において、すでに、大阪控判大一四・一〇・二二新聞二四七九号一四頁は、相手の攻撃を誘致した場合には正当防衛の成立を否定していた。

(22)　香城敏麿「判批」『最高裁判所判例解説刑事篇（昭和五二年度）』（昭55年・一九八〇年）二四九頁。

(23)　最決平二〇・五・二〇刑集六二巻六号一七八六頁、判時二〇二四号一五九頁、判タ一二八三号七一頁。

(24)　なお、紙幅の関係上、ここでは、最高裁が示した「理論構成」に関する「評価」に限定して考察を加える。その他の点については、拙稿「判批」『判例評論』六一一号（平22年・二〇一〇年）二七頁以下、同「正当防衛における『自招侵害』の意義」『法と政治の現代的諸相　松山大学法学部二十周年記念論文集』（平22年・二〇一〇年）［後に本書に収録］二四五頁以下参照［引用は後者による］。

(25)　本田稔「判批」『法学セミナー』（平20年・二〇〇八年）一三五頁、林幹人「自ら招いた正当防衛」『刑事法ジャーナル』一九号（平21年・二〇〇九年）四六頁。
(26)　赤松亨太「判批」『研修』七二三号（平20年・二〇〇八年）二四頁、山口厚「正当防衛論の新展開」『法曹時報』六一巻二号（平21年・二〇〇九年）一五―六頁、橋爪隆「判批」『平成二〇年度重要判例解説』（平21年・二〇〇九年）一七五頁。
(27)　福岡高判昭六〇・七・八刑月一七巻七＝八号六三五頁、判タ五六六号三一七頁。
(28)　ただし、原判決は、要件②について、相手方の侵害行為が自己の先行行為から通常予期される態様及び程度にとどまる点と「共に」、その侵害行為が存在することに関する被告人の具体的に予期していた点について認定している（詳細は、拙稿・前掲注(24）評論三〇頁、同・前掲注(24）二十周年二六〇頁参照）。
(29)　詳細は、拙稿・前掲注(20）一九四頁以下。
(30)　山口・前掲注(26）一六頁。
(31)　なお、判例評釈を行う上で、裁判所の当該判断に関する「意義づけ」が極めて重要である点については、異論の余地はない。しかし、このような意義づけを行うことによって、裁判所が行った当該判断「それ自体」に影響を与えるものではない点についても、銘記する必要がある。

第三節　判例は学説が示した理論からどのような影響を受けているか

第一款　学説と判例の関係

前述の通り、裁判実務において、最高裁判例は、非常に大きな影響力をもち、実務家によって運用されている。そして、これを前提とすると、最高裁判例は、これが先例となり得る事例に対して裁判所が判断を下す場合に従う必要がある「法規範」であるといえる。しかし、最高裁の判断が下された当時においては、その判断の枠組み及び結論が妥当であると思われたとしても、社会に変動があったため、判例理論を前提とすると、妥当でない結論に至ると考えられる場合には、判例変更すべきであり、そうする必要がある。(32) 仮に、判例理論を前提として得られる「結論」が「不当である」と評価される場合、裁判官が社会の変動を「感じ取っている」ということになる。特に、第一審は、「生の事実」に直面し、当事者の「生活感覚」に基づく「生の要求」に直面しながら裁判を行うので、「その裁判は現実に根をおろしている」と評価できる。(33) それゆえ、下級審の下した判断は、それが従来の判例から外れているとしても、理由があることが多く、上級審も下級審の下した結論を軽視することができなくなる。(34) このように、従来の最高裁判例に従うと導き得ない結論が導き出された場合、下級審は、従来の判例とは「異なる基準」を用いて判断している可能性があり、(35) このような「結論を得る」ためには、上級審を説得できるだけの合理的な理論構成を示す必要がある。そうでないと、その判断（及びそれが前提とする基準）は、従来の「最高裁判例と相反する判断」であることを理由として、上級審により、破棄されてしまうからである。そして、上級審を納得させるために必要な理論構成を提供するのが、学説の役割ということになる。[36]言い換えると、判例に対する学説の役割は、原理原則論の観点から裁判官に対して「あるべき」理論構成を提示することである。[37]そして、判例が学説の理論構成を採用した場合、「学説が判例を方向づけた」ことになり、[38]このような「学説と判例の対話」は、「判例評釈又は判例研究」あるいは当該論点に関する「法解釈学的論文」を通じて行われるのである。[39]

第二款　判例が学説から影響を受けた具体例

最後に、学説と判例の対話が成立している具体例、つまり、学説の提示する理論構成に従った判例について検討する。

ここでは、第二節において言及した昭和五二年最高裁決定を再度取り上げるが、同決定が「単に予期された侵害を避けなかつたというにとどまらず、その機会を利用し積極的に相手に対して加害行為をする意思で侵害に臨んだときは、もはや侵害の急迫性の要件を充たさない」とする理由として指摘しているのは、「(刑法三六条)が侵害の急迫性を要件としている趣旨」のみであり、この「趣旨」が如何なる内容を有しているのかについては、明確ではない。それゆえ、この「趣旨」と積極的加害意思が存在する場合に侵害の急迫性の要件を充たさなくなる「理由」との関係は、下級審の(再)解釈に委ねられていたことになる。そして、このような解釈に際して、下級審の裁判官が参照するのは、学説が示した「説得力のある」理論構成である。[40]

以下では、理論構成の観点から、下級審判例を次の三つに分けて、検討を加える。

第一項　川端説の影響がみられる判例

ビンディングよれば、全正当防衛論にとって、この攻撃が単に正当防衛権の発生事由として「被攻撃者のために」考慮されるという事実が礎石を形成する、つまり、「不正に攻撃されていること」が正当防衛権の源泉を形成しているとされるが、[41]防衛者側からの視座に着目すると、法益侵害の可能性は、単に侵害行為者側の客観的事情だけでなく、被侵害者側の対応関係によっても重大な影響を受けることを前提にすることができる。

この観点から侵害の急迫性について敷衍すると次のようになる。

すなわち、侵害行為（侵害行為者側の客観的事情）の存在により、「形式的」にみれば法益侵害の可能性があったと考えられる場合であっても、その侵害が予期されていて被侵害者にとって突然のものとはいえず、それを阻止するための準備（迎撃態勢をつくること）が可能となるならば（被侵害者側の対応関係）、被侵害者側の法益侵害の可能性は「実質的」に低下することになる。

この関係を前提にすると、侵害の急迫性に関して、次のような解釈が可能となる。防御者が侵害を予期し客観的に迎撃態勢を敷き積極的に加害する意思をもっている場合、侵害者からの侵害に対する迎撃態勢が強化されているので、防御者（迎撃者）の法益が侵害される恐れは減少し、「実質的」（ないし現実的）には、防御者の法益侵害が生じ得なくなる事態も存在することになる。それゆえ、防御者（迎撃者）の法益侵害の可能性が事実上「実質的」に失われるときは、侵害の急迫性を否定できる事態が生じる。つまり、侵害を予期し客観的に迎撃態勢を敷き積極的加害意思をもっていた場合、侵害の急迫性が消滅し得るのである。[42]

このような、「防御者（被侵害者）の法益侵害の可能性」が「単に侵害者側の客観的事情だけでなく防衛者側の対応関係によっても重大な影響を受けること」を前提に侵害の急迫性を判断すべきであるとする川端説の影響があると評価できる判例としては、平成元年一〇月二日札幌地裁判決がある。[43]

本件では、昭和五二年決定を引用した上で、侵害の急迫性の存否を判断しているが、事例判断において、まず、確認された「事情に照らせば、被告人甲においては、共同器物損壊行為に及んだ時点で、Gの性向等からみて、同人らが日本刀などの武器を持ち出して反撃して来ることは確実なこととして予期でき」、反撃を「予想したうえでその対抗手段として予め実包装塡のけん銃を準備し」たとする。これにより、札幌地裁は、Gの攻撃が、被告人甲にとって、突発的な事情ではなく、この確実な予期に基づいてGの攻撃を阻止する迎撃態勢を作っていたことを確認したといえる。次に、本判決は、「予期どおりGが日本刀と覚しき武器を持ち出した際、外形的には攻撃に出るように見えるGの侵害を避ける行動をとらないまま、Gに対しけん銃を連続して発砲した」としているが、上記のような迎撃態勢が整っている場合、Gの侵害は「外形的には攻撃に出るように見える」に過ぎず、これにより、形式的にみれば法益侵害の可能性があるようにみえる事態が存在しているだけである、と評価していることが窺われる。その上、このような「状況全体からみて、被告人甲は、その機会を利用し積極的にGに対して加害行為をする意思を有していたものと認めるのが相当である」とする札幌地裁は、積極的加害意思を肯定する際に、防衛者側の迎撃態勢を考慮して、侵害の急迫性の存否を判断していると評価し得るのである。

第二項　香城説の影響がみられる判例

香城教授は、昭和五二年決定にいう「刑法三六条が侵害の急迫性を要件としている趣旨」に関連して、次のように指摘しておられる。

まず、教授は「相手の侵害を予期し、自らもその機会に相手に対し加害行為をする意思で侵害に臨み、加害行為に及んだ場合、なぜ相手の侵害に急迫性が失われることになるのであろうか」と問題提起される。

これに対して「このような場合、本人の加害行為は、その意思が相手からの侵害の予期に触発されて生じたものである点を除くと、通常の暴行、傷害、殺人などの加害行為とすこしも異なるところはない。そして、本人の加害意思が後から生じたことは、その行為の違法性を失わせる理由となるものではないから、右の加害行為は、違法であるというほかはない」①とした上で、「それは、本人と相手が同時に闘争の意思を固めて攻撃を開始したような典型的な喧嘩闘争において双方の攻撃が共に違法であるのと、まったく同様なのである」②と指摘される。

そして、これを前提として、「前記のような場合に相手の侵害に急迫性を認めえないのは、このようにして、本人の攻撃が違法であって、相手の侵害との関係で特に法的保護を受けるべき立場にはなかったからである、と考えるべきであろう」と結論づけられるのである。[44]

香城説は、以上のような理論構成となっているが、防衛者の「対抗行為がそれ自体違法性を帯び正当な防衛行為と認め難い」か否かにより、侵害の急迫性を判断すべきである、とする香城説の①の部分の影響があると評価できる判例としては、昭和五六年一月二〇日大阪高裁判決を指摘できる。[45]

本判決の一般論の部分は、「正当防衛における侵害の急迫性の要件は、相手の侵害に対する本人の対抗行為を緊急事態における正当防衛行為と評価するために必要とされている行為の状況上の要件であるから、行為の状況からみて、右の対抗行為がそれ自体違法性を帯び正当な防衛行為と認め難い場合には、たとい相手の侵害がその時点で現在し又は切迫していたときでも、正当防衛を認めるべき緊急の状況にはなく、侵害の急迫性の要件を欠くものと解するのが相当である」としているから、昭和五六年大阪高裁判決は、香城説の①の部分に着目していると評価できるのである。[46]

一方、香城教授によれば、積極的加害意思のある行為が違法であることは、「本人と相手が同時に闘争の意思を固めて攻撃を開始したような典型的な喧嘩闘争において双方の攻撃が共に違法であるのと、まったく同様なのである」から、香城説は、喧嘩闘争や私闘と同視すべく、初めから違法というべきものを正当防衛から排除するための理論であるとの評価が可能である。[47] そして、最高裁判例によれば、喧嘩闘争の場合に正当防衛が否定される理由は、「闘争の全般から見てその行為が法律秩序に反する」ことにある。[48] それゆえ、これらを踏まえて評価すると、「法秩序に反し、これに対し権利保護の必要性を認めえない」か否かを基準に、侵害の急迫性を判断すべきであるとする判例は、香城説の影響を受けていることになる。このような意味において香城説の影響を受けている判例としては、昭和五七年六月三日福岡高裁判決をあげることができる。[49]

本判決は、一般論として「被告人両名が単に予期された侵害を避けなかつたというにとどまらず、その機会を利用し機先を制して積極的に相手に対して加害行為をする意思で対抗するときは、もはや法秩序に反し、これに対し権利保護の必要性を認めえないから刑法三六条にいわゆる侵害の急迫性の要件を充たさないものと解するのが相当である」とする。つまり、ここでは、「積極的加害意思のある行為」を行った場合、「もはや法秩序に反し、これに対し権利保護の必要性を認めえない」としているのである。したがって、上に述べた香城説の②の部分の影響を受けているといえるのである。

第三項　佐藤説の影響がみられる判例

最近、学説において「急迫不正の侵害からの退避義務についての議論」が「進展」しているが、[50] これが展開される「重要な契機となった」[51] 佐藤説は、次の通りである。[52] すなわち、佐藤教授は、「不正の侵害を予期したときは、これを回避することのできる場合が多い」が、「このような場合でも、一般的には、侵害を回避する義務はない。それは、侵害を予期したからといって、被侵害者の生活上の自由が制約されるべきいわれはないからである…しかし、予期された侵害を避けないというにとどまらず、将来の侵害を受けて立つことにより、被侵害者（以下『行為者』ともいう。）において正当防衛状況を作り出した場合には、更に立ち入った考察を必要とする」とし、検討対象となる状況としては、「予期した侵害を格別の負担を伴うことなく回避できるのに、侵害があれば反撃する意思をもって、予期した侵害の場所に出向く場合」（出向型）と、「予期した侵害を待ち受ける場合」（待機型）をあげた上で、これらの場合には、「正当防衛状況を作ってはならない義務、すなわち侵害の回避義務を認めてよい」とする。そして、「侵害の回避義務を認めるためには、侵害の出現を確実に予期していることが必要である」ことを前提として、「行為者の意思の内容は、侵害があれば反撃する意思があれば足り」、「住居などにいる場合を除き」、「積極的加害意思までは必要でない」ので、例えば、「生活上の利益がないのに、行けば必ず侵害を受けることを予期した上で出向いて行くのは、積極的加害意思がなくても、回避義務違反になる」とする。

次に、「行為者側の負担」（被侵害者側の負担）に関して、「出向型の場合には、出向くことについて生活上の自由が制約される事態は少ない」ので、一定の例外を除いては、[53]「回避義務を認めてよい」。一方、「待機型の場合には、侵害の予期される場所に留まることに生活上の利益の伴うことが多い」ので、[54]このような場所に「侵害があれば反撃する意思だけで留まっている限りにおいては、回避すべき義務は生じない」が、「可能であるのに公の救助を求めることもなく、積極的加害意思をもって留まる場合には」、滞留している場所を「私的闘争の場として利用する」ものであり、「生活上の自由」を享受しようとしていないから、その「場所に留まる正当な利益」は認められない。したがって、上記のように、「単に侵害を予期しただけでなく、回避義務がある場合であるのに、自らが出向きあるいは待ち受けたことにより発生した侵害は、予期した緊急事態を自ら現実化させたものとして、急迫性を欠くとみてよい」と主張されるのである。

このような、積極的加害意思をもって対抗行為を行う者に「回避義務」が課されるか否かを基準に、侵害の急迫性を判断すべきである、とする佐藤説の影響を受けた判例としては、平成一九年三月二七日奈良地裁判決をあげることができる。[55]

本判決は、昭和五二年決定を参照しながら、「刑法36条が正当防衛について侵害の急迫性を要件としているのは、予期された侵害を避けるべき義務を課す趣旨ではないから、当然又はほとんど確実に侵害が予期…されたとしても、そのことから直ちに侵害の急迫性が失われるわけではない。しかしながら、同条が侵害の急迫性を要件としている趣旨から考えて、単に予期された侵害を避けなかったというにとどまらず、その機会を利用し積極的に相手に対して加害行為をする意思で侵害に臨んだときは、もはや侵害の急迫性の要件を充たさないものというべきである」とし、このように解する理由として、「侵害の確実な予期がありながら、積極的加害意思をもって侵害に臨むことは、実質的にみれば、正当防衛状況を利用した単なる加害行為であり、緊急状況下における防衛行為として正当化できない」点をあげた上で、「このような場合、行為者には当然に回避義務が認められる」としている。一方、「侵害の確実な予期がなく、侵害の単なる可能性を予期していたにすぎないときや、不意打ちといえるほど予想外の場面で侵害を受けたとき」に侵害の急迫性が否定されない理由として、「このような場合に急迫性を否定することは、行為者に回避義務を課すことになり、その分だけ不当に行為者の行動の自由を制約することになって、先に述べた刑法36条の趣旨を逸脱することになる」点を指摘している。それゆえ、本判決は、侵害の急迫性の存否を判断する場合、「行為者に回避義務が認められるか否か」を基準にしているといえ、この点に関して、佐藤説の影響を受けていると評価できるのである。

(32)　この意味においても、最高裁判例は「暫定的な」法規範である。

(33)　この点に関して、さらに、「感情、とくに痛みには、それが必ず社会の歪みの中から叫ばれるという性格から、問題の所在と解決の方向を指し示すという意味での強い合理性が備わっている」という指摘がある（棚瀬孝雄「共同体論と憲法解釈（上）」『ジュリスト』一二二二号（平14年・二〇〇二年）一九頁）。

(34)　団藤・前掲注（2）一九二頁参照。

(35) ただし、先例となる判例とは「事案が異なる」という認識に基づいて判断している可能性もある。

(36) 川端・前掲注（1）五一―二頁。さらに、法解釈学においてなされる議論の特性については、川端博「構成要件的事実の錯誤と過剰結果の併存（下）」『現代刑事法』六四号（平16年・二〇〇四年）一一六―七頁参照。

(37) 何をもって「あるべき」理論構成と評価できるかについては、さらに検討すべき課題となる。この点に関する考え方の一つとして、飯島暢「ドイツ刑法学におけるカント主義の再評価」『香川法学』二九巻三＝四号（平22年・二〇一〇年）四二頁注（44）参照。

(38) 川端博『定点観測　刑法の判例』（平12年・二〇〇〇年）三頁参照。

(39) 奥田昌道『紛争解決と規範創造』（平21年・二〇〇九年）二二〇―二頁参照。実定法研究者としては、「社会は、『今』どのような状況になっているのか」、「（問題があるとすれば）それは、法原理の観点からどのように解決されるべきであるのか」を往還しながら、法解釈学的な形式に変換していく努力をしなければならない（団藤・前掲注（2）五一頁参照）。

(40) 「下級審判例が結論を下す際に用いる理論構成は、どのような選択基準に従っているのか」については、非常に興味深い問題を提起すると思われる。

(41) Binding. Handbuch des Strafrechts Bd. I, 1885 [Neudruck 1991]. S. 735. さらに、最判昭二四・八・一八刑集三巻九号一四六五頁は、「『急迫』とは、法益の侵害が間近に押し迫つたことすなわち法益侵害の危険が緊迫したことを意味するのであつて、被害の現在性を意味するものではない」とする。そして、このように定義する根拠としては、「被害の緊迫した危険にある者は、加害者が現に被害を与えるに至るまで、正当防衛をすることを待たねばならぬ道理はない」点があげられているが、これは、「被侵害法益の保護」の観点からの理由づけである。それゆえ、最高裁は、侵害に急迫性を検討する上で、防衛者側からの視座に着目していると評価できる（拙稿・前掲注（14）一二二頁）。

(42) 川端博『違法性の理論』（平2年・一九九〇年）九〇―四頁。

(43) 札幌地判平元・一〇・二判タ七二一号二四九頁。

札幌地裁は、侵害の急迫性の判断に際して、一般論として、「単に予期した侵害を避けなかったというにとどまらず、その機会を利用し積極的に相手に対して加害行為をする意思で侵害に臨んだときは、もはや侵害の急迫性の要件を充たさないものと解するのが相当である（最高裁判所第一小法廷昭和五二年七月二一日決定、刑集三一巻四号七四七頁参照）」とし、事例判断として、次のように説示する。「本件においては、被告人甲自身、けん銃を携行してG宅に向かう際、Gらの反撃を高い確度で予期していたとまではいえないにしても、場合によってはGら相手から得物で反撃を受けることもありうると予想していたことが認められるうえ、Gが喧嘩などは決して逃げたりせず受けて立つ好戦的な男であると認識し、またGが借金に絡んで以前暴力団体の者から暴行を受けたりしたことを聞知していたことなどの事情に鑑みれば、少なくとも、暴力団体の組事務所を兼ねているG宅の玄関の明かり取りのガラス等を割るなどの違法な行動に出た段階においては、Gが日本刀などの凶器を持ち出し反撃して来ることは同被告人において十分予測された事態であったと認めるのが相当である。そして、その後被告人甲は、模造日本刀を振り上げているGの姿を認めるや直ちに携行していたバッグ内からけん銃を取り出し、同被告人とGとは玄関土間を挟んで玄関の外と玄関上がり口の式台付近との位置関係にあって、その間になお約四メートルの距離があったにもかかわらず、同被告人はけん銃を構えてGの行為を制止するなどの威嚇的行動を全くとろうともせず、丁、丙が後退して来た直後いきなりG目掛けてけん銃を発砲していること、しかも、一発目がGに命中していることを認識しながら更に引き続いて二発目を撃っていること、その後、玄関内に乗り込んで気勢を上げていることなどの事情に照らせば、被告人甲においては、共同器物損壊行為に及んだ時点で、Gの性向等からみて、同人らが日本刀などの武器を持ち出して反撃して来ることは確実なこととして予期できたというべく、そのことを予想したうえでその対抗手段として予め実包装填のけん銃を準備し、右の予期どおりGが日本刀と覚しき武器を持ち出した際、外形的には攻撃に出るように見えるGの侵害を避ける行動をとらないまま、Gに対しけん銃を連続して発砲したのであるから、右のような状況全体からみて、被告人甲は、その機会を利用し積極的にGに対して加害行為をする意思を有していたものと認めるのが相当である」。「してみれば、本件においては、被告人甲が模造日本刀を真剣と誤認したという前提に立ってみても、前記判例の趣旨に照らせば、刑法三六条における侵害の『急迫性』の要件を充たさない」というべきであるとするのである。

（44）香城・前掲注（22）二四七―八頁。安廣教授は、昭和五二年決定にいう「刑法三六条が侵害の急迫性を要件としている趣旨」に関して、上記のような香城教授の「解釈が最も論理的であり、かつ妥当な結論を導きうるように思われる」と評価しておられる（安廣・前掲注（13）一四五頁）。

（45）大阪高判昭五六・一・二〇刑月一三巻一＝二号六頁、判時一〇〇六号一一二頁、判タ四四一号一五二頁。

大阪高裁は、「正当防衛のおける侵害の急迫性の要件は、相手の侵害に対する本人の対抗行為を緊急事態における正当防衛行為と評価するために必要とされている行為の状況上の要件であるから、行為の状況からみて、右の対抗行為がそれ自体違法性を帯び正当な防衛行為と認め難い場合には、たとい相手の侵害がその時点で現在し又は切迫していたときでも、正当防衛を認めるべき緊急の状況にはなく、侵害の急迫性の要件を欠くものと解するのが相当である（最高裁判所昭和五二年七月二一日判決《ママ》・刑集三一巻四号七四七頁参照)。そして、このような本人の対抗行為の違法性は、行為の状況全体によつてその有無及び程度が決せられるものであるから、これに関連するものである限り相手の侵害に先立つ状況をも考慮に入れてこれを判断するのが相当であり、また、本人の対抗行為自体に違法性が認められる場合にそれが侵害の急迫性を失わせるものであるか否かは、相手の侵害の性質、程度と相関的に考察し、正当防衛制度の本旨に照らしてこれを決するのが相当である。ことに、相手からの侵害が避けられないと予想し、これに備えてけん銃を用意したうえ、相手の侵害が現実となつた際にけん銃を発砲してこれに対抗するような場合、あらかじめ兇器を準備したことについては、正当防衛行為の一環として正当視すべき例外的な場合を除き、これを違法と評価するほかなく、したがつてまた、準備した兇器を使用して相手の侵害に対抗した行為も、相手の侵害の性質、程度などからみて特にこれを正当視すべき例外的な場合を除き、正当防衛の急迫性の要件を欠くものとしてこれを違法と評価するのが相当である。すなわち、もし法の禁止する兇器を用いて相手の侵害に対抗する行為を正当防衛と評価すべきものとすれば、手段たる兇器の所持をも一定の範囲で正当と評価すべきこととなり、正当防衛の本旨ひいては法秩序全体の精神に反することとなるからである」とする。そして、これを前提に次のような事例判断をおこなった。すなわち、「被告人は、相手の侵害を避けるため警察の援助を受けることが容易であつたのに、敢えて自ら相手の侵害に対抗する意図でけん銃を準備したうえ、これを発砲して侵害に対抗したものであるから、けん銃の所持はもとより、その使用も違法なものであり、行為全般の状況からみて正当防衛の急迫性の要件は充たされていなかつたと解するのが相当である」とする。

(46)　香城教授は、裁判官時代、本判決を下した裁判体の構成員の一人であったが、これが、香城説を色濃く反映した判決が下される一因になったと推測できる。

(47)　的場純男＝川本清巌「自招侵害と正当防衛」大塚仁＝佐藤文哉編『新実例刑法（総論）』（平13年・二〇〇一年）一一一―二頁は、「もともと急迫性に関する…判例理論は、喧嘩闘争や私闘と同視すべく、初めから違法というべきものを正当防衛から排除するための理論…である」と指摘されている。

(48)　最判昭二三・六・二二刑集二巻七号六九四頁。なお、本章では、判決文に旧漢字が用いられている場合、適宜、常用漢字に改めた。

(49)　福岡高判昭五七・六・三判タ四七七号二一二頁。
　福岡高裁は、本件の事実関係について「被告人XがNの身体の枢要部を狙つて…拳銃を発射した際、これが優に人を殺害するにたる所為であることを考えると、殺意を有していたことは否定できず、また同被告人と…Nに対し殺意を以て斬りつけた被告人Lは、数名の…配下とともに…拳銃を構えたNと対峙したときに、単なる防衛の意思のみに止らずこの機に乗じ、機先を制して積極的にNを殺害する意思で対抗し、右現場で互いに暗黙のうちに共謀せる事実を肯認するに十分である」とする。そして、「右のように被告人両名が単に予期された侵害を避けなかつたというにとどまらず、その機会を利用し機先を制して積極的に相手に対して加害行為をする意思で対抗するときは、もはや法秩序に反し、これに対し権利保護の必要性を認めえないから刑法三六条にいわゆる侵害の急迫性の要件を充たさないものと解するのが相当である（最高裁判所第一小法廷昭和五二年七月二一日決定、刑集三一巻四号七四七頁参照）」と指摘し、事例判断としては、「Nの…攻撃は不正の侵害というべきであつても、急迫性はなかつたものといわなければならない。そうすると、その余の点について判断するまでもなく、被告人両名の本件各所為は正当防衛行為にあたらないことが明らかである」とする。

(50)　山口・前掲注（26）六頁。

(51)　山口・前掲注（26）二七―八頁。

(52)　佐藤文哉「正当防衛における退避可能性について」『西原春夫先生古稀祝賀論文集』第一巻（平10年・一九九八年）二四二―四頁。

(53)　ここで、回避義務が認められない例外事例としては、「反撃する意思があっても、その機会に相手方を諫めるとか、仲直りするとかの目的がある場合、約束の履行等別の用件がある場合、帰宅途中で待ち伏せされている虞があるが通常の道順で帰宅する場合」があげられている（佐藤・前掲注（52）二四三頁）。

(54)　待機型でも、「何らの負担なく侵害の予期される場所から移動できるときは」、出向型と「同様に扱ってよい」が、「自宅や勤務時間中のオフィス、集会中の会場」等において侵害が予期される場合、そこに留まることは「生活上の利益の伴うことが多い」とされる（佐藤・前掲注（52）二四三頁）。

(55)　奈良地判平一九・三・二七【文献番号】28135176。なお、本補論では、判例が公刊物未搭載の場合にはTKC LEX/DBの【文献番号】を示すこととする。

奈良地裁は、「そもそも、刑法36条が正当防衛について侵害の急迫性を要件としているのは、予期された侵害を避けるべき義務を課する趣旨ではないから、当然又はほとんど確実に侵害が予期（以下、この趣旨を『侵害の確実な予期』などという。）されたとしても、そのことから直ちに侵害の急迫性が失われるわけではない。しかしながら、同条が侵害の急迫性を要件としている趣旨から考えて、単に予期された侵害を避けなかったというにとどまらず、その機会を利用し積極的に相手に対して加害行為をする意思で侵害に臨んだときは、もはや侵害の急迫性の要件を充たさないものというべきである（最決昭和52年7月21日刑集31巻4号747頁参照）。なぜなら、侵害の確実な予期がありながら、積極的加害意思をもって侵害に臨むことは、実質的にみれば、正当防衛状況を利用した単なる加害行為であり、緊急状況下における防衛行為として正当化できないからである。そして、このような場合、行為者には当然に回避義務が認められるといえるのである」。「これに対し、侵害の確実な予期がなく、侵害の単なる可能性を予期していたにすぎないときや、不意打ちといえるほど予想外の場面で侵害を受けたときは、たとえ行為者に積極的加害意思があったとしても、急迫性は否定されないというべきである。なぜなら、このような場合に急迫性を否定することは、行為者に回避義務を課すことになり、その分だけ不当に行為者の行動の自由を制約することになって、先に述べた刑法36条の趣旨を逸脱することになるからである」とする。

第四節　結　論

本補論では、実体刑法に関する判例の規範性を検討する際、評価者は「法的安定性」に資する形で判例の意義づけ（判例評釈）を行うべきである点[56]及び学説は原理原則論の観点から理論構成を提示しこれによって判例を方向づけるべきである点について、確認でき、これを前提として、具体的な判例について検討を加えることができた。今後は、ここで明らかとなった視点から判例評釈を行うと同時に、「刑法における原理原則とは何か」に関する探求を続け、「あるべき」理論構成について考察してゆきたい[57]。

（56）ただし、判例評釈は、自らが行った意義づけ以外の評価があり得ることを前提に行わなければならない。
（57）この点に関して、香川達夫「刑事未成年者の利用」『法学会雑誌』四五巻二号（平22年・二〇一〇年）一頁以下参照。

著者略歴

明照博章（みょうしょう　ひろあき）

昭和44（1969）年　滋賀県に生まれる

平成10（1998）年　明治大学大学院法学研究科博士後期課程単位取得退学

現　在　松山大学法学部教授・博士（法学）（広島大学）

主要著書

正当防衛権の構造（平成25（2013）年、成文堂）

積極的加害意思とその射程

2017年3月20日　初版第1刷発行

著　者　明　照　博　章

発行者　阿　部　成　一

162-0041　東京都新宿区早稲田鶴巻町514

発行所　株式会社　成　文　堂

電話 03(3203)9201(代)　FAX 03(3203)9206

http://www.seibundoh.co.jp

製版・印刷　藤原印刷　　製本　弘伸製本

ISBN 978-4-7923-5200-4　C3032　検印省略

定価（本体7000円＋税）